정치학총서

현대정치사상과 한국적 수용

이정희 · 최연식 편
한국정치학회

法 文 社

발 간 사

20세기를 가로지르는 격동의 역사 속에서 한국 사회는 많은 시련과 고통을 이겨내고 산업화와 민주화를 이만큼 이루어냈다. 이 과정에서 1953년 창립한 한국정치학회는 우리나라의 정치현상과 국제정치질서의 역동성을 분석하기 위한 이론을 정립하고 현실적인 대안제시를 위해 노력해 왔다. 지난 60년간 한국 정치학자들은 수많은 이론과 방법들을 수용하고 창출하여 현실 정치를 분석하고 정책 대안과 제도화에 공헌했다. 성공적인 연구와 실용적 정책으로 구체화되기도 했고, 때론 실패를 통해 새로운 방향을 제시하기도 했다.

21세기에 들어서 급변하고 있는 국내외 정치 환경의 변화는 정치학계의 새로운 역할을 요구하고 있다. 세계화와 지방화, 정보통신기술의 발전은 정치현상의 질적 변화를 초래했으며 이를 규명해야 할 새로운 연구 방법의 모색과 이론 형성이 절실한 상황이다.

정부 수립 60년을 맞아 그동안 어떠한 이론적 토대와 연구 방법을 사용하여 우리의 정치현실을 탐구해 왔는가를 점검하고, 씨줄과 날줄의 현재 좌표를 확인하는 것은 의미 있는 작업이다. 특히 '한국 정치학의 정립'이라는 명제를 생각한다면 정치학의 흐름과 현황을 항상 점검하는 것이 필요하다. 학문의 보편성을 뛰어넘는 '한국 정치학'의 요구는 세계화의 물결 속에 더욱 강해지고 있기 때문이다.

2008년도 한국정치학회는 그동안 정치학계에서 논의되었던 많은 이론과 논쟁 중에서 중 범위 영역의 정치 이론을 선정하여 심층 연구하였다. 이를 토대로 향후 우리나라 정치학계에서 미래지향적인 정치이론으로 수용, 발전시킬 수 있는 이론을 비교정치, 정치사상, 국제정치의 부문으로 분류하여 세 권의 기획서로 정리하였다.

이 기획서가 '자아준거적(自我準據的)' 정치학을 구축하는 디딤돌이 될 것으로 기대한다. 서구의 정치적 토양에서 발전한 이론들을 우리의 가치정향에 준거하여 문제를 인식하고 설명할 수 있는 이론으로 재정립하고 재창조하는 것은 한국 정치학의 독자성을 확보하고 적실성을 높이는 지름길이다.

영역별 이론의 선정과 논의를 위해 최선의 노력을 경주해주신 편집위원들, 그리고 각 권의 편집책임을 맡아주신 전용주, 최연식, 우승지 교수, 김석우 편집이사, 편집 실무를 맡아준 김종법 박사에게 고마움을 전한다. 또한 기획서의 출간을 후원해주신 건국60주년 기념사업위원회와 삼성 테스코에 진심으로 감사드리며, 출판을 기꺼이 허락해주신 법문사 배효선 사장님과 관계자 여러분께 감사 말씀을 드린다.

2008년 한국정치학회장
한국외국어대학교 이정희

서 문

20세 초반에 발발했던 두 번의 세계대전은 인류에게 공포와 분노를 안겨줬지만, 인류는 그 속에서 미래의 희망을 발견해야 했다. 공포는 인류에게 반성과 성찰의 기회를 제공했고, 희망은 인류에게 어제와는 다른 내일의 청사진을 제공하라고 요구했다. 그래서 20세기는 미래의 청사진을 각축하는 이데올로기의 시대가 되었고, 동시에 역설적으로 공포와 분노의 청산을 위해 이데올로기의 종언을 선언했던 시대였다.

20세기를 풍미했던 수많은 이데올로기들은 대부분 태평양 건너 저편에서 동양의 세계관과 무관하게 명멸했지만, 20세기의 동양은 서양이 설정한 보편적 표준으로부터 결코 자유롭지 않았다. 게다가 서구의 물리적 위력이 동양의 정신세계를 압도했을 때, 동양이 손쉽게 찾았던 대안은 서양의 세계관을 해면(海綿)처럼 흡수하는 서구에 대한 열망이었다. 그러나 서구의 새로운 세계관에 대한 낙관적 열망이 기대와는 달리 실망과 좌절로 변했을 때, 대부분의 동양 지식인들은 과거에 대한 반성적 성찰보다는 또 다른 서구의 대안을 찾아 방황했다. 20세기의 동양 사회가 서구 이데올로기의 실험장이 되었던 이유가 바로 여기에 있었다.

위기에 처한 한국 사회의 대안을 찾아 서구 지성사의 지도를 순례했던 것은 한국도 예외는 아니었다. 게다가 한국의 지식인들은 무용하다고 판명된 과거의 대안을 버리고 미지의 가능성을 향해 새로운 항로를 개척하는 데 기민했다. 그러나 냉전과 전쟁으로 점철된 20세기의 한국 현대사는 대안의 이데올로기를 모색하려는 다양한 실험적 논의들마저도 냉전의 이분법적 논리로 양분시켰다. 한국 사회의 진로를 밝혀

줄 것으로 믿어졌던 서구의 이데올로기들이 경우에 따라서는 흔적도 없이 폐기처분되고, 대신에 또 다른 대안이 쉴 새 없이 모색되었던 것도 바로 이 때문이었다.

자신의 준거점을 상실한 한국정치, 그리고 좌/우 또는 보수/진보로 분열된 한국정치는 이제 지양되어야 한다. 이 책은 지난 한 세기 동안 한국 사회에 수용되었던 서구 정치사상의 여러 편린들을 다채로운 무늬를 가진 조각보처럼 재구성하여 현대 한국정치의 이념적 좌표를 제시하려는 목적에서 기획되었다. 이 책에는 20세기를 풍미한 서구의 이데올로기들 중에서 현재까지도 논란이 계속되고 있는 13개의 주제들이 한국적 수용의 관점에서 분석되어 있다.

1장에서 4장까지는 사회진화론, 자유주의, 공동체주의, 공화주의 등과 같은 서구 정치사상의 고전적인 주제들을 이론적 분석하고, 각각의 주제들이 수용된 한국적 맥락과 문제의식을 검토함으로써, 개인과 공동체의 문제 해결에 필요한 토론의 자료를 제공하고자 했다. 5장에서 8장까지는 마르크스주의, 무정부주의, 시민사회론, 헤게모니론 등과 같은 국가-사회관계에 대한 다양한 이론적 대안들을 소개하고, 각각의 주제들에 대한 한국적 수용의 맥락을 검토함으로써, 한국의 미래지향적 국가-사회관계 정립에 필요한 성찰의 기초를 제시하고자 했다. 9장에서 13장까지는 다문화주의, 페미니즘, 포퓰리즘, 포스트모더니즘, 생명정치론 등 비교적 최근의 정치사상 연구에서 제기되는 쟁점들을 소개하고, 각각의 쟁점들에 대한 한국적 논의의 맥락을 점검함으로써, 현대 한국 정치사상의 지평을 확대하는 데 기여하고자 했다.

이 책은 2008년도 정치학회 편집위원회의 주관 하에 기획되었지만, 여기에 실린 13편의 글들은 연구자들의 관심사에 따라서 개별적으로 집필된 것이다. 따라서 이 책은 13명의 집필자들이 기울인 헌신적인 노력이 없었다면, 이처럼 빠른 기간 안에 출간되기 어려웠다. 이 책이 학문적 깊이를 지닌 연구서로 출간될 수 있도록 편집위원회의 기획에 따라 소중한 옥고를 기고해 준 집필자들의 노고에 감사드린다.

집필진을 대신하여
연세대학교 최연식

차 례

CHAPTER 04 공화주의의 한국적 변용: 왜 그리고 어떤 공화주의인가?

CHAPTER 05 범지구적 자본주의체제에서의 맑스주의

CHAPTER 06 아나키즘: 일제하 아나키즘의 수용과 '무정부주의'

CHAPTER 10 페미니즘

CHAPTER 11 포퓰리즘과 민주주의

CHAPTER 12 탈근대주의(Postmodernism)의 한국적 수용

CHAPTER 13 생명정치론

CHAPTER 01

19세기 후반 한·중·일 3국의 사회진화론 수용

최 연 식

Ⅰ. 서 론

다윈(Charles Darwin, 1809-1882)이 1859년에 『종의 기원』을 발표한 이래 진화와 발전의 문제는 19세기를 풍미했던 보편적인 화두가 되었다. 그러나 진화와 발전의 이면에는 경쟁 속의 도태라는 돌이킬 수 없는 공포가 도사리고 있었다. 적자생존의 경쟁은 발전의 원동력이기도 했지만, 진화에 뒤쳐진 후발국들에게는 공포의 대상이기도 했다. 이것이 진화와 발전의 문제에 전 세계가 더욱 열광할 수밖에 없었던 원인이었다.

그러나 진화와 발전에 대한 반응은 각국이 처한 환경과 조건에 따라 다를 수밖에 없었다. 19세기를 풍미한 사회진화론이 다양한 이론적·내용적 편차를 보일 수밖에 없었던 것도 바로 이 때문이었다. 서구 사회에서도 사회진화론은 진보와 개혁의 상징이기도 했지만, 동시에 유색인종에 대한 공포감(yellow peril)과 군사적 팽창주의를 반영하는 인종주의와 제국주의의 이론적 전초기지가 되기도 했다. 더구나 사회진화론에 내재된 이와 같은 이율배반적 성격은 진화의 법칙을 타율적으로 수용해야 하는 동양의 후발국들에게는 선망과 굴욕이 착종된 진앙이었다.

이 글에서는 첫째로 19세기 후반에 한・중・일 3국이 수용했던 사회진화론을 이념적 공통성과 역사적 특수성의 차원에서 검토하고자 한다. 물론 20세기 이후에도 사회진화론은 수면 아래에서 상당한 영향력을 발휘했지만, 적어도 동양사회에서 우승열패의 '신화'는 사회주의와 같은 새로운 대안적 담론들로 대체되어 가고 있었다. 둘째로 이 글은 일반론의 수준에서 생물학적 진화론과 사회진화론의 공통점과 차이점을 다윈과 스펜서(Herbert Spencer, 1820-1903)를 중심으로 비교하고자 한다. 사회진화론은 자연계의 진화 법칙을 사회 현상에 적용한 것이지만, 발전의 방향만 강조되는 진화론과 달리 사회진화론에서는 발전 속도의 차이가 중요하다. 셋째로 이 글은 진화론 및 사회진화론 일반에 대한 검토를 토대로 한・중・일 3국에 소개된 사회진화론의 차별성을 검토하고자 한다. 한・중・일 3국은 사회진화론을 수용하는 경로가 다를 뿐만 아니라, 사회진화론을 수용하는 수용자의 문제의식에 따라 사회의 성격과 발전 방향을 완전히 다르게 규정해 가고 있었다. 따라서 한・중・일 3국에 수용된 사회진화론의 성격 차이를 명확히 규명하기 위해서는 각국이 처한 역사적 맥락과 개인의 문제의식을 교차 검토해야 한다.

Ⅱ. 진화론과 사회진화론

산업혁명 이후 서구 사회의 비약적인 생산력 발전이 가져온 효과는 양면적이었다. 생산력의 발전은 삶의 조건을 개선시키는 효과도 있었지만, 동시에 인간을 극단적인 생존 투쟁으로 내몰았다. 특히 19세기 후반에 급속하게 진행된 생산력의 발전과 생산 수단의 집중으로 인해 생존을 위한 경쟁은 19세기 사회의 성격을 결정하는 본질적인 요소가 되었다.

생존을 위한 경쟁이 19세기 사회의 본질적인 요소가 되리라는 것을 간파한 선구적인 학자는 맬더스(Thomas. R. Malthus, 1766-1834)였다. 그는 『인구론(*An Essay on the Principle of Population*)』에서 인간이 극단적인 생존 투쟁에 휘말릴 수밖에 없는 조건을 인구 증가와 식량 생산의 불균형에서 찾았다. 1798년에 발간된 『인구론』 초판에서 그는 인간의 생존을 위해서는 식량 생산이 필수적이며, 성적 욕망에서 비롯되는 인구의 증가 속도는 인구의 생존에 필요한 식량 생산의 증가 속도를 압도한다고 밝혔다(이흥탁 1985, 33). 즉 그에 따르면, 인구는 기하급수적으로 증가하는 데 비해 식량 생산은 산술급수적으로 증가하기 때문에, 인간은 결국 생존을 위한 극한투쟁에 내몰릴 수밖에 없다는 것이다.

맬더스의 『인구론』 초판은 지롱드(Girondins) 당의 꽁도르세(Marquis de Condorcet, 1743-1794)와 영국의 이상주의자 고드윈(William Godwin, 1756-1836)의 진보적 낙관주의에 대한 반감을 반영했을 뿐만 아니라, 하류 계층의 급속한 인구 증가와 노동조합 결성에 대해 빅토리아 시대의 상류 계층이 느끼고 있었던 위기의식을 반영하고 있었다. 따라서 그는 『인구론』 초판에서 전쟁, 질병, 기근, 천재지변 등과 같은 극단적인 방법만이 인구의 증가를 억제할 수 있는 효과적인 방법이라며, 이를 인구의 증가를 억제할 수 있는 적극적 방법으로 제시했다. 그러나 그는 1803년에 발간된 『인구론』 재판본(再版本)에서는 고드윈 등의 입장을 수용하여, 이성을 가진 인간은 문명의 힘으로 생물학적인 인구 증가의 압력을 극복할 수 있을 것이라며 자신의 견해에 부분적인 수정을 가했다. 즉 그는 만혼(晩婚)과 같은 도덕적 제약과 출산을 목적으로 하지 않는 혼외(婚外)의 성생활과 같은 부도덕한 방법도 인구의 증가를 억제할 수 있는 예방적 방법이라고 주장했다(이홍탁 1985, 34-35).

맬더스가 사회이론으로 정립한 생존경쟁의 법칙을 자연의 법칙으로 환원시킨 사람은 다윈이었다. 다윈은 1831년부터 1836년까지 진행된 비글(Beagle)호의 탐험에 동승하여 남미의 생태계를 정밀하게 관찰했고, 1837년 7월부터 그동안의 관찰 기록들을 체계적으로 정리하기 시작했다. 이것은 그 스스로가 신비 중의 신비라고 지적했던 '종의 기원'에 대한 연구의 첫 출발이었다(Darwin 1999, 3). 그 후 다윈은 1838년 10월에 우연히 맬더스의 『인구론』을 읽으면서 생존경쟁 상황에서 발생하는 자연선택(natural selection)을 이론적으로 정리하기 시작했다(정용재 1988, 78). 그러나 『종의 기원(*The Origin of Species*)』의 최초 발간은 그로부터 21년이 지난 1859년에야 비로서 성사되었다.

다윈은 『종의 기원』에서 특별히 두 개의 장을 할애하여 생존경쟁과 자연선택을 다루고 있을 만큼 그에게 있어서 진화론의 기본적인 테제는 생존경쟁에 수반되는 자연선택이었다. 우선 다윈에게 있어서 생존경쟁이란 모든 유기체가 개체수를 높은 비율로 증가시키려는 경향으로부터 발생하는 필연적인 결과였다. 즉 그에 따르면, 생존경쟁이란 모든 생물이 자연적으로 도태되지 않고 기하급수적으로 증가하여 사회가 수용할 수 있는 능력보다 많은 개체수가 생존하게 될 경우, 필연적으로 발생하게 되는 동종 개체 간의 경쟁이나 이종 개체 간의 경쟁, 또는 물리적 환경 조건과의 경쟁을 의미했다(Darwin 1999, 55). 또한 다윈은 우수한 자질을 보유한 개체가 그렇지 못한 개체에 비해 생존과 번식의 가능성이 높다는 점은 의심할 여지가 없다면서, 자연선택이란 이처럼 유익한 개체의 변이는 보존되는 반면에 유해한 개체의 변이는 파괴되는 것이라고 정의했다(Darwin 1999, 69). 결국 다윈에 따르면, 자연선택이란 적지만 지속적인 누적을 통해 우수한 변이가 진행되는 것이므로, 자연선택에 의한 변화는 급격하게 진행되기보다는 짧고 완만하게 진행된다고 판단했다(Darwin 1999, 385).

이처럼 다윈은 맬더스의 『인구론』에 나타난 생존경쟁의 문제의식을 자연계의 문제로 환원하여 자연선택설을 발전시켰다. 그러나 사실 맬더스는 『인구론』에서 개인 간의 생존경쟁에 대해서는 특별히 언급하지 않았을 뿐만 아니라, 그가 언급한 민족 간의 투쟁에 있어서도 개인적으로 우월한 민족이 생존하고 열등한 민족이 도태된다는 점이 강조된 것은 아니었다. 이 점에서 다윈의 자연선택설이 부분적으로는 맬더스의 생존경쟁이라는 문제의식을 반영한 것은 사실이지만, 동시에 그것은 산업자본주의 시대를 풍미했던 자유경쟁의 이념, 특히 자유경쟁-우승열패-진보를 순차적으로 연관 짓는 휘그당 계열의 이념을 반영하고 있었다(정용재 1988, 90-91). 이 점에서 다윈의 진화론은 처음부터 생물의 진화와 관련된 순수 과학이론에 국한되지 않고 다양한 분야의 논쟁을 촉발시키며 사회과학 이론으로 활용될 수 있었다.

물론 다윈의 『종의 기원』은 주로 동식물을 포함한 자연계의 진화에 초점이 맞추어져 있었고, 이 책에 인간의 진화는 거의 언급되지 않았다. 이 점에서 다윈의 생물학적 진화론과 사회진화론 사이에는 일정한 경계가 존재하는 것도 사실이다. 그러나 다윈이 자연선택이라는 자연과학적 진화의 법칙에만 집착했던 것은 아니었다. 그는 『종의 기원』에서도 라마르크(Jean Baptiste Lamarck, 1744-1829)에 영향을 받아, 환경적 요인에 의한 진화를 강조하는 획득형질의 유전(inheritance of acquired characters) 원칙을 자연선택의 원칙과 결합시키고자 했다(Hawkins 1997, 26-27). 특히 이처럼 자연계의 진화에 대한 일반적인 법칙을 인간 사회에 적용하려는 시도는 1871년에 발표된 『인간의 유래(*The Descent of Man*)』를 통해 본격화되면서, 그의 진화론은 자연현상과 사회현상을 통합하여 설명하는 하나의 세계관으로 확립되었다(Hawkins 1997, 35-38).

그러나 집단 간 경쟁의 결과를 설명하기 위한 개념으로 '적자생존(survival of the fittest)'이라는 용어를 창안하여 본격적으로 사회진화론의 영역을 개척한 인물은 스펜서였다. 스펜서의 사회진화론은 첫째로 진화의 보편성을 주장하기 위해 개발된 보편적 발전이론, 둘째로 사회진화를 비유하거나 예증할 목적으로 고안된 생물학적 적응이론, 그리고 셋째로 사회진화 그 자체를 설명하기 위해 제시된 도덕적 적응이론으로 구성되어 있다. 진화에 관한 보편이론을 정립하려는 목적에서 개발된 보편적 발전이론은 원래 사회진화를 설명하기 위한 것이었다기보다는 창조론에 대한 비판을 목적으로 개발된 것이었다. 생물학적 적응이론은 획득형질의 유전에 관한 라마르크의 이론을 원용하여 사회진화를 설명하려는 것으로, 이 이론은 획득형질의 유전, 적자생존, 자연선택 등 세 가지 독립적인 이론들로 구성되어 있다. 도덕적 적응이론은 순수한 의미의 사회진화를 설명하기 위해 개발된 이론으로, 사회의 도덕률은 사회 환경에 대한 인간의 끊임없는 적응을 통해 완전사회가 성취될 때까지 발전한다는 것이 핵심적인 내용이다(정창인 2004, 55-68).

스펜서는 생물학적 진화의 기제를 사회 현상에 적용함으로써 진화에 관한 일반 법칙을 수립하고자 했다. 즉 스펜서는 자연과 사회의 모든 변화는 원생동물처럼 일관성이 없는 동질적인 것으로부터 인간이나 고등동물처럼 일관성이 있는 이질적인 것으로 변화한다고 생각했다(Hofstadter 1992, 37). 스펜서는 사회 구조의 변화는 원칙적으로 자연계의 변화와 동일한 양상으로 변화하며, 이러한 진화의 최종적인 목표는 평형(equilibration) 상태에 도달하는 것이라고 판단했다.

다윈이 맬더스의 영향을 받아 자연선택 이론을 발전시킨 것과 마찬가지로 스펜서 역시 맬더스의 영향으로부터 자유롭지 않았다. 즉 스펜서는 인구의 증가에서 오는 생존의 압박이 인류에게 유익한 결과를 가져다 줄 것으로 믿었는데, 이러한 사회선택(social selection) 이론은 전적으로 맬더스에게서 영향받은 것이었다. 그러나 맬더스의 사회이론을 생물학적 이론으로 환원시킨 다윈과 달리, 스펜서는 자신이 개발한 일반 법칙을 동물 세계 전반으로 확대하지 않았을 뿐만 아니라, 물리적 세계의 진화보다는 정신세계의 진화에 더 많은 관심을 기울이고 있었다. 이 점에서 스펜서의 사회진화론에 결정적인 영향을 미친 것은 라마르크의 획득형질의 유전 법칙이었으며, 그는 이에 입각하여 진화론적 낙관론을 전개했다(Hofstadter 1992, 39).

스펜서의 최초 저작인 『사회정학(*Social Statics*)』(1850)은 생물학적 원칙에 입각하여 자유방임주의를 강조하려는 목적에서 집필된 것으로, 사회개혁 입법의 긍정적 역할을 강조하는 벤담(Jeremy Bentham, 1748-1832)의 공리주의에 대한 비판적 문제의식을 담고 있다. 특히 스펜서는 '최대 다수의 최대 행복'이라는 공리주의 원칙을 제외한 모든 공리주의 윤리들을 거부했다. 대신에 스펜서는 모든 인간은 다른 사람의 동등한 권리를 침해할 수 없다는 조건 하에 자신이 원하는 바대로 행동할 권리가 있다는 점을 새로운 윤리의 기준으로 정립할 것을 제안했다(Hofstadter, 1992, 40). 따라서 스펜서가 제안한 이러한 윤리적 기준에 따르면, 국가가 수행해야 할 유일한 기능은 인간의 자유가 침해되지 않도록 보장하는 것에 불과했고, 이 점에서 그는 국가의 기능과 역할에 대해 부정적인 입장을 취하고 있었다.

스펜서는 기본적으로 자연 진화와 사회 진화 사이의 유사성을 강조하는 통합적인 세계관을 제시하고자 했다. 특히 그는 사회 유기체와 동물 유기체 사이의 차이를 인정하지 않았던 것과 마찬가지로, 인간 사회와 동물의 세계에는 공통적으로 생존경쟁이 존재한다고 생각했다. 즉 그에 따르면, 생존경쟁은 작은 집단을 큰 집단으로 발전시킬 뿐만 아니라 초기적 형태의 사회적 협력을 자극하기 때문에 사회 진화에 있어서 불가결한 요소라고 판단했다.

이처럼 스펜서에게 있어서 생존경쟁은 인간 사회와 자연계에 공통적으로 존재하는 진화와 발전의 보편적 동인이었다. 그러나 스펜서는 여기에 머무르지 않고 인간 사회의 발전 단계에 따른 생존경쟁 단위의 차이에 주목하고자 했다. 즉 스펜서에 따르면, 원시시대로부터 군사형 사회(military society)에 이르는 단계에서는 부족이나 종족 등 집단들 사이의 생존경쟁이 진보의 동인이었다면, 근대의 산업형 사회(industrial society)에서는 개인들 사이의 생존경쟁이 진보의 동인이었다고 판단했다(서정훈 1997, 184). 우선 군사형 사회에서는 전쟁 등의 생존경쟁이 생존에 부적합한 집단의 도태를 초래함으로써 사회의 크기를 증대시키고, 생존경쟁을 통해 통합된 대규모 사회에서는 역설적으로 사회의 효과적인 방어를 위해 생존경쟁을 억제하고 사회적 협력을 추진하게 된다. 물론 이 단계에서의 협력은 자발적인 협력이었다기보다는 강제적인 협력이었다. 반면에 군사형 사회가 생존경쟁을 위한 정복 활동을 반복함으로써 사회 내부의 평형이 달성된 이후에 등장하는 산업형 사회에서는 집단들 사이의 생존경쟁보다는 개인들 사이의 생존경쟁이 강조된다. 따라서 산업형 사회에서 국가의 역할은 외부의 적에 대항하기 위해 국가의 자원을 효율적으로 동원하는 것보다는 개인들 사이의 공정한 경쟁을 관리하는 최소한의 역할로 제한된다. 요컨대 스펜서는 현대 사회에서는 집단들 사이의 경쟁은 소멸될 것이며, 투쟁과 정복을 통해 사회적 연대가 강화되는 과정에서 갈등의 필요성은 제거될 것이라고 믿었고, 그 결과 사회는 생존경쟁의 원리에 따라 조직되는 군사형 사회에서 생명, 자유, 소유권을 강조하는 산업형 사회로 발전할 것이라고 판단했다. 이처럼 스펜서는 제국주의적인 군사형 사회로부터 자유방임적인 산업형 사회를 향한 진보를 낙관했다는 점에서 평화주의자이자 국제주의자였다(Hofstadter 1992, 42-43).

스펜서의 첫 책이 출간되었던 빅토리아 시대 중기는 전반적으로 신뢰와 만족의 시기였다. 영국의 물질적 번영과 산업 생산, 그리고 대외무역은 어떤 나라의 추종도 불허했고, 영국은 세계 제일의 공장지대였다. 그러나 빅토리아 시대 후반기에 들어오면서 영국은 세계열강 속의 제일인자 지위를 상실하기 시작했고, 심각한 위기들이 경제와 사회를 동요시키면서 19세기 마지막 4반세기의 상황을 극적으로 변화시켰다. 그 결과 빅토리아 시대 중기의 지식인들 사이에 뿌리 깊게 각인되었던 진보사상과 자유방임주의는 대내적으로는 시민의 복지를 위해 국가의 적극적인 통제와 조절을 강조하고 대외적으로는 식민지의 쟁탈과 분할을 위해 제국주의를 옹호하는 보수주의로 변해가고 있었다(코저 1978, 175-180).

개인주의에서 집단주의로 그리고 자유방임주의에서 국가개입주의로 이행했던 지적 조류의 변화는 영국의 지식인 사회에서 스펜서가 차지하던 지위에도 변화를 가져다주었다. 즉 자유방임적 입장을 취했던 스펜서의 개인주의적 사회진화론은 영국사의 향방이 자유방임적 야경국가의 분위기에서 대외적인 제국주의와 대내적인 국가개입주의로 변함에 따라 설득력을 상실하기 시작했다. 그리고 영국의 독자들은 스펜서 대신에 불황과 실업, 빈곤 등의 사회문제 처리에 국가의 강력한 개입을 요구했던 벤저민 키드(Benjamin Kidd, 1858-1916)의 사회진화론에 주목했다. 스펜서의 사회진화론이 빅토리아 중기에 향유되었던 낙관론의 산물이었다면, 키드의 사회진화론은 고난에 찬 빅토리아 후기를 지배했던 비관론의 산물이었다(서정훈 1997, 197).

빅토리아 시대 후기의 영국 독자들은 스펜서의 곁을 떠났지만, 영국인들이 떠난 자리에 새로운 스펜서의 독자로 등장한 이들은 미국인들이었다. 19세기 후반의 미국인들이 스펜서에 열광했던 것은 스펜서의 철학이 미국적 상황에 잘 부합된다고 판단했기 때문이다. 스펜서의 이론에 열광했던 시기의 미국은 적어도 경제적으로는 자유방임적 자본주의 질서가 우위를 차지하고 있던 시기였다. 그리고 이론적인 측면에서도 당시의 미국인들은 스펜서의 사회진화론이 생물학과 물리학에 기초한 과학적 진보 이론과 포괄적인 세계관을 제공해 줄 수 있다고 판단했다(Hofstadter 1992, 31). 특히 섬너(William Graham Sumner, 1840-1910)는 스펜서의 결정론과 점진적 사회진화의 관점을 공유한 대표적인 미국의 사회진화론자였다(Hofstadter 1992, 55-57). 1870년대부터 1890년대 초반까지 섬너는 대중 잡지와 강연 등을 통해 국가개입주의와 사회주의의 부당성을 비판하면서, 자유방임경제와 자유무역을 옹호하는 입장을 전파했다(김덕호 1994, 582).

특히 1890년대 이후 미국의 사회개혁가들은 사회적 약자를 배려하기 위한 강자의 역할과 다양한 사회 정책의 도입을 강조했다. 이 점에서 이 시대의 미국 사회를 풍미했던 사회진화론은 일반적인 의미에서의 사회진화론(social Darwinism)과는 구분되는 개혁적 사회진화론(reform Darwinism)이라고 정의할 수 있다. 즉 반동적이고 비관적이며 자연주의적인 사회진화론과 달리 개혁적 사회진화론은 진보적이며 낙관적이며 도덕적인 특징을 지니고 있었다. 예컨대 빈곤과 착취를 변명했던 생존경쟁, 자연선택, 적자생존 등과 같은 사회진화론의 표어들은 적응(adaptation), 상호부조(mutual aid), 그리고 타인의 생존을 위한 경쟁

(struggle for the life of others)을 강조하는 개혁적 사회진화론의 표어들로 대체되었다(Bannister 1979, 3-4). 이 점에서 사회진화론에 대한 부정적 인식은 반동세력이 다윈주의를 악용하여 만들어낸 잘못된 '사회진화론의 신화'로부터 비롯되었으며(Bannister 1979, 9), 오히려 모든 사회진화론은 본질적으로 개혁적 사회진화론이었다고 평가할 수 있다(Bannister 1978, 158).

그러나 사회진화론의 이론사 전체를 조망할 때, 개인주의적 사회진화론이 쇠퇴하면서 집단주의적 사회진화론이 등장하기 시작했고, 적자생존의 원칙은 주로 국내의 기업 간 경쟁과 대외팽창을 지지하는 이론으로 활용되었던 점을 부인하기 어렵다(Hofstadter 1992, 203-203). 특히 일부의 사회 개혁가들은 진화의 원칙을 평등에 관한 신념을 부정하는 인종주의적 관점의 정당화에 사용하기도 했다. 예컨대 이러한 유형의 극단적 사회진화론이 갈통(Francis Galton, 1822-1911)의 우생학(eugenics)에 기초한 인종주의적 진화론과 적자생존의 개념을 국가 간의 전쟁에 적용한 제국주의적 진화론이었다. 우생학은 유전적 물질인 원형질(germ plasm) 이론에 입각하여 환경이 유전에 결정적인 역할을 한다는 이론을 부정하고 원형질만이 유전에 관여한다는 유전자 결정론을 주장했다. 특히 1890년대에 우생학자들은 특정한 인종 집단이 자연적으로 다른 인종 집단들에 비해 우월하다는 가정을 전제로, 영국의 경우처럼 부적응자의 단종을 강조하는 법을 통과시키거나 미국의 경우처럼 흑인을 이등 시민으로 분리하는 '짐 크로우 법(Jim Crow Law)'을 묵인하는 등의 인종주의적 입장을 표방했다(김덕호 1994, 585-588). 또한 사회진화론은 국가 간의 전쟁을 진보의 원동력으로 파악하는 제국주의론과 결합되기도 했다. 예컨대 영국의 사회진화론자들은 국가 간의 투쟁에서 생물학적 우월성을 강조함으로써, 보어 전쟁(Boer War)을 둘러싸고 제기된 국가 효율성(national efficiency) 논쟁에 이론적 토대를 제공했다(김덕호 1994, 593). 또한 미국의 경우에는 1898년의 미서전쟁, 1899년의 사모아 군도(Samoan Islands) 분할, 1900년의 의화단사건 진압, 1902년의 필리핀 반란 진압 등에 개입함으로써(Hofstadter 1992, 170), 인종주의와 결합된 제국주의적 팽창의 논리가 나타나기 시작했다. 요컨대 서구의 사회진화론은 산업자본주의 시대의 무한경쟁과 유색 인종의 공습에서 초래된 위기감을 인종주의적 우월감과 제국주의적 팽창의 논리로 극복하려 했다는 점에서 공포와 자신감이 착종된 형태로 전개되고 있었다.

Ⅲ. 일본과 중국의 사회진화론

1. 일본의 사회진화론

1853년에 페리(Matthew C. Perry, 1794-1858) 제독이 포함(砲艦) 외교를 통해 일본에 개항을 요구하자, 일본 사회는 국제 사회의 압력에 효과적으로 대처하면서 동시에 대내적 독립을 유지해야 하는 이중의 과제에 직면하게 되었다. 따라서 1868년에 유신을 단행한 메이지 정부는 일본이 처한 대내외적 위기를 극복하기 위해 세 가지 목표를 설정하고 사회 전반에 대한 전면적인 개혁을 추진하기 시작했다. 1870년대에 일본이 수용한 진화론은 메이지 정부가 추진한 세 가지 정책적 목표에 따라 서로 다른 사회적 함의를 갖게 되었다. 첫째로 일본 사회가 진화론을 수용한 사회적 맥락은 정부 주도의 급속한 근대화와 이를 위한 동원에 저항했던 자유주의적 지식인들의 자유민권운동과 관련되어 있었다. 둘째로 메이지 정부는 외세의 위협에 대항하여 대내적 독립을 유지하려 했지만, 서구 제국과 체결한 불평등 조약을 개선하려는 과정에서 수용된 진화론은 오히려 그들에게 인종적 열등감을 안겨 주었다. 셋째로 메이지 정부가 대내적 통합과 집단적 이데올로기를 창출하는 과정에서 일본인들은 진화론을 활용하여 그들의 물리적 열등감을 도덕적 우월감으로 승화시킴으로써 일본인의 자의식을 고양시키고자 했다 (Unoura 1999, 236-238). 이 점에서 일본의 진화론은 서구의 물리적 위력에 대한 공포와 열등감 그리고 도덕적 우월감과 근대화를 향한 열망이 착종된 형태로 전개되고 있었다.

사회진화론이 일본 사회에 소개된 경로는 크게 세 가지로 압축될 수 있다. 첫째로 1874년부터 1889년 사이에 자유주의적 민권운동을 전개하는 과정에서 스펜서의 사회진화론이 소개됨으로써, 사회진화론은 강력한 정부를 지향하는 메이지 정부에 대한 공격 무기로 활용되었다. 둘째로 영국에 파견된 메이지 정부의 고위 관료들과 외교관들이 스펜서의 사회진화론을 소개하는 과정에서, 후진국 사회의 관료들을 위해 제안한 스펜서의 개인적인 충고가 메이지 정부의 보수적인 정책에 영향을 미쳤다. 셋째로 1877년에 동경대학에 초빙된 하버드(Harvard) 대학 출신의 모스(Edward Sylvester Morse, 1838-1925)와 페놀로사(Ernest Francisco Fenollosa, 1853-1908)가 스펜서의 사회학을 가르침으로써, 동경대학이 일본 사회진화론의 중심지가 되었다(Yamashita 1984, 79-85).

모스는 1877년에 동경대학의 동물학 교수로 초빙되어 1879년까지 동물학과 진화론을 가르치면서, 일본 사회에 진화론을 소개한 최초의 인물이었다. 특히 그는 오오모리 패총(大森貝塚)의 인류학적 중요성을 강조함으로써, 스펜서의 진화론적 관점에 입각하여 일본 역사에 존재하는 진화의 증거를 제시하고자 했다. 즉 그가 오오모리 패총을 서구 사회에만 존재하는 것으로 알려진 역사적 전환의 일본적 증거로 제시하자, 이것을 일본의 지식인들은 일본 사회를 열등한 사회로 인식하는 19세기 빅토리아 시대의 차별적 세계관을 해소할 수 있는 대안으로 받아들였다(Cross 1996, 335-336).

물론 모스의 진화론에 대한 강의와 강연은 동식물의 사례를 무차별적으로 인간 사회에 적용할 정도로 조잡한 것이었다. 그러나 메이지 시대의 일본 지식인들에게는 그가 서구 사회의 권위 있는 견해를 대변하지 않는다고 생각할 이유가 전혀 없었다. 오히려 그들은 모스의 사회진화론이 민족주의를 지지하고 민주주의 확산을 지연시키려는 메이지 시대의 담론에 대한 과학적 설명의 토대를 제공해 줄 있을 것으로 기대했다. 모스의 강연은 사회불안을 진정시킬 교육적 목적에서 대중적인 포럼의 형태로 진행되었고, 일본 정부의 고위 관료와 전통적인 엘리트 계급 사이에도 상당한 반향을 일으켰다(Cross 1996, 336-338).

이처럼 1870년대 중반부터 일본의 지식인들이 사회진화론에 열광했던 것은 이것이 문명의 발전에 관한 보편적이고 과학적인 법칙을 제공해 줄 수 있다고 믿었기 때문이다. 즉 이 시기 일본의 지식인들은 스펜서의 사회진화론이 유럽 문명의 발전을 설명하는 가장 핵심적인 이론일 뿐만 아니라, 비서구 사회인 일본의 발전 방향에 대한 확실한 전망을 제공해 줄 수 있는 이론체계라고 믿었다(Matsuzawa, 1984, 210). 특히 개인들 사이의 생존경쟁을 강조하는 모스의 이론은 메이지 시대의 정치적 권리 담론에 새로운 초점을 제공해 주었다.

사실 모스가 일본에 도착하기 전까지만 해도 일본인들이 이해할 수 있는 진화론에 관한 정보는 지극히 제한되어 있었다. 모스 이전에 일본인들이 진화론에 접할 수 있었던 유일한 책은 신도(神道) 승려였던 아오이카와 노부치카(葵川信近)가 1874년에 집필한 『北郷談』이었는데, 이 책도 사실은 신도, 불교, 유교의 교리를 옹호할 목적에서 진화론을 활용한 것에 불과했다(Cross 1996, 339). 특히 모스가 일본에 도착한 1877년부터 1888년까지 12년간 20여권의 진화론 관련 서적들이 번역 출간되었던 사실에서 확인할 수 있듯이(정용재 1988, 154), 일본 진화론의 발전에 미친 모스의 영향은 직접적이고 결정적이었다. 예컨대 일본 최초의 진화론에 관한 서적은 이자와 슈지(伊澤修二)가 1879년에 번역한 토마스 헉슬리(Thomas Huxley)의 『종의 기원 강의(*Lectures on the Origins of Species*)』였으며, 다윈의 『인간의 유래(*Descent of Man*)』는 1881년에 코즈 센자부로(神津專三郎)에 의해 『인조론(人祖論)』이라는 제목으로 처음 번역되었다. 타치바나 센자부로(立花銑三朗)가 『종의 기원』의 일본어 완역본을 출간한 것은 이로부터 15년이 지난 1896년이었다(Shimao 1981, 97-99).

그러나 모스의 영향 아래 발전한 일본의 진화론은 처음부터 서구의 진화론과는 다른 색채를 띠고 전개되었다. 모스의 진화론과 모스의 영향 아래 발전한 일본 진화론 사이의 가장 큰 차이점은 자유 민권에 대한 인식이었다. 즉 모스는 비록 개인들 사이의 생물학적 차이를 강조했지만, 그것은 어디까지나 소수자들이 기존 질서에 위협을 가하는 경우로 제한되어 있었다. 반면에 일본의 사회진화론자들은 개인들 사이의 생물학적 차이에 대한 관념을 비민주적인 질서의 현상유지를 정당화하는 데 활용했다. 예컨대 일본의 대표적인 사회진화론자였던 카토 히로유키(加藤弘之, 1836-1916)는 1882년에 출간된 『인권신설(人權新說)』에서 개인들 사이의 생물학적 우열을 근거로 대중의 정치적 권리를 분명하게 부정했다(Cross 1996, 338-339).

원래 카토 히로유키의 학문적 출발점은 자유민권사상이었다. 그는 1861년에 『인초(隣草)』를 집필하여 서구의 입헌주의를 일본에 최초로 소개했다. 그는 이 책에서 서구의 정치제도는 맹자가 말한 인화(人和)를 보장하는 제도라고 판단하면서, 이러한 제도를 실현하기 위해서는 전제적 통치를 상하분권(上下分權) 또는 만민동권(萬民同權) 체제로 전환해야 한다고 주장했다(Wakabayashi 1984, 471-479). 그 후 그는 『입헌정체략(立憲政體略)』(1868)에서는 만민동권을 강조하는 직접민주주의보다는 상하분권을 강조하는 입헌군주제를 옹호하면서, 입헌정체는 위로부터 갑자기 주어지는 것이 아니라 대중들에 대한 계몽을 토대로 신중하게 형성되어야 한다는 입장을 피력했고, 『진정대의(眞政大義)』(1870)에서는 유교적 천부인권(天賦人權) 관념을 발전시켜 인간의 본래적 욕망을 긍정하면서 동시에 자신의 욕망을 정부의 통제에 종속시킴으로써 행복과 안전을 성취할 수 있다고 주장했다(Wakabayashi 1984, 479-489). 뿐만 아니라 그는 후쿠자와 유키치(福澤諭吉, 1835-1901)와 함께 '명육사(明六社)'라는 계몽단체의 핵심적 인물로 활동하면서, 존 스튜어트 밀(John Stuart Mill, 1806-1873), 헨리 토마스 버클(Henry Thomas Buckle, 1821-1862), 토마스 페인(Thomas Paine, 1737-1809) 등 서구 자유주의 사상가들의 저서를 번역하는 한편, 명육사의 기관지 『명육잡지(明六雜誌)』에 대한 기고를 통해 계몽활동 일선에도 활발하게 참여했다(Cross 1996, 328).

이처럼 카토 히로유키는 1870년대까지는 주로 서구의 자유주의와 입헌주의를 적극적으로 수용했지만, 1880년대 이후에는 사회진화론에 경도되기 시작했다. 특히 1882년에 발표한 『인권신설』은 카토 히로유키의 입장이 변화된 이후 출간된 최초의 저서로, 그는 이 책에서 천부인권설을 기반으로 주장했던 근대 국가의 정치원리를 반박하면서, 자유민권운동의 평등주의적 이데올로기는 인간들 사이의 차별성을 강조한 다윈의 이론에 따르면 과학적인 근거가 없는 잘못된 주장이라고 비판했다(Unoura 1999, 241). 그 후 카토 히로유키는 『인권신설』이 자연계의 법칙을 인간 사회에 무분별하게 적용했다는 자유민권론자들의 비판을 받고 독일 국가학을 수용하여 1893년에 『강자의 권리의 경쟁』이라는 책을 썼다. 그는 이 책에서 강자의 권리란 자연의 산물이며, 강자의 권리를 위한 경쟁은 개인의 자유나 권리뿐만 아니라 사회의 발전과 완전함을 위하여 필수적이고 유용한 것이라고 주장했다(전복희 1996, 62-64). 게다가 그는 완전히 개명된 국가가 아닌 일본으로서는 부득이하게 전제정치의 시행이 필요하다고 주장함으로써 천황의 신격화를 추구했고(김도형 2007, 183-184), 결국 만년에는 국가유기체설을 기반으로 천황주권을 변호하는 '입헌적 족부통치론(立憲的 族父統治論)'을 제시하여 천황의 국가에 대한 국민의 맹목적 복종을 강요했다(전복희 1996, 70).

그러나 그의 사상적 전환은 단순한 전환의 측면 보다는 연속성의 측면에서 이해될 필요가 있다. 즉 카토 히로유키의 계몽사상은 처음부터 유교 관념과의 연관 속에서 이해된 것이었고, 그는 자유민권운동 기간 중에도 사회계약 관념에 표현된 근대 자연권 개념을 부정했다(Wakabayashi 1984, 470). 카토 히로유키가 스펜서의 『사회학 원리(*Principles of Sociology*)』에서 읽었던 것은 제2권 5부의 7개장뿐이었고, 그의 『인권신설』이 주로 의존했던 것은 독일 사회진화론자들의 이론이었다는 점을 고려한다면, 그의 국가유기체설은 스펜서의 사회진화론보다는 독일 국가학의 영향에 의한 것이었다(Yamashita 1984, 87).

미국에서 유행한 스펜서식의 사회진화론이 경쟁을 통한 진보라는 낙관적 색채를 띠고 있었던 것임에 비해서, 일본의 사회진화론은 서구의 충격에 대한 공포와 대내적 통합을 향한 열망이 착종된 형태로 나타나고 있었다. 예컨대 페리 함대의 개항 요구 이후 일본인과 외국인의 안전한 잡거를 허용해야 하는 이른바 '내지잡거(內地雜居)' 상황에 대해 카토 히로유키 등이 보인 반응의 변화가 이러한 인식의 착종을 단적으로 보여주고 있다. 즉 1890년대 일본의 사회진화론자들은 우등한 서구인과 열등한 일본인의 내지잡거로 인해 일본 인종이 멸종될 것을 우려했지만, 1900년대 이후 이들은 개인 간의 생존경쟁을 천황에 대한 맹목적인 충성 경쟁으로 전환함으로써 1890년대의 공포감을 극복하고자 했다. 이 점에서 일본의 사회진화론자들이 강조한 자기선택(self-selection)을 통한 도덕적 진화란 생물학적 인종주의를 관철할 수 없었던 일본 지식인들의 불가피한 선택이었다(Unoura 1999, 243-249).

2. 중국의 사회진화론

청(淸) 말의 중국인들은 양무운동(洋務運動)과 변법운동(變法運動)을 통해 낡은 중국을 개혁하려고 노력했지만, 청일전쟁의 패배라는 예기치 못한 치욕은 그들에게 서구화된 일본의 정신적 동력을 재인식하는 계기를 제공해 주었다. 당시 일부 중국인들이 사회진화론에 주목하게 되었던 것은 바로 이러한 중국의 저발전과 일본의 발전을 설명할 이념적 동력을 찾으려는 노력의 소산이었다.

중국 사회에 사회진화론이 처음 소개된 것은 서양 선교사들의 번역을 통해서였다. 즉 1873년에 찰스 라이엘(Charles Lyell)의 『지질학 요론(*Elements of Geology*)』 제6판이 번역 소개되면서 다윈의 존재가 중국인들에게 알려지기 시작했고, 그 후에도 다윈에 관한 언급은 1877년, 1884년, 1891년에 소개된 선교사들의 번역물들에도 등장했다. 그러나 선교사들이 소개한 초기의 번역물들은 대부분 다윈에 대한 초보적인 수준의 간략한 언급에 불과했다(Pusey 1983, 4-5). 그 후 중국 사회에 사회진화론을 본격적으로 소개한 사람은 1897년에 헉슬리의 『진화와 윤리(*Evolution and Ethics*)』를 『천연론(天演論)』이라는 제목으로 번역한 옌푸(嚴復, 1853-1921)였다.

옌푸는 푸젠성(福建省)의 향신(鄕紳) 집안 출신으로, 푸저우(福州)의 조선소에 부속으로 설치되어 있던 우정학당(郵政學堂)에 입학하여 서학(西學)을 배웠다. 당시 우정학당에는 프랑스어를 사용하는 조선(造船) 학교와 영어를 사용하는 항해(操船) 학교가 있었는데, 옌푸는 항해 학교를 선택하여 영국 문화와 접촉할 기회를 처음으로 갖게 되었고, 1877년부터 2년간 양무파(洋務派)의 추천으로 영국에 유학하면서 영국이 부강하게 된 원인에 관심을 갖게 되었다. 그는 귀국 후 1890년에는 리훙장(李鴻章)이 신설한 북양해군사관학교(北洋水師學堂)의 교장으로 승진했지만, 과거를 거치지 않은 그로서는 실질적인 정책결정과정에는 전혀 영향을 미칠 수 없는 영원한 국외자에 불과했다. 따라서 그는 이를 만회하기 위해 세 번에 걸쳐 과거에 응시했지만 모두 낙방했다. 그 후 그는 청일전쟁 기간 동안 저술과 번역에 몰두하면서, 중국의 위기 해결과 서양의 성공 비밀을 푸는 열쇠를 스펜서적인 종합(synthesis)에서 찾고자 했다(정용재 1988, 163-164; 슈워츠 2006, 67-82).

옌푸가 『천연론』의 번역에 착수한 때는 청일전쟁으로 중국의 위기가 현실화되던 1894년 또는 1895년이었다. 사실 『진화와 윤리』에 대한 옌푸의 번역은 번역이라기보다는 원문의 요약에 가까웠고, 직역보다는 의역을 지향했다. 더욱이 옌푸는 헉슬리를 자의적으로 해석했을 뿐만 아니라, 헉슬리를 활용하여 스펜서의 견해를 해설하고자 했다. 즉 옌푸는 헉슬리의 『진화와 윤리』를 단순히 진화론만 강조하는 『천연론』으로 번역함으로써, 인간의 윤리적 가치를 수호하려 했던 헉슬리의 주장을 논박하고 우주 진화의 원리를 사회적 · 정치적 문제에 적용하려 했던 스펜서의 '진화의 윤리'를 옹호하고자 했다. 요컨대 옌푸는 『진화와 윤리』를 『천연론』으로 번역함으로써 역설적으로 헉슬리가 아닌 스펜서의 사회진화론이 지니는 가치와 의미를 중국의 젊은 독자들에게

환기시키고자 했다(슈워츠 2006, 139-161).

옌푸가 스펜서의 저작 대신에 자신의 견해와 부합되지 않는 헉슬리의 저작을 선택한 것은 무엇보다도 번역상의 난점 때문이었다. 그 스스로 밝혔듯이, 스펜서의 저작은 너무 방대하고 심오했기 때문에 성급하게 번역할 수 없었다(嚴復 1998, 58). 대신에 그는 헉슬리의 진화론에 대한 간명한 해설과 자유방임주의에 대한 비판이 중국 사회를 구망(求亡)하는 데 보다 효과적이라고 판단했기 때문에 『진화와 윤리』를 번역하기로 결심했다(皮后鋒 2003, 165). 이 점에서 『천연론』은 단순히 스펜서를 옹호하기 위하여 헉슬리를 비판한 책이 아니라, 스펜서의 무절제한 개인주의에 대한 헉슬리의 비판적 관점을 수용함으로써 사회적 연대의 실현을 통해 중국 사회 내부의 경쟁을 외부 사회와의 경쟁으로 승화시켜야 한다는 중국 사회의 당면 과제를 반영하고 있었다(Pusey 1983, 158-162).

사실 스펜서의 자연선택과 적자생존의 논리는 해가 지지 않는 나라 영국의 이익을 대변하고 있었다는 점에서, 옌푸가 열망했던 중국의 멸망을 구원하고 생존을 기도하는 구망도존(求亡圖存)의 애국사상과는 대립되었다. 따라서 옌푸는 스펜서의 '자연에 맡겨 다스린다(任天爲治)'는 주장을 '말류의 오류'라고 비판하면서, 이것을 헉슬리의 '자연과 승패를 겨룬다(與天爭勝)'는 관점으로 보충하고자 했다. 요컨대 옌푸는 사회윤리와 자연의 진화를 구분하는 헉슬리의 관점에는 동의하지 않았지만, 인간은 피동적으로 자연의 진화를 수용하는 존재가 아니라 자연과 투쟁하는 적극적인 존재라는 헉슬리의 주장에 동의했다. 이 점에서 옌푸가 헉슬리와 스펜서를 절충한 것은 일견 모순처럼 보이지만, 실제로는 중국적 상황에 부합하는 합리적인 창조였다(리쩌허우 2005, 431-442).

옌푸는 자연선택이라는 개념을 '물경(物競)'과 '천택(天擇)'이라는 중국적 개념으로 번역해 사용했다. 옌푸는 진화, 즉 '천연(天演)'을 모든 자연계의 변화에도 불구하고 변화하지 않는 보편법칙으로 판단했고, '천연'을 본체로 그리고 '물경'과 '천택'을 그 작용으로 이해했다. 옌푸에 따르면, '물경'이란 만물이 스스로를 보존하기 위해 상호 경쟁하는 것으로 이러한 생존을 위한 상호 경쟁은 결국 '천택', 즉 자연선택을 초래하게 된다. 또 '천택'이란 어떤 종이 자연으로부터 부여받은 자질과 자연환경의 적절한 조절을 통해 생존경쟁에서 살아남는 것을 의미한다(嚴復 1998, 42).

옌푸는 스펜서로부터 사회 유기체의 부강은 개인의 잠재된 힘에서 유래한다는 확신을 얻었다. 즉 옌푸는 스펜서를 통해 각 개인의 계발된 자기 이익이 국가의 부강을 추진하는 원동력이며, 자유 · 평등 · 민주주의는 이러한 계발된 자기 이익을 제대로 발현시키는 환경, 즉 인간의 육체적 · 지적 · 도덕적 잠재력이 실현되는 환경을 마련해 준다는 확신을 갖게 되었다. 이 점에서 옌푸는 중국의 권위주의적 압제에 격렬하게 저항하는 서구 민주주의의 옹호자였다(슈워츠 2006, 106-116). 그런데 여기에서 주목할 것은 옌푸가 생존경쟁의 단위를 개인으로 파악하지 않고 군(群)으로 인식했다는 점이다. 군(群)을 생존경쟁의 기본 단위로 인식하는 발상은 순자(荀子) 이래 중국 사회의 오랜 전통이기도 했다. 사실 옌푸는 처음부터 동일한 종 내부의 경쟁이 진화를 가져온다는 다윈의 견해에는 전혀 관심을 기울이지 않았다. 대신에 그는 집단(群)과 집단(群) 사이의 경쟁을 강조했고, 그가 스펜서의 『사회학(*The Study of Sociology*)』(1873)을 『군학이언(群學肄言)』(1903)이라고 번역한 것도 이러한 이유에서였다(Pusey 1983, 63-64).

옌푸는 스펜서의 사회유기체론을 받아들여 개인의 차원에서는 육체와 정신이 서로 의지하듯이, 사회에서는 물질적 힘과 도덕이 서로 의존하다고 생각했다(嚴復,『原强』; 슈워츠 2006, 103 재인용). 그러나 스펜서는 개인과 국가의 관계에서 개인을 강조했지만, 옌푸는 국가를 강조했다. 즉 스펜서는 사회를 개인의 목표를 증진시켜 주는 도구로 파악한 반면에 옌푸는 개인을 사회와 국가의 목표를 증진시켜 주는 도구로 파악했다. 옌푸는 개인과 국가의 관계를 유기체적 관점에서 파악했지만, 개인과 사회의 가치가 양립하는 상황에서는 사회의 이익을 위해 개인의 이익을 희생시켜야 한다고 판단했다(嚴復 1998, 422). 이 점에서 옌푸의 사회진화론은 스펜서의 사회진화론을 헉슬리의 방식으로 변형시켰을 뿐만 아니라, 그것을 다시 중국적 맥락에 맞게 변형시킨 이중 변주의 산물이었다.

옌푸가 번역을 통해 사회진화론을 중국 사회에 체계적으로 소개하는 데 기여했다면, 사회진화론의 대중화를 이끌었던 인물은 량치차오(梁啓超, 1873-1929)였다. 그러나 량치차오는 사회진화론자가 되기 이전에 캉유웨이(康有爲, 1858-1927)의 제자였고, 이 점에서 그는 처음에는 소박한 진보주의자로 출발했다. 캉유웨이의 대동사상은『춘추공양전(春秋公羊傳)』과『예기(禮記)』,『예운(禮運)』편의 삼세(三世)설에 입각하여 역사의 진보를 거란(據亂), 승평(升平), 대동(大同)의 세 단계로 구분했다. 그러나 캉유웨이에 따르면, 대동의 단계에서는 반드시 금지되어야 하는 것이 네 가지 있었는데, 그 중의 하나가 경쟁이었다. 캉유웨이는 경쟁을 당연한 것으로 여기는 다윈의 생각은 잘못된 것이며, 진화론은 무지의 산물이라고 주장했다(康有爲 1991, 588).

량치차오는 옌푸의『천연론』이 정식으로 출간되기 전인 1896년에 초고를 읽고 사회진화론에 관심을 갖기 시작했다(張灝 1995, 35). 그 후 그는 1897년 3월에 옌푸에게 보낸 편지에서 "천하에 나를 이해하고 나를 가르쳐 준 이는 부모님과 스승 이외에 옌푸만한 선생님이 없었다"

고 토로할 정도로 옌푸의 '천연'적 세계관에 동조했다(양일모 2007, 103). 특히 량치차오는 캉유웨이의 대동사상을 기반으로 옌푸의 진화론을 받아들임으로써 중국인들에게 변법(變法)의 필연성을 설득하고자 했다. 즉 량치차오는 대동삼세론에 따라 정치체제의 발전을 다군(多君)이 지배하는 시대, 일군(一君)이 지배하는 시대, 그리고 민이 지배하는 민주주의 시대로 구분하면서, 중국도 필연적으로 민주주의로 발전하게 될 것이며 군주제로 퇴보하는 일은 없을 것이라고 주장했다(조경란 1994, 74-75).

그러나 량치차오가 진정한 사회진화론자가 되기 위해서는 캉유웨이를 극복해야 했다. 그는 1898년에 무술변법이 실패하여 일본으로 망명하면서 캉유웨이의 대동사상과 유교적 사고에서 벗어나기 시작했다. 량치차오는 1898년 10월 16일 일본에 도착한 이후 곧바로 일본어로 번역된 서양 서적과 일본인들의 저서를 탐독하기 시작했고, 12월 23일에는 망명한 유신 인사들과 함께 서양의 민권사상을 보급할 목적에서 『청의보(淸議報)』를 창간하여 100회까지 발간했고, 1902년부터는 『신민총보(新民叢報)』를 발간하기 시작했다. 특히 량치차오는 1901년에 『청의보』를 통해 「홉스 학안」, 「스피노자 학안」, 「루소 학안」 등의 글을 발표했으며, 1902년에는 『신민총보』에 「아리스토텔레스의 정치학설」, 「진화론의 혁명가 키드의 학설」, 「근세 문명의 시조 2대가의 학설(베이컨 학설, 데카르트 학설)」, 「천연학 시조 다윈의 학설과 간략한 전기」, 「법리학 대가 몽테스키외의 학설」, 「공리주의의 태두 벤담의 학설」, 「근세 제일의 대철학자 칸트의 학설」 등의 글을 발표했고, 1903년에는 「정치학 대가 블룬츨리의 학설」을 발표했다(양일모 2007, 104).

특히 량치차오가 블룬츨리(Johann Kaspar Bluntschli, 1808-1881)의 학설을 소개한 글은 1903년에 발표되었지만, 블룬츨리의 『교양인을 위한 독일 국가학(*Deutsche Staatslehre für Gebildete*)』(1874)을 번역한 『국가론』을

『청의보』에 연재하기 시작했던 것은 1899년 4월이었다. 그러나 이 시기에 집필된 량치차오의 글들에서는 블룬츨리의 영향을 찾아보기 어려울 뿐만 아니라, 오히려 당시에 그는 블룬츨리의 국가유기체설 보다는 캉유웨이의 대동사상을 소개하는 활동에 주력하고 있었다(이혜경 2002, 204-205). 량치차오의 생각의 변화는 1899년 8월 「자유서(自由書)」를 연재하면서부터 나타나기 시작했다. 처음에는 량치차오도 루소의 『민약론(民約論)』, 몽테스키외의 『법의 정신』, 그리고 밀의 『경제학』 등을 서양의 근대문명을 선도한 저작들이라고 극찬했다. 그러나 10월 25일의 「강권에 대해 논함(論強權)」에서는 자유나 평등 같은 천부의 인권을 부정하면서 강자가 약자를 제어하는 것은 진화의 최대 공리라고 주장했다. 이 무렵 량치차오는 스펜서와 달리 천부인권을 부정하면서 개인의 권리보다는 강자를 위한 경쟁을 강조했던 카토 히로유키의 사회진화론에 영향을 받고 있었다(이혜경 2002, 205-206). 이처럼 량치차오는 1900년을 전후하여 서양의 철학과 사상을 탐독하면서 사회진화론의 문제의식에 접근하기 시작했으며, 이 때 그가 이해했던 사회진화론은 주로 '진화', '생존경쟁', '적자생존', '우승열패' 등과 같은 일본식 한자어로 된 사회진화론이었다.

변법운동에 참여하여 중국을 개혁하려 했던 량치차오는 기본적으로 제도의 개혁과 혁명에 관심을 갖고 있었다. 그에게 있어서 혁명은 전제정치에 대한 정치 혁명, 만주족에 대한 한족의 인종 혁명, 그리고 봉건적 유교 윤리에 대한 도덕 혁명을 의미했다. 그 중에서 량치차오가 특히 강조했던 것은 국민을 새롭게 하는 도덕 혁명이었다. 특히 그는 1902년 2월 『신민총보』 창간호부터 「신민론(新民論)」을 연재하면서 새로운 도덕관을 가진 새로운 국민상을 제시하고자 했다. 량치차오에게 있어서 새로운 국민에게 요구되는 도덕은 원래 집단의 이익을 위한

'공덕(公德)'과 개인의 이익을 위한 '사덕(私德)'으로 구성된 것으로 두 가지 모두 사회의 발전에 필수적인 것이었다. 그런데 문제는 중국의 경우 도덕이 발전했다고 하더라도 그것은 주로 사덕에 편중되어 있었고 공덕은 거의 결여되어 있었다는 점이다(梁啓超 1998, 62-66). 이러한 문제를 해결하기 위하여 량치차오는 집단을 이롭게 하지 않고는 개인을 이롭게 할 수 없다고 하면서(梁啓超 1998, 68), 개인의 이익보다 국가의 이익을 우선하는 국가주의적 관점을 제시했다.

량치차오의 사회진화론은 다윈, 루소, 벤저민 키드, 블룬츨리 등의 다양한 서구의 지적 전통과 카토 히로유키의 일본적 전통, 그리고 그에 영향을 받은 옌푸의 문제의식이 결합되어 형성되었다. 이 과정에서 량치차오는 새로운 도덕관을 가진 국민상을 제시하면서 중국 고유의 도덕전통을 부정했다. 그러나 캉유웨이의 권유로 1903년 2월부터 미국을 방문한 이후, 그는 다시 사덕(私德)을 강조하면서 도덕을 진정으로 실천하기 위해서는 조종(祖宗)의 유산과 전통에 근거를 두어야 한다는 점을 강조했다(梁啓超 1998, 209-210).

Ⅳ. 한국의 사회진화론

일반적으로 한국 사회에 사회진화론이 본격적으로 도입된 것은 1900년대로 알려져 있지만, 유길준(俞吉濬, 1856-1914)과 윤치호(尹致昊, 1865-1945)는 이미 1880년대부터 사회진화론의 지적 세례를 받기 시작했다. 이들은 1881년에 신사유람단(紳士遊覽團)의 일원으로 일본에 파견되어 일본의 지식인들로부터 생존경쟁과 약육강식의 세계상을 전해 듣고 처음으로 사회진화론의 문제의식에 접근하게 되었다. 더욱이 유길준과 윤치호는 신사유람단이 귀국한 이후에도 각각 경응의숙(慶應義塾)과 동인사(同人社)에 최초의 외국인 유학생으로 입학하여 서양의 근대 학문과 사회진화론을 접할 기회를 가졌다. 그러나 유길준과 윤치호의 일본 유학이 1882년 임오군란의 발발로 중단되자, 이들은 다시 미국행을 결심하고 그곳에서 본격적으로 일본이나 중국을 경유하지 않은 서구의 사회진화론을 본격적으로 수용하게 되었다.

유길준은 1883년 가을에 보빙사(報聘使)의 일원으로 미국행에 동행하여 한국인 최초의 미국 유학생이 되었다. 그는 당시 피바디 박물관(the Peabody Museum) 관장으로 재직하던 모스에게 개인지도를 받으면서, 그곳 사립 고등학교인 덤머 아카데미(Governor Dummer Academy)에 입학했다(이광린 1969, 277-287). 그러나 갑신정변이 발발하자 그는 1884년 12월에 이 학교를 그만두고 다음해 9월에 귀국함으로써 2년간의 미국 유학생활을 마쳤다.

유길준의 짧은 미국 유학생활에 결정적인 영향을 끼친 모스는 앞에서 지적한 바와 같이 동경대학의 동물학 교수로 초빙되어 1877년부터 1879년까지 가르쳤고 일본사회에 진화론을 소개했던 인물이다. 따라서 유길준과 모스의 만남은 유길준이 사회진화론을 이해하는 데 결정적인 영향을 미쳤을 것으로 판단된다. 예컨대 유길준이 1887년부터 집필하기 시작하여 1889년에 탈고한 『서유견문』에는 서구의 문명을 이끈 저명 학자들로 그가 직접 사사한 모스뿐만 아니라 헉슬리와 스펜서 등을 열거하고 있다는 점에서, 그의 문명관 형성에 미친 사회진화론자들의 영향을 확인할 수 있다(유길준 2003, 313-314).

일찍이 유길준은 일본에서 귀국한 직후 쓴 「경쟁론」(1885)에서 자연계의 진화를 사회와 국가의 문제에 확장시키는 사회진화론적 문제의식을 피력한 바 있다(이광린 1977, 211). 그는 「경쟁론」에서 경쟁의 보편성을 다음과 같이 지적했다.

> 무릇 인생 만사는 경쟁에 의지하지 않는 것이 없으니, 크게는 천하국가의 일로부터 작게는 일신일가(一身一家)의 일에 이르기까지 모두 경쟁으로 말미암아 비로소 진보할 수 있다. 만일 인생에 경쟁이 없으면 무엇으로 지덕(智德)과 행복을 증진할 수 있으며, 국가가 경쟁하지 않으면 무엇으로 국가의 광위(光威)와 부강을 증진할 수 있겠는가(유길준 1971, 47).

유길준은 경쟁을 개인의 행복과 국가의 부강을 실현하는 진보의 동력으로 이해했다. 따라서 유길준은 조선이 쇄국을 고집하여 국내의 경쟁에 안주했던 역사를 비판하면서, 경쟁의 영역과 안목을 국제적인 수준으로 확장할 것을 요구했다(유길준 1971, 59). 그러나 유길준이 강조한 경쟁은 약육강식과 우승열패의 무자비한 생존경쟁은 아니었다. 오히려 그는 진보에 대한 낙관적 신념에 기초하여 상대방의 장단점을 상호 보완하는 선의의 경쟁을 선호했다(유길준 1971, 60). 이 점에서 유길준은 비록 사회진화론의 생존경쟁 개념을 수용했지만, 그에게는 그것이 약육강식과 적자생존의 무자비한 경쟁을 의미하는 것은 아니었다. 그래서 그는 『서유견문』에 실린 「인세(人世)의 경려(競勵)」에서 경쟁이라는 용어 대신에 '경려'라는 용어를 사용하면서, "경려란 쟁론하고 힐난하는 어지러운 싸움이 아니라 선(善)으로 나아가는 면려(勉勵)를 가리킨다"고 지적했던 것이다(유길준 2003, 146). 특히 유길준에게 있어서 사회진화론의 수용은 유교적인 것을 서구적인 것으로 완전히 대체하는 것을 의미하지는 않았다. 예컨대 유길준이 『서유견문』에서 밝힌 미개로부터 반개화를 거쳐 개화로 이행하는 문명의 발전과정은 단순히 물질적 진보만을 염두에 둔 것이 아니라 도덕과 정신의 진보도 함께 고려한 것이었다(유길준 2003, 351-359). 이 점에서 유길준은 유교적 가치를 토대로 사회진화론을 포용하고자 했고, 따라서 그는 사회진화론을 수용했음에도 불구하고 극단적인 패배의식이나 열등감에 기울지 않을 수 있었다(허동현 2002, 182).

한편 윤치호도 유길준과 마찬가지로 일본 유학을 통해 사회진화론의 세례를 받으면서 진보적인 문명사관을 갖게 되었다. 그러나 반개화의 상태에 있는 조선의 발전을 낙관적으로 기대했던 유길준과 달리, 윤치호는 조선의 미래를 비관했다. 그는 일본에 체류 중이던 1883년 1월 1일과 2일의 일기에서 일본의 태평한 기상과 중국의 노예 상태로 전락한 조선의 현실을 선명하게 대비했다(윤치호 2001, 7-8). 그는 1884년 1월 29일자 일기에서도 조선이 야만의 상태에서 벗어난 지 오래되었다는 어윤중의 주장을 한마디로 일축하며, 조선은 법으로 백성을 도해(屠害)하는 야만의 상태에 머물러 있다고 주장했다(윤치호 2001, 75-76). 게다가 그는 1885년 1월부터 상해의 중서학원(中西學院)에 입학하여 3년 6개월 동안 수학하면서, 중국을 불결하고 무기력하며 완고하고 교만한 나라로 인식하게 되었다(유영렬 1985, 65-67). 즉 이 시기에 윤치호는 사회진화론이라는 프리즘을 통해 문명과 야만을 비관적으로 대비시키고 있었다.

그 후 그는 다시 1888년 11월에 미국에 도착하여 벤더빌트(Vanderbilt) 대학과 에모리(Emory) 대학에서 1893년까지 5년간 미국의 문화와 학문을 경험했다. 특히 그는 이 시기에 매콜리(Thomas B. Macaulay)의 『워렌 헤이스팅의 인도 정책(*Waren Hasting's Indian Policy*)』과 『영국사(*History of England*)』, 기번(Edward Gibbon)의 『로마제국흥망사(*The Decline and Fall of Rome*)』 등에 영향을 받으면서 영국의 인도 경략과 약육강식의 국제사회에 깊은 관심을 보였다(유영렬 1985, 71-72).

미국 유학 기간 동안 윤치호의 눈에 비친 미국의 모습은 이중적이었다. 윤치호에게 미국은 민주주의 제도를 갖춘 최고의 문명국이었지만, 동시에 인종차별이 자행되는 백인종의 국가였다. 예컨대 윤치호는 1893년 9월 24일 일기에서 미국식 민주주의가 어떤 정부형태보다 최선의 것임을 강조했지만(윤치호 1974, 174), 1890년 2월 14일의 일기에서는 미국인들에게서 발견되는 불가양의 인권에 대한 신념과 인종적 편견 사이의 괴리와 모순을 솔직하게 지적하지 않을 수 없었다(윤치호 2003, 35).

윤치호는 이러한 모순의 해결책을 기독교에서 찾았다. 윤치호는 1889년 12월 23일의 일기에서 기독교를 믿는 강대국들의 국제적 죄악은 모두 개인적 죄악에서 비롯된 것이며, 개인적 죄악에서 비롯된 국제적 죄악 때문에 자신의 기독교 신앙이 흔들려서는 안 된다고 믿었다. 오히려 그는 개화된 기독교 국가일수록 공중의 양심이 더욱 앙양되고 있으며, 기독교 교회는 약한 자와 억울한 자들의 유일한 피난처라고 생각했다(윤치호 2003, 13-14).

그러나 기독교 교회가 약한 자들에게 안식처를 제공한다고 해서 그것만으로 인종적 불평등이 해소되는 것은 아니었다. 사실 윤치호는 인종적 불평등과 적자생존의 생존법칙을 현실로 받아들였다. 이 점에서 윤치호는 1892년 10월 14일자 일기에서 왜 하느님이 모든 인종에게 평등한 기회를 제공하지 않았는가를 개탄할 것이 아니라, 적자생존의 참혹한 법칙을 개선할 최선의 방법을 고민해야 한다고 주장했다(윤치호 2003, 374-375).

이처럼 윤치호는 기독교적 박애와 인종적 차별 사이에 존재하는 현격한 괴리 때문에 고민했지만, 그는 결국 인종적 불평등의 현실을 하나님의 섭리로 받아들였다. 그리고 그는 이러한 인종적 불평등의 현실을 도덕적 불평등의 논리로 치환함으로써 약육강식의 진화론적 생존논리를 정당화했다. 즉 그는 1892년 11월 20일자 일기에서 힘은 곧 정의라는 자신의 신념을 정의로운 인종의 정의롭지 못한 인종에 대한 승리, 즉 정의가 곧 힘이라는 논리로 수정함으로써(윤치호 2003, 400-401), 인종차별의 논리를 정당화했다.

문명과 도덕의 이름으로 분식된 인종적 불평등에 대한 소극적 수용은 결국 윤치호로 하여금 조선은 생존에 적합한 적자가 아니라는 비관적 전망을 갖게 했다(윤치호 2003, 375). 게다가 윤치호에게 있어서 인종적 불평등의 수용에서 비롯된 열등감은 동양에서 유일하게 적자생존에 성공한 일본에 대한 막연한 동경과 선망으로 나타났다. 즉 1893년 11월 1일자 일기에서 밝혔듯이, 그에게는 구역질나는 냄새로 가득 찬 중국도, 인종적 편견과 차별이 난무하는 미국도, 악마 같은 정부가 존재하는 조선도 아닌 일본이야말로 유일한 동양의 낙원이었다(윤치호 1974, 204). 그래서 그는 1894년 11월 27일자 일기에서 기독교화에 이은 일본화야말로 조선의 가장 큰 축복이 될 것이라고 대담하게 주장했던 것이다(윤치호 1974, 410-411). 결국 윤치호가 걸었던 친일협력의 길은 이와 같은 인종적 열등감과 일본에 대한 동경이 착종되어 나타난 결과였다.

Ⅴ. 결 론

세계사적인 맥락에서 19세기 후반은 사회진화론의 시대였고, 그 진원지는 영국이었다. 다윈은 1830년대에 생존경쟁 상황에서 불가피하게 발생하는 자연선택을 이론적으로 정리하기 시작하여 1859년에 『종의 기원』을 발표했고, 스펜서는 1850년에 『사회정학』을 집필한 이후 여러 저작들을 통해 생물학적 진화의 기제를 사회 현상에 적용하여 사회진화론의 영역을 개척했다. 그러나 빅토리아 시대 중기를 풍미하던 진보사상과 자유방임주의가 집단주의와 국가개입주의로 변화함에 따라 스펜서의 개인주의적 사회진화론도 영국 사회에서 서서히 설득력을 상실하게 되었고, 대신에 불황과 실업, 빈곤 등의 사회문제 처리를 위해 국가의 개입을 강조했던 벤저민 키드의 사회진화론이 각광을 받기 시작했다.

영국에서 시작된 진화론과 사회진화론의 물결은 대서양을 건너 미국 사회에 전파되어 자유방임경제와 자유무역을 옹호하는 이론으로 활용되었다. 특히 1890년대 이후 미국의 사회개혁가들은 반동적이고 비관적인 사회진화론 대신에 상호부조와 타인의 생존을 위한 경쟁을 강조하는 낙관적이고 도덕적인 개혁적 사회진화론(reform Darwinism)을 추구했다. 그러나 기본적으로 사회진화론의 적자생존 원칙은 기업 간의 경쟁과 대외 팽창을 지지하는 이론으로 활용되었고, 진화의 원칙은 인종주의적 관점을 정당화하는 데 이용되기도 했다. 요컨대 서구의 사회진화론은 유색 인종에 대한 공포와 산업자본주의 시대의 무한경쟁으로부터 오는 위기감을 인종주의적 우월감과 제국주의적 팽창의 논리로 극복하려 했다는 비판으로부터 자유로울 수 없었다.

일본은 메이지 유신을 단행한 이후 사회 전반에 대한 개혁을 추진하는 과정에서 사회진화론을 수용하여 일본이 처한 대내외적 위기를 극복하고자 했다. 특히 일본은 1877년에 동경대학 동물학 교수로 부임한 모스의 영향 하에 사회진화론을 본격적으로 수용했지만, 일본의 사회진화론은 처음부터 서구의 사회진화론과는 다른 색채를 띠고 발전했다. 예컨대 일본의 대표적인 사회진화론자였던 카토 히로유키는 처음에는 자유민권론자로 출발했지만, 점차 사회진화론에 경도되면서 강자의 권리를 위한 경쟁뿐만 아니라 천황의 주권을 옹호하는 입헌적 족부 통치론을 제시하여 천황의 국가에 대한 국민의 맹목적 복종을 요구했다. 미국에서 유행한 스펜서식의 사회진화론이 경쟁을 통한 진보라는 낙관적 색채를 띠고 있었던 데 비해, 일본의 사회진화론은 서구의 충격에 대한 공포와 대내적 통합에 대한 열망이 착종된 형태로 나타나고 있었다. 이 점에서 일본의 사회진화론은 서구의 물리적 위력에 대한 공포와 열등감 그리고 도덕적 우월감과 근대화를 향한 열망이 착종된 형태로 전개되고 있었다.

중국은 양무운동과 변법운동을 통해 중국 사회의 개혁을 시도했지만, 청일전쟁의 참패로 서구화된 일본의 위력을 실감하면서 사회진화론에 주목하기 시작했다. 특히 양무파의 일원이었던 옌푸는 영국 유학을 통해 사회진화론에 관심을 갖게 되면서 중국의 위기와 서양의 발전을 해명하는 열쇠를 스펜서적인 종합에서 발견하고자 했다. 그러나 옌푸는 스펜서에 일방적으로 경도되지 않았다. 오히려 그는 헉슬리의 『진화와 윤리』를 『천연론』으로 번역하여 스펜서의 개인주의에 대한 헉슬리의 비판을 받아들임으로써, 개인을 국가의 목표를 실현시킬 도구로 파악했다. 이 점에서 옌푸의 사회진화론은 헉슬리의 관점에서 조영(照影)된 스펜서의 사회진화론을 중국적 상황에 맞추어 변형시킨 이중 변주의 산물이었다. 한편 서양 서적의 번역을 통해 중국 사회에서 사회진화론을 소개했던 옌푸와 달리, 량치차오는 카토 히로유키라는 일본식 프리즘을 통해 중국 사회진화론의 대중화를 이끌었다. 특히 그는 봉건적 유교 윤리를 극복할 도덕 혁명을 강조하여 공덕(公德)을 지향하는 새로운 국민상을 제시했고, 개인의 이익보다는 국가의 이익을 우선하는 관점을 제시했다. 이 점에서 중국의 사회진화론은 공통적으로 개인의 이익을 국가의 이익에 종속시키는 국가주의적 관점을 견지하고 있었다.

한국에 사회진화론을 도입한 선구자들은 유길준과 윤치호였다. 이들은 1881년 일본에 신사유람단으로 파견되어 일본인을 통해 약육강식의 세계상을 전해 듣고 사회진화론의 문제의식에 눈을 뜨기 시작했다. 그 후 이들은 다시 미국 유학 경험을 바탕으로 일본이나 중국을 경유하지 않은 사회진화론의 원형에 접촉할 기회를 가지면서 독자적인 사회진화론적 세계관을 형성할 수 있었다. 우선 유길준은 경쟁을 진보의 동력으로 파악했지만, 약육강식을 강조하는 무자비한 생존경쟁보다는 도덕과 정신의 진보를 고려함으로써 유교적 가치를 토대로 사회진화론을 포용하고자 했다. 이 점에서 유길준은 사회진화론을 수용했음에도 불구하고 극단적인 패배의식에 함몰되지 않았고, 조선의 발전을 낙관적으로 전망했다. 반면에 윤치호는 미국 유학을 통해 서구 문명의 진보와 야만적인 인종 편견 사이에서 나타나는 모순을 기독교적 방법으로 해소하고자 했다. 게다가 그는 인종적 불평등의 현실을 도덕적 불평등의 논리로 치환함으로써, 약육강식의 생존경쟁을 정의로운 인종의 승리로 합리화했다. 이 점에서 유교적 가치를 포기하지 않은 유길준의 사회진화론은 조선의 미래에 대한 낙관적 전망을 가능하게 했지만, 인종 불평등의 현실을 피동적으로 수용한 윤치호의 사회진화론은 조선의 미래를 비관하는 친일의 논리로 발전할 수밖에 없었다.

참고문헌

康有爲. 이성애 옮김. 1991.『대동서』. 서울: 민음사.

김덕호. 1994. “사회 다원주의.” 김영한·임지현 편.『서양의 지적 운동』. 서울: 지식산업사.

김도형. 2007. “가토 히로유키 사회진화론의 수용과 번역양상에 관한 일고찰: 『인권신설』과 『강자의 권리경쟁론』을 중심으로.” 『대동문화연구』, 제57집.

리쩌허우. 임춘성 옮김. 2005. 『중국근대사상사론』. 파주: 한길사.

서정훈. 1997. “19세기 말 영국의 사회진화론들: ‘생존경쟁의 단위’에 대한 고찰을 중심으로.” 『부산사학』, 제32집.

슈워츠, 벤저민. 최효선 옮김. 2006. 『부와 권력을 찾아서』. 파주: 한길사.

신연재. 1994. “스펜서(Herbert Spencer)의 사회진화론과 자유주의.” 『국제정치논총』, 제34집 1호.

양일모. 2007. “동아시아의 사회진화론 재고: 중국과 한국의 ‘진화’ 개념의 형성.” 『한국학연구』, 제17집.

유길준. 1971. 『유길준전서』, 권4. 서울: 일조각.

유길준. 채훈 역주. 2003. 『서유견문』. 서울: 명문당.

유영렬. 1985. 『개화기의 윤치호 연구』. 서울: 한길사.

윤치호. 1974. 『윤치호일기』, 3. 과천: 국사편찬위원회.

윤치호. 송병기 역. 2001. 『국역 윤치호 일기』, 1. 서울: 연세대학교출판부.

윤치호. 박정신 역. 2003. 『국역 윤치호 일기』, 2. 서울: 연세대학교출판부.

이광린. 1969. “미국 유학시절의 유길준.” 『한국개화사연구』. 서울: 일조각.

이광린. 1977. “구한말 진화론의 수용과 그 영향.” 『세림한국학논총』, 제1집.

이혜경. 2002. 『천하관과 근대화론: 양계초를 중심으로』. 서울: 문학과 지성사.

이홍탁. 1985. “맬더스(Malthus)와 그의 인구론: 역사적 재조명.” 『한국인구학회지』, 제8권 제2호.

전복희. 1996. 『사회진화론과 국가사상』. 서울: 한울.

정용재. 1988. 『찰스 다윈』. 서울: 민음사.

정창인. 2004. “스편서의 진화론적 자유주의: 스펜서의 저작에 있어서의 진화주의와 자유주의 사이의 모순을 해결하기 위한 진화론의 재해석.” 『한국정치학회보』 38집 2호.

조경란. 1994. “진화론의 중국적 수용과 역사인식의 전환: 엄복・양계초・장병린・노신을 중심으로.” 성균관대학교 대학원 동양철학과 박사학위논문.

코저, 루이스 A. 1978. 신용하・박명규 옮김. 『사회사상사』. 서울: 일지사.

허동현. 2002. "1880년대 개화파 인사들의 사회진화론 수용양태 비교 연구: 유길준과 윤치호를 중심으로." 『사총』 55집.

Bannister, Richard C. 1979. *Social Darwinism: Science and Myth in Anglo-American Social Thought*. Philadelphia: Temple University Press.

Cross, Sherrie. 1996. "Prestige and Comfort: The Development of Social Darwinism in Early Meiji Japan, and the Role of Edward Sylvester Morse." *Annals of Science*, 53.

Darwin, Charles. 1999[1859]. *The Origin of Species: By Means of Natural Selection or The Preservation of Favoured Races in the Struggle for Life*. New York, Bantam Books.

Darwin, Charles. 2004[1879]. *The Descent of Man, and Selection in Relation to Sex*. London: Penguin Books.

Hawkins, Mike. 1997. *Social Darwinism in European and American Thought, 1860-1945*. Cambridge: Cambridge University Press.

Hoffstadter, Richard. 1992[1944]. *Social Darwinism in American Thought*. Boston: Beacon Press.

Matsuzawa, Hiroaki. 1984. "Varieties of Bunmei Ron." in Hilary Conroy, Sandra T. W. Davis, and Wayne Patterson, eds. *Japan in Transition: Thought and Action in the Meiji Era, 1868-1912*. London: Associated University Press.

Pusey, James Reeve. 1983. *China and Charles Darwin*. Cambridge: Harvard University Press.

Shimao, Eikoh. 1981. "Darwinism in Japan, 1877-1927." *Annals of Science*, 38.

Unoura, Hiroshi. 1999. "Samurai Darwinism: Hiroyuki Kato and the Reception of Darwin's Theory in Modern Japan from the 1880s to the 1900s." *History and Anthropology*, Vol. 11, No. 2-3.

Wakabayashi, Bob Tadashi. 1984. "Kato Hiroyuki and Confucian Natural Rights, 1861-1870." *Harvard Journal of Asiatic Studies*, Vol. 44, No. 2.

Yamashita, Shigekazu. 1984. "Herbert Spencer and Meiji Japan." in Hilary Conroy, Sandra T. W. Davis, and Wayne Patterson, eds. *Japan in Transition:*

Thought and Action in the Meiji Era, 1868-1912. London: Associated University Press.

梁啓超・黃珅 評注. 1998. 『新民說』. 鄭州: 中州古籍出版社.

皮后鋒. 2003. 『嚴復大傳』. 福州: 福建人民出版社.

嚴復 譯. 馮君豪 注解. 1998. 『天演論』. 鄭州: 中州古籍出版社.

張灝・崔志海・葛夫平 譯. 1995. 『梁啓超與中國思想的過渡』. 南京: 江蘇人民出版社.

CHAPTER 02

자유주의

홍 태 영

Ⅰ. 서 론

서구에서 자유주의의 형성과 발전과정은 국민국가의 그것들과 맞물려 있다. 홉스, 로크 그리고 18세기 프랑스의 계몽주의 등에서 형성되기 시작된 서구 자유주의의 기본적인 문제의식은 정치권력의 정당성을 중세의 신에서 근대의 개인으로 전이시키는 것이었고 동시에 그러한 개인들의 권리를 보장할 수 있는 국가권력을 확립시킨다는 것이었다. 그러한 자유주의의 문제설정은 영국의 청교도혁명과 명예혁명, 미국의 독립혁명, 프랑스 혁명 등을 거치면서 정치·사회체제로 실현되었다. 19세기를 자유주의의 세기라고 칭하는 것은 그러한 자유주의 정치철학이 체제로 전환된 후 구체적으로 개인의 자유가 확대되고 시장의 자유에 근거하여 자본주의가 발전하였기 때문이다. 개인은 국민국가라는 정치공동체 속에서 시민으로서 권리－소유와 생명의 안전에 대한 민권(civil right)과 정치적 권리－를 확대해 나갔다. 시장은 아담스미스가 말한 '보이지 않는 손'의 원칙에 충실하려는 국가에 의해 가능한 한 최소한 개입과 자유무역 원칙을 실현하려 하였다. 이러한 자유주의는 19세기 말에 이르러 자본주의 발달 속에서 등장한 노동자운동의 성장과 그것의 정치세력화 그리고 새로운 국민적 통합의 필요성 등에 의해 새로운 전환을 맞이한다. '사회적 자유주의' 혹은 '복지자유주의'라고 칭해지는 19세기 말의 새로운 자유주의는 개인의 자유가 실현될 수 있는 사회적 조건을 국가 혹은 사회가 제공해 주어야 한다는 논리를 가졌다. 그것은 이후 케인즈주의 경제학과 더불어 20세기 유럽의 복지국가 발달에 기여한다. '사회적 권리'라는 복지에 대한 권리가 새롭게 형성되면서 개인의 자유의 확장이 이루어진다. 서구 유럽의 20세기를 지배한 '사회적 자유주의'는 1970년대부터 서서히 도전을 받기 시작하였고, 다시 한번 자유주의는 전환의 계기를 갖는다. '신자유주의'의 탄생이다. 복지국가에서 보여주었던 지나친 국가개입과 복지에 대한 경제적 비용의 과다와 그에 따른 경제위기 등을 배경으로 자유주의는 다시 19세기적 자유주의로의 회귀를 보이기 시작하였다. '신자유주의 세계화'는 현재 지구사회의 피할 수 없는 준거점 역할을 하고 있다.[1)]

한국 역시 신자유주의적 세계화에 따른 다양한 방식의 개혁이 진행되고 있다. 그렇게 본다면 한국과 세계는 동시적이다. 하지만 역으로 거슬러 올라간다면, 세계의 시간과 한국의 시간은 올라갈수록 격차가 존재한다. 19세기 말 개항과 함께 자유주의가 서서히 수입되면서 근대적 국민국가 건설의 작업을 시작하였다는 점을 감안한다면, 서구의 시간과는 1세기 이상의 차이가 있다. 그리고 그 후 1세기가 좀 더 지난 현재의 시점에서 세계의 시간과 일치가 발생한다는 점을 생각하면 그간 1세기 동안 한국은 서구의 자유주의를 수입하면서 서구가 2세기 이

1) 이 글을 쓰고 있는 시점에 미국에서 시작된 금융위기는 세계적 경제위기로 이어지고 있으며, 그와 함께 '신자유주의'에 대한 문제제기가 이루어지고 있다. 자유주의의 순환 혹은 반복 — 이것은 결코 동일한 반복이 아니다 — 이 이루어지는 듯하다.

상 동안에 이루어놓은 작업을 압축적으로 진행하거나 건너 뛰어야 했다. 그리고 그 과정은 식민지 경험, 전쟁 등을 거치면서 왜곡되고 험난한 여정이었다.

한국 자유주의는 한국에서 국민국가의 형성과 좌절, 전환의 역사와 맞물리고, 정치사회적 맥락 속에서 다양한 서구 자유주의들 가운데서 선택적으로 수용하거나 혹은 강요된 부분 역시 존재한다. 이 글에서는 한국에서 서구 자유주의가 어떻게 수용되고 전환되는가를 살펴볼 것이다. 이 글은 한국에서 개항 이후 근대적 정치공동체로서 국민국가의 형성과 좌절, 재건과 발전과정 속에서 어떻게 자유주의가 작동하였는가 그리고 자유주의의 출발점 중의 하나인 '개인의 자유'를 어떻게 이해하고 확장하려 하였는가를 추적하면서 전개될 것이다. 해당 시기에 따라 자유주의가 이해되고 수용되는 형태와 내용이 각기 상이하며 그러기 때문에 자유주의 수용의 역사는 곧 한국 자유주의의 역사이기도 하다.[2)]

본문의 구성은 크게 자유주의의 문제설정들이 세 단계 시기 속에서 어떻게 작동하였는지를 살펴보는 것으로 이루어진다. 우선은 개항 이후부터 일제 식민지 점령 시기까지이다. 이 시기에 한반도에서 서구적 국민국가의 건설의 시도와 좌절 그리고 일제지배를 통한 식민지근대화 속에서의 서구의 어떤 자유주의가 어떠한 문제의식 속에서 수용되고 이해되었는가를 볼 것이다. 다음은 해방 이후부터 1987년까지의 시간이다. 이 시기에는 분단의 고착화 속에서 분단된 국민국가 건설의 새로운 시도와 민주주의의 성취라는 과제가 주어진다. 이 시기 자유주의는

2) 물론 한국자유주의의 역사를 쓴다는 것은 필자의 역량을 벗어나는 것이며, 한 권의 책으로도 부족할 것이다. 다만 이 글이 서구 자유주의가 한국에 어떻게 수용되었는가라는 문제에 한정되며 그 역시 극히 제한적인 수준에서의 문제설정의 전개임을 밝힌다.

북한의 공산주의에 반대하는 이념으로 작용하였지만 자유주의의 '빈곤'이 뚜렷했던 시기이다. 마지막은 1987년 이후 현재까지로 민주주의로의 이행 이후 자유주의의 분화가 발생하고 서구의 다양한 조류들이 들어오면서 한국적 문제의식을 발전시킨다.

어떤 자유주의가 어떠한 맥락 속에서 한국에 수용되었고, 그 자유주의가 어떠한 작용을 하였는가를 이해하는 것은 현재의 시점에서 한국 자유주의의 역할과 의미를 다시 한번 되짚어 보는 의미를 가질 것이다.

Ⅱ. 근대국가 건설과 자유주의의 수용

정치이론이자 이데올로기로서 자유주의가 한국에 본격적으로 수입되고 수용되는 것은 개항 이후 정치학이 수입되면서부터이다.[3] 기본적인 출발점은 서구의 근대적 정치제도와 사고방식을 흡수하고 소화하여 우리의 제도로 정착시키겠다는 의지이다. 물론 여기에서 그 속도와 수용의 정도, 우리의 변화 등 여러 가지 측면에서 논자들마다 차이가 존재한다. 그 차이에 따라 개화파 사이에 급진파와 온건파가 나뉘고, 서구 사상과 제도 자체의 수용을 거부하는 흐름이 위정척사파가 된다.

개항 이전에 이미 서구의 정치제도와 대한 소개와 도입의 필요성에

3) 제도로서 자유주의 및 자유민주주의가 1945년 해방 이후 미군정에 의해 도입되었다는 점에서 오랫동안 이 부분에 한정하여 연구되어 왔다. 하지만, 근대라는 장기적 시간 속에서 자유주의의 도입과 형성이라는 문제설정이 이루어지면서 개화기 서구 자유주의의 수용과정에 대한 연구가 최근 정치사상학계에서 이루어져 왔다(김석근 2000; 김주성 2000; 김학준 2000; 안외순 2000; 이나미 2001; 장동진 2005a; 정용화 2004). 그리고 근대성의 형성이라는 좀 더 포괄적인 시각에서 자유주의적 문제설정을 다루려는 시각도 존재한다(김진균 · 정근식 1997; 이화여대 한국문화원 2004).

대해 역설한 글도 존재하였다. 최한기는 자신의 저술, 『지구전요』와 『인정』 속에서 입헌주의적 정치체제에 대한 소개하고, "공치(共治)"와 "민선"을 주장하고 있다(정용화 1998). 하지만 그것들이 공론화된다거나 반향을 일으키지는 않은 듯하다. 본격적인 논의는 개항 이후 '타자'에 대한 인식과 함께 이루어진다. 이 시기 자유주의의 수용과정을 들여다볼 수 있는 자료는 「한성순보」, 「독립신문」과 같은 대중매체와 유길준의 「서유견문」이나 박영효의 「건백서」와 같은 개화 사상가들의 글들을 통해서 엿볼 수 있다.

물론 그들이 '자유주의'라는 표현을 사용하지는 않았다(문지영 2002, 63). 그들의 논의의 초점이 개인, 자유, 평등 등의 자유주의적 개념에 대한 이해들과 자유주의적 정치제도로서 입헌군주정 혹은 공화정에 대한 관심 등에 집중된다. 당시 지식인들에게 가장 중요한 과제는 근대적인 국가를 설립하는 문제였다. 그 과정에서 자유주의 역시 주요한 수단으로서 고려되었다. 많은 부분 한국에서 서구의 이론이 수입되는 과정은 한국적 상황과 맥락 그리고 그 필요성으로부터 유추될 수밖에 없다. 한말의 지식인들에게 가장 급하고 중요한 문제는 새로운 국민국가의 주체로서 민족(nation)을 확립시키는 것이었다. 서구 자유주의의 출발점 즉 홉스, 로크의 출발점은 자유로운 개인이었고 그로부터 개인의 자유를 보장해 줄 수 있는 정치공동체가 유추되었다. 하지만 조선의 경우 그 순서는 반대였다. 한국의 자유주의 수용의 특징은 전통적 정치체로부터 새로운 서구적 정치체로의 전환에 대한 다급함 속에서 드러난다. 서구의 정치제도나 사회제도를 수입하고 이식하려는 제안들을 할 경우 그것은 개인의 자유나 독립의 확정이라는 개인주의적 자유주의의 문제설정이 아니라, 근대적 국가의 성립이 우선이었고 이후 정치적 주체로서 국민의 건설이라는 문제설정이 이어졌다. 당시의 지식인들의 문제의식은 개항과 함께 밀려오는 서구 세력에 대항하여 가능한 빨리 서구적 제도를 도입하고 그를 통해 그들과 대등한 관계를 유지하고 나아가 그들을 능가하는 제국주의로 발돋움하고자 하는 것이었다(박노자 2005). 따라서 새로운 근대적 주체로서 개인과 개인의 자유에 대한 문제설정은 이차적이었다. 이것이 한국 자유주의 나아가 한국의 근대성의 원죄가 되었다고 볼 수 있다. 따라서 현재의 시점에 이르기까지 민족과 민족주의에 대한 강조의 경향은 지속되고 있다.

개인에 대한 문제설정은 기본적으로 민족과 국가의 형성이라는 시각에서 출발하는 일종의 단계론적 사고였다. 개화파들에 의해 이루어진 서구 자유주의 사상의 도입과 전파, 이후 근대적 국민국가를 형성하려는 갑오개혁에서 나타나는 '소학교령' 등의 근대적 교육제도의 도입, 그리고 애국계몽운동가들에 의해 강조되었던 계몽교육 등, 한말에서 일제에 의한 식민화 전까지 분명히 새로운 근대적 인간, 문명화된 사회의 구성원을 만들어내려는 의도는 분명했다. 유길준, 박영효, 김옥균 등의 초기 개화파의 논의에서부터 1905~1910년 사이의 자강운동론, 1910년대 실력양성론, 구사상·구관습개혁론, 1920년대 초반의 문화운동론, 1920년대 중반 이후 1930년대 초반 사이의 자치운동으로 이어지는 민족주의의 논리의 저변에 깔려 있는 것은 모두 '준비론'과 '실력양성운동론'이다(윤건차 1987; 박찬승 1992). 물론 독립협회의 논의 속에서 자유민권을 주장함으로써 근대적 개혁의 민중적 기반을 확대하려는 시도나, 안창호 등의 실력양성론, 인격수양론 등에서 개인의 독립사상을 우선시하는 경향이 존재하는 것이 사실이지만, 이러한 논의들 역시 민족이라는 거대 주체형성을 위해 필요한 전제조건으로서 존재하였다.[4] 그리고

4) 한말 그리고 일제 식민지 시기 조선의 부르조아들의 허약성 속에서 부르조아들은 독립보다는 근대화에 우선성을 두고 있었다. 근대화 우선주의는 많은 부분에서 제국주의와 동일한 논리를 전개하도록 하였고, 제국주의 침략이 우리 자체의 잘못이라

문명화된 개인들로 구성된 민족을 통한 국가의 독립이라는 과제가 설정되었다. 조선의 경우 국가의 건설과정이 식민지화를 통해 단절되면서, 네이션(nation)의 형성과정이 왜곡되기 시작한 것이다.

개항 이후 개화파들이 그들의 급진성 여부를 떠나 공통적으로 공유하고 있는 근거점 중의 하나가 서구의 문명론이었다. 서구의 문명 담론은 분명 하나의 새로운 권력관계를 형성시키는 것이었다. 실학 이후 동도서기론, 변법론, 그리고 애국계몽운동 등으로 온건개화파 그리고 개항 전부터 존재해 왔던 급진개화파 등에 의해 형성된 문명 담론은 과거 주자학을 통해 이루어진 사회질서에 대한 새로운 대안으로서 제시된다. 전통적 유교는 '낡은 것이자 나쁜 것'이었고, 서구 문명은 '새롭고 좋은 것'이라는 대비를 통해 조선인들은 문명화 작업의 대상이 되었다. 서구문명화로의 길만이 선택할 수 있는 유일한 길로서 제시되면서 자생적 근대화의 노력이나 '동양적 근대'를 위한 여지는 존재하지 않았다(길진숙 2004; 히야마 히사오 2000).[5] 또한 사회진화론 역시 서구 문명론의 밑바탕에 깔려 있었다. 박영효, 윤치호 같은 개화파 자유주의자들은 조선의 개혁 가능성이 희박해지자 문명화된 일본의 지배를 받는 것이 낫다고 판단하였다(이나미 2001, 75-76). 개화기의 자유주의자들이 친일적인 행위를 하고 결국 일제에 의한 식민화를 받아들이게 되는 것은 서구문명론, 사회진화론 등의 당연한 귀결이었다.

서구 문명론과 사회진화론의 공유 속에서 일제 시기 독립운동을 주

는 논리로 이어졌다(서중석 1995).

5) 19세기 유럽의 문명화과정은 궁정예절이 부르조아지 그리고 하층민으로 확대되어가는 과정을 의미하며, 일국적 경계 내에서의 단일성의 형성과정이었다(엘리아스 1999). 이러한 과정은 19세기 말 일국자본주의의 제국주의로의 전화와 맞물리면서 전세계적 과정, 문명화의 세계적 확산과정이 된다. 19세기 말 제국주의에 의한 아시아 지역의 개항의 물결 속에서 문명화라는 담론은 이제 조선인의 입을 통해 더욱 확대된다. 서구문명의 동양인에 의한 자기내재화 과정이라고 할 수 있다.

도한 사상적 배경은 자연스럽게 민족주의가 되었다. 많은 이데올로기적 편차에도 불구하고 민족주의는 2차적 이데올로기로서 사회주의자나 자유주의자들 모두에게 공유되었다. 이것은 또한 개화기의 연장선상에서도 이해될 수 있다. 일제 시기 조선에서 독립 운동을 주도했던 안창호의 경우 그의 자유주의는 민족주의에 의해 지배된 자유주의였다.[6] 도산에게 개인 개념은 철저하게 민족에 흡입됨으로써 개인의 자유가 실현될 수 있다고 생각하는 논리로 분석된다. 즉 민족의 정체성은 개인의 자유의 절대적 부분이 되고 있다(장동진 2005, 50). 반면 정(情)적 요소에 대한 강조를 통해 자아중심적 근대적 인간관을 보였던 이광수의 경우 공적인 문제 즉 국가와 민족의 문제를 부차화하였다. 이광수의 자유주의의 경우 친일적 민족개조론으로 전환은 자연스러운 귀결이 된다. 오히려 이광수 그리고 자유주의적 페미니즘의 흐름에 있었던 나혜석과 같은 경우가 민족문제에 대한 무관심 속에서 근대적 개인 주체에 대한 관심을 기울였고, 그것이 서구적인 개인주의적 자유주의 흐름을 형성하였다고 볼 수 있다(이상경 1999; 서재원 2005).

사실 1920년대 일본의 문화통치 개념이 들어서면서부터 조선 반도는 급속히 근대화의 물결에 휩싸인다. 일상적 근대화가 급속히 진행되고, 근대적 개인이 자연스럽게 형성되기 시작한다. 일제에 의한 근대화 작업과 근대적 개인의 형성을 위한 작업은 식민지통치에 적합한 인간을 만들어내려 함이었다. 일제에 의한 식민지화 이후 국가권력의 역할을 하는 것은 식민지총독부였고, 그들에 의한 자본주의 발전과 그에

6) 물론 그 역의 표현 즉 자유주의에 의해 지배된 민족주의라는 표현도 가능하다. 민족주의가 2차적 이데올로기라는 측면에서 오히려 자유주의에 의해 지배된 민족주의라는 표현이 정확할 수 있다. 하지만 식민지 시기의 특성상 자유주의의 실현을 위해 민족주의를 2차적으로 선택했다기보다는 독립이라는 민족주의의 과제실현을 위해 자유주의를 선택했다고 보는 것이 더 타당할 수 있기 때문에 '민족주의에 의해 지배된 자유주의'라는 표현을 사용한다.

적합한 식민지인들을 만드는 작업이 진행된다. 일제는 식민지 통치와 함께 한반도를 일본자본주의에 적합한 자본주의적 길을 걷게 한다. 그와 함께 그러한 자본주의에 적합한 인간, 고등교육이 아닌 초보적인 수준의 경제적 역할을 담당한 근대적 인간을 만들어내는 것이 일본에 의해 이루어진 식민지교육의 기본적인 방향이다. 이것이 주체 형성과 관련하여 이해될 수 있는 '식민지근대'의 모습일 것이다. 한반도에서 근대의 모습은 주체적인 근대의 형성을 통해 이루어진 것이 아니라 일본 제국주의에 의해 방향지워진다.7)

개화계몽시대의 담론은 두가지 형태가 교차하여 존재하였다 즉 주체/타자의 담론과 신/구의 구획논리이다(권영민 1999, 3-26). 주체/타자의 담론을 통해 국민국가의 새로운 주체를 설정하고 형성시키려는 노력을 진행시킨다. 물론 이 담론은 신/구 구획논리인 문명론과 결합되어 존재하였다. 문명화의 주체로서 설정된 것은 국가와 국민이었고 그것에 대한 절대화가 진행되었다. 하지만 1905년 통감부 설치 이후 주체/타자 담론은 사라지고 신/구 구획 논리만이 남게 된다. 그리고 민족, 국가라는 절대지평이 물러선 자리에 개인이 등장한다(권보드래 2003, 184). 하지만 그 개인은 일제의 침략과 함께 형성되기 시작하는 저항적 민족 개념을 온순한 신민으로 제한하기 위한 식민지권력의 노력 속에서 배치된 것이었다. 일제의 교육목표는 '선량하고 실용적인 인간의 양성'에 두어져 있었다(윤건차 1987, 299-317). 특히 1919년 3·1운동 이후 문화통치는 그것의 목표였다. 푸코가 지적하였듯이 권력에 의해 주체가

7) 이 시기 일제에 의한 자본주의화의 내재된 논리 중의 하나는 '봉건사회 부재론'을 핵심으로 하는 '정체성론'과 '타율성론'이다. 식민지의 발전을 가로막고 있는 것은 서구 문물을 적절히 수용하지 못한 정체된 내적 구조이며, 따라서 외부의 충격에 의해 그러한 장애를 제거할 때만이 발전이 이루어질 수 있다는 것이다(이광일 2003, 204).

형성된다는 점을 고려한다면, 식민지 조선에서 근대적 주체의 형성은 근대적 권력으로 자리잡게 된 일본 제국주의에 의한 총독부 권력을 통해 이루어진다. 일제의 통치하에서 조선은 급속히 근대화를 경험하고, 근대인 — 모던보이, 모던걸 — 은 유행병처럼 급속히 확산된다(김진송 1999; 신명식 2003). 근대는 조선인들의 일상 속에서 발견되는 현실이었다. 근대의 성립이라는 의미는 근대적 권력이 사회의 구성원들의 일상의 삶 전체에 침투하기 시작하였음을 의미하며, 그 과정을 통해 근대적 주체를 형성함을 의미하는 것이다(권보드래 2003; 김경일 2004; 김진균 & 정근식 1997; 박천홍 2004; 이종찬 2004).

식민지 조선인에게 문명화과정은 일제에 의해서도 또한 다수의 민족주의 세력에 의해서도 요구된 것이다. 민족주의자들에게 서구적 근대화는 독립을 위한 '실력양성'의 차원에서 요구된 것이었고, 일제에 의해서는 그들의 착취의 대상으로서 자본주의적 인간형을 요구한 것이라고 할 수 있다. 그렇지만 결과적으로 식민지 근대인은 형성되어 간 것이다.[8] 다만 서구의 근대화가 정치적 민주주의의 형성과 결합하면서 진행되었다면, 식민지조선에서 근대화의 과정은 일상 속에서만 한정되었고, 자주적이고 민주주의적인 근대국가의 형성과는 무관하게 진행되었다는 점에서 그 자체로 왜곡될 수밖에 없었다. 정치적으로 민족주의 운동과 저항 운동 세력들에 의해 끊임없이 '민족'으로 호명되었지만, 다른 한편에서는 일제에 의해 진행되는 자본주의적 발전과 일상에서의 서구적 근대화 과정은 일상의 근대적 개인을 형성시켜 갔다. 이것이

8) 또한 다른 측면에서 윤해동의 지적처럼 일제가 요구한 천황에 대한 애국주의 하에서 국민은 개인의 조직방식이 아니고 개인의 집합인 가(家)를 단위로 조직되었다(윤해동 2003, 49). 유사하게 민족주의자들이 요구한 저항적 주체로서 민족은 개인적 주체에 근거한 것이라기보다는 집단적 양식을 표방하였다. 사적인 영역에서 개인들은 근대인의 문명화방식을 요구받았지만, 정치적 영역에서 개인들은 양측 모두에서 집단적으로 호명되었다는 점을 알 수 있다.

식민지근대의 형성과정이었다.

이러한 과정을 통해 식민지에서 근대적 자유주의가 발전할 수 있는 계기들을 형성한 것은 사실이지만, 그럼에도 불구하고 식민지라는 특수한 상황은 자유주의 한계를 명확히 하였다.

Ⅲ. 민주주의로의 긴 여정과 자유주의의 빈곤

해방과 함께 한반도는 일제의 침략에 의해 중단되었던 국민국가 건설의 과제를 재개해야 했다. 국민국가의 건설의 과제는 국민을 형성하는 정치적 주체로서 시민과 시민권의 형성 그리고 그들에 의한 주권의 행사라는 민주주의의 발전의 과제 등을 갖는다. 실제 서구에서 다양한 근대의 이데올로기들–자유주의, 보수주의, 사회주의 등–은 프랑스 혁명 이후 국민국가 건설의 과정에서 등장한 것들이다. 즉 국민국가 건설을 둘러싸고 제기된 쟁점들을 풀어나가는 과정에서 형성되었다. 한반도에서 역시 다양한 이데올로기들이 해방과 함께 등장하였다. 하지만 냉전적 대립의 접점에 있던 한반도는 남북한으로 분단되고 남한에서는 자본주의 체제에 기반한 반공주의를 틀로 하는 정치지형이 형성되었다. 특히 한국전쟁의 경험은 반공분단국가 및 국가안보이데올로기의 형성을 가져왔고, 냉전반공주의는 민주주의 규범 및 다원주의 가치, '억압으로부터 개인의 해방' 이념으로서 자유주의와 같은 경쟁적 신념체계를 압도하고 굴절시키게 된다(조현연 2003, 308). 자유주의는 개인의 자유를 출발점으로 하여 그것을 실현할 수 있는 최적의 정치적 공간을 구성하는데 초점을 맞춘다(장동진 2008). 한국의 경우, 개항과 일제의 경험이 가져온 민족 및 국가에 대한 우선성 그리고 해방 이후 분단이 가져온 반공주의적 제약은 한국에서 자유주의의 실현을 위한 정치적 공간을 형성시키기 위해 극복해야 할 것들이 많음을 의미하였다.

정권을 장악한 세력이나 정권에 반대하는 세력들 대부분은 반공주의를 공유하면서 자유주의 혹은 자유민주주의를 이야기하였다. 사실 자유주의가 독자적으로 세력을 형성하면서 자유주의 자체로 존재하기 보다는 '자유민주주의' 이름을 통해 북한의 공산주의에 대립하면서 안주하고 있었다.[9] 하지만, 반공주의가 단순히 자신의 사상의 자유를 통한 선택의 결과로서 이야기되기보다는 사상의 자유의 한계로서 설정되었고, 그것은 자신뿐만 아니라 모두가 공유해야 하는 것으로 요구되었기 때문에 자유주의 자체의 한계를 가질 수밖에 없었다. 그러한 의미에서 이 시기 한국에서 자유주의의 빈곤을 말할 수밖에 없다. 왜냐하면 자유주의에서 사상의 자유는 자신의 자유만이 아니라 타인의 사상의 자유를 포함하는 것이기 때문이다. 반공주의적 자유주의는 이 시기 한반도의 남쪽에 존재하는 한에서 넘어서기 어려운 지평이었다.[10] 그리고 이 지평은 1987년 민주화 혹은 1989년 베를린 장벽의 붕괴라는 상황을 맞기 전까지는 존재하였다.

먼저 이승만, 박정희, 전두환으로 이어지는 비민주적 정권이 이해한 자유주의에 대해 보도록 하자. 지배계층의 이데올로기로 작동하였던 자유주의는 주요하게 반공주의, 국가주의 혹은 민족주의 등의 특징을 가지면서 개인의 정치적 자유를 제한하지만 동시에 경제적 부문이나 사적 부문에서의 자유는 확대, 보장하려 하였다. 그것은 서구유럽에서 19

---

9) 개념의 사용에 있어서도 자유주의는 그 자체로 사용되기보다는 '자유민주주의'와 오랫동안 혼용되어 사용되었다(김일영 2008, 96; 문지영 2002, 10-12).

10) 조봉암, 인혁당 사건 등 '사법적 살인'이라고 말해지는 이러한 사건들은 자유민주주의를 말하면서도 자유주의자가 되기가 불가능했음을 보여주는 예들이다. 그러한 극단적인 예들을 들지 않더라도 '사상의 자유'에 대한 제한에 대해 자유주의자들 스스로가 거부하지 않는 한 한국 자유주의의 한계는 분명할 수밖에 없다.

세기 중반에 보였던 자유주의와 유사하다고 할 수 있다. 또 한편으로 "약육강식, 우승열패의 제국주의 시대에 빨리 교육과 산업의 진흥 등을 통해 근대화 — 서구화, 문명개화, 자본주의화, 세계화 — 하여 서구열강 선진국을 따라잡아야 한다"는 인식이 일제 식민지 시기 친일파에서부터 해방 이후 지배엘리트 특히 친미엘리트들에 의해 공유되고 있었다(임대식 1998, 129). 이러한 특징은 제1공화국에서부터 1987년 민주화 이전까지 정권의 자유주의에서 공통적으로 보였다. 물론 이 시기 정권의 자유주의가 특정한 이데올로그들에 의해 표방되었거나 정교되었던 것은 아니다. 그러한 의미에서 서구의 특정한 형태의 자유주의가 수입되고 적용되었다고 보기는 어렵다. 하지만 이 시기 대다수의 지배엘리트들과 대학을 중심으로 형성된 지식인 집단이 표방한 자유주의는 미국적 자유주의였다. 특히 로스토우의 근대화론은 정치적 민주화를 유예하면서 경제성장을 강조하면서 당시의 지배적인 담론이 되었다(박태균 1997). 해방과 함께 미국의 영향 하에서 자본주의적 경제질서와 그에 맞추어 자유민주주의라는 정치질서를 통해 남한에서 국민국가가 형성·발전된다.

1948년 제헌헌법에 나타난 자유주의는 당시의 사회경제적 상황보다는 이데올로기적 상황의 산물이라고 할 정도로 진보적인 자유주의의 특징을 띠었다. 제헌헌법은 1) 국민생활의 균등한 향상 및 공공복리의 향상을 위해 개인의 자유가 조정될 것으로 규정하고, 2) 정치적 자유주의를 보장하는 한편 경제적 민주주의의 실현에 역점을 두며, 3) 경제적 민주주의를 추구하는 만큼 또한 국가에 상당한 정도의 권한을 부여하는 것으로 나타났다(문지영 2002, 84). 제헌헌법이나 이승만 집권초기의 경제에 대한 시각은 기본적으로 평등주의적 인식이 강하였다. 북한에서 이루어진 토지분배와 사회주의적 조치에 대한 대응 그리고 남한 정치권에서의 요구 등을 반영한 것이기도 하였다. 따라서 경제체제는 자유시장경제를 원칙으로 하지만, 국가통제를 통한 사회경제적 평등과 공공복리를 강조하는 혼합경제체제의 실현을 이념으로 제시하였다(장동진 2005; 박명림 2003). 하지만 제헌헌법이 규정한 '이상'과 구체적으로 작동하고 실현되었던 '현실' 사이에는 커다란 격차가 존재하였다. 따라서 주요기간 산업의 국유화 등 '국가자본주의적' 요소를 가지고 있었던 제헌헌법을 1954년 자유시장 경제원칙에 맞추어 수정하고 귀속재산 불하, 은행 민영화 등을 과감하게 시행하였다(손호철 1995, 70-71).

이승만이 정권의 이데올로기로 사용하였던 일민주의의 경우 그러한 국가나 민족 중심의 사고를 넘어 반공주의의 극단화를 보였다(서중석 2005). 한국전쟁을 거치고 다시 국민국가를 재건해야 하는 상황에서 국가와 민족에 대한 강조는 개인의 자유에 대한 제한을 정당화하였다. 박정희 시기 역시 그러한 현상을 지속되었다. 정권의 정당성을 경제발전에서 찾고자 하였던 박정희 정권은 '민족적 민주주의'라는 이름으로 민주주의의 발전 가능성을 차단하였고, 당연히 개인의 자유는 제한당하였다. "나라의 융성이 나의 발전의 근본임"이라는 국민교육 헌장의 표현에서 드러나듯이 국가와 민족의 무게는 개인의 자유를 압도하였다.

박정희 시기는 이른바 '개발독재' 모델을 통해 국가의 적극적 개입과 지원을 통한 경제개발이 이루어졌다(이병천 엮음 2003). 그것은 근대화 이데올로기의 구체적인 표현으로서 성장・발전주의 담론을 통한 경제개발을 위한 동원이었다.[11] 따라서 자유방임적 자유주의라기보다는 국가주도형 시장경제를 추구하였다. 하지만 그것이 경제적 자유를 제한했다고 보기는 어렵다. 박정희 정권 그리고 이후 전두환 정권 시기 시

11) 4・19 이후에야 경제발전에 대한 관념이 형성되기 시작하였다. 4・19 직후 주류 지식인 집단의 산업화논리의 기반이 된 것은 로스토우의 제3세계 경제개발론이었다. 이전 이승만의 반공주의에는 '발전' 개념은 존재하지 않았다(정용욱 2004, 168).

민의 정치적 권리와 관련한 자유는 극도로 제한하였지만, 다른 탈출구로서 사적 부문의 자유는 확대하였다. 예를 들어 문화적 영역에서 자유주의는 양면성을 띠면서 존재하였다. 즉 한편으로는 엄숙주의와 민족주의 문화에 대한 강조가 이루어지지만, 다른 한편으로는 향락문화의 활성화를 통한 자유주의적 경향도 존재하였다(김창남 2003).[12]

오히려 이승만 정권에 대항하였던 조봉암의 진보당의 자유주의나 박정희 정권에 대항하였던 함석헌, 장준하 등의 자유주의가 좀 더 자유주의의 원칙에 충실했다고 볼 수 있다. 이승만 정권에 대항하였던 조봉암의 진보당의 경우 서구의 사회적 자유주의 성격을 지녔다. 진보당은 정치적으로 다당제 및 의회민주주의 제도의 강화, 양심과 사상의 자유의 보장을 요구하였고, 경제적으로 기간주요산업의 국유화, 합리적인 계획을 통한 경제운용, 국민복지제도의 도입, 노동자의 경영참여 등 노동권의 보장 등을 요구하였다(손호철 1995, 78). 이것은 비슷한 시기 유럽의 사회민주주의 정당이 요구하던 내용으로 자유주의적 시각에서 본다면, 사회적 자유주의에 해당한다고 볼 수 있다.

하지만 많은 부분 저항적 자유주의의 사고들 역시 당시에 주어진 상황의 논리를 크게 벗어나지 못하였다. 개항 이후 지속된 국가와 민족에 대한 강조라는 집단주의적 사고는 저항적 자유주의자들에게서도 일정하게 공유되었다. 저항의 주체로 '민중'은 '개인'보다 더 강조되었다. 자율적이고 주체적인 '개인'이 '민중'을 구성하는 개별단위로서 살아 있되, 그때의 개인이란 이른바 '절대개인'이 아니라 공동체 융화적인 존재로 제시되었다(문지영 2002, 225). 장준하의 경우는 개인을 희생하고서라도 달성해야 하는 목표가 민족통일이라고 하면서 "정치이념도 생활

12) 공적 영역의 정치적 자유에 대한 제한과 사적 영역의 자유의 확대는 토크빌이 '민주주의적 전제정(despotisme démocratique)'이라고 칭했던 정치체제에서 보여지는 특징이다.

조건도 심지어 사생활까지 통일을 위해서 방해가 된다면 이에 대한 집착을 탁 털고 홀홀히 나서는 인간이 되어야만 통일을 말할 수 있고 통일운동에 가담할 수 있다"고 하였다(김일영 2008, 103에서 재인용). 이러한 민족 혹은 국가의 개인에 대한 우월성은 정치에 한정되지 않고 개발주의에 대한 이해에서도 동일하게 드러난다. 이미 월러스타인이 지적하였듯이 근대의 이데올로기들이 공유하는 생산력주의는 당연히 한국의 저항적 자유주의자들에게도 공유되었다. 문제는 개발주의에 대한 이해에서까지 민족적 목표는 개인의 자유를 제한할 수 있었다. 「사상계」에 발표된 노조에 관한 글 속에서 노조는 자율적 결사체로서보다는 민족적 목표의 실현을 위한 동원의 단위로 취급되었다(김보현 2003, 353).

개항 이후 근대화의 과정이 시작되면서 독립된 국민국가 건설의 좌절 그리고 해방 이후 분단이 가져온 두 개의 독자적인 국민국가 건설의 길을 걷게 된 사실은 한국에서 대부분의 정치이념에게 민족주의의 짐을 부과했다고 볼 수 있다. 근대의 정치적 주체 및 주권적 실체로서 '국민(nation)'의 미완성이 이후 지속적으로 한국에서 개인주의적 자유주의의 발전을 제한하는 족쇄로 작용하는 것이다. 권력을 가진 자들의 자유주의나 그 권력에 저항했던 자유주의 모두 그러한 족쇄로부터 벗어나기는 쉽지 않았다. 그러한 의미에서 양측 모두를 자유주의가 아니었다고 부정할 수는 없지만 '빈곤'한 자유주의인 것은 틀림없다.

자유주의가 좀 더 자신의 요구들을 밀고 나갈 수 있는 계기는 오히려 남한에서 자본주의의 발전과 함께 이루어졌다고 볼 수 있다. 그것도 개인의 자유에 대한 요구 혹은 시민의 권리라는 차원보다는 노동자운동과 관련해서였다. 한국노동운동사 나아가 민주주의 역사에서 큰 획이었던 전태일의 분신에서 쟁점은 자유주의적 권리였다. 즉 '근로기준법을 준수하라'는 요구, '인간답게 살 권리'의 요구는 바로 법치에 대한 요구이자, 개인의 기본적인 권리에 대한 요구였다. 그리고 다른 한편으로 성장·발전주의 담론에 대한 비판적 대응, 즉 분배를 둘러싼 새로운 문제제기의 형태라고 할 수 있다. 1971년 대통령선거에서 김대중 후보의 민중지향적 '대중경제론'은 박정희 정권에 의해 추진된 '발전주의 동맹'에 대한 일종의 '분배동맹'의 제시였다(이광일 2003, 222). 물론 비판세력들 역시 성장·발전주의의 굴레로부터 자유롭지 못했지만, 분배의 문제를 제기함으로써 자유주의의 새로운 발전의 가능성을 보인 것은 사실이다.

1980년 광주민중항쟁과 함께 미국에 대한 이해가 새로워지고, 그와 함께 사회주의적 경향 그리고 북한 주체사상의 영향을 받은 세력들이 등장하기 시작하였다. 따라서 이전까지 민주화라는 이름으로 광범위하게 형성되었던 연대에 서서히 균열이 보이기 시작한다. 물론 민주화가 이루어지기 전까지 이러한 균열은 일단은 봉합되어졌다. 전두환 정권은 권력의 정당성을 갖기 못했기 때문에 지속적인 성장·발전주의에 기반한 경제적 자유주의와 다른 한편으로 스포츠, 문화 분야에서의 향락주의적 자유주의(?)를 통해 정당성을 확보하려고 하였다. 특히 세계적으로 레이거노믹스로 표상되는 신자유주의 물결이 들어오면서 서서히 개방화, 자유화 등 경제적 자유주의가 힘을 얻기 시작하였다. 반면에 기본적인 정치적 권리와 관련한 언론, 출판, 결사의 자유, 사상의 자유 등에서는 유신정권 이후 지속적으로 제한적이었다. 이러한 이유에서 정권에 반대하는 세력들은 자유주의적 기본권에 대한 요구에서부터 출발하였다. 최대강령의 수준에서 차이가 존재하는 것은 당연하였지만, 일단 최소강령의 수준에서의 합의는 독재정권의 타도라는 극히 자유주의적 요구가 지배적이었고, 결국은 이것은 1987년의 민주화로 이어지면서 그 틀을 결정하였다.

Ⅳ. 민주화 이후 자유주의의 분화

1987년 민주주의로의 이행이 이루어지고 그동안 민주주의의 성취라는 이름으로 함께 한 다양한 세력들이 분화하기 시작하였다. 사회주의 세력 혹은 진보진영과 자유주의의 세력이 광범위한 연대 속에서 민주주의 쟁취가 이루어졌다면, 이 두 세력 간의 분열이 발생하였다. 87년 6월 민주화 이후 7, 8월 노동자대투쟁과 이어지는 노동자운동의 세력화 과정에서 자유주의 세력들은 일정한 거리를 둔다. 또한 자유주의 진영 내에서도 분열 역시 뚜렷해진다. 민주주의의 공고화 및 심화라는 과제가 주어지면서 자유주의는 '사회적 자유주의' 혹은 '복지자유주의' 세력과 '경제적 자유주의' 혹은 '신자유주의' 세력으로 분리된다. 또한 새로운 세대들 특히 1980년대 이후 이른바 풍요의 세대들의 시각과 입장을 반영한 '문화적 자유주의'의 흐름이 등장한다. 물론 그렇다고 이상에서 열거한 자유주의 세력들이 모두 민주화 투쟁에서 민주세력의 편에 가담했던 것은 아니다. 서구 자유주의 역사에서도 그러했듯이 경제적 자유주의자들은 정치적 민주화에 대해서는 상당부분 무관심했던 것이 사실이다.

서구 유럽의 경우 일반적으로 현재적 시작에서 민주주의로의 이행이라고 볼 수 있는 자유민주주의의 성립은 19세기 말에 이루어진다. 그 내용은 주요하게는 남성 보통선거권의 확립, 삼권분립과 법치주의의 확립, 좌우정당 체계의 형성과 정당정치의 정착 등을 내용으로 한다. 19세기가 유럽은 자본주의의 급속한 발전을 경험하였고, 그에 기반이 되는 이데올로기는 아담 스미스적인 자유주의였다. 즉 가능한 한 국가의 개입은 최소화하였고, 개인의 자유를 최대한 보장하고자 하였다. 하지만 자본주의의 발달과 함께 노동자 운동 역시 급속하게 성장하였고, 19세기 말 보통선거권에 힘입어 노동자 정당은 의회까지 진출하였다. 노동자운동의 혁명적 요구 속에서 자유주의 역시 변신하였고 그것이 사회적 자유주의의 탄생이다. 이와 함께 서구 유럽에서는 사회적 권리에 대한 개념이 형성되면서 복지국가가 발전하기 시작하였다. 이것은 곧 서구 민주주의의 심화라고 볼 수 있다. 그렇게 본다면 한국의 민주주의 역시 1987년 민주주의로의 이행 이후 민주주의의 심화의 과제로서 사회적 자유주의의 문제제기에 따른 사회적 권리가 형성될 수 있었다. 실제로 1987년 이후 노동자 운동이 급속히 성장하면서 민주노총의 형성과 민주노동당이라는 좌파 정당이 틀을 갖추기 시작한 것도 사실이다.

하지만 한국에게는 또 다른 도전이 제기되었다. 서구에서 1970년대부터 복지국가가 위기를 맞으면서 신자유주의적 세계화가 진행되었다는 사실이다. 이 신자유주의는 19세기에 변신한 '새로운 자유주의' 이전의 자유주의 즉 아담 스미스적 자유주의와 유사한 형태의 자유주의이다. 그리고 신자유주의적 세계화는 이제 막 선진국 경제에 진입하려는 한국으로서는 피할 수 없는 세계적 표준이 되고 있다. 따라서 한국으로서는 이중의 과제, 그것도 모순적인 이중의 과제에 직면한 것이다. 한편에서는 민주주의의 심화라는 과제를 위해 '사회적 자유주의'에 대한 요구가 제기되었고, 다른 한편에서는 세계적 표준으로서 등장한 신자유주의가 요구되었다.

민주화 이후 등장한 다양한 자유주의의 흐름들과 그 분화의 움직임들을 포착하기 위해 1987년 이후 한국사회에서 형성된 쟁점들을 중심으로 살펴보도록 하자. 특히 그 접근의 방식은 한국 자유주의의 '빈곤'

과 관련된 개인의 권리 및 자유라는 기준을 통한 접근을 시도하도록 하겠다.

첫째는 사회적 권리의 차원이다. 이 쟁점은 특히 1997년 IMF 사태 이후 쟁점으로 부각되었다. 이 쟁점을 둘러싸고는 특히 1980년대 이후 전 세계적으로 강화되고 있는 신자유주의적 입장과 기존 한국에서 좌파를 형성하였던 입장이나 자유주의 내에서 좌파, 즉 사회적 자유주의를 주장하는 입장과 대립점을 형성하고 있다. 신자유주의를 요구하는 세력은 전통적인 경제적 자유주의자 집단이다. 이들은 하이에크나 프리드만과 같은 경제학자들의 담론을 재생산하면서 신자유주의를 요구하고 있다(민경국 2007; 공병호 1999). '사회적 자유주의'에 대한 논의는 다양한 경로를 통해 제기되고 있다. 예를 들어 존 롤스의 사회정의론의 입장에서 재산소유민주주의가 제시된다. 이것은 분배의 불평등이 확대된 이후에 사후적인 재분배를 통하여 해결하고자 하는 것이 아니라 생산자산과 인적자본의 광범위한 분산을 사전적으로 보장함으로써 기본적 자유의 평등과 공정한 기회평등을 실현하기 위한 하나의 배경적 제도를 정착시키려 하는 것이다(장동진 2008, 220). 또한 영국적인 전통인 존 스튜어트 밀에서부터 그린(T. H. Green)과 홉하우스(T. Hobhouse)를 통해 제기되기도 하며, 프랑스의 뒤르카임과 공화주의 전통을 통해 사회적 자유주의에 대한 논의가 제기되기도 한다(서병훈 1995; 홍태영 2002). 사회적 권리에 대한 요구와 사회적 자유주의 성향을 드러내고 있는 세력은 주요하게는 다양한 시민사회 운동 집단과 제도정치권의 야당 즉 현재의 민주당의 일부 세력들이라고 할 수 있다. 특히 1997년 IMF 사태 이후 한국 사회는 사회적 안전망에 대한 인식이 이루어지기 시작하였고, 당시 김대중 정부 하에서 사회적 안전망을 확충하려는 노력들이 이루어졌다. 하지만, 김대중 정부에서 이루어진 사회복지정책들을 들여다 본다면, 국가재정개입을 최소화하면서 사회보험 중심의 복지체제를 구축하고, 공공부조제도와 국가사회복지서비스는 가능한 최소화하고, 대신에 사회적 보호가 필요한 부분에 최소한으로 국가의 규제에 의해 민간부문, 즉 가족과 시장부분에 복지를 떠맡기는 특성으로 발전하였다(정무권 2002, 432).[13] IMF 이후 김대중 정권과 노무현 정권 시기는 사회적 권리에 대한 국내적 요구에 대해서는 긍정적이었지만, 동시에 '신자유주의'라는 국외적 요구 역시 강력하게 존재하였기 때문에 일정한 타협이 필요할 수밖에 없었다.

IMF 사태를 맞으면서 제기된 사회적 권리의 문제는 한국 민주주의의 심화의 과제와도 맞물렸다. 유럽의 복지국가 모델이 소개되면서 자연스럽게 민주주의의 심화의 형태로 복지국가가 제시되었다. 하지만 동시에 밀려온 신자유주의의 물결은 복지국가에 대한 소개와 더불어 '복지병'에 대한 비판도 동시에 소개되었다. 아니 오히려 복지국가에 대한 논의의 수용보다는 복지국가 개혁의 논의가 우위를 점하면서 복지자유주의에 대한 논의가 전개되었다. 특히 영국 노동당과 기든스(A. Giddens)에 의해 전개된 '제3의 길'에 대한 논의는 사회적 자유주의가 다시 한번 전환되는 과정이었다(기든스 2001). 19세기적 가치, 특히 개인

13) 김대중 정부 하에서 이루어진 복지정책에 대한 평가는 다양하다. IMF체제라는 사회적 위기 상황 속에서 김대중 정부를 노사정위원회라는 사회협약기구를 통해 4대 사회보험의 통합운영, 사회보험의 적용확대와 급여수준의 개선 등의 성과를 이루어냈고, 국민기초생활보장법, 사회적 취약계층에 대한 복지서비스의 확대, 사회복지공동모금회법을 통한 민간복지의 활성화 등의 성과를 이루어냈다(성경륭 2002). 이에 대해 "국민의 정부가 이룩한 복지개혁은 대공황기의 미국과 2차 세계대전 후반기의 영국에서 이루어진 복지개혁과 맞먹는 개혁"(성경륭 2002, 510)으로 평가하는 입장에서부터 "일부 전향적 요소에도 불구하고 기본적으로 신자유주의적이며 … 어느 면에서는 오히려 후퇴"(손호철 2005, 228)했다는 평가까지 존재한다. 물론 좀 더 구체적으로 서구의 복지국가 모델들과 비교 속에서 김대중 정부의 복지정책을 신자유주의적 모델(조영훈 2002), 보수주의적인 체제(남찬섭 2002), 보수주의적 특성과 자유주의적 성격의 혼재(김영범 2002), 보수적 국가주의와 자유주의가 결합한 발전주의적 복지주의(정무권 2002) 등으로 평가하면서 논쟁을 진행시켰다.

의 책임, 자조, 노동에 대한 강조 등은 19세기적 자유주의로의 접근을 보여주고 있다. 따라서 '제3의 길'이 신자유주의의 새로운 변형이라는 비판 역시 존재한다(김수행 2006).

둘째는 문화적 자유주의의 등장에 따른 문제이다. 개별 나라들에 따라 차이가 있고 다양한 요인들이 작용하였다는 점 등에서 논쟁은 있지만, 근대 국민국가 시민의 권리에 대한 이해에서 민권, 정치적 권리, 사회적 권리 이후 문화적 권리가 주요한 쟁점으로 떠오르고 있는 것이 사실이다. 단순히 문화를 향유할 수 있다는 수동적 권리를 넘어서 적극적으로 자기를 표현하고 자기의 공간을 만들어낸다는 의미에서 문화적 권리는 기존의 권위에 대한 도전의 의미도 갖는다. 유럽의 경우 1968년의 혁명과 함께 사회의 다양한 소수자들의 권리, 즉 여성, 환경, 동성애 등의 문제와 관련한 권리의 요구들이 있었고, 그 과정에서 극단적인 개인주의에 기반한 자유지상주의적 흐름이 형성되기도 하였다. 한국 역시 1987년 민주화 이후 자유주의의 분화 그리고 새로운 세대들—1980년대 이후 출생한 이른바 '풍요의 세대'—의 등장은 '문화적 자유주의'를 등장시켰다. 기존의 권위에 대한 거부, 탈물질주의적 가치 추구, 공동체에 대한 무관심 등을 특징으로 한다. 특히 문화적 자유주의의 흐름은 포스트모더니즘의 흐름의 영향 속에서 더욱 강해지는 듯 하였다.[14] 문화적 자유주의의 기본적인 출발점은 문화적 공간 속에서 기존의 권위를 극복하는 것이고 그 공간을 활용하여 자신의 자유를 확대하고자 한다는 점이다. 이미 1970년대 히피족에서부터 21세기 '폐인'

14) 포스트모더니즘의 한국적 수용 역시 다분히 맥락적이다. 사회주의의 몰락 이후 서구 특히 프랑스의 포스트모더니즘이 급격히 수용된다. 맑스주의에 대한 대안적 수용으로서 포스트모더니즘을 급진적으로 수용하는 경향과 포스트맑스주의적 경향 즉 탈맑스주의적 경향으로서 급진적 민주주의 혹은 극단적인 상대주의적 경향도 존재한다.

이라고 부르는 집단에 이르기까지 새로운 세대들은 자신들만의 문화코드를 활용하여 기존의 권위에 도전하고 기성세대가 만들어 놓은 질서에 대해 거부한다(강수돌 외 2003; 고길섶 외 2000; 이동연 2005).[15] 그들은 새로운 자신들의 영토를 발견하고자 하며 그것을 통해 자신들의 자유의 공간을 확장해 나가려 한다.[16] 물론 이러한 흐름들 내에는 자유주의를 넘어선 자유를 추구하고 세력들 역시 존재한다.

셋째는 남북한 관계의 문제이다. 통일문제는 개항이후 근대적 국민국가 건설의 좌절 이후 식민지 경험 이후 외세에 의한 분단, 한국전쟁 등을 거치면서 한국사의 상처이며, 한국 자유주의 발전에 있어서도 주요한 변수로 작용하고 있다. 특히 국가보안법을 둘러싸고 개인의 사상의 자유에 대한 제한 등 자유주의의 기본적인 권리에 대한 제한이 북한 문제와 관련하여 정당화되어 왔다. 따라서 최근에는 국가보안법 존폐를 둘러싼 논쟁이나 북한 주민의 인권을 둘러싼 논의 등은 한국 자유주의의 발전과 관련하여 중요한 쟁점이 되고 있다. 해방 이후 오랫동안 반공자유주의로 존재해 왔던 한국의 자유주의가 통일문제와 관련하여 새로운 전환을 하지 않는다면, 자유주의는 반쪽 이데올로기로 남을 수밖에 없을 것이다. 또한 자유주의가 서구에서 출발했을 때 가지고 있었던 보편성의 원칙의 확장과 관련된다. 특히 이 문제는 이른바 '인권의 보편성' 문제와도 연결된다. 북한 주민의 인권 그리고 탈북자들의 인권의 문제가 있고, 세계화 이후 계속 유입되는 외국인노동자나

---

15) 이러한 흐름은 기존의 권력에 대한 비판뿐만 아니라 그 권력의 비판자들에게서도 발견되는 권위주의적 혹은 군사주의적 근대성에 대한 비판과 함께 형성되고 있다. 근대의 형성 초기부터 현재에 이르기까지 한국 근대성이 갖는 군사주의, 국가주의, 집단주의적 특징에 대한 비판에 대해서는 박노자(2001), 임지현 외(2000), 문승숙(2007) 등을 참조할 수 있다.

16) 이러한 새로운 흐름들이 형성되면서 기존에는 비난의 대상이 되거나 기이하게 여겨졌던 이른바 '자유주의자들(강준만, 마광수, 복거일, 나혜석, 김수영, 장선우 등)'에 대한 새로운 주목이 이루어지고 있다(김동춘 외 1999).

농촌사회에 많이 존재하는 다문화가정 등의 문제와 연결되어 있다. 이러한 많은 문제들은 자유주의에 대해 새롭게 도전하면서 동시에 자유주의의 전환의 계기를 제공하고 있다.

민주화 이후 한국 자유주의의 과제들은 여전히 압축적이다. 개인의 자유와 권리의 확장이라는 과제와 더불어 공동체와의 관계가 아직까지는 미해결의 과제로 남아 있다. 물론 완벽한 결론을 찾는다는 의미가 아니라 개인 및 공동체의 윤리에 대한 사회적 합의는 물론 아직까지 논의조차 활성화되지 못하고 있다는 점이다.

Ⅴ. 결 론

한국에서 서구 자유주의 수용이 역사는 곧바로 한국에서 근대적 정치공동체로서 국민국가의 형성의 역사와 일치한다. 그것은 개항이 이루어진 시점에서 들어온 서구 문명은 자유주의가 지배하던 시점이었기 때문이다. 하지만 한국에서 자유주의의 수용과 정착의 과정은 서구의 그것과는 다른 과정일 수밖에 없었다. 서구 자유주의 사상의 출발점이 개인과 개인의 자유였고, 그로부터 그들의 공동체인 국민국가를 성립시켰다면, 한반도에서 자유주의는 역의 과정이었다. 서구 제국주의에 맞서 국민국가를 성립시키는 과제에 급선무였고, 개인의 자유는 부차화될 수밖에 없었다. 식민지 경험은 그러한 특징을 더욱 강화시켰다. 해방 이후 억압적인 권위주의 정권하에서 경제개발과 민주주의에 대한 열망은 또다시 개인의 자유를 유예시켰다. 거칠게 단순화한다면, 1987년 민주주의로의 이행 이후에야 비로소 개인의 자유에 대해 말하기 시작하였다. 하지만 이 과정은 한국사회가 가지고 있는 압축성과 그것이 가져올 수 있는 폐해를 여실히 보여주고 있다. 그간 발언권을 갖지 못했던 개인의 자유에 대한 요구는 경제적으로 신자유주의, 냉전의 해체, 근대성에 대한 비판 등과 맞물려 폭발적으로 발생하고 있다. 일종의 자유주의의 '과잉'이 발생하고 있다. 이러한 이유들에 의해 현재의 시점에서 '자유주의'에 대한 새로운 접근과 이해가 요구되고 있다.

한국의 자유주의 '빈곤'과 '과잉'은 한국의 근대사가 가졌던 상처를 반영한 것이다. 87년 민주화 이후 자유주의적 문제제기가 활발하게 전개되고 새로운 모색들이 등장하고 있는 것은 그러한 '빈곤'을 메워줄 수 있을 것이라는 기대를 갖게 한다. 사실 '미완의 프로젝트로서 자유주의'(문지영 2008) 혹은 '공통된 지평으로서 자유주의'(김일영 2008) 혹은 '구좌파와 구우파를 넘는 공동체자유주의'(박세일 2008)을 주장하면서 자유주의의 새로운 모색을 하는 흐름들이 존재하는 것이 사실이다.

냉전의 해체와 세계화라는 새로운 환경 속에서 자유주의 다양한 방식의 전환을 요구받고 있다. 더구나 한국 사회에서 자유주의가 반공이라는 굴레를 스스로 받아들이면서 스스로의 범위를 제약해 왔다면, 최근 다양한 요구들은 그러한 짐을 벗고 새롭게 변신할 수 있는 계기가 될 수 있을 것이다. 하지만 현재 우리에게 주어진 과제는 단순히 그간 자유주의가 해결하지 못한 과제만을 넘겨받은 것이 아니라 새로운 시대의 새로운 사회 · 정치적 문제들을 안고 있다. 한국은 '압축적 근대화'가 가져온 문제들과 더불어 '근대'자체에 대한 문제제기가 동시에 이루어지고 있는 시점에 있다. 오히려 자유주의의 '해체'의 시점일 수 있다.

꼭 읽어야 할 책

강수돌 외. 2002.『탈영자들의 기념비』. 서울: 생각의 나무.
김진균·정근식 편저. 1997.『근대주체와 식민지규율권력』. 서울: 문화과학사
김진송. 1999.『서울에 딴스홀을 許하라』. 서울: 현실문화연구.
문승숙. 2007. 이현정 역.『군사주의에 갇힌 근대』. 서울: 또하나의 문화.
윤건차. 1987.『한국근대의 교육과 사상』. 서울: 청사.
윤해동. 2003.『식민지의 회색지대』. 서울: 역사비평사.
홍태영. 2008.『국민국가의 정치학』. 서울: 후마니타스.

참고문헌

강수돌 외. 2002.『탈영자들의 기념비』. 서울: 생각의 나무.
고길섶 외. 2000.『문화읽기: 삐라에서 사이버문화까지』. 서울: 현실문화연구.
공병호. 1999.『시장경제와 민주주의』. 서울: 자유기업센터.
권보드래. 2003.『연애의 시대』. 서울: 현실문화연구.
권영민. 1999.『서사양식과 담론의 근대성』. 서울: 서울대학교 출판부.
기든스 A. 2001. 한상진 역.『제3의 길』. 서울: 생각의 나무.
길진숙. 2004. "『독립신문』,『매일신문』에 수용된 '문명/야만' 담론의 의미층위". 이화여대 한국문화원.『근대계몽기 지식 개념의 수용과 그 변용』. 서울: 소명출판.
김경일. 2003.『한국의 근대와 근대성』. 서울: 백산서당.
김경일. 2004.『여성의 근대, 근대의 여성』. 서울: 푸른 역사.
김동춘 외. 1999.『자유라는 화두: 한국자유주의의 열가지 표정』. 서울: 삼인.
김보현. 2003. "『사상계』의 경제개발론, 박정의 정권과 얼마나 달랐나?: 개발주

의에 저항한 개발주의", 『정치비평』. 상반기.
김석근. 2000. "福澤諭吉의 '자유'와 '통의'", 『정치사상연구』. 제2집.
김수행 · 정병기 · 홍태영. 2006. 『제3의 길과 신자유주의』. 서울: 서울대출판부.
김영범. 2002. "경제위기 이후 사회정책의 변화," 김연명 편. 『한국복지국가성격논쟁I』. 서울: 인간과 복지.
김일영. 2008. "한국정치의 새로운 이념적 좌표를 찾아서: '뉴라이트'와 '뉴레프트' 그리고 공통된 지평으로서의 자유주의", 『한국외교사논총』. 27집 2호.
김주성. 2000. "김옥균·박영효의 자유주의 정신", 『정치사상연구』. 제2집.
김진균 · 정근식 편저. 1997. 『근대주체와 식민지규율권력』. 서울: 문화과학사.
김진송. 1999. 『서울에 딴스홀을 許하라』. 서울: 현실문화연구.
김창남. 2003. 『대중문화의 이해』. 서울: 한울아카데미.
김학준. 2000. 『한말의 서양정치학 수용연구 −유길준 · 안국선·이승만을 중심으로』. 서울: 서울대학교 출판부.
남산섭. 2002. "경제위기 이후 복지개혁의 성격," 김연명 편. 『한국복지국가성격논쟁 I 』. 서울: 인간과 복지.
문승숙. 2007. 이현정 역. 『군사주의에 갇힌 근대』. 서울: 또하나의 문화.
문지영. 2002. 「한국에서 자유주의: 정부수립 후 1970년대까지 그 양면적 전개와 성격에 관한 연구」. 서강대학교 대학원 정치외교학과 박사학위 논문.
문지영. 2008. "'미완의 프로젝트'로서의 한국자유주의", 박세일, 나성린, 신도철 공편. 『공동체자유주의』. 서울: 나남.
민경국. 2007. 『자유주의의 지혜』. 서울: 아카넷.
박노자. 2000. 『당신들의 대한민국』. 서울: 한겨레신문사.
박노자. 2005. 『우승열패의 신화』. 서울: 한겨레신문사.
박명림. 2003. "한국의 초기 헌정체제와 민주주의: '혼합정부'와 '사회적 시장경제'를 중심으로", 『한국정치학회보』. 37집 1호.
박세일. 2008. "공동체자유주의: 이념과 정책", 박세일, 나성린, 신도철 공편. 『공동체자유주의』. 서울: 나남.
박태균. 1997. "1950년대 말 미국의 대한경제정책 변화와 로스토우의 근대화론", 『한국사론』. 37호.
박천홍. 2002. 『매혹의 질주, 근대의 횡단』. 서울: 산처럼.

서병훈. 1995. 『자유의 본질과 유토피아』. 서울: 나남.
서재원. 2005. "나혜석 문학연구 ―근대적 여성주체 형성과정을 중심으로", 현대문학이론 학회. 『현대문학이론연구』. 25권.
서중석. 1995. "한국에서의 민족문제와 국가". 한국사연구회 편. 『근대 국민국가와 민족 문제』. 서울: 지식산업사.
서중석. 2005. 『이승만의 정치이데올로기』. 서울: 역사비평사.
성경륭. 2002. "민주주의의 공고화와 복지국가의 발전," 김연명 편. 『한국복지국가성격 논쟁I』. 서울: 인간과 복지.
손호철. 2005. "김대중정부의 복지개혁의 성격," 『한국정치학회보』 39집 1호.
손호철. 1995. 『해방 50년의 한국정치』. 서울: 새길.
신명직. 2003. 『모던보이, 京城을 거닐다』. 서울: 현실문화연구.
안외순. 2001. "유가적 군주정과 서구민주정에 대한 조선 실학자의 인식: 혜강 최한기를 중심으로", 『한국정치학회보』. 제35집 4호.
안외순. 2002. "19세기말 조선의 민주주의의 수용론 검토: 동서사상 융합의 관점에서", 강정인 외. 『민주주의의 한국적 수용』. 서울: 책세상.
양승태, 전재호. 2007. "미군정기(1945-1948) 한국의 자유주의: 이승만의 '반공적' 자유주의", 『한국철학논집』. 21집.
엘리아스, N. 1999. 박미애 역. 『문명화과정』 I, II. 서울: 한길사.
윤건차. 1987. 『한국근대의 교육과 사상』. 서울: 청사.
윤해동. 2003. 『식민지의 회색지대』. 서울: 역사비평사.
이광일. 2003. "성장·발전주의 지배담론의 신화와 딜레마", 조희연 편. 『한국의 정치사회학적 지배담론과 민주주의 동학』. 서울: 함께 읽는책.
이근식. 서병훈 편저. 2007. 『자유주의와 한국사회』. 서울: 철학과 현실사.
이나미. 2001. 『한국자유주의의 기원』. 서울: 책세상.
이동연. 2005. 『문화부족의 사회: 히피에서 폐인까지』. 서울: 책세상.
이병천 엮음. 2003. 『개발독재와 박정희 시대』. 서울: 창비.
이상경. 1999. "나혜석: 한 페미니스트 자유혼의 패배", 『자유라는 화두』. 서울: 삼인.
이종찬. 2004. 『동아시아 의학의 전통과 근대』. 서울: 문학과 지성사.
이화여대 한국문화연구원. 2004. 『근대계몽기 지식개념의 수용과 그 변용』. 서

울: 소명출판.

임대식. 1998. “1950년대 미국의 교육원조와 친미엘리트의 형성”, 역사문제연구소 편. 『1950년대 남북한의 선택과 굴절』. 서울: 역사비평사.

임지현 외. 2001. 『우리안의 파시즘』. 서울: 삼인.

장동진. 2001. 『현대자유주의 정치철학의 이해』. 서울: 동명사.

장동진. 2005a. “식민지에서의 ‘개인’, ‘사회’, ‘민족’의 관념과 자유주의: 안창호의 정치적 민족주의와 이광수의 문화적 민족주의”, 『한국철학논집』. 제16집.

장동진. 2005b. “대한민국 제헌과정에 나타난 자유주의: 정부형태, 기본권, 경제제도를 중심으로”, 『정치사상연구』 11집 2호.

장동진. 2008. “자유주의”, 『정치학이해의 길잡이 －정치사상』. 서울: 법문사.

정무권. 2002. “김대중 정부의 복지개혁과 한국 복지제도의 성격 논쟁에 대하여”, 김연명 편. 『한국복지국가 성격논쟁』Ⅰ. 서울: 인간과 복지.

정용욱. 2004. “5 · 16쿠데타 이후 지식인의 분화와 재편”, 『1960년대 한국의 근대화와 지식인』. 서울: 선인.

정용화. 2004. 『문명의 정치사상: 유길준과 근대 한국』. 서울: 문학과 지성사.

조영훈. 2002. “‘생산적 복지론’과 한국 복지국가의 미래”, 김연명 편. 『한국복지국가 성격논쟁』Ⅰ. 서울: 인간과 복지.

조현연. “‘자유민주주의’ 지배담론의 역사적 궤적과 지배효과”, 조희연 편. 『한국의 정치사회학적 지배담론과 민주주의 동학』. 서울: 함께 읽는책.

황경식. 2006. 『자유주의는 진화하는가?』. 서울: 철학과 현실사.

홍태영. 2002. “‘사회적인 것’의 탄생과 뒤르카임의 신자유주의”, 『한국정치학회보』 36집 4호.

홍태영. 2008. 『국민국가의 정치학』. 서울: 후마니타스.

히야마 히사오. 2000. 정선태 역. 『동양적 근대의 창출』. 서울: 소명출판.

CHAPTER 03

공동체주의와 한국사회

유 홍 림

I. 머리말

공동체주의(communitarianism)는 1970년대 후반이후 미국학계를 중심으로 형성된 사조로서 권리담론 중심의 자유주의와 원자론적 개인주의에 대한 비판, 현대 자유주의 공공철학에 대한 반성, 윤리적 공동체의 와해와 이기주의 팽배 등의 사회현상에 대한 불만의 이론적 표출이다. 서구의 공동체주의는 1990년대 이후 한국학계에서도 중요 관심 주제의 하나로 부상했다. 정치학뿐만 아니라 철학, 사회학, 법학, 교육학 등의 다양한 분야에 걸쳐 공동체주의에 대한 이론적 소개와 평가 작업이 활발하게 진행되어왔으며, 공동체주의의 한국적 적실성에 대한 비판적 문제제기도 이루어져 왔다.[1)]

본 장에서는 우선 공동체주의의 핵심적 주장을 개관하고, 한국사회에서 공동체주의가 가지는 의의 및 유용성을 (1) 공동체적 윤리의 자원

1) 김동수(1994), 김비환(1999), 백종국(2006), 송영배(2000), 유홍림(2003), 이상익(2007), 이승환(1999), 이진우(1999), 이철승(2007), 장동진(2003), 장은주(2002), 정호근(1999), 최종고(2003), 황경식(1999) 등 참조.

으로서 유교 전통의 현대화, (2) 왜곡된 자유민주주의 이념의 교정과 보완, (3) 민주적 시민 형성의 정치 등의 주제와 관련하여 검토하고자 한다. 공동체주의가 맥락주의적 방법론과 공유된 의미 세계 및 문화 전통의 중요성을 강조함을 고려한다면, 한국적 맥락에서 공동체주의의 유용성을 검토하는 작업은 공동체주의의 외연을 확장하고 적실성을 높이는 데 기여할 것이다.

Ⅱ. 공동체주의 개관

현대 공동체주의를 대표하는 매킨타이어(Alasdair MacIntyre), 테일러(Charles Taylor), 왈저(Michael Walzer), 샌델(Michael Sandel), 바버(Benjamin Barber) 등의 이론가들은 정치적·문화적 공동체를 이론 및 현실 모두에서 재건하려 한다. 이들은 아리스토텔레스, 루소, 헤겔, 토크빌, 듀이 등의 사상으로부터 이론적 논의의 토대를 찾는다. 공동체주의는 일반적으로 "통합주의적" 입장과 "참여주의적" 입장으로 구분되며(Benhabib 1992, 68-82), 진보적 입장과 보수적 입장, 철학적 공동체주의와 실천적 공동체주의 등으로 분류될 수 있는 다양한 입장과 주장들을 포괄한다. 공동체주의는 개인의 삶의 목적과 공동체적 이상의 조화를 추구한다. 통합을 강조하는 공동체주의자들은 이러한 조화의 가능성, 즉 원자론적 개인주의를 극복할 수 있는 방법을 공동체적 가치체계 및 의미 지평의 복원 및 재정립에서 찾는다. 이에 비해 참여주의적 공동체주의자들은 문화·의식 차원에서의 가치관의 전환보다 민주주의의 제도적 기반의 확충과 이를 통한 정치참여의 시민 교육적 효과를 강조한다.

자유주의의 이론, 문화, 제도에 대한 비판의 요지는 다음과 같다

(Buchanan 1989). 첫째, 자유주의는 인간의 행복한 삶의 필수적 조건인 공동체를 평가절하하고 나아가 와해시키며, 둘째로 정치적 공동체와 정치적 삶 자체에 목적이 아닌 단순한 수단으로서의 의미만을 부여한다는 것이다. 셋째로 자유주의는 비계약적 의무의 형태인 가족과 공동체적 의무의 중요성에 대한 적절한 설명을 제시하지 못하며, 넷째로 자아 정체성의 귀속성 및 피조성을 인식하지 못하고 추상적 자아개념을 이론화의 기초로 하는 결함을 갖는다. 마지막으로 자유주의는 정의(justice)를 사회제도의 최우선적 덕목으로 인식하고 그 중요성을 높게 평가하는 오류를 범한다. 공동체주의의 입장에서는 공동체적 삶이라는 보다 상위의 가치가 상실되었을 때 요구되는 '치유의 덕'이 정의이다. 공동체주의자들은 규범론의 가장 본질적 문제는 정의가 아닌 행복, 권리가 아닌 공공선이라고 본다.

공동체주의자들은 방법론적으로는 윤리규범의 사회성과 역사성을 강조하고, 사회적으로 공유되는 의미의 '해석'을 수용한다. 그리고 실천적 제안으로서 전통의 재활성화 또는 공동체적 유대의 강화를 위한 제도적 기반의 조성을 촉구한다. 또한 윤리담론의 언어를 자유주의적 개념들 — 개인의 자율성, 권리, 중립성, 사회적 정의 등 — 로부터 공동체주의적 개념들 — 전통, 시민으로서의 덕목, 공동체적 유대, 사회적 의미, 행복 등 — 로 전환할 것을 제안한다.

통합주의적 입장을 대표하는 매킨타이어는 도덕철학에 대한 일련의 저술(MacIntyre 1984; 1988; 1990)을 통해 근대 정신문화의 한계를 규명하고, 아리스토텔레스주의-토미즘 전통의 부활을 대안으로 제시한다. 그의 도덕철학에 대한 관심은 근대 출현 이후 인류가 경험하게 된 '도덕과 덕의 상실'에 대한 우려에서 비롯되었다. 매킨타이어는 도덕철학이 다양한 가치관과 신념체계의 혼재 상황 속에서 평가의 기준을 정립하고, 실천적 과제로서 진정한 도덕적 체험의 가능성을 인식시키는 학문이라고 주장한다. 그는 도덕철학과 도덕적 공동체의 상관성에 주목하여 근대 도덕철학의 실패와 도덕적 공동체의 붕괴를 하나의 연계적 과정으로 본다. 따라서 매킨타이어는 서구의 도덕 및 문화의 기원과 전개 과정에 대한 역사적·사회학적 분석을 통해 현대에 이르러 보다 심각한 양상을 띠게 된 도덕 상실의 원인에 우선적인 관심을 갖는다. 매킨타이어는 공동체와 전통의 합리성이 가지는 도덕적 중요성을 부각시키기 위해 도덕적 논의의 언어를 자유주의적 개념들로부터 아리스토텔레스적 개념들로 대체할 것을 제안한다.

테일러(Taylor 1989; 1991)는 자아 중심적인 형태의 개인주의가 가지는 위험성과 이로 인한 근대적 삶에서 나타나는 의미 상실의 현상에 심각한 우려를 보이면서도, 다른 한편 "진정성(authenticity)"이라는 근대 자유주의적 이상이 내포하는 잠재적 가능성에 주목한다. 테일러는 근대적 개인주의의 타락하고 왜곡된 형태와 그 배후에 존재해 온 이상을 구분하면서 근대의 윤리적 이상에 내포된 풍부한 함의를 밝히고, 그 이상의 전체적 모습을 복원하려 한다. 그에 따르면 사회적 존재 양식의 상호성과 의미 지평, 그리고 상호 인정의 필요성, 참여적 정치생활 등이 진정성이라는 근대적 이상의 중요한 측면들이다. 테일러는 구속에서 벗어난 '무연고적 자아'라는 자유주의적 개념과 이에 근거한 진정성에 대한 자아 중심적 해석이 의미 상실을 초래한다고 비판한다. 자아 중심적 사고 양식은 상호성을 배제시킴으로써 진정성이라는 이상 자체의 실현을 위한 조건을 파괴한다. 테일러에게 있어 "도덕적 문제에 관한 이성적 사유는 항상 타인과 함께 하는 사유"이며(Taylor 1991, 31), 한 개인의 자아 정체성은 '의미 있는 타자'와의 지속적인 상호 작용을 통해 형성되는 것으로 이해된다. 테일러는 한 공동체 내에서 공유되어

온 의미 지평을 무시하고는 진정성의 이상이 궁극적으로 옹호될 수 없음을 강조한다. "사회적 요구와 대립하여 자아실현만을 추구하는 현대의 문화는 역사와 공동체적 유대를 배제시킴으로써 자멸의 양상을 보인다(Taylor 1991, 40)." 그러나 테일러는 이러한 폐해가 진정성의 이상 자체에 의해 초래된 것이 아니라 그 이상이 실현되기 위한 요건들—의미 지평, 상호성, 공동체적 유대 등—이 현실 관행에 있어서나 이론의 차원에 있어 억압되고 도외시되었기 때문이라고 주장한다.

왈저(Walzer 1981; 1983; 1987; 1994; 2004)는 지배적인 자유주의 정치 및 윤리 이론의 방법론적 비판에 관심을 기울인다. 그의 자유주의 철학에 대한 방법론적 비판은 공동체 내에서 형성되고 공유되어 온 사회적 의미의 중요성과 공동체적 틀의 가치를 확인시키기 위한 노력에서 비롯된다. 방법론적 추상화에 대한 비판은 기존의 철학이 가지는 반민주적 함의를 극복하기 위한 민주주의적 열망을 반영한다. 보편적 진리를 추구하는 철학은 특수성과 상황가변성을 억압하며, 이는 다원성에 대한 전제적 억압을 의미하기 때문이다.

왈저는 전통적인 철학자와는 달리 동료 시민들에게 우리가 공유하고 있는 의미의 세계를 해석해주려 한다. 그에 따르면 정의로운 분배 원칙은 추상적으로 정식화되어야 하는 것이 아니라 분배의 대상에 대한 사회적 의미 이해를 통해 명료화되어야 한다. 분배 정의의 대상이 되는 모든 재화와 가치들은 본질적으로 사회적 재화 또는 가치들로서 그 의미 자체도 기원과 속성상 사회적 맥락에 의존하기 때문이다. 왈저가 재화들의 의미와 가치의 사회성을 강조하는 이유는 분배 정의에 대한 롤즈적인 접근법이 가지는 문제점을 밝히기 위해서이다. 왈저는 모든 사회에서 그 중요성이 동일하게 인정되는 일단의 기본재가 존재하지 않으며, 특수한 재화의 분배는 그에 상응하는 문화적으로 특수한 분배의 기준에 따라 이루어진다고 주장한다. 따라서 특수성과 구체성을 고려하지 않는 추상화에 근거해서는 무용한 원리의 구성만이 가능할 뿐이므로 구체적 재화의 사회적 의미를 이해하려는 노력이 분배 정의 담론의 출발점이 되어야 한다는 것이다.

에치오니(Amitai Etzioni)와 갤스턴(William Galston) 등의 주도하에 공표된 「공동체주의 강령: 권리와 의무(The Responsive Communitarian Platform: Rights and Responsibilities)」는 공동체주의의 정치적 제안을 담고 있다(Etzioni 1995, 11-23). 「강령」의 대전제는 모든 미국인은 다양한 공동체들(가족; 이웃; 사회적, 종교적, 인종적, 직업적 결사체들; 그리고 정치공동체 등)의 구성원으로서 존재하며, 개인의 자유도 상호의존적이고 중첩된 공동체적 틀을 벗어나서는 지속적으로 유지될 수 없다는 것이다. 「강령」에 따르면 공동체주의는 개인의 인간적 존엄성과 인간 존재의 사회적 성격을 모두 인정한다. 개인의 자유는 시민사회의 제도들을 적극적으로 유지하려는 노력에 의해 보장될 수 있다. 시민들은 시민사회 속에서 상호 존중의 가치를 배우고, 자신과 타인의 권리에 대한 인식뿐만 아니라 시민적 책임의식도 함양하게 된다. 또한 시민사회의 제도들을 통해 자치의 기술과 습관을 개발하고, 타인에 대해 봉사하는 것도 배우게 된다. 물론 공동체는 그 구성원들의 요구에 민감하게 대응하여야 하며, 구성원들의 참여와 토론의 활성화를 보장해야 할 의무를 갖는다. 공동체주의는 특정한 정책들의 실현을 추구한다기보다는 정책 수립을 둘러싼 현재의 토론과정에서 간과되고 있는 사실들, 즉 인간의 사회적 본성, 시민의 책임, 가족과 공동체의 유지를 위협하는 환경적 요인들, 현재의 정책결정이 초래하게 될 파급효과와 장기적 결과 등에 대해 관심을 기울일 것을 촉구한다. 미국의 다양한 공동체들은 도덕 재건의 자원이 된다. 도덕의 중요성은 규범이 상실되고, 개인적 욕망과 특정 집단의 이해가 지배하는 현대 사회에서 특히 강조되어야 한다. 도덕의 영역은 개인의 임의적 선택이나 정부의 통제에 의해 형성되지 않으며, 인간의 이성적 판단과 선행의 능력에 의해 현실화된다. 따라서 도덕의 재건은 강제적 수단에 의해서보다는 '교육과 설득'을 통해서 달성된다.

산델(Sandel 1996)은 자유주의적 공공철학의 한계를 극복할 수 있는 공화주의적 공공철학의 재건을 시도한다. 그에 따르면 미국은 사회 구성과 운영의 기초가 되는 철학으로서 자유주의와 공화주의라는 두 개의 전통을 가지고 있다. 여기에서 자유주의 전통은 로크에서 롤즈에 이르는 일련의 정치사상을 의미하며, 관용과 개인의 권리 존중을 강조한다. 이러한 자유주의 공공철학은 역사적으로 그 지배력을 지속적으로 확대하여 왔으며, 현대에 이르러 독보적인 지위를 차지하게 되었다. 그러나 산델은 자유주의가 주장하는 개인의 자유가 자유주의 공공철학에 의해 보장될 수 없다고 본다. 즉, 자유주의는 공동체적 유대감을 형성시키지 못하고, 시민의 참여를 확보하는 데 실패함으로써 현대의 위기적 상황을 초래했다는 것이다. 따라서 산델은 자치(self-rule)의 실현을 위한 정치적 참여를 강조하는 '공화주의적 자유(republican freedom)'의 관념을 통해 '자유주의적 자유(liberal freedom)'의 한계를 극복하려 한다.

바버가 주장하는 "강한 민주주의(strong democracy)"는 "독립적인 판단 근거가 부재한 상태에서 지속적인 자기입법에의 참여과정과, 의존적이고 사적인 개인들을 자유로운 시민으로, 또 부분적이고 사적인 이해관계들을 공공선으로 변형시킬 수 있는 정치공동체의 창출을 통하여 갈등이 해결되는 참여적 형태의 정치"(Barber 1984, 132)로 정의된다. 이는 고대의 공화주의나 편협한 지역주의, 엘리트 및 대중 민주주의 등과는 다른 현대적 형태의 참여 민주주의 모델로서 참여적 공동체주의의 정치를 대변한다. 강한 민주주의는 갈등이 존재하고, 독립적인 판단의 근거가 없는 상태에서 합리적인 공공 선택을 하여야 하는 상황에 대응하는 민주주의의 한 유형으로서 현대 정치의 딜레마에 적절한 대응책을 제시한다. 정치적 문제는 진리나 추상적인 정의의 문제가 아니라 행위의 문제이다. 바버는 이러한 관점에서 자유주의 정치철학이 가지는 철학적 추상성을 비판하고, '형이상학적 조건'이 아닌 '정치적 조건'에 합당한 정치의 형태를 대안으로 제시한다. 강한 민주주의는 공동체, 공공선, 시민정신을 민주주의적 순환과정에서 상호의존적인 세 축으로 확립시키려 한다.

Ⅲ. 유교 전통과 공동체주의

매킨타이어는 계몽주의와 자유주의, 그리고 포스트모더니즘은 스스로를 '전통'으로서 인식하지 못한다고 비판한다. 그는 도덕철학의 체계가 항상 전통의 내적 비판과 개혁의 과정을 통해서 형성 그리고 재형성된다고 주장하며, 이러한 전통의 맥락을 부정하는 사상적 조류에 의해서는 설득력 있는 윤리 체계와 도덕관이 수립될 수 없음을 강조한다. 따라서 매킨타이어는 근대 도덕철학과 문화의 문제점을 극복하기 위한 대안으로서 아리스토텔레스주의-토미즘 전통의 계승과 발전을 추구한다. 그리고 그는 전통의 개혁 과정에 대한 분석을 통해 현대적 상황에서도 아리스토텔레스주의 전통이 재구성되어 하나의 윤리체계로서 기여할 수 있다고 본다.

매킨타이어는 "전통으로부터 벗어난다는 것은 규범에 대한 탐구 자체로부터 멀어지는 것을 의미하며 지적, 도덕적 빈곤 상태를 초래한다"

고 본다(MacIntyre 1988, 367). 또한 "과거 속에서 무엇이 미래를 위한 지침이 되는가를 인식할 수 있는 능력의 소유와 계승이 전통의 핵심을 이룬다"고 주장한다(MacIntyre 1990, 128). 전통은 합리성을 내포하는데 그 합리성이란 계몽주의적 합리성 개념과는 구분되는 "전통에 의해 형성되고 전통을 형성하는(tradition-constituted and tradition-constitutive)" 도덕적 탐구의 합리성을 의미한다. 이러한 합리성은 하나의 전통이 역사적으로 발전되는 과정을 분석함으로써 밝혀질 수 있다(MacIntyre 1988, 354ff). 즉, 하나의 전통은 그 전통 내의 신념 체계의 문제점들이 인식론적 위기와 함께 드러나게 되면 일련의 재구성과 평가 및 개혁을 통해 그 문제점들과 한계를 극복해 간다는 것이다.

매킨타이어의 주장을 한국적 상황에 적용해본다면 한국 전통사회의 대표적인 도덕철학이자 현대에 이르기까지 그 영향력이 어느 정도 지속되고 있는 유교 전통에 대한 이론적 검토는 공동체주의의 한국적 수용의 차원에서 의미가 있다. '유교 공동체주의' 또는 '유가적 공동체주의'에 대한 많은 관심은 공동체주의 담론이 유교의 현대화 작업과 결합되어 나타났다.[2] 유교 공동체주의자들은 유교 전통이 과거 봉건 질서와의 연관성으로부터 탈피하여 민주적 공동체 형성과 유지에 기여할 수 있는 윤리 규범과 사회 질서의 사상적 기초를 제공할 수 있다고 주장한다. 그리고 현대 한국사회에서 나타나는 이기주의, 부패, 소외 등의 폐해를 줄이기 위해서는 유교 전통에 담긴 지혜와 교훈의 현대화가 필요함을 역설한다.

유교는 중국에서 한・당시대까지 실용적인 관료의 학문으로서의 기능을 담당하였으며, 당・송시대를 거치면서 자체 개혁을 통해 성리학으

2) 김원열(2006), 방세영(2007), 송영배(2000), 이상익(2007), 이승환(1998), 장은주(2002), 최문형(2002), 최영진(2002), 최우영(2006), 함재봉(1998) 등 참조.

로 발전되었다. 성리학은 불교와 도교의 교리를 수용하여 현세적 합리주의의 철학을 세련시키고, 나아가 국가와 사회운영을 담당하는 정치이념의 지위를 주장하게 되었다. 성리학은 원시유학의 현실주의와 도·불의 탈세속적 사상을 절충하여 일상적인 규범을 중시하면서 동시에 형이상학적 원리와 본질에 대한 깊은 성찰을 추구하였다.

여말선초의 성리학은 체계적인 형이상학과 윤리·통치론을 바탕으로 불교 비판을 넘어서 당면한 사회적 모순과 비리를 척결할 수 있는 이념적 좌표의 기능을 수행함으로써 조선조의 통치이념으로 발전하게 되었다(박충석 1982, 16ff.). 성리학은 한·당유학에 비해 민본적이며, 유교적 정치이념인 왕도(王道)를 이상으로 하였다. 따라서 신흥사대부들은 고려의 권문세족과 귀족정치의 잔재를 청산하고 합리적인 질서를 수립하는 데 성리학이 크게 기여할 것으로 믿었다. 여말선초의 성리학은 세력의 확대를 추구하는 신흥사대부들이 당시의 정치사회적 문제들을 해결하기 위해 의존한 사상적 기반이었다. 나아가 성리학의 도학이념은 역성혁명을 정당화하는 명분으로 기능하는 데 그치지 않고 새로운 정치질서와 사회질서를 재구성하는 원리로 원용되었다. 이에 따라 수기치인(修己治人)과 공도(公道)의 실현을 추구하는 사대부집단, 즉 사족이 중심이 되어 '유교국가체제'의 성립이 가능하게 되었다.

유교는 명실상부한 조선시대의 이념이었으며, 특히 정치적으로 사림과 붕당의 시대였다고 할 수 있는 조선왕조 중기는 한국 유학의 학문적 전성기였다. 조선조의 국가이념은 전사회 영역에 걸친 면밀한 법제의 정비를 통해 유교적 정치질서를 수립하는 것이었다(Deuchler 1992; De Bary 1985). 왕조의 교체와 사회 변혁을 합리화하고 정당화하기 위해 적극적으로 수용된 유교이념은 유학의 주체인 선비(士)가 정치의 주체가 되어야 한다는 원칙에 근거한다. 학문과 정치의 일치를 통해 유학(성리학)의 이상을 실현하려는 노력은 조선 시대의 정치를 관통하는 원리라고 할 수 있다.

송대에 정립된 성리학이 가지고 있는 개혁적 정치지향은 성리학이 조선조의 정치이념으로 자리잡게 된 배경과 연관된다. 주자(1130~1200)에 의해 체계화된 성리학의 중심 개념인 이(理)는 우주만물의 본체로 규정된다. 이(理)라는 개념은 보편성, 평등성, 영원성, 개체성을 본질로 하며, 치자의 행위와 역할을 비판하고 평가할 수 있는 초월적 기준으로서의 정치적 의미를 갖는다(강광식 외 1998, 16-18). 진(秦) 이후 지속된 군주제의 폐단과 전횡에 대항하기 위한 정치담론의 근거로서 이(理) 개념은 비인격적 개념으로서 '천(天)', '인(仁)', '의(義)'의 개념들에 비해 권력정치를 제어함에 있어 훨씬 효과적이라 할 수 있다. 왕권을 견제하기 위한 수단인 간쟁(諫諍)과 상소(上疏), 경연(經筵) 등은 이(理)의 정치적 함의가 구체화된 제도들이라 할 수 있다. 또한 유교 이념의 핵심 내용인 수기(修己)와 치인(治人)의 논리적 연속성도 이(理)의 보편성에 의해 보장된다.

유교의 특징은 비정치적 영역의 정치화에서 발견된다. 조선조의 형이상학적 이기론 논쟁과 예송 논쟁 등은 모두 정치적 질서의 수립과 밀접한 연관을 갖는다. 이러한 면에서 유학은 개인의 수신, 가족 윤리, 공적 의무의 실천 등, 인간 삶의 모든 영역에 걸쳐 적용되는 "포괄적 교의(comprehensive doctrine)"의 하나이다. 이러한 포괄적 교의의 존재와 지배적인 영향력은 전통 사회의 일반적 특징으로서 일상적인 생활의 덕목인 '예(禮)'의 실천은 나아가 국가 질서와 운영의 기초인 '예치(禮治)'로 연결된다. 또한 유교는 상하, 귀천, 존비의 명분에 따른 계층적 사회질서를 수립하고자 한다. 차별적이고 위계적인 질서는 '천리－인욕', '체－용', '존－비', '상－하', '화－이', '의－리' 등의 가치체계들을 통해 정당화된다(박충석 1982, 204-5). 유교 이념은 정치와 윤리의 결합을 추구한다. 삼강(三綱)은 일방적이고 절대적인 윤리규범으로서 효과적인 통치를 위해 군주의 절대적 권위를 인정하는 위계적 질서의 정치윤리이다. 이에 비해 오륜(五倫)은 쌍무적이고 상대적인 윤리규범으로서 봉건사회의 윤리규범이다. '수기안백성(修己安百姓)'의 성리학적 이념도 도덕과 정치의 결합을 추구한다. 아울러 유교 정치이념은 학문과 정치의 일치를 통해 '내성외왕(內聖外王)'의 이상을 실현하고자 한다. 구체적으로는 경연(經筵)이나 간쟁(諫諍)을 통해 군주에 대한 도학 교육을 강화하고자 한다.

성리학적 정치이념은 기본적으로 수기(修己)와 치인(治人)의 논리적 연속성, 격물(格物)에서 평천하(平天下)에 이르는 팔조목(八條目)을 근간으로 한다. 그러나 성리학을 구성하는 관념들에 대한 해석의 차이는 현실 정치에 대한 인식과 입장의 차이로 나타난다. 성리학에서 정치는 도덕적 이상의 조직적 실현과정을 의미한다. 국가란 이러한 활동을 수행하는 공동체이며, 그 근본은 수기치인의 문제로 환원된다. 물론 수기를 강조하는 경우 내부적 수양과 규범을 중시함으로써 보수적인 경향을 띠게 되고, 치인의 차원을 강조할 경우 현실 세계의 문제에 관심이 부각되어 진보적인 경향이 나타나게 된다. 따라서 성리학 내부에는 보수와 개혁의 상반되면서 동시에 상보적인 관심과 사상적 조류가 내포되어 있다.

조선조 정치는 '공론(公論)정치'의 이념을 중심으로 한다. 유교적 공론정치는 유교적 합리성과 도덕성을 전제로 하는 규범적 담론 행위의 정치적 표출이라 할 수 있다. 유교적 공론정치는 인, 의 등의 공동체 구성원리와 함께 친, 효 등의 사회윤리를 포괄한다. 조선의 정치체제는 관인지배체제이면서도 제도적 분화와 기능적 자율성이 상당한 정도로 발달되고 보장된 정치체제였다. 유교적 관료국가체제를 지향한 조선조는 중앙에 사헌부, 사간원, 홍문관이라는 언관 삼사(三司)제도를 설치해 공론정치라는 유교 정치이념의 실현을 추구하였다. 물론 조선조의 공론제도는 사림층으로 공론영역이 확대되면서 실질적인 의미를 갖게 되었다. 조선 중기의 유교적 공론정치는 삼사 중심의 중앙제도와 더불어 지방 자치적인 유향소(留鄕所)와 향약를 통해 운영되었다. 특히 16세기 사림세력은 공론정치의 범위를 확대하는 데 크게 기여하였다.

일반적으로 17세기 조선조는 붕당정치의 시기로 규정된다. 붕당정치가 사적인 이익만을 추구하는 집단들 간의 경쟁으로 전락되는 경우 그 폐해는 매우 크다. 그러나 17세기 조선조의 당쟁은 공론을 앞세운 붕당들 사이의 비판과 견제, 공존의 원리를 특징으로 하는 공론정치의 한 형태로 이해될 수 있다. 이후 탕평정치와 세도정치가 전개됨에 따라 중앙 삼사의 기능이 폐지되고, 사림층 중심의 공론영역은 급속히 위축되었다. 19세기에 이르러 유교사회의 특권층인 사족층에 국한되었던 유교적 공론정치의 범위는 정치사회적 위기와 맞물려 평민층으로까지 확대되었으며, 특히 19세기 후반의 농민봉기와 동학농민전쟁은 민중적 공공영역의 전개에 획기적인 계기가 되었다.

19세기 중엽 이후 외세에 의한 개항과 함께 초래된 조선조의 해체과정은 전통과의 단절 또는 근대 지향의 단선적 과정이 아니라 전통과 근대가 혼재된 복선적 과정이었다. 전통적인 유교 사상은 근대 사상과 제도의 수용을 일방적으로 거부하지는 않았으며, 자체적으로 위기를 극복하기 위한 다양한 방식을 모색하였다. 서구적 담론들의 영향력이 증대되는 과정에서도 유교는 여전히 지배적 담론으로서의 위상을 유지하였으며, 내부적으로 보수에서 진보에 이르는 개혁의 노력들이 다양하게 전개되었다. 위정척사론자들은 개국과 개화가 유교 문명의 해체를 초래할 것으로 우려하여 강력한 저항의 태도를 표명하였다. 이에 비해 동도서기(東道西器)의 입장을 내세운 온건 개화론자들은 전통 윤리와 정치 체제를 보전하면서 서양문물의 수용을 통해 부국강병을 모색하고자 하였다. 보다 현실주의적 대응책을 추구하였던 급진 개화론자들은 서구 근대 문명 및 제도의 전면적 수용을 주장하였다. 유교 개신론자들은 서양 문물을 대동(大同) 사상의 맥락에서 포용하면서도 유교 자체의 내용을 적극적으로 개혁하여 유교의 적실성을 제고시킴으로써 위기에 대처하려 하였다. 도학주의와 현실주의, 원칙주의와 실용주의, 선택적 수용과 전면적 수용, 정신문화적 개혁과 현실 문물의 개혁 등의 대립적 시각과 대응책들이 활발하게 논의의 장에 등장하였지만, 미처 자생적인 결실을 맺지 못하고 식민의 상태로 전락하게 되었다.

근대화 과정이 심화됨에 따라 유교에 대한 부정적 견해는 더욱 강화되는 경향을 보였다. 그러나 다른 한편으로 유교적 전통과 민주화 또는 산업화 사이의 긍정적 연관성에 주목하는 주장들도 제기되었다. 이른바 유교 자본주의론의 논거는 유교적 전통을 지닌 동아시아 국가들의 성공적인 근대화 경험이다. 나아가 유교적 전통에는 근대화, 즉 민주화와 산업화가 초래한 폐단을 시정하는 데 유용한 요소가 있다는 평가도 대두되고 있다. 개인의 자유와 권리에 편중된 민주화의 요구는 공동체의 결속력을 약화시키고 만성적인 정치적 불안을 초래할 위험성을 지니고 있다. 또한 산업화는 냉혹한 이익추구와 물질주의의 팽배를 조장하여 사회적 도덕성과 인간의 심성을 타락시키고, 무모한 개발을 통해 삶의 터전인 자연과 공동체를 파괴한다. 이러한 상황에서 공동체, 권위, 질서, 의무와 책임 등을 강조하는 유교 전통은 근대화의 폐단, 즉 원자론적 개인주의와 소유지향적인 물질주의에 의한 공동체의 붕괴와 도덕 불감증의 팽배를 치유할 수 있는 잠재적 대안으로서 주목을 받게 된다. 급격한 근대화가 초래한 가치관의 혼란과 도덕적 상대주의는 전통에 토대를 둔 안정된 가치관에 의해 그 폐해가 줄어들 수 있다는 것이다. 또한 근대 계몽주의의 도구적 합리성을 보완하고 대체할 수 있는 합리성의 근원이 유교적 합리성에서 발견될 수 있다는 주장도 설득력 있게 제시되고 있다(Tu Weiming 1998).

현대 서구에서 공동체주의가 크게 주목을 받고 있는 이유는 서구적 합리주의와 자유민주주의의 한계에 대한 인식이 확산되고 있기 때문이다. 현대적 상황에서 미래지향적인 정치의 형태는 사회통합에 기여하는 공동체적 유대와 신뢰가 확보되는 정치이어야 한다. 현대 사회가 처한 위기의 중심에는 사회통합의 자원 고갈이라는 문제가 자리잡고 있기 때문이다. 물론 사회통합의 자원은 전통 속에서만 발굴되어야 하는 것은 아니다. 미래를 지향하는 의식적 노력을 통한 새로운 연대성의 자원 창출도 중요한 과제이다. 그러나 이러한 노력이 한 사회가 공유하고 있는 전통의 자원을 무시하는 방향으로 전개되는 것은 바람직하지 않다. '실천적 지혜'는 오랜 역사 경험을 토대로 하는 전통의 창조적 계승과정 속에서 형성될 수 있기 때문이다.

유교 전통에 대한 일방적인 비판 또는 찬양은 현대적 상황에서 타당성을 인정받기 어렵다. 전통의 내용 속에서 현대적 민주주의의 이념적 맹아를 발견하려는 입장에서는 민본주의가 전통 속에 내재하는 긍정적 요소로서 평가된다. 유교의 현대화를 추구하는 연구자들은 전통의 특수성과 현대적 보편성을 결합시키려는 시도를 통해 전통의 의미를 되살리려 한다. 아울러 현대의 자유민주주의가 가지는 한계를 극복함에 있어서도 전통적인 정치 이념과 '정치적 지혜'가 복원되거나 새롭게 조명될 필요가 있다고 주장한다. 물론 근대 민주주의와 유교 정치이념 간의 근본적 세계관과 가치의 차이는 간과될 수 없다. 유교 전통의 민본주의는 위계적 신분구조에 기초를 둔 사상이다. 유교적 민본주의와 민주주의의 차이는 군주정과 공화정의 차이이기도 하다. 위민사상과 연관된 '노블리스 오블리제(noblesse oblige)'가 민본주의의 기초이며, 민주주의는 이에 비해 국민주권, 정치 참여, 평등한 시민권, 자기입법의 이념에 기초한다. 이러한 면에서 민본주의 전통의 극복이 민주주의 실현의 중요한 과제 중의 하나로 인식될 수도 있다.

그러나 유교 전통을 과거의 고정된 봉건적 이념으로서 배격의 대상으로 파악해서는 안 된다. 전통은 지속적인 재해석과 재창조의 과정을 내포한다. 따라서 서구적 외래 개념에 의한 정치질서 수립의 노력이 가지는 한계를 극복한다는 의미에서 한국의 유교 전통을 현대적 관점에서 재해석하고 계승하려는 노력은 필요하다. 전통의 파기와 단절보다는 전통의 창조적 계승이 '실천적 지혜'를 축적할 수 있는 방안이다. 정치공동체 질서의 수립이라는 과제는 민주적 자발성과 합의뿐만 아니라 공동체적 윤리와 리더십을 필요로 한다. 이러한 맥락에서 유교 전통의 윤리체계와 공도(公道) 및 공론(公論)의 정치이념에 대한 진지한 비판과 재해석은 현대 한국 정치의 문제들을 이해하는 데 도움을 줄 수 있다. 아울러 앞으로 실현되어야 할 '정치 공동체'의 모습과 그에 필요한 자원을 모색함에 있어서도 중요한 기초를 제공한다.

Ⅳ. 왜곡된 자유민주주의의 교정과 보완

자유민주주의는 해방 이후 한국 정치사회의 지향 목표로 설정되어 왔다. 그러나 분단과 급속한 근대화 과정에서 자유민주주의는 형식적인 체제 유지의 이데올로기로 전락되거나 왜곡되었다. 이후 근대화의 궁극적인 결과로 자유주의적 가치에 대한 사회적 인식과 관심이 점차로 고조되어 온 것도 사실이다. 서구의 경우 종교전쟁과 시민혁명의 과정에서 '관용'과 '개인성'의 가치가 사회적으로 확산되고 제도화되었다. 서구의 자유주의는 개인주의를 기초로 하며, 개인의 존엄성과 자율성을 보장할 수 있는 정치공동체의 수립이 어떻게 가능한가의 문제가 이론과 실천의 영역 모두에서 핵심적 주제였다. 현대의 자유주의-공동체주의 논쟁은 그 기본 관심과 논쟁구조에 있어 새로운 것은 아니지만, 근대 이후 서구의 전통으로서의 자유민주주의의 내용을 풍부하게 만드는 결과를 낳았다.

자유민주주의는 현대세계의 정치적·경제적·사회문화적 변화의 방향성을 규정하는 상징적 이념으로서 경쟁하던 여타의 이념들을 포섭 또는 용해시키면서 하나의 패러다임으로 발전해왔다. 근대의 대표적인 정치이념으로서의 자유민주주의는 자유와 평등이라는 가치의 실현과 관련된 정치, 경제, 사회문화적 차원의 문제들을 특수한 역사적·사회적 배경을 토대로 해결하려고 노력했던 많은 이론과 실천을 포괄한다. 한국의 경우 자유민주주의적 사상의 편린들은 조선후기 일부 실학자와 개화파, 개신유학자들의 논의에서도 발견된다. 그리고 1930년대 임시정부에 의해 민주공화주의의 이념이 공식적으로 천명되기도 했다. 그러나 자유민주주의는 해방 후 헌법을 통해 국가이념으로 채택되면서 지배적인 정치이념으로 자리잡게 되었다. 따라서 한국의 자유민주주의는 봉건적 질서의 극복을 위한 대중운동과 투쟁과정을 통해 자생적으로 형성된 정치이념이라기보다는 위로부터 부과된 외생적인 이념으로서의 특징을 갖는다.

해방 후 민주공화국의 수립은 국민주권, 기본권 보장, 권력분립 등 기본적인 자유민주주의적 원리에 입각해 달성되었다. 그리고 자유민주주의는 이후 한국사회의 최고의 정치적 가치로 수용되었다. 그러나 현실적으로 자유민주주의는 보수연합세력에 의해 반공의 이념적 무기로 전용되었으며, 따라서 한국의 자유민주주의는 왜곡과 양면성을 특징으로 한다. 1950년대 이후 한국 정치는 경찰과 군대, 비대화된 관료체제에 의해 지배되었다. 분단의 상황은 강제력과 폭력을 행사하는 국가기구들의 비대화를 정당화하는 구실이 되었으며, 이에 따라 헌법에 규정된 자유민주주의적 권리의 행사와 제도의 운영은 유보되거나 제약되었다. 전쟁과 분단의 현실은 개인의 정치적 권리의 보장을 제한하고 유보시키는 근거가 되었다. 반공주의와 권위주의적인 근대화 이념인 경제개발우선주의에 의해 한국의 자유민주주의는 한편으로는 권력의 이념적 도구로, 다른 한편으로는 권위적 권력에 대항하는 민주적 저항세력의 이념적 기초로 작용하였다. 따라서 한국의 자유민주주의는 정치현실 속에서 파편화된 형태로 존재해 왔다.

한국에서의 자유민주주의는 현실적으로 반공주의, 선거에 국한된 정치참여, 사유재산권 보장 등을 의미하였다. 따라서 한국의 자유민주주의는 냉전 자유주의의 전형이자 그 극단적인 형태라 할 수 있다. 한국에서의 자유민주주의는 원자론적 개인주의와 국가주의/민족주의적 집단주의의 극단적 논리들 사이에서 제대로 기능하지 못한 것이 현실이다. 식민지와 전쟁의 경험에 의해 한국의 시민사회는 성장의 기회를 박탈당하였으며, 국제정치의 압도적 영향력에 의해 냉전의 논리가 한반도의 정치사회를 지배하게 되면서 자유민주주의의 왜곡과 굴절이 초래되었다. 이른바 "냉전 자유주의(cold-war liberalism)"는 1950년대 이후 전세계적으로 영향력이 확대된 현실적 자유주의로서 반공주의를 특징으로 한다(Arblaster 1984, 309-332). 이러한 냉전 자유주의는 정치적 선전과 조작에 의해 변질된 자유주의로서 보수적 이데올로기의 성격을 띠고 있었다. 한국의 자유주의는 당연히 냉전 자유주의의 영향을 강하게 받게 되었으며, 분단의 현실에 의해 냉전 자유주의의 정당성은 더욱 확고해졌다. 또한 급속한 경제개발과 근대화 과정에서 전통적인 규범이 와해되고 공동체적 유대가 상실되면서 원자론적인 개인주의가 자유주의로 포장되어 확산되었다. 경제제일주의는 물질만능주의와 결합된 이기주의를 조장하였고, 이러한 현상은 권위주의 정권 하에서 국가권력의 정당성과 공공성에 대한 회의가 사회적으로 확산되면서 더욱 가속화되었다.

현대 한국에서의 자유민주주의에 대한 인식은 대체로 신우파 자유주의 또는 경제적 자유주의의 영향 하에 형성되었다. 특히 개혁 과정에서 자유주의 조류들 중 신우파 자유주의의 영향력이 가장 크며, 이는 자유주의에 대한 편협한 이해에서 초래된 결과라고 볼 수 있다. 이와 관련하여 경제제일주의의 폐해를 제어할 수 없는 신우파 자유주의의 영향력을 극복하기 위해 현대 자유민주주의의 지향 목표에 대한 이해를 우선적으로 도모할 필요가 있다. 현대 서구의 자유주의와 공동체주의 이론들은 개인의 자유/권리와 공동체적 의무를 어떻게 조화 또는 결합시킬 것인가라는 문제를 해결하고자 한다. 따라서 입헌주의와 법치의 중요성에 대한 인식을 이론적으로 정당화함과 동시에, 시민교육을 통한 시민권의 강화를 주장한다. 또한 공론장의 활성화를 통한 정치적 참여를 강조함으로써 현대사회에 있어 정치의 의미와 기능의 중요성을 새롭게 인식시키려 하며, 사회 각 영역의 자율성을 확보하기 위한 다원주의적 패러다임의 정교화를 추구한다.

경제적 자유주의의 정치는 개인 및 집단적 이해를 소여적인 것으로 전제하고, 이해의 갈등을 해결하기 위하여 조정과 타협에 의존한다. 이러한 형태의 정치는 결과적으로 강자의 이익을 보장하는 '사이비 타협'

만을 산출하게 되어 정당성의 위기를 더욱 심화시킨다. 신우파 자유주의의 폐해를 극복하기 위해서는 '정치공동체'의 기반이 되는 '정치적인 것(the political)'의 영역이 확보되어야 한다. '공적 자율성' 실현의 장인 '정치적인 것'의 영역은 이해관계의 제도화와 권력정치의 차원에 국한된 기존의 '정치(politics)'와는 상이한 논리에 기초한다. 따라서 '만들어져야 할' 장으로서의 '정치적인 것'의 영역이 가지는 의미와 중요성에 대한 사회적 공감대를 형성하기 위해서는 정치적 자유주의, 참여적 공동체주의, 토의민주주의 등에 대한 비판적 분석과 이해가 요구된다.

정치적 자유주의는 다원적 사회구성과 다양한 견해들 사이의 갈등 상황에서 정치적 결사체를 구성하고 공존과 안정을 유지할 수 있는 조건을 제시하려 한다. 다시 말해 정치적 자유주의는 다원주의적 상황에서 합의 가능한 정치적 결사의 조건을 찾고자 하는 도덕적 의지의 표현이다. 정치적 자유주의는 개인주의적이며 원자론적인 자유주의에 대한 낭만주의자들의 비판에 대응하기 위해 자유주의를 새롭게 개조하려는 노력의 한 형태이다. 정치적 자유주의는 최소한의 공통된 도덕관에 의존하며, 그 정당화의 규범적 기반은 "합리적 대화(rational dialogue)"와 "평등한 존중(equal respect)"이다. 공적인 토론이 합리적 대화와 평등한 존중의 규범에 따라 이루어지는 경우 민주사회 내에서 공유될 수 있는 합리적 원리가 보편화 가능성의 척도에 의해 논리적으로 정당화될 수 있다. 물론 정의의 원리가 현실적으로 평등한 시민들의 자발적 참여에 의한 합의의 결과라고 이해하더라도 이러한 합의가 과연 정당한 합의인가를 판단하기 위한 기준은 여전히 요구되며, 특히 '기본구조'와 관련하여 공정한 합의를 가능케 하는 초월적 관점이 필수적으로 정립되어야 한다.

개인주의적 자유주의는 공동체적 유대감을 형성시키지 못하고, 시민의 참여를 확보하는 데 실패함으로써 현대의 위기적 상황을 초래하였다고 비판된다. 이러한 맥락에서 자치(self-rule)의 실현을 위한 정치 참여를 강조하는 '공화주의적 자유'의 관념은 큰 의미를 갖는다. 시민 공화주의 전통은 정치 참여를 인간 생활의 필수적 요건으로 본다. 자치에의 참여는 공공선과 공동체의 방향성에 대한 동료시민들과의 토론을 의미하며, 이를 위해서는 개인적 차원에서의 선택 능력과 타인의 권리에 대한 존중을 넘어서는 보다 포괄적인 능력의 함양이 요구된다.

민주주의는 사적 이익을 추구하는 개인과 소극적 권리에만 근거해서 규정될 수 없다. 민주주의적 과정은 사회의 다양한 이익의 수렴과 공적인 행정기구를 통한 중재에 국한되지 않는다. 공론의 장과 의회에서의 의사형성과정이 권력의 획득과 유지를 위해 전략적으로 행동하는 집단들 간의 경쟁으로 나타나는 경우, 자율적인 시민들이 공동으로 행하는 이성의 공적 사용을 제도화한다는 민주주의 본연의 의미는 상실된다. 시민들의 지위와 정치적 권리는 그들이 사적 개인으로서 주장할 수 있는 소극적 자유에 의해 규정된다기보다는 정치적 참여와 의사소통의 권리를 포함하는 적극적 자유에 의해 규정된다. 이러한 정치적 권리는 외적 강제로부터 자유를 보장하는 것이 아니라 공동의 실천에 참여할 수 있는 가능성을 보장한다. 이에 따라 공론장과 의회에서의 정치적 의사형성은 시장의 원리와 구조가 아니라 상호이해를 지향하는 공적 의사소통에 내재하는 원리와 구조를 기반으로 한다.

현대 한국사회에서 자유민주주의는 미완의 정치이념이다. 자유민주주의는 현대 사회의 다원주의적 특성을 강조하며, 개인의 자율성과 창의성을 최대한 보장하기 위하여 가치의 다양성을 추구한다. 사회의 가치가 단일화되는 경우 개인의 자유로운 잠재력 발휘가 저해되며, 따라서 자유민주주의국가에서는 각 영역들의 자율성과 그 내부의 독자적 가치체계를 존중하고 보장하려 한다. 자유민주주의의 또 다른 관심은 공동체적 유대를 함양하기 위한 기초로서 '민주적 시민권'을 보장하는 것이다. 전통적 문화와 관습의 부활을 토대로 한 공동체적 유대의 형성도 문화적 아노미현상과 사회 규범의 와해를 극복하기 위한 중요한 방법 중의 하나이다. 또한 사회 정의와 복지의 실현을 통한 '민주적 시민권'의 강화야말로 건전하고 안정적인 자유민주주의국가를 수립하는 보다 근본적인 방법이다. 개인의 자유와 관련된 헌법적 권리로서의 개인적 권리, 민주주의적 원리에 기초한 정치참여를 보장하는 정치적 권리, 교육과 경제적 안정을 포함하는 복지의 보장을 위한 사회적 권리의 실질적 보장을 통해 확립되는 민주적 시민권은 이른바 "헌법적 애국심"과 사회 통합의 기초가 된다.

Ⅴ. 시민 형성의 정치

산델(Snadel 1996)과 바버(Barber 1984) 등의 공동체주의자들은 자유주의의 철학적 기초에 대한 비판과 아울러 정치적 대안을 모색하고자 하는 실천적 관심도 가지고 있다. 이러한 실천적 관심은 교육과 문화, 그리고 정치와 관련된 제안들로 구체화되어 표출된다. 공동체주의는 자유주의의 한계가 인간 생활의 기반으로서의 '공동체성(communality)'을 이론과 실천의 영역에서 모두 무시한다는 점에서 발견된다고 인식하기 때문에, 자유주의의 대안을 제시하는 경우 '공공 의식'의 함양과 개발이라는 관점을 견지하게 된다. 이러한 실천적 문제의식은 공동체주의의 사상적 기반이 고대로부터 이어지는 '시민 공화주의' 전통에 있기 때문이다. 시민 공화주의는 아리스토텔레스의 "정치적 동물(zoon politikon)"

로서의 인간관과 로마의 공화주의적 이상을 기원으로 하며, 마키아벨리와 해링턴을 거쳐 근대 영미 정치사상에 영향력을 행사해 온 전통이다. 시민 공화주의의 기본 명제는 진정한 인간의 자기실현은 자치적 정치 공동체의 '시민'으로서 행위할 때 가능하다는 것이다. 따라서 시민 공화주의에서 강조되는 개념들은 '공공선', '시민 덕목', '애국심', '정치 참여' 등이며, 이러한 정치적 언어들은 자유주의적 개념들과의 대비를 통해 이해되고 있다.

자유주의 정치이론은 공적인 일에 대한 관심과 "참여"를 통해 자치를 실현한다는 의미에서의 자유 개념이 아닌 개인이 자신의 목적을 "선택"하고 추구한다는 의미에서의 자유 개념을 주장함으로써 시민적 덕목의 함양이라는 어려운 과제의 부담으로부터 벗어날 수 있다고 본다. 그러나 산델의 평가에 따르면 자유주의 정치이론은 이론과 실천의 모든 차원에서 근본적인 한계를 갖는다. 이론적 차원에서 자유주의는 한 개인이 가치에 대한 자유로운 선택을 통해 독립적 자아를 형성해간다고 전제한다. 그러나 우리는 공동체에 대한 충성심과 연대의식을 공통적으로 인식하고 있으며, 개인의 선택은 이러한 정치적 및 도덕적 의무와의 연관 속에서 이루어진다. 또한 자아의 정체성을 형성함에 있어서도 개인의 선택을 넘어선 가족과 민족, 문화와 전통의 영향으로부터 자유로울 수 없다. 이에 대한 반론으로서 자유주의자들은 공적 영역과 사적 영역의 구분을 통해 자아형성과 관련된 사회문화적 존재구속성을 사적 영역에 제한시키려 한다. 그러나 이러한 반론 역시 시민으로서의 정체성과 개인으로서의 정체성이 분리될 수 있다는 빈약한 주장에 불과하다는 것이 산델의 평가이다.

실천의 차원에 있어서 지난 50년간 미국의 절차적 민주주의는 자유주의 정치이론에 의해 정당화되어 왔다. 절차적 민주주의는 '인격형성의 기획'을 거부하고, 행복한 삶의 형태를 둘러싼 상반된 주장들에 대한 중립적 태도를 강조했다. 그러나 공적인 문제에 대한 도덕적 담론의 상실이 초래한 결과는 일종의 "도덕적 진공" 상태이며, 이러한 상황은 새로운 편협성과 잘못된 도덕주의를 낳게 될 위험성을 내포한다. 따라서 샌델은 정치적 무력감과 시민생활의 궁핍화를 극복하기 위해서는 자치와, 자치를 가능케 하는 시민적 덕목, 그리고 시민의 자질을 함양시키는 '인격형성의 기획'에 의해 자유가 실현될 수 있다고 주장하는 공화주의를 옹호한다.

참여적 공동체주의가 강조하는 시민의 자질과 덕의 함양은 민주적 정치공동체 형성과 유지의 가장 중요한 요건이다. 정치공동체가 형성, 유지되기 위해서는 '사적 개인'이 '시민(공민)'으로서의 정체성을 습득하여야 한다. 만들어지는 인격으로서의 시민과 만들어지는 현실로서의 공공영역은 사회통합과 안정성의 전제조건이다. 공공성은 '시장'이 아닌 '포럼'을 통해 형성된다. 포럼은 공공영역의 전형적인 형태이며, 참여자의 정신적 훈육이 이루어지는 장으로서 일반의지의 형성이 가능해지는 장이다. 공공영역은 국가의 공권력 및 정부영역에 국한되지 않으며, '실용적 관심'보다는 '해방적 관심'이 표출되는 장이다. 공론장은 한 사회의 역사적 경험 속에서 축적된 다양한 문화적 자원들을 동원하여 집단적인 자기정체성을 만들어낸다. 아울러 공론장은 국가권력을 포함한 행위 주체의 정당성에 대한 관심이 표출되는 장이다. '공론장을 통한 정당화'의 관심이 집단적인 자기성찰의 제도화를 통해 지속적으로 유지되는 사회는 보다 성숙한 사회라고 할 수 있다. 민주적 시민 형성과 공론장의 관계는 상호작용적이며, 상호지지적이다. 공론장이 확고하게 제도화되어 있다면, 그 사회를 구성하는 각 개인은 사회화 과정에서 공공영역과 공공성의 중요성에 대한 인식을 갖게 된다.

개인주의는 "각각의 시민으로 하여금 자신을 동료시민들로부터 고립시키고, 가족과 친구들로 구성되는 좁은 사회로 후퇴하도록 만드는 냉정한 감성"이다(Tocqueville 1969, 506). 이러한 개인의 고립과 소외는 자유를 위협한다. 왜냐하면 이러한 소외의 형태는 전제정치가 조장하는 개인들 간의 소외와 같은 것이기 때문이다. 공적 관심과 참여는 개인주의적 고립이 초래하는 폐해를 막는 최선의 방책이다. 공공의 일에 참여해야 하는 시민은 사적 이해로부터 관심을 돌려야 하고, 자신 이외의 것에 눈을 돌려야 한다. 바로 이러한 측면에서 "관습(mores)"이 중요하게 된다. 민주적 참여의 관행을 통해 시민들은 개인의 세계를 초월하는 시야를 함양할 수 있게 되며, 다양한 자발적·비자발적 조직들은 개인주의를 억제하는 기능을 수행한다. 아울러 학교와 같은 공적 제도들은 시민들로 하여금 공공의 일에 관심을 가지도록 훈육하는 기능을 수행한다. 또한 이 제도들은 그 다양성으로 인해 공적 생활이 전체주의화되는 것을 막아주기도 한다.

모든 개인은 공동체의 구성원으로서 존재하며, 개인의 자유도 상호의존적인 공동체의 틀을 벗어나서는 유지될 수 없다. 또한 공동체는 그 구성원들의 관심과 헌신적 기여가 없이는 유지될 수 없다. "민주주의는 관심을 기울임을 의미한다(Democracy Means Paying Attention)(Bellah 1991, 254)." 배타적인 사리의 추구는 사회적 관계망을 침해하며, '민주적 자치'에 해악을 초래한다. 개인의 자유는 '시민사회의 제도들'을 적극적으로 유지하려는 노력에 의해 보장될 수 있다. 시민들은 시민사회 속에서 상호 존중의 가치를 배우고, 자신과 타인의 권리에 대한 인식뿐만 아니라 개인적 그리고 시민적 책무에 대한 인식도 함양하게 된다. 또한 시민들은 제도를 통해 자치의 기술과 습관을 개발하고, 타인에 대해 봉사하는 것도 배우게 된다. 물론 공동체는 그 구성원들의 요구에 민감하게 대응하여야 하며, 구성원들의 참여와 토론의 활성화를 보장하여야 할 의무를 갖는다. 나아가 다양한 공동체들은 도덕 재건의 자원이 된다. 도덕과 규범의 영역은 개인의 임의적 선택이나 정부의 통제에 의해 형성되지 않으며, 시민들의 이성적 판단과 실천의 능력에 의해 현실화된다.

'공화주의적 자유'의 실현은 "공공의 일에 대한 지식과 귀속감, 전체에 대한 관심, 공동체와의 도덕적 유대를 필요로 한다(Sandel 1996, 5)." 이러한 능력과 자질이 이른바 '시민적 덕목'을 구성하며, '공화주의적 자유'는 이러한 시민적 덕목을 함양시키는 '인격 형성의 정치(a formative politics)'를 필요로 한다. 정치적 무력감과 시민생활의 궁핍화를 극복하기 위해서는 민주적 자치를 가능케 하는 공공영역의 활성화와 시민적 덕목의 함양에 의한 자유의 실현이 강조되어야 한다. 참여 정치는 시민들의 교육의 장이며, 자유를 실현하기 위한 필수적인 조건이다. 또한 논쟁가능성이 정치의 조건이고, 인식론보다 시민정신이 가치와 목적에 대한 갈등 해결의 열쇠가 된다고 할 때, 민주적 참여를 통한 '정치적 판단'의 능력 함양은 건전한 민주주의의 실현을 위한 조건이다.

Ⅵ. 맺음말

공동체주의는 공동체적 전통과 공유된 의미 지평의 중요성을 인식시키며, 시민 교육과 참여를 통한 시민적 자질의 함양을 강조한다. 이러한 공동체주의는 현대 한국사회의 문제 진단과 새로운 가능성 모색에 기여한다. 한 예로 왈저의 『정의와 다원적 평등』은 획일적인 가치에 지배되어온 한국사회에 많은 시사점을 던진다. 세속적 물질주의와 권력지상주의에 지배되고 돈과 권력의 유착으로 점철된 한국사회에서 진정한 정의를 구현하는 길은 더 많은 사람들이 가치의 다원성을 인식하고, 사회 각 영역의 자율성을 확보하는 것이다. 왈저의 표현을 빌면 영역들을 분리하는 '훌륭한 담장이 좋은 사회를 만든다'. 지나친 통합에의 열망과 가치의 획일화가 불러오는 위험에 둔감했던 한국사회가 이제 성숙한 합리적 사회로 나아가기 위해서는 왈저의 분석과 제안을 되새겨 볼 필요가 있다. 그 외에도 매킨타이어와 테일러, 샌델과 바버 등의 논의는 전통과의 단절, 급속한 근대화에 따른 사회문화적 폐해, 정치적 소외 등에 대한 관심을 촉구하며, 나아가 '통합'과 '참여'의 관점에서 문제 해결의 방향과 대안을 모색하는 데 통찰력을 제공한다.

물론 공동체주의라는 이론적 틀을 통해 한국사회 현실을 재단하는 것은 큰 의미를 갖지 못한다. 이론의 적실성과 유용성은 현실 속에서 형성된 실제의 문제의식과 공유된 가치의 실현이라는 맥락에서 평가되어야 한다. 한국의 근현대사에서 '공동체' 의식과 담론은 매우 큰 영향력을 유지해왔다. 민족공동체로부터 지역공동체, 혈연공동체, 시민공동체, 사이버공동체 등에 이르기까지 다양한 공동체 형성의 노력과 시도들이 나타났으며, 때로는 '공동체'의 범위와 성격을 둘러싼 논쟁이 격화되기도 했다. 이제 한국사회는 집단적 동원을 위한 '공동체의 신화'로부터 탈피하여 미래지향적인 공동체 이념을 구상해야 할 단계에 이르렀다.

정치세계는 자유, 평등, 공동체적 유대, 개인성, 집단정체성, 복지, 민주적 정당성, 리더십 등 다양하고 때로는 상충하는 가치와 요건들을 내포한다. 문제는 이러한 가치들의 완전한 조화와 실현을 가능케 하는 해결책은 존재하지 않는다는 점이다. 따라서 현실적으로 바람직한 정치는 상충하는 가치와 요구들 간의 적절한 '균형'을 달성하는 것이다. 공동체주의는 이러한 '균형의 정치'에 필요한 원리와 규범, 제도를 구상하는 데 중요한 이념적 자원으로서의 의의를 갖는다.

꼭 읽어야 할 책

Barber, Benjamin. 1984. *Strong Democracy*. Berkeley: University of California Press.

MacIntyre, Alasdair. 1984. *After Virtue*, 2nd edition. Notre Dame: University of Notre Dame Press.

MacIntyre, Alasdair. 1988. *Whose Justice? Which Rationality?* Notre Dame: University of Notre Dame Press.

Sandel, Michael. 1982. *Liberalism and the Limits of Justice*. Cambridge: Cambridge University Press.

Sandel, Michael. 1996. *Democracy's Discontent*. Cambridge: Harvard University Press.

Taylor, Charles. 1989. *Sources of the Self*. Cambridge: Harvard University Press.

Taylor, Charles. 1991. *The Ethics of Authenticity*. Cambridge: Harvard University Press.

Walzer, Michael. 1983. *Spheres of Justice*. New York: Basic Books.

Walzer, Michael. 1987. *Interpretation and Social Criticism*. Cambridge: Harvard University Press.

참고문헌

강광식 외. 1998. 『조선시대 개혁사상 연구』. 서울: 한국정신문화연구원.

김동수. 1994. "민주주의와 공동체주의: 자유주의·공동체주의 논쟁을 넘어서." 『한국정치학회보』 제28집 1호.

김비환. 1999. "현대 자유주의-공동체주의 논쟁의 정치적 성격에 관한 고찰." 『철학연구』 제45집.

김원열. 2006. "유교 민주주의와 공동체 윤리관." 『시대와 철학』 제17권 3호.

박충석. 1982. 『한국정치사상사』. 서울: 삼영사.

방세영. 2007. "주자학의 사회이론과 예치 공동체주의." 『사회과교육』 제46권 1호.

백종국. 2006. "'공동체주의'의 개념적 유용성에 대하여." 『한국정치연구』 제15집 1호.

송영배. 2000. "세계화 시대의 유교적 윤리관의 의미." 『철학』 제62집.

유홍림. 2003. 『현대 정치사상 연구』. 고양: 인간사랑.

이상익. 2007. "유교적 공동체: 이론, 양상, 전망." 『사회과학논집』 제38집 1호 (연세대학교 사회과학연구소).

이승환. 1998. 『유가 사상의 사회철학적 재조명』. 서울: 고려대학교 출판부.

이승환. 1999. "한국에서 자유주의-공동체주의 논의는 적실한가? 아울러 '유사 자유주의'와 '유사 공동체주의'를 동시에 비판함." 『철학연구』 제45집.

이진우. 1999. "자유의 한계 그리고 공동체주의." 『철학연구』 제45집.

이철승. 2007. "'세계화' 시대 '유교공동체주의'의 의의와 문제." 『시대와 철학』 제18권 3호.

장동진. 2003. "자유주의와 공동체주의의 구성원리: 정당성과 선." 『법철학연구』 제6권 2호.

장은주. 2002. "인권과 민주적 연대성: 유가 전통과 자유주의-공동체주의 논쟁." 『시대와 철학』 제13권 1호.

정호근. 1999. "자유주의/공동체주의 논의의 한국사회적 맥락." 『사회비평』 제21권

최영진. 2002. "개인주의와 유교의 공동체주의." 『유교 사상의 본질과 현재성』. 서울: 성균관대학교 출판부.

최우영. 2006. "동아시아 담론에서의 공동체주의." 『오늘의 동양사상』 제14호.

최종고. 2003. "동아시아 법철학에서의 자유주의와 공동체주의." 『법철학연구』 제6권 2호.

함재봉. 1998. 『탈근대와 유교: 한국정치담론의 모색』. 서울: 나남.

황경식. 1999. “왜 ‘자유주의와 공동체주의’인가?: 개인권과 공동선의 갈등과 화합.” 『철학연구』 제45집.

Arblaster, Anthony. 1984. *The Rise and Decline of Western Liberalism*. Oxford: Basil Blackwell.

Barber, Benjamin. 1984. *Strong Democracy*. Berkeley: University of California Press.

Bellah, Robert, et. al. 1991. *The Good Society*. New York: Alfred A. Knopf.

Benhabib, Seyla. 1992. *Situating the Self*. New York: Routledge.

Buchanan, Allen E. 1989. “Assessing the Communitarian Critique of Liberalism.” *Ethics* 99.

De Bary, Wm. Theodore, ed. 1985. *The Rise of Neo-Confucianism in Korea*. New York: Columbia University Press.

Deuchler, Martina. 1992. *The Confucian Transformation of Korea: A Study of Society and Ideology*. Cambridge: Harvard University Press.

Etzioni, Amitai, ed. 1995. *Rights and the Common Good*. New York: St. Martin's.

MacIntyre, Alasdair. 1984. *After Virtue*, 2nd edition. Notre Dame: University of Notre Dame Press.

MacIntyre, Alasdair. 1988. *Whose Justice? Which Rationality?* Notre Dame: University of Notre Dame Press.

MacIntyre, Alasdair. 1990. *Three Rival Versions of Moral Enquiry*. Notre Dame: University of Notre Dame Press.

Sandel, Michael. 1982. *Liberalism and the Limits of Justice*. Cambridge: Cambridge University Press.

Sandel, Michael. 1996. *Democracy's Discontent*. Cambridge: Harvard University Press.

Taylor, Charles. 1989. *Sources of the Self*. Cambridge: Harvard University Press.

Taylor, Charles. 1991. *The Ethics of Authenticity*. Cambridge: Harvard University Press.

Taylor, Charles. 1995. “Cross-Purposes: The Liberal-Communitarian Debate,” in his *Philosophical Arguments*. Cambridge: Harvard University Press, 181-203.

Tocqueville, Alexis de. 1969. *Democracy in America.* Garden City: Doubleday Anchor.

Tu Weiming. 1998. "Beyond the Enlightenment Mentality," in Mary E. Tucker & John Berthlong, eds., *Confucianism and Ecology*. Cambridge: Harvard University Press.

Walzer, Michael. 1981. "Philosophy and Democracy." *Political Theory*, vol. 9, no. 3.

Walzer, Michael. 1983. *Spheres of Justice.* New York: Basic Books.

Walzer, Michael. 1987. *Interpretation and Social Criticism.* Cambridge: Harvard University Press.

Walzer, Michael. 1994. *Thick and Thin.* Notre Dame: University of Notre Dame Press.

Walzer, Michael. 2004. *Politics and Passion.* New Haven: Yale University Press.

CHAPTER 04

공화주의의 한국적 변용: 왜 그리고 어떤 공화주의인가?

곽 준 혁

Ⅰ. 서 론

최근 공화주의에 대한 관심이 증폭되고 있다.[1] 비교적 짧은 시간에 공화주의에 대한 서구학계의 다양한 이론들이 대부분 소개되거나 분석되었고, 연구자들을 중심으로 한국적 적용에 대한 진지한 논의도 시작

* 이 논문은 『아세아 연구』 51권 1호(2008)에 출판된 것을 이 책의 목적에 맞게 수정・보완한 것이다.

1) 여기에서 필자는 공화주의의 성격을 다음 두 가지로 제한한다. 첫째는 공동체주의와는 구별되는 공화주의의 독특한 전통에 대한 강조다. 아직까지 공화주의라고 하면 공동체주의를 떠올리는 경향이 있지만, 이 글에서 언급되는 공화주의란 '공동체주의'를 지칭하는 '시민적 공화주의'와는 다른 전통이다. 둘째, 1990년대부터 시작된 영미학계의 논의에 기반을 두고 마키아벨리로부터 로마공화국으로까지 거슬러 올라가서 그 근원을 찾는다. 특히 이러한 근원을 '고전적' 공화주의라는 표현을 통해 프랑스혁명 이후의 공화주의의 경향과 구별한다. 필자의 경우는 페팃(Philip Pettit), 스키너(Quentin Skinner), 그리고 비롤리(Maurizio Viroli)로 대표되는 '신로마 공화주의'의 '비지배 자유'라는 개념을 부분적으로 수용하지만, 이기심보다 자기애(self-love)가 강조된 '자유주의적 공화주의' 또는 '고전적 공화주의'를 주장해 왔다(Kwak 2004). 고전적 공화주의에서부터 최근 국내외의 논쟁에 이르기까지 공화주의 내부에 존재하는 다양한 입장들이 갖는 인식론적 차이를 살펴보려면 곽준혁(2007; 2008), 공화주의와 민주주의의 관련을 살펴보려면 곽준혁(2005a; 2005b), 그리고 공화주의와 민족주의와의 관계에 대해서는 곽준혁(2003)을 참조.

되었으며, 정치권 일각에서는 새로운 이념적 대안으로까지 언급되고 있다. 이러한 공화주의에 대한 대중적 관심은 환영할 만한 일이다. 제도가 가져올 결과만을 주목하는 오랜 습관을 벗어버리고 어떤 정치적 원칙이 어떤 제도를 통해 표현될 수 있는가를 살펴보려는 노력으로 볼 수 있기 때문이다. 그러나 대중적 화두로 전환된 공화주의의 내용은 공화주의에 대한 최초의 기대와는 큰 차이를 보인다. 무엇보다 한국 사회의 당면과제를 거의 해결할 수 있는 만능처럼 추상화되는 경향이 문제다. 공화주의는 "자유롭고 평등한 사람들이 법치와 참여를 통해 조화와 화합 속에서 공동의 이익을 추구하는 것"이라는 신문의 논설이 보여주듯(조선일보 2007), 이러한 사회의 실현이 가능한 근거에 대해서는 개개인의 애국심 또는 시민적 미덕 이외에 아무 것도 들을 수 없다는 사실에 놀라게 된다. 즉 공화주의의 정치적 원칙이나 제도적 구상에 대한 고민보다 수단적 가치나 수사적 표현이 대중적 관심을 유도하고 있는 것이다.

사실 공화주의를 한마디로 정의하기란 불가능하다. 몇 년 전만 하더라도 공화주의는 정치공동체 내부에 있는 각각의 사회 부문들이 정치 과정 속에서 적극적으로 자기 역할을 담당하는 정치제도, 또는 개인이나 가족적 유대를 넘어 공동체의 이익을 우선시하는 시민적 덕성을 강조하는 전통으로 이해되었다. 그러나 공화주의 내부의 다양한 의견들이 논쟁적으로 등장한 지금에는 어떤 특정한 시기에 존재했던 정치제도나 시민적 덕성이라는 추상적인 개념만으로는 공화주의를 설명할 수 없다. 종종 아리스토텔레스, 키케로, 마키아벨리로 이어지는 정치사상적 흐름을 공화주의의 정의를 대신해서 언급하기도 하지만, 각각의 사상가가 언급한 개념 하나하나에 다양한 해석이 존재하듯, 특정한 지배적 견해에 비추어 공화주의의 범위와 내용을 한정하는 것은 부적절하다. 이러한 배경에서 공화주의에 여러 수식어가 붙게 되었고, 이미 한국 학계에도 여러 종류의 공화주의가 규범적·이념적 색채로 채색되어 등장하면서 공화주의 내부의 이념적 대립과 분화가 시작되었다. 다시 말하자면, 공화주의는 시대와 장소에 따라 다양하게 진화했고, 지금도 그 내용이 변화하고 있는 정치사상사적 전통이라고 할 수 있다.

그러나 공화주의 내부의 다양성이 곧 공화주의의 내재적 원칙이나 인식론적 토대를 살펴보는 작업 그 자체가 불필요하다는 것을 의미하지는 않는다. 또한 축적된 경험과 정치적 고민의 결합으로 제도를 이해하는 제도사상사에서 볼 때, 그리고 정치적 원칙을 삶을 해석하고 영위하는 하나의 방식으로 바라보는 정치사상사에 비추어 볼 때, 한국 사회에는 선부른 공화주의의 이념적 윤색보다 공화주의의 정치적 원칙과 제도적 표현에 대한 깊은 고민과 성찰이 더 요구된다. 실제로 공화주의가 하나의 일관된 판단기준이자 독자적인 역사를 가진 정치사상적 전통으로 파악되지 못하는 경우가 허다하다. 오히려 자유주의의 대안 또는 공동체주의를 보완할 수단으로 논의되거나, 혹은 기회주의적 선택과 조작적 정의를 위한 정치적 수단으로 치부하는 경우를 자주 보게 되는 것이다. 게다가 일반적으로 이해되고 정의되는 공화주의의 분류와 특성을 무시한 채, 독특한 형태의 새로운 공화주의를 정의하고 수립하는 것이 유행처럼 번지고 있다. 경우에 따라서는 인식론적 기초마저 부정하면서까지 다른 정치적 원칙과의 결합 양식을 찾으려는 무리한 시도마저 보인다. 서구에서는 공화주의의 재등장이 갖는 의미가 공화주의의 내재적 원칙이나 인식론적 토대로부터 발견된다면, 우리는 현재의 정치적 필요와 과거의 정치적 이념의 결합양식에서 그 의미를 찾는 것이다. 여기에서 공화주의의 정치적 원칙과 제도적 표현에 대한 진지한 고민은 오히려 추상적이고 무의미한 작업으로 치부될 뿐이다.

이런 문제의식을 바탕으로 이 글에서는 공화주의의 정치적 원칙과 제도적 표현에 대한 보다 진지하고 구체적인 고민을 유도하고자 공화주의의 재등장이 갖는 의미와 바람직한 공화주의의 방향성에 대한 기초적 논의를 전개하고자 한다. 이를 위해 크게 두 가지 작업이 수행된다. 첫째, 공화주의의 재등장이 갖는 의미를 신자유주의의 개인화된 삶의 방식에서 개인의 책임으로 치환된 공공의 과제를 통해 살펴본다. 여기에서는 포스트모던 또는 후기산업사회에 대한 학계의 논의에서 지속적으로 지적된 '기업적 인간(enterprising self)'의 일상이 분석되고, 1가구 1펀드시대에서 개개인의 일상적인 경제행위를 통해 형성된 '상상의 경제(imagined economy)'가 성장담론으로 표면화되는 정치적 환경에 주목하며, 다문화 공존의 필요성은 느끼면서도 배타적 민족주의의 호소에 무의식적으로 응답하는 한국적 세계화가 지적된다. 둘째, 분절된 한국사회의 필요를 충족시키면서 민주주의의 일반적 요구 — 대표성, 반응성, 그리고 석명성(accountability) — 를 만족시킬 수 있는 공화주의의 방향성을 민주적 시민성을 통해 정리한다. 여기에서 민주적 시민성은 개인으로 치환된 공적 과제의 책임을 사회로 다시 환원시킬 수 있는 일관된 정치적 원칙으로서 '비지배적 상호성'에 기초하고, 비지배적 조건의 구축과 유지라는 적극적 역할을 담당하는 공화주의 국가를 구성하는 책임성으로 구체화된다.

Ⅱ. 왜 공화주의인가?

서구학계에서 공화주의가 각광을 받고 있는 가장 큰 이유는 '비지배(nondomination)' — 타인의 자의적 의지로부터의 자유 — 라는 개념이

자유주의와 공동체주의의 오랜 논쟁을 끝낼 수 있다는 기대를 갖게 했기 때문이다. 신로마 공화주의자들에 의해 고전적 자유의 내용으로 비지배가 재조명되기 이전, 자유는 마치 공동체, 시민적 덕성, 공유된 가치, 자율, 그리고 정치 참여와는 대조적인 개념으로 인식되는 것이 일반적인 경향이었다. 헌법의 기원을 둘러싼 1960년대 미국 학계의 논쟁, 그리고 1980년대와 1990년대 핵심적인 화두로 등장한 공동체주의의 자유민주주의 비판에서 볼 수 있듯이, 자유는 곧 원자주의 또는 주관주의로 이해되었고, 공화주의는 이러한 자유의 폐해를 공동체의 이익 또는 연대를 통해 극복하고자 하는 대안으로 간주되었던 것이다. 그러나 이러한 자유주의와 공화주의의 대립은 1980년대 스키너(Quentin Skinner)의 문제 제기에서부터 시작하여, 1990년대 조반 리차드 벨라미(Richard Bellamy)와 같은 학자들에 의해 고전적 공화주의에서는 개인적 자유와 시민적 참여가 대립될 이유가 없다는 점이 지적되었으며, 1990년대 후반 필립 페팃(Philip Pettit)을 통해 비지배 자유라는 개념이 구체화되면서 반집합적(anti-collective)이면서도 반원자적(anti-atomist)인 공화주의가 존재한다는 사실이 주목을 받기 시작했다.[2)]

한국 학계가 공화주의에 주목하고 있는 것도 일차적으로는 고전적 형태의 공화주의를 통해 자율성과 공공성의 결합이 가능하리라는 기대 때문이다. 그러나 인식론적 탈출구의 모색이라는 학문적 호기심에 덧붙여 한국 학계에서 공화주의가 매력적으로 보이는 진정한 이유는 따로 있다. 바로 신자유주의의 거센 물결 앞에서 무기력한 개인으로 전락한

2) 이후 로마법에서 비지배는 노예가 아닌 시민이 향유한 자유(libertas), 즉 다른 사람의 일방적 지배(potestate domini)로부터의 자유를 의미한다는 맥락에서, 이러한 입장은 '신로마 공화주의'라고 불리게 되었고, 이탈리아의 마우리찌오 비롤리(Maurizio Viroli)와 프랑스의 쟝 파비안 스피츠(Jean-Fabian Spitz)가 가세함으로써 새로운 공화주의 논쟁을 유발하게 되었다. 자세한 내용은 곽준혁(2008)을 참조.

시민들의 삶, 비효율적이고 무능력하다고 낙인찍힌 민주주의, 그리고 여전히 집단적 안도와 정치적 동원의 대상으로 남아있는 민족주의에 대한 우려와 반성이다. 이러한 우려와 반성은 지금 한국 사회가 경험하는 다면적이고 다층적인 변화와 결코 무관하지 않다. 한편으로는 1990년대부터 서구학계의 포스트모던 또는 후기 산업사회 연구에서 거의 대부분의 선진국에서 발견되는 것과 유사한 변화를 경험하고 있고, 다른 한편으로는 신자유주의적 문화의 학습과 적응을 통해 만들어진 한국 사회만의 변화 또한 경험하고 있는 우리의 일상과 밀접한 관련이 있다는 것이다. 문제는 특히 후자에 있다. 다른 선진 자유주의 국가와 비교할 때, 한국 사회는 전 지구적 변화가 가져온 위험 부담을 지나칠 정도로 개인에게 전가시키고 있고, 민주주의는 일상에서 형성된 경제 논리에 의해 급속히 비정치화 되고 있으며, 민족주의는 시민적 기풍을 힘에 대한 집착으로 전락시키고 있는 것이다. 만약 전 지구적인 변화가 공화주의의 재등장을 요구했다면, 이러한 변화에 대한 한국적 반응이 공화주의에 주목하는 것은 어쩌면 당연한 것이다.

1. 개인에게 치환된 공유되어야 할 책임

후기 산업사회 또는 신자유주의가 가져온 변화를 개념화하는 데 가장 많이 언급되는 세 가지 개념이 있다.[3] 그 첫째가 벡(Ulich Beck)의 '위험사회(Risikogesellschaft)'다. 여기에서 위험사회란 후기 산업사회에 대

3) 필자는 후기 산업사회라는 용어를 민주적 절차를 확보한 선진 자유주의 국가에서 나타나는 개인주의와 문화적 다양성을 표현하기 위해 사용했고, 지식산업 또는 서비스 직종이 지배적인 사회를 통칭하는 중립적 의미에서 사용한다. 그리고 신자유주의는 사회적 영역의 경제화라는 특징에 덧붙여 위험사회, 개인화된 사회, 그리고 기업적 개인을 구성하는 일상의 역학을 총칭하는 개념으로 사용한다. 필자의 정의는 기든즈의 정의를 거의 따른 것이다(Giddens 2007).

한 벡의 두 가지 사회학적 관찰에 기초하고 있다. 하나는 제도와 구조에 대한 충성심에 기초했던 문화로부터 주된 행위자로서 개인 그 자체가 무엇보다 우선되는 문화로의 전환이고, 다른 하나는 기존의 사상과 기술로 해결할 수 없는 복잡한 환경과 이러한 환경에서 불확실한 미래에 직면한 개개인들의 불확실성과 불안을 해소하기 위한 노력이 사회적으로 위험을 양산시킨다는 것이다(Beck 1992, 51-84). 비록 거의 대부분의 격변기에 행위자로서 개인에 대한 관심이 증가되었다는 점에서 새로울 것이 없다는 비판이 가능하지만, 벡의 사회학적 통찰력은 지금의 한국 사회에서 개개인들이 겪는 불안과 분주함을 해석할 수 있는 유용한 틀이라고 할 수 있다. 실제로 여러 사회지표는 지금 한국 사회가 위험사회에 대한 벡의 성찰과 해법을 고민해야 할 시기라는 것을 보여주고 있다. 특히 국가기관과 공기업을 선호하는 취업 희망 인구의 급증과 대학생 중 휴학생 수의 급증이 이러한 현상을 잘 보여준다. 2006년 사회통계조사 결과에 따르면 24세 이하에서 선호하는 직장으로 국가기관이 33.5%, 공기업이 11%, 대기업이 17.1%이고, 2007년 중앙인사위원회의 자료에 따르면 7급 공채 시험 응시자 수가 10년 전과 비교할 때, 9.7%(58,513명) 증가했고, 9급 공채 시험 응시자 수는 10년 전보다 75.4%(186,478명) 증가했다. 또한 대학생 중 휴학생 수는 10년 전과 비교해서 65.3% 증가했다(통계청 2006). 미래의 불확실성으로 인한 사회적 불안이 젊은 층의 직업 선호에 반영되고 있는 것이다.

두 번째는 바우만(Zigmunt Bauman)의 '개인화된 사회(Individualized Society)'라는 개념이다. 개인주의에 대해서는 다양한 지적들이 있지만, 개인과 사회를 연결해 주는 정치사회적 수단들이 상실 또는 해체되는 과정에 주목했다는 점에서 바우만의 관찰은 단연 돋보인다. 비이성적 시장경쟁의 도덕적 무관심, 정치적·사회적 자유를 희생시키면서까지

향유되는 경제적 자유, 사회 안전망의 붕괴, 경제에 대한 집착에도 불구하고 오직 소수만이 향유하는 풍요가 개인화된 사회의 단면이다(Bauman 2001, 83-96). 특히 개개인의 상호관계에서의 변화와 정치적 영역의 축소를 연관시킨 부분이 인상적이다. 상대방을 즐거움의 대상으로 간주하는 실용적 태도, 지속적인 관계보다 즉흥적인 만남을 선호하는 경향, 그리고 이러한 태도와 경향으로 형성되는 삶의 방식이 궁극적으로 정치의 몰락으로 귀결되고 있다는 것이다(Bauman 1999). 비록 서구사회에 국한된 관찰이라는 한계가 있다 하더라도, 한국 사회도 이러한 분절적 사회로 변해가고 있다는 것은 그 누구도 부인하지 않을 것이다. 예를 들어, 개인화되는 사회의 특징으로 지적되는 비정치적 단체에 대한 사회적 의존성의 증가라는 측면에서 볼 때, 한국 사회도 예외는 아니다. 2004년 갤럽이 조사한 『한국인의 종교와 종교의식』 자료를 살펴보면 새롭게 종교를 믿게 된 사람이 1984년 43.8%에서 2004년 53.3%로 증가했지만, 종교를 믿는 이유가 마음의 평안을 얻기 위해서가 67.9%로 나와 한국인들의 종교생활이 사회적 삶의 분절과 밀접한 영향이 있음을 보여준다(갤럽 2004). 또한 2007년 갤럽이 수행한 조사에 따르면 성공의 조건으로 재력을 꼽은 경우가 10년 전의 35.8%에서 60.5%로 급증했고, 정치조직과 사회제도에 대한 신뢰도는 지속적으로 추락해 평균 6% 미만으로 나와 물질주의적 가치와 개인의 능력에 대한 의존도가 크게 증가한 것으로 나타났다(사회발전연구소 2007).

우리가 일상에서 경험하는 최근의 변화를 가장 잘 표현하는 개념은 아마도 '기업적 인간(enterprising self)'일 것이다. 앞선 두 가지 개념이 일상(Subpolitik)의 정치에서 나타나는 불확실성과 복잡성의 증가라는 지구적 차원의 변화를 잘 설명하고 있다면, 기업적 인간은 이러한 변화에 누구보다 민감하게 시장의 논리로 대응하고 있는 한국 사회의 병리적 현상을 잘 표현할 수 있다. 사실 이 개념은 푸코의 '자아의 기술(technologies of the self)'이라는 개인의 주체화 과정에 대한 해석에 영감을 받은 것으로(Foucault 1994, 223-251), 최초에는 영국의 대처와 미국의 레이건 행정부의 신자유주의적 정책을 비판하는 개념이었다. 그러나 지금은 후기 산업사회의 일상 속에서 개개인의 사고와 행동을 좌우하는 새로운 지배적 문화를 묘사하는 개념으로 확대되었다(Peters 2001; Rose 1996; Rose and Miller, 1992). 기업적 인간과 관련된 논의를 살펴보면, 신자유주의적 문화는 지금까지 공적으로 관리되던 위험과 책임을 개인이 스스로를 얼마나 잘 관리했느냐의 문제로 전환시켰고(Lemke 2001, 203), 개인의 권리와 자유를 절대시하는 경향을 강화함으로써 어떤 형태의 국가의 개입도 거부하는 비정치적 태도를 고착시켰으며(Rose 1992, 141-147), 민주적 의사수렴의 과정마저 시장적 경쟁논리를 통해 이해함으로써 복지국가라는 말조차 납득하지 못하는 새로운 주체를 형성했다(Burchell 1996, 23). 이러한 논의의 핵심은 신자유주의적 문화에서 지금까지 사회적으로 책임지던 문제의 해결이 개인에게로 치환되었다는 점이다. 즉 질병, 실업, 그리고 빈곤에 이르기까지 사회적으로 책임이 공유되어야 할 문제가 개인의 자기관리 능력의 문제로 전환되었다는 것이다.

경제적 효율성과 기업적 타산만을 기준으로 볼 때, 지금과 같은 격변기에 불확실한 위험으로부터 진정 자유로울 수 있는 개인은 극히 일부에 불과하다. 그리고 이러한 위험사회에서 보장받을 수 있을 것으로 기대되는 자유는 지금까지 근대적 사회구조에서 향유하던 자유보다 더욱 협소하다. 한국 사회는 이러한 위험을 잘 느끼고 있음에도 불구하고, 이러한 위험을 줄이려는 사회적 노력이 결핍되어 있다.[4] 대학생들

4) 개인에게 치환된 사회적 책임이 가장 극명하게 드러나는 문제가 바로 불평등이

이 학력, 학점, 토익 점수와 같은 취업에 필요한 자격을 합한 '스펙(Specification)'이라는 말로 스스로를 표현하듯, 사람들은 불확실한 미래에 대한 책임을 스스로에게 전가시키는 신자유주의적 문화에 지나칠 정도로 순응적이다. 비정규직 비율이 전체 임금 노동자의 절반 이상을 차지해도, 그리고 대학을 졸업한 무직자의 수가 10년 사이에 두 배 가까이 증가해도, 이러한 문제의 해결을 위한 사회적 노력은 턱없이 부족하다.[5] 오히려 기업적 인간이 위험사회의 이상적인 모델로 인식되고 있는 것이다.

2. 상상의 경제로 이전된 정치적 담론

두 번째 문제는 이른바 민주주의의 비정치화다. 전통적인 민주주의의 모델로는 지금의 변화에 적절하게 대응할 수 없다는 사실은 비단 한국 사회만이 당면한 문제는 아니다. 선진 민주주의 사회에서도 심의민주주의나 참여민주주의와 같은 규범적 논의가 설득력을 잃고 있는 실정이다. 선거를 통해 정부가 유권자에게 책임을 지는 좁은 의미의 민주주의는 확보했지만, 시민들은 전투적인 활동가들과 언론매체가 만들어내는 자극적인 주제에 대해서만 간헐적으로 반응하는 소극적인 정

다. 이런 점에서 본다면 한국 사회는 위험을 그 어느 사회보다 잘 느끼고 있다. 통계청이 실시한 2007년 사회통계조사에 따르면 15세 이상 국민의 76.9%가 소득분배가 불공평하다고 대답했으며(단지 2.3%만이 소득분배가 공평하다고 대답), 2006년 사회통계조사에 따르면 15세 이상 국민의 10.3%가 자살 충동을 느끼고 있으며 그 주된 원인으로 경제적 어려움(48.2%)을 들었다.

5) 2007년을 기준으로 전체 임금 노동자 중에서 비정규직이 차지하는 비율은 54.2%이고, 대학을 졸업한 무직자 수는 1997년과 비교할 때 76%(86,333명) 증가했다. 2007년 정규직 대비 비정규직 월평균 임금총액은 2006년 51.3%에서 2007년 50.1%로 확대되었고, 시간당 임금도 52.4%에서 51.5%로 그 격차가 확대되었다. 이 통계는 김유선(2007)의 2007년 경제활동인구조사 부가조사의 분석을 따랐다.

치집단으로 전락하고 있다는 후기 민주주의(post-democracy)적 현상이 여기저기에서 나타나고 있다(Crouch 2004). 또한 경제적 영역뿐만 아니라 정치적 영역까지도 '과두적 권력망(oligarchic power networks)'에 의해 좌우되고 있다는 우려가 나날이 증폭되고 있다. 오늘날 민주적 통치(governance)의 핵심이 삶의 세계와는 동떨어진 초현실적 상징으로 대체되고 있다는 불만, 대중의 의사가 즉자적으로 반응하는 인터넷 대중들의 기호에 의해서 구성될 수 있다는 지적, 경제문제뿐만 아니라 복지정책마저도 민주적 의사가 아니라 전문가의 판단에 의해서 결정되고 있다는 시선, 그리고 원칙의 충돌과 이념적 갈등을 수반하는 정치적 문제들이 정치적 과정이 아닌 사법부에 의해 결정되고 있다는 주장이 이러한 우려를 잘 보여주고 있다(Zolo 1992; Rose 1996; Schneiderman 2000). 따라서 국가의 비정치화 또는 민주주의의 비정치화는 비단 우리만의 문제는 아닌 것이다.

이와 더불어 한국 사회에 두드러진 측면이 있다면 바로 성장에 대한 집착이다. 성장담론은 한국의 근대화 과정에서 등장한 이데올로기적 동원의 연장선상에서 이해될 수도 있고, 1980년대 영국의 신자유주의 정책이 최초에 등장했을 때처럼 국제적 경쟁에서 살아남아야 한다는 집단적 강박의 일종일 수도 있다. 그러나 이것만으로는 성장이 오늘날 한국의 가장 중요한 정치적 담론으로 자리를 잡고 있는 현실을 충분히 설명할 수 없다. 왜냐하면 시민 대부분이 분배문제의 중요성을 자각하고 있는 상황에서, 분배보다 성장이 우선되는 정책이 자신의 삶의 질을 향상시킬 수 있다고 믿는 것은 무한 경쟁이라는 신자유주의적 환경에 상응하는 내부적 역학이 있을 수밖에 없기 때문이다.[6] 사실 한국

6) 이러한 역설적 현상은 2008년 1월 1일에 실시된 한겨레신문사의 국민의식 조사에서 잘 나타난다. "앞으로 우리나라가 어떤 나라가 되는 것이 바람직하다고 생각하느냐"는 질문에 67.2%가 "사회복지가 잘되는 나라"라고 답했지만, "성장과 분배

사회 내부의 역학이라는 점에서 본다면, 지금의 성장담론은 단순히 보수적 정치집단의 조작이라기보다, 그리고 민족주의의 이데올로기적 재생산이라기보다, 오히려 개개인의 일상 속에서 확인되고 강화된 학습의 결과라고 할 수 있다. 스스로가 안주할 소속감을 상실한 가운데 불확실한 세계에 내던져진 사람들이 추구하는 안도(Entlastung)의 대상이 경제 성장이거나, 아니면 오늘을 살아가는 한국의 일반 시민들이 자신에게 무관심한 세계로부터 스스로를 지키기 위해 부여하는 삶의 의미(Bedeutsamkeit)가 성장의 신화라는 것이다.[7)]

이렇게 한국 사회의 성장담론을 이해할 수 있는 근거는 무엇보다 우리의 일상에서 전개되는 경제 행위의 변화 때문이다. 1가구 1펀드 시대가 개막되었다는 통계청의 수치가 말해주듯, 전체 가계의 32%정도가 주식에 직·간접으로 투자하는 상황에 주목할 필요가 있다.[8)] 세 명 중 한 명은 매일 주식시세에 관심을 갖고 있고, 이들의 일상적 대화는 주가를 통해 스스로가 이해하는 경제 동향과 밀접한 관련이 있으며, 이들이 생각하고 판단하는 환경은 매체를 통해 전달되는 상승과 하향 곡선을 그리는 그래프와 숫자로 가득하다. 이러한 가운데 일상적인 삶의 울타리를 뛰어넘는 구체적이고 통일된 관심은 더 이상 '민족'이나

가운데 무엇이 우선되어야 하느냐"는 물음에 54.7%가 성장이라고 답했다는 것이다. 매일경제신문이 2008년 1월 2일에 실시한 여론 조사에서는 성장이 분배보다 우선되어야 한다는 답이 84.5%로 나타났다.

7) 전자는 인간이 문화와 언어를 통해 불확정적인 삶에서 안도감을 찾는다는 의미에서 나온 개념이고(Gehlen 1988), 후자는 존중받기를 원하는 인간의 욕구가 집단적으로 표출되면서 나타나는 정치적 신화의 형성과 발전의 과정을 설명한 개념이다(Blumenberg 1988). 필자는 이 두 개념이 성장담론의 문화적 측면과 신화적 측면을 잘 표현할 수 있다고 생각한다.

8) 펀드 계좌의 숫자는 1999년보다 2배 이상 늘어난 2,295만 계좌가 되었고, 이 숫자는 통계청 추정 2007년 총가구수인 1,642만 가구를 넘어섬으로써 1가구 1펀드 시대가 개막되었다. 이러한 변화는 삼성경제연구소의 조사에서도 잘 나타난다. 전체 조사대상 가구의 32.1%가 주식에 직접 또는 간접적으로 투자하는 것으로 조사되었다.

'국가'와 같은 상상의 정치적 공동체에 대한 충성과 일체감에 국한되는 것이 아니다. 오히려 미시적인 개인의 일상까지 찾아온 세계 경제가 이들의 의식 속에 자리를 잡았고, 스스로의 선택과 독립된 결과에 일희일비하는 '상상의 경제(imagined economy)'가 이들의 정치사회적 담론을 좌우하게 된 것이다. 이 때 개개인에게 경제의 성장은 개인을 불안으로부터 해방시키는 피난처이자 안도이며, 일상에서 스스로에게 부여할 수 있는 삶의 의미다. 그리고 국가의 역할은 여전히 중요하지만, 그 존재 이유는 성장을 지속적으로 보장할 수 있느냐는 경제적 효율성에 국한될 가능성이 커진 것이다. 즉 매일의 장바구니 물가에 신경을 쓰듯, 국가는 경제 성장을 통해 시민들에게 안도와 삶의 의미를 보장해 줄 또 하나의 정치적 의무를 갖게 된 것이다.

신자유주의적 환경에서 형성된 상상의 경제가 항상 나쁜 결과만을 가져온다고 볼 수는 없다. 그러나 대부분의 시민들이 스스로의 선택과 관리를 통해 이윤을 보장받을 수 없는 경제 행위로부터 안도와 의미를 찾는 정치적 현실은 심각한 문제가 아닐 수 없다. 무엇보다 노동을 통해 보상받는 경제는 그 실패를 사회가 책임지는 제도를 통해 보상받을 수 있을지라도, 개인의 기업적 관리에 의존하는 상상의 경제에서는 그 누구도 책임을 공유할 수 없기 때문이다. 동일한 이유에서 상상의 경제에서 민주주의는 사회적 책임을 심의함으로써 상이한 의견들을 조정할 수 있는 능력이 없다. 대신 민주주의는 고객으로 전락한 시민들의 경제적 선택을 전달하는 통로의 역할만을 할 뿐이다. 왜냐하면 시장의 움직임에 따라 정치적 운명이 좌우되는 국가는 갈등을 조정하는 정치적 역할을 상실할 수밖에 없고, 시장의 냉혹함에 적응할 여력이 없는 시민들은 스스로가 더욱 무기력해질 수밖에 없는 상황을 피할 수 없기 때문이다.

3. 한국적 세계화와 배타적 민족주의

세 번째로 공화주의를 요구하는 환경은 민족주의의 굴레로부터 자유롭지 못한 한국적 세계화다. 한국 사회에서 민족주의는 합의와 동원을 위한 수단적 이념 이상의 의미를 갖고 있다. 한편으로는 좌우의 이념적 스펙트럼을 초월하는 궁극적인 가치로, 다른 한편으로는 개개인에게 이입된 정체성의 핵심적인 내용으로, 민족주의는 한국인의 내면 깊숙이 자리잡고 있다. 물론 한국 학계에서 민족주의의 이데올로기적 허구성을 지적하거나 민족 중심의 담론을 해체해야 한다는 주장이 없는 것은 아니다. 그러나 민족주의가 지금까지 제공해 온 기억과 망각의 도식은 세계화시대를 살아가는 한국인의 일상 속에서 해체되기보다 오히려 강화되고 있다. 문제는 세계화시대 민족주의에 대한 논의들이 국수주의와 보편주의로 나뉘어 세계화가 촉발한 사회적 갈등의 원인을 해소하기보다 오히려 심화시키는 경향이 있다는 것이다. 특히 전자의 경우 민족주의가 세계화시대에 공동체적 연대를 유지하고 한국적 특수과제의 해결을 위해 유지 발전시켜야 할 핵심적 가치라는 입장을 견지하거나, 후자의 경우 세계화를 통해 민족주의를 극복 또는 제어해야 한다고 보는 입장을 고집하면 상호대립은 극단으로 치닫는다. 따라서 학계에서의 세계화시대 민족주의에 대한 논쟁은 전반적으로 '열린 민족주의' 또는 '개방적 민족주의'로의 수정을 요구하는 것이 대세를 이루고 있다.

그러나 실제 우리의 일상에서 나타나는 세계화시대 민족주의는 학계의 기대와는 전혀 다른 모습을 보여준다. 한국 사회에서도 다문화 공존의 필요성이 직접적인 정치사회적 문제로 대두되고, 이러한 문제를 해결하기 위한 정책적 대안을 요구하는 수준으로까지 진전되었다. 수치상으로 나타난 결과만 보더라도 다문화 공존의 필요성은 우리의 일상에서부터 확인되고 있다. 2006년 국제결혼은 39,690건으로 1990년 4,710건의 9배정도 증가했고, 국제결혼이 총 결혼 건수에서 차지하는 비율이 1990년 1.2%에서 11.9%로 급증했다(통계청 2007). 그리고 2007년 12월 현재 우리나라에 체류하는 외국인의 숫자는 1,066,291명으로 전체 인구의 2%에 육박한다(법무부 2008). 이런 정도의 수치라면 다양한 인종과 문화가 접촉함으로써 나타나는 정치사회적 문제들이 우리의 일상에서 쉽게 발견되고, 중앙정부뿐만 아니라 지방정부까지도 이러한 문제의 해결을 위한 대책이 필요할 수밖에 없을 것이다. 그럼에도 불구하고, 체류 외국인이 피부로 체감하는 한국은 결코 다문화 공존의 틀을 고민하는 사회로 보이지 않는다. 한국인 남성과 결혼한 외국인 여성의 17.5%가 가정폭력을, 결혼이민자 가족의 30%가 각종 차별을 경험하며, 국제결혼 가정의 이혼이 2006년 전체 이혼의 4.9%로 해마다 급증한다(여성가족부 2007). 외국인 노동자가 한국 사회에서 느끼는 차별의 정도도 심하다. 외국인이라는 이유로 일상에서 무시당하거나 욕설을 들은 경험을 가진 사람들이 18.9%, 이 중에서 불편한 감정을 행동이나 표정으로 전달받은 경우가 39.6%, 모욕적인 언사가 23.7%, 심지어 조롱도 15.5%에 달했다. 직장 내에서 인종차별을 경험한 응답자는 32.3%, 한국인 노동자가 임금을 받았을 때에도 임금을 받지 못한 노동자도 40.6%에 달했다(인권위원회 2002).

이런 측면에서 볼 때, 최근 외국인 근로자의 인권 논의나 다문화주의에 대한 관심이 증폭된 것은 환영할 만한 일이다. 그러나 서구 중심의 인권개념과 다문화주의의 잣대만으로 세계화시대 한국 사회에서의 다문화 공존의 틀을 모두 결정할 수는 없다. 서구 학계에서 논의되다시피 다문화 공존은 오히려 민족국가 또는 민족주의를 통해 달성되어야한다고 보는 주장도 있는 것이다. 세계화시대 빈곤문제 해결과 같은 사회정의의 실현에서 소속감과 연대의식을 창출하는 민족주의의 기능적 측면에 주목하거나(Miller 2000, 81-96), 세계화 과정에서 소외된 주변적 시민들을 다시 정치과정에 참여시킬 수 있다는 점을 강조하거나(Calhoun 2007, 27-49), 아니면 스스로를 구성하고 규정할 수 있는 진정한 자율성을 확보하기 위한 하나의 조건으로 민족적 정체성을 강조하는 입장에서는 여전히 민족주의는 중요하다(Margalit and Raz 1990). 문제는 과연 민족주의가 개인의 자율성, 인민주권, 그리고 사회정의의 실현을 위해 요구되는 시민적 연대만을 창출하느냐는 것이다. 주지하다시피 민족주의는 개인의 자율성을 풍부하게 할 수도 있지만 전체주의적 사회공학으로 개인의 자유를 짓밟은 사례도 있었고, 정치적 평등과 실질적인 참여에 기여하기도 했지만 특정집단의 독점과 지배를 용인했으며, 분배와 복지가 가능하도록 유도하는 역할도 했지만 갈등과 폭력을 유발해서 궁극적으로는 국내외적 불안을 초래하기도 한다. 그렇다면, 이렇게 상반된 정치적 결과가 가능한 민족주의를 다문화 공존의 틀로 고집할 필요가 있을지, 그리고 민족주의가 창출할 수 있다고 기대되는 사회적 연대의 내용은 어떤 점에서 긍정적이고 어떤 점에서 부정적인지 근본적인 검토가 필요한 시점이 아닌가 생각된다.

Ⅲ. 어떤 공화주의인가?

공화주의에 대한 최근의 관심은 앞서 설명한 세 가지 측면의 변화에서 나타난 정치사회적 요구와 밀접한 연관성이 있다. 첫째, 공화주의에 대한 최근의 관심은 분절된 사회로부터 개인의 비지배적 조건을 보장하고, 동시에 사회적으로 공유된 책임을 수행할 수 있는 민주적 시민으로 기업적 인간을 대체 또는 보완하려는 시도와 맞물려 있다는 것이다. 둘째, 공화주의는 정치적 담론을 상상의 경제로부터 다시 정치적 공간으로 환원시킴으로써 정치적 과정을 통해 갈등을 조정하는 민주주의와 국가의 제 기능을 복원시켜줄 수 있다는 기대를 갖게 한다는 것이다. 셋째, 다문화 공존의 필요성을 충족시키면서 동시에 다문화 공존이 초래할 정치사회적 문제들을 해결할 수 있는 정치사회적 원칙이라는 것이다. 첫 번째 요구와 두 번째 요구는 민주주의의 일반적인 요구인 대표성, 응답성, 그리고 석명성의 문제라고 할 수 있다.[9] 또한 세 번째 요구도 한국적 특수과제와 인류 보편의 문제를 조화시킬 수 있는 시민적 기풍과 관련된 내용이기에 결코 민주주의와 무관하지 않다. 전체적으로 볼 때, 공화주의에 대한 최근의 관심은 다름 아닌 민주주의에서의 시민들의 삶과 연관된 것이다.

문제는 이러한 요구들을 충족시킬 수 있는 내재된 원칙이 공화주의에 있느냐는 것이다. 만약 부재하다면 기존의 정치적 원칙들을 버리고 공화주의에서 해답을 찾을 이유는 구태여 없다. 실제로 내재적 원칙에 대한 논의가 부재한 상태에서, 한편에서는 신자유주의에 대응하는 시민적 덕성의 함양이, 다른 한편에서는 개인주의에 대응하는 공적 영역의 확보가 전면에 등장한다. 이런 가운데 한쪽에서는 민중주의적 요소를 억제하면서 시민적 애국심으로 무장한 시민적 미덕을 공화의 핵심으로 주장하고, 다른 쪽에서는 시민의 정치참여로 형성되는 시민적 연대를

9) 시민들 스스로가 정치적 목소리를 낼 수 있는 조건을 구축함으로써 대표의 심의를 통해 갈등이 조정될 수 있는 정치적 공간을 회복시키고, 시민들의 요구에 정부가 민감하게 반응함과 동시에 시민들이 국가의 자의적 결정을 견제할 수 있는 힘을 확보해야 한다는 것이다(Przeworski et al. 1999, 1-25).

통해 사회적 재분배를 위한 조건을 형성할 것을 요구한다. 이렇듯 공화주의의 수단적 의미만이 강조될 경우, 공화주의는 지적 반성과 창조를 위한 이성적 회의를 제공하기는 커녕, 오랜 세월동안 축적해 온 삶의 지혜마저 현재적 필요에 의해 왜곡될 수 있다. 왜냐하면 자유주의의 한계를 보완하고자 공화주의를 찾는 입장에서는 수사적 기교와 전략적 선택 이상을 기대할 수 없고, 자유주의를 극복하고자 공화주의에 호소하는 입장에서는 규범적 판단과 감정적 극단 이상을 기대할 수 없을 것이기 때문이다.

1. 공화주의의 비지배적 상호성

지배와 피지배의 관계는 상대적으로 인지된다. 빈부라는 기준에서 본다면 가난한 사람이 부자에게 지배받고 있다는 느낌이 들겠지만, 숫자를 기준으로 한다면 단연 부자들이 가난한 사람들에게 지배받고 있다는 느낌을 가질 수도 있다. 만약 올바른 잣대가 있다면 모를까, 갈등하는 쌍방은 자신들만의 잣대로 피지배적 입장을 개선하기 위한 노력을 하게 될 것이다. 이런 상황에서 필요한 것은 갈등하는 쌍방이 대화의 자리에 앉을 수 있는 정치적 원칙, 즉 조건이라는 것이다. 미래에 대한 불확실성으로 인해 증대된 사회적 위험, 개인화된 사회에서 대상화된 개인이 겪는 불안, 그리고 기업적 인간의 일상으로 치환된 공적 책임을 감수해야 하는 오늘날의 우리에게 일관된 비지배적 조건은 더욱 필요하다. 이러한 요구에 대한 하나의 응답이 비지배적 상호성이다.

비지배적 상호성은 다음과 같은 내용으로 구체화된다. 첫째, 자유로운 행위(action)가 아니라 자유로운 행위가 가능한 조건(condition)이 대립하는 쌍방 모두에게 동일하게 적용될 수 있는 조정원칙으로서 비지배적 상호성이다. 대립하는 쌍방 모두가 자의적 지배로부터 자유롭다는 확신을 가질 수 있을 때, 이러한 확신을 바탕으로 쌍방이 논의를 통해 서로의 이해를 조절할 수 있다고 생각할 때, 그리고 이런 과정을 통해 기존의 힘의 불평등이 변경될 수 있을 것이라는 믿음이 생길 때, 비로소 심의는 갈등 조정 메커니즘으로서 기능할 수 있다. 물론 이런 조건이 모두 충족될 수 있어야 심의가 가능하다면 비지배적 상호성에 기초한 민주주의도 유토피아적 상상에 불과할 것이다. 그러나 비지배적 상호성이 심의의 조건을 형성·유지·수정하는 근거로 사용되고, 그 결과 행위자 모두에게 일관되게 적용되는 이성적 판단의 근거가 될 수 있다면 단순히 유토피아적 상상이라고 할 수는 없다. 왜냐하면 비지배적 상호성은 행위가 아니라 조건을 제도화하는 준거를 제공함으로써, 지배적 위치에 있는 집단에게는 국가의 개입을 정당화하는 동시에 개입의 한계를 설정하는 일관된 판단근거가 될 수 있고, 사회적 약자에게는 타인의 자의적인 의지에 종속되는 상황으로부터의 해방을 정당화하는 근거가 될 수 있기 때문이다. 어떤 내용이 어떤 맥락에서 제도화되어야 하는지는 심의를 통해 결정할 사항이지만, 비지배적 상호성은 기존의 절차주의적 민주주의의 협소함을 극복할 수 있을 뿐만 아니라 상호성을 개개인의 규범적 선택으로 치환하는 오류를 극복함으로써 민주주의의 실현 가능성을 높일 수 있다.

둘째, 비지배적 상호성은 국가로부터 동일한 대우를 보장받는 소극적 시민성에서 사회적 권리의 제도적 보장을 통해 실질적인 정치적 견제력을 보장받는 적극적 시민성으로의 전환을 목적으로 한다. 비지배적 상호성에서 자유는 궁극적인 목적이 아니라 전제조건이다. 이러한 전제조건은 상호 견제할 수 있는 실질적인 힘이 시민에게 부여될 때 비로소 확보된다. 개인적 차원에서는 개개인이 가지는 다양한 욕구를 충족시킬 수 있는 조건으로서 자유가 보장되어야 하고, 사회적 차원에서는 이러한 조건을 사회 구성원 모두에게 호혜적으로 인정받을 수 있어야 하며, 국가적 차원에서는 자의적 지배에 대한 시민적 저항이 정당화되어야 한다. 이를 위해서 비지배적 상호성은 동등한 대우에 기초한 시민성의 개념을 차별적 대우가 가능한 시민성의 개념으로 전환한 차이의 정치(Politics of Difference)를 주장하는 이들보다 한 걸음 더 나아가야 한다. 차이의 정치는 차별성을 인정할 수밖에 없는 조건을 만들어내는 사회적 구조에 대한 묵시적 용인이 그 이면에 깔려 있다(Fraser 2003, 91-94). 이러한 경우 비지배 자유의 상호성을 충족시킬 수 없다. 따라서 비지배적 상호성은 차이의 인지를 넘어 사회적 권리의 실질적이고 제도적인 보장, 그리고 동일한 이유에서 개인이나 집단을 종속의 상태로 밀어넣는 사회경제적 구조의 개선을 요구한다.

셋째, 비지배적 상호성은 심의 과정에서 나타나는 참여 주체간의 힘의 불평등을 해소하는 것을 목적으로 할 뿐만 아니라, 이러한 원칙의 반복된 적용을 통해 '타인의 자의적 지배로부터의 자유'가 시민들의 행위의 준칙으로 내재화되는 과정 또한 하나의 목표로 상정하고 있다. 심의를 통해 합의에 도달할 수 있는 최소한의 기준은 대립 상황에 있는 상대방을 자기와 동일하게 배려하는 자세이다. 그러나 이런 호혜적 자세는 첨예한 갈등 상태에 있는 쌍방에게 아무런 경험적 근거도 없이, 미래의 결과에 대한 불확실성을 극복할 수 있는 전망도 없이 요구할 수 있는 성질의 것이 아니다. 비지배적 상호성의 지속을 전제하지 않고, 일방적으로 한쪽에게만 비지배의 원칙에 따라 행동하라고 요구한다면, 심의를 통한 갈등의 조정은 결코 성립될 수 없다. 비지배적 상호성은 소극적인 의미의 자유를 일차적으로 보장하고, 반복적인 정치 과정을 통해 힘의 불평등 관계 속에서도 쌍방이 동일한 조건에서 균형점을 찾을 수 있는 제도를 구현함으로써, 참여 주체들에게 호혜적 자세를 자연스럽게 내면화시킬 수 있다. 이때 비지배적 상호성은 개인과 개인, 집단과 집단, 개인(또는 집단)과 국가의 관계에 이르기까지 분쟁과 갈등을 해결하기 위한 협상 과정에서 동일하게 적용될 수 있는 일관된 정치적·도덕적 판단 근거로 전환된다.

전체적으로 볼 때, 비지배적 상호성은 개개인이 가지는 다양한 욕구를 충족시킬 수 있는 조건인 자유에 주목하고, 사회적 약자에게 실질적 힘을 부여함으로써 비지배를 제도적으로 확보하여, 그 결과를 토대로 개인적 수준에서의 다문화 공존적 관계를 형성하고 지속시키는 조정 원칙이다. 여기에서 조정 원칙이란 다른 모든 원칙들이 파생되고 그 내용이 좌우되는 제1원칙(first principle)이 아니라, 기초 원칙임에도 불구하고 심의의 내용을 미리 규정하지 않고 상황이 요구하는 여러 원칙의 필요를 각인시킨다는 의미다. 즉 조정 원칙으로서 비지배적 상호성은 비지배 자유를 갈등상태에 있는 개인 또는 집단간 심의의 원칙으로 받아들이도록 유도하고, 심의의 내용을 규정하지 않고서도 심의의 내용뿐만 아니라 심의의 결과까지 규제하며, 비지배적 조건의 호혜적 보장을 사회 구성원들이 가져야 할 행위의 규범으로 내면화하는 정치적·도덕적 판단 근거라는 것이다. 만약 우리가 후기 산업사회의 문제를 극복하는 데 필요한 고전적 지혜를 공화주의에서 찾는다면, 그리고 이러한 공화주의가 단순히 수단적 의미를 가지는데 그치지 않고 내재적 원칙을 통해 사회의 건설로까지 연장되기를 원한다면, 비지배적 상호성이 하나의 원칙으로 제시될 수 있을 것이라고 기대한다.

2. 후기 산업사회와 공화주의 국가

몇몇 후기 산업사회 비평가들은 신자유주의적 변화가 새로운 형태의 통치를 가져올 것이라고 믿고 있다. 네그리(Antonio Negri)의 경우 민족국가라는 경계에 구속될 수밖에 없는 인민(the people)이라는 집단적 정체성이 군중(the multitude)과 같은 무정형의 집단적 정체성으로 대체됨으로써, 집단적 운동성이 지속적으로 유지·발전될 수 있는 새로운 형태의 즉흥적인 통치 형태가 나올 것이라는 기대를 갖고 있다(Negri 1999). 네그리와 같이 이러한 변화를 환영하지는 않더라도, 민주주의에 내재된 변화의 추동력이 즉흥적으로 형성되는 집단적 귀속성에 의한 새로운 형태의 참여, 대표성, 그리고 자유를 내용으로 하는 민주주의를 창출할 수밖에 없다는 입장도 있다(Zolo 1992). 사실 월린(Sheldon Wolin)이 지적하듯, 민주주의는 어떤 형태(form)로 규정 또는 제한할 수 있는 것은 아니다. 민주주의는 경험에 의해 제한되고 언제나 변화할 수밖에 없는 존재 방식(mode of being)이며, 민주주의는 어떤 형태의 통치와 이러한 통치에 대한 반대를 통해 구체화되는 지속적인 운동의 결과물이다(Wolin 1996, 31-33). 다시 말하자면, 민주주의는 새로운 형태의 통치를 만들지만, 스스로가 창출한 통치와 대립적인 관계에 놓이는 운명을 갖고 있다는 것이다.

그러나 민주주의의 모델에 대한 논의를 무의미하다고 거부하면서 모든 형태의 통치(governance)를 지배(domination)라고 규정하거나, 지배에 대한 저항으로 담론적 전략과 개개인의 창조적 행위만 강조하는 데에는 더 큰 위험성이 도사리고 있다. 실제로 민주주의와 관련된 최근 논의에서 국가의 역할 또는 대안적 모델에 대한 이론적 탐구보다, 국지적이고 미시적 수준에서의 저항과 전략으로 당면한 문제를 해결하려는 시도가 늘고 있다. 이미 정치이론 분야에서도 인민 주권이나 다수결과 같은 내용은 민주주의와 관련된 논의에서 사라지고, 주어진 정치사회적 틀을 해체하면서 새로운 형태의 틀을 형성하는 노력을 개인적이고 미시적 수준에서의 변화를 통해 찾으려는 경향이 지배적이다. 대표성을 상실하고 위기관리에만 초점을 맞춘 신자유주의 국가에 대한 회의, 궁극적으로 쟁투적(agonistic)일 수밖에 없다는 현실주의, 그리고 민족국가를 넘어 새로운 형태의 경계와 실천의 장을 구성해야한다는 다문화적 요구가 이러한 경향을 부추긴다. 문제는 민주주의가 담론적 전략이나 권력투쟁으로 이해될 때, 그 내용은 저항 담론과 권력 투쟁의 장으로서의 공적 영역이라는 부정적 특성만으로 구성되고 재생산될 가능성이 크다. 민주주의가 과두적 지배를 해소하기 위한 효과적 수단으로만 이해될 때, 민주주의는 권력 투쟁의 수단 또는 장(場) 이외 다른 어떤 의미도 가질 수 없는 이데올로기적 전쟁으로 전락할 수 있다.

실제로 민주주의는 권력 투쟁의 수단 또는 장으로 축소될 수 없는 많은 내용을 담고 있다. 왜냐하면 민주주의는 목적이기도 하고, 조건이기도 하기 때문이다. 특히 민주주의는 민주적 삶의 방식을 배양하고 유지하는 데 필요한 윤리적 태도와 관계를 요구하고, 이러한 태도와 관계를 성립시킬 수 있는 일상으로부터 제도에 이르기까지 일관된 정치사회적 조건을 요구한다. 실제로 갈등하는 쌍방이 민주주의라는 틀 안에서 갈등을 해소하는 것은 쉽지 않고, 이성적이고 합리적인 심의는 사실상 불가능하다. 인간의 욕망, 정파적 이익, 그리고 설득과 싸움이 난무한 것이 민주주의이기 때문이다. 온건하게 말하자면 다원적이고 냉철하게 표현하자면 야망과 권력욕이 추상적 언어를 통해 논쟁을 벌이는 경로이자 영역이 민주주의다. 이런 점에서 본다면, 민주주의는 제도밖에서는 화해할 수 없는 적대적 관계가 제도 안에서는 같이 살아야만 하는 '정당한(legitimate) 관계'로 전환된 것일 뿐이다(Mouffe 1992). 그러나 쟁투적 관계만이 민주주의를 모두 말할 수는 없다. 민주주의는 상호의 차이를 인정하고, 투쟁의 방법을 새롭게 구성함으로써 갈등을 조정하는 방법을 가르쳐주기 때문이다. 학습 과정으로서의 민주주의는 쟁투적 관계가 가져올 폭력을 최소화하고, 근본적인 개혁이 없이는 결코 받아들일 수 없는 요구들을 조정하기 위해 모두가 공유하는 조건을 설정하며, 이러한 조건을 개개인이 납득할 수 있도록 규범화한다. 민주적 통치는 단순히 쟁투적 관계의 결과물이 아니라 학습 과정으로서 민주주의를 통해 구성된 조건과 규범의 총체인 것이다.

이런 맥락에서 공화주의는 국가의 적극적이고 정치적인 역할을 요구한다. 민주주의의 갈등 조정의 메커니즘에 주목하고, 소비자로 전락한 시민들을 통치 행위의 주체로 견인해야 할 이유를 비지배적 상호성에서 찾아, 불간섭의 소극적 국가에서 비지배의 적극적 국가로의 전환이 필요하다고 주장하는 것이다. 무엇보다 타인의 자의적 의지에 종속되지 않는 비지배적 조건을 구축하고 유지함으로써, 개개인이 느끼는 미래에 대한 불안에서 양산되는 사회적 위험을 최소화하고, 객관화된 대상으로서의 개인이 스스로를 지키는 과정에서 만들어내는 사회적 분절을 막으며, 비지배적인 조건에서의 상호 관계를 통해 개인으로 치환된 책임을 공유할 수 있는 새로운 생활양식이 만들어질 수 있어야한다고 주장한다. 무릇 키케로의 공화(res publica)가 단순히 '인민의 것'이라는 추상적인 의미가 아니라 삶의 조건을 공유(communio)함으로써 얻어지는 정의에 대한 합의(iuris consensus)이듯이(Cicero, *Re Publica*, 1.39), 또 키케로가 '공화'의 내용을 결정하는 심의기구(consilio)의 정당성을 선출된 대표의 권위(auctoritas)와 인민의 자유가 형성하는 실질적 균형에서 찾듯이(Cicero, *Re Publica*, 3.28), 사회계약적 동의나 물질적 혜택이 아니라 비지배적 조건의 상호 공유와 이러한 조건의 공유를 통해 획득된 협력의 결과로 국가 또는 통치를 이해하는 것이다. 다시 말하자면, 비지배적 조건의 구축과 유지를 위한 국가의 역할에 정당성을 부여하고, 국가의 자의적 지배로부터 스스로를 보호할 수도 있으며, 또한 국가의 개입과 개인의 저항을 일관되게 판단할 수 있는 근거를 비지배적 상호성에서 찾는 것이다.

3. 공화주의와 민주적 시민성

비지배적 상호성을 통해 형성된 사회의 모습은 바로 공화주의의 민주적 시민성의 내용이 된다. 사실 물리적 또는 정치적 경계나 종족적 또는 민족적 특징을 통해 시민의 특성을 규정하기 시작한 것은 근대 이후다. 국가(stato)라는 정치적으로 중립적이며 구조적으로 독립적인 행위자가 정치 공동체의 표준적 형태가 되고, 인민주권과 결합된 민족주의를 통해 형성된 개개인의 수평적 연대가 소속감과 정체성을 대표하면서, 시민의 특성을 정치체제의 성격과는 다소 무관한 시간과 공간 속에서 구성되는 것으로 인식되기 시작한 것이다. 물론 근대 이전에도 영토적 경계와 종족적 특징이 시민의 특성과 밀접한 관계를 갖는 것으로 인식되었다. 그러나 시민들로부터 정치공동체(polis)가 형성된 것이 아니라 정치공동체를 통해 시민이 구성되었다는 아리스토텔레스의 서술에서(*Politics*, 1275b27), '공화'란 정의에 대한 공중의 합의와 공유된 이익에 기초한다는 키케로의 언급에서(*Re Publica*, 1.39), 그리고 인민에게 '나의 나라(mia patria)'와 같은 헌신을 요구하려면 인민을 무장시키고 정치로부터 배제해서는 곤란하다는 마키아벨리의 충고에서(*Discorsi*, 1.6),

시민의 특성은 다른 무엇보다 정치체제의 성격에 의해 규정되었다는 것을 우리는 알게 된다.

이러한 근대 이전의 시민성에 대한 논의에 기초해서 볼 때, 한국사회의 민주적 시민성과 관련된 일반적 논의들은 다음과 같은 결함을 갖고 있다. 첫째는 민족성과 시민성을 혼동하는 것이다. 전자의 경우는 정치체제의 성격과 밀접한 연관성이 없지만, 후자의 경우에 정치체제의 성격은 매우 중요하다. 또한 전자는 공동체에 대한 헌신 또는 일관된 정체성을 민족주의를 통해 요구하지만, 후자는 실제적 삶의 경험을 통해 만들어진 공유된 의식과 이러한 의식에 기초해서 유지 또는 변경되는 정치체제의 활동을 통해 헌신이 좌우된다. 그러나 한국사회의 민주적 시민성에 대한 논의는 한편으로는 민족성을, 다른 한편으로는 시민성을 요구함으로써 정치체제와는 무관한 것처럼 논의되거나 아니면 지나치게 헌신적이면서도 매우 활동적인 시민을 표준으로 제시하는 경향이 있다. 둘째는 민주적 시민성의 내용 자체가 경쟁적 심의의 대상임에도 불구하고, 상이한 개념과 주장의 충돌을 조정할 수 있는 원칙 또는 조건에 대한 논의가 부족하다는 것이다. 일반적으로 민주적 시민성 또는 민주적 문화의 내용은 해당 정치적 공동체가 지향하는 민주주의 성격 또는 내용에 따라 다를 수밖에 없다. 그리고 어떤 정치적 공동체이든 소속된 구성원 모두가 동의하는 민주주의의 성격과 내용이 있을 수도 없다. 따라서 민주적 시민으로서 어떤 내용이 공유 또는 교육되어야 하고, 어떤 절차를 통해 그것이 수립 또는 요구되어야 하는 지도 심의의 대상일 수밖에 없다. 그러나 정치 권력이나 헌정 질서에 대한 논의에 있어 민주적 시민성에 대한 논의는 보조적이거나, 민주적 시민성의 내용을 백화점식으로 나열함으로써 가장 정치적인 부분을 가장 비정치적으로 요구하거나 교육하려는 실수를 반복하고 있다.

이에 반해 비지배적 상호성에 기초한 민주적 시민성은 크게 세 가지 차원으로 구체화된다. 첫째는 개인적인 차원이다. 공화주의에서도 자유주의에서 제시하는 관용과 상호 존중을 강조한다. 그러나 내용은 차이가 있다. 우선 자유주의에서 발견되는 수용, 무관심, 승인은 모두 관용과 무관한 것으로 이해된다. 수용이란 차이에 대한 거부감을 일차적으로 내포하고 있다는 점에서, 무관심은 어떤 특정 선호가 존재하지 않는다는 점에서, 승인이란 같이 살아가겠다는 의지가 없어도 가능하다는 점에서 거부된다. 공화주의에서의 관용 또는 존중은 차이의 거부감이 아니라 인지와 이해에 기초하고, 뚜렷한 선호를 가지고 있으며, 차이에도 불구하고 같이 살아가려는 의지를 요구한다는 점에서 다르다. 수용, 무관심, 그리고 승인과 구별이 없이 사용되는 자유주의적 관용을 개인의 이기심이나 도덕적 판단에서 비롯된 행위중심의 덕성이라고 본다면, 공화주의에서의 관용은 정치사회적 원칙에 기초한 조건 중심의 덕성이라는 점이 무엇보다 다르다. 즉 공화주의에서 관용이나 상호존중은 인간 그 자체의 존엄성(dignitas)이라는 추상적이고 윤리적인 교감에 그치는 것이 아니라 비지배적 조건의 상호 보장이라는 실제적이고 구체적인 비지배적 상호성의 상호 주관적 실천을 요구한다는 것이다.

국가적 차원은 크게 두 가지 특징을 갖는다. 첫째, 공화주의도 공동체주의가 전제하는 상호 의존적 관계 설정이나 심의와 참여를 통한 민주주의의 심화를 고민한다. 그리고 정치 참여를 통한 시민성의 회복이나 이기적 욕망의 균형이 아니라 실질적인 심의를 통한 의지나 특성의 변화를 요구한다는 점에서도 유사하다. 그러나 심의와 참여를 통해 형성되는 다수의 의지 또는 공감대가 비지배적 상호성이라는 조건을 충족시켜야 한다고 주장하는 점, 그리고 이러한 조건에 배치되는 의지와 공감대에 대한 저항을 용인한다는 점에서 큰 차이가 있다. 둘째, 민주주의를 이성적 심의를 통한 의사결정이라기보다 갈등하는 집단들 사이의 경쟁으로 파악한다는 점에서 현실주의나 쟁투적 민주주의를 언급하는 학자들의 지적을 일부 공유한다. 유사한 맥락에서 새로운 형태의 정치 체제의 틀이 필요하며, 이러한 틀마저도 바꿀 수 있는 제도적 방향을 고민한다는 점에서 담론적 전략과 국지적 저항을 논의하는 입장도 일정 정도 공감대를 갖고 있다. 그러나 쟁투의 결과뿐만 아니라 과정까지도 비지배적 조건이 수립될 수 있는 제도를 고민한다는 점에서, 그리고 해체적 상대주의가 아니라 비지배적 조건이라는 뚜렷한 방향을 가지고 전략이나 저항을 의도한다는 점에서 공화주의는 포스트 모던적 사고방식과 일정 정도 거리를 두고 있다. 두 가지 특징을 종합하면, 국가적 차원에서의 시민적 덕성으로 가장 중요한 것은 비지배적 상호성을 유지 또는 관리하고자 하는 시민들의 견제와 감독이다. 견제의 경우는 무엇보다 제도적 지원이 필요한 부분이고, 감독의 경우는 일상 속에서 발견될 수 있는 습관화된 태도가 요구되는 부분이다.

국제적 차원에서의 민주적 시민은 다문화 공존이라는 시대적 요구와 밀접한 관련성이 있다. 첫째, 세계 시민적 덕성을 요구하지 않는다는 점에서 자유주의적 접근과 일정 정도 거리가 있다. 무엇보다 민주적 심의와 견제로부터 독립된 도덕적 요구는 민주적 시민성의 내용이 될 수 없기 때문이다. 따라서 전정치적(pre-political)인 절차 중심의 주권이나 문제 중심으로 뭉치는 군중들의 일체감은 정치 체제와 시민의 관련성, 그리고 비지배적 정치 체제의 유지와 운영의 책임을 요구하는 고전적 공화주의의 민주적 시민성에서는 결코 허용될 수 없다. 대신 비지배적 조건을 향유하는 개개인이 다른 공동체에 소속된 사람들과의 관계나 자기 영토 내에서 거주하는 사람들에게 비지배적 조건을 보장하는 제도와 태도는 매우 중요하다. 가장 큰 이유는 일상에서의 비지배의 실천이 선택적이거나 자의적일 때, 궁극적으로 그 공동체 내부의 시민적 신뢰와 비지배적 조건이 훼손당할 수 있기 때문이다. 둘째, 보편적인 인간성 또는 인권에 대해서도 자유주의와 접근이 다소 상이하다. 보편적인 인간성과 자연권의 목록이나 내용은 공화주의에서는 존재하지 않는다. 다만 비지배적 조건이 보장되는 선에서 지속적인 심의와 공론의 대상일 뿐이다. 대신 궁극적으로 국제사회를 바라보는 시민들의 견해를 바꾸고자 시도한다. 일반적으로 국제 관계의 주류적 입장이라면 현실주의적 논의라고 할 수 있다. 안보의 불확실성을 줄이기 위해 끝없는 팽창을 요구하는 '공격적 현실주의'를 옹호하든, 힘의 균형을 통해 평화를 구축하려는 '방어적 현실주의'를 지지하든, 거의 대부분의 현실주의가 힘을 통해 국제 관계를 이해하는 경향을 가지고 있다. 공화주의는 힘으로 국제정치를 사고하는 태도의 수정을 요구한다.

세 가지 차원을 종합하면, 공화주의의 민주적 시민성은 책임있는 시민(responsible citizenship)이다. 책임있는 시민은 좋은 사람과 좋은 시민이 같을 수 있는 조건으로서 '진지한(spoudaios)' 태도를 요구했던 아리스토텔레스의 민주적 시민성이고, 시민적 품위(decorum)를 통해 공동체에 대한 사랑만큼이나 다른 공동체의 사람에 대한 배려를 요구한 키케로의 민주적 시민성이며, 파당적 이익으로부터 출발하지만 전체적 조망이 불가피한 민주적 리더의 고민을 신중함(prudenzia)으로 표현했던 마키아벨리의 민주적 시민성이다. 민주정의 시민이 귀족정의 시민과 그 자격 요건과 향유하는 권리가 다르듯이, 법적 권리를 향유하면서 일정 지역에 거주한다는 사실만으로 시민적 헌신을 요구할 수 없듯이, 정치체제의 성격이 곧 시민적 특성을 규정하는 것이다. 즉 공화주의의 민주적 시민성은 비지배적 상호성에 기초한 사회와 이를 토대로 형성되고 견제되는 국가를 통해 유지되고 발전된다. 이런 사회가 없다면 공화주의의 비지배적 상호성은 이러한 사회를 만들기 위한 근거와 이유가 될 것이고, 이런 사회가 완성된다면 비지배적 상호성을 끊임없이 충족시켜 줄 수 있는 민주적 시민성이 우리의 삶의 내용이 될 것이다.

Ⅳ. 결 론

지금까지 필자는 공화주의를 요구하는 한국 사회의 문제들을 분석하고, 이러한 문제의 해결을 위한 수단으로서가 아니라 내재적 원칙을 통해 문제의 근원부터 고쳐나갈 수 있는 공화주의의 방향성을 설정해 보았다. 이 과정을 통해 필자는 두 가지 주장을 전개했다. 첫째, 한국 사회는 현재 후기 산업사회에서 발견되는 문제들을 고스란히 경험하고 있을 뿐만 아니라 몇몇 문제는 상대적으로 더 심각하고, 이러한 문제들의 해결을 위해 공화주의의 지혜가 필요한 시점이라는 것이다. 미래에 대한 불확실성이 가져온 위험과 분절된 사회가 던져주는 불안과 같은 공유된 책임을 고스란히 떠맡은 기업적 개인, 매일의 일상 속에서 대화와 생각을 지배하는 상상의 경제에 잠식당한 정치담론, 그리고 무한 경쟁 세계에서의 생존이라는 화두를 통해 강화되는 배타성을 극복하고자 하는 노력이 공화주의에 대한 지금의 관심으로 표현되었다는 점이 강조되었다. 둘째, 수단적 의미로 공화주의를 이해하기보다 후기 산업사회의 병리적 원인들을 근본적으로 개선할 수 있는 공화주의에 내재하는 정치적 원칙에 주목해야 한다는 것이다. 이를 위해 세 가지 과제를 수행했다. 우선 타인의 자의적 지배로부터 자유로운 조건을 보장하고, 실질적인 정치적 견제력을 보장받는 적극적 시민성으로의 전환을 의도하며, 상호 관계를 통해 비지배적 조건이 행위의 준칙으로 내재화되는 것을 목표로 설정하는 비지배적 상호성을 공화주의의 내재적 원칙으로 제시했다. 다음으로 후기 산업사회에서 나타나는 국가 또는 민주주의의 비정치화를 막고, 비지배적 조건의 구축과 유지를 위한 공화주의 국가의 적극적인 역할이 필요하다는 점을 역설했다. 마지막으로 비지배적 상호성과 공화주의 국가를 통해 형성될 수 있으리라 생각되는 민주적 시민성을 책임있는 시민의 모습으로 구체화했다.

최근 대학 교정은 후기 산업사회에서 개개인에게 떠넘겨진 문제들을 고스란히 경험하고 있다. 극도의 긴장과 경쟁을 통해 성장한 학생들이 미래의 불확실성과 위험을 최소화하기 위해 스스로를 관리하는 일상 속에서 더욱 개인화되고 있는 것이다. 민주적 시민성은 이미 이들에게 있어 능력과 선택의 함수관계로 전락해 버렸다. 어느 시대나 능력과 선택의 함수관계는 존재했다. 그러나 올바름이 능력으로 평가될 때, 행복이 성취만으로 이해될 때, 품위가 물질로만 구성될 때, 정치적 사려의 대상이 경제적 풍요 이외에 아무 것도 없을 때, 능력과 선택의 함수관계에서 민주적 시민성은 기대할 수 없다. 왜냐하면 기업적 인간으로부터는 민주적 시민성에서 요구되는 듣는 태도와 배우는 태도를 기대하기 힘들고, 타인에 대한 무관심 속에서 갖는 자기 열정과 스스로의 세계에 고립된 집착만이 무성한 사회로부터 민주주의의 정치적 역할을 발견하기는 어렵기 때문이다. 이러한 환경 속에서 문제마다 즉흥적으로 형성되는 연대로 민주주의의 새로운 형태를 꿈꾸거나, 아니면 현실이라는 이름으로 선택된 위험의 관리만을 지적하는 정도에 그치는 논의는 충분하지도 적절하지도 않다. 아울러 실용이라는 이름으로 변화에 대한 적응만이 정치적 성취를 판단하는 기준이라고 선전하거나, 대중들의 변화된 일상에서 느끼는 불안을 무시하고 자신들의 이념적 도덕률만을 고집하는 것은 신중하지 못한 처사다.

민주주의를 통한 불확실성의 해소가 불가능하다고 느껴질 때, 오히려 바람직한 민주주의에 대한 질문들이 필요하고, 당면한 정치사회적 위험을 공유할 수 있는 민주적 시민성을 배양할 방법을 논의해야 한다. 필자는 비지배적 상호성에 기초한 공화주의가 후기 산업사회의 변화 속에 빠져있는 한국 사회의 필요에 응답할 수 있다고 생각한다. 무엇보다 공화주의의 내재적인 원칙인 비지배적 상호성이 첨예하게 갈등하고 경쟁하는 집단과 사람들이 민주적 심의의 장에 나올 수 있는 조건을 제공할 수 있으리라 기대하고 있기 때문이다. 보다 구체적으로 말하자면, 비지배적 상호성이 갈등하는 쌍방이 타인의 자의적 의지에 지배받지 않을 것이라는 확신을 제공할 때, 비지배적 상호성이 경험되고 실천되는 과정을 통해 민주주의의 갈등을 조정하는 기능에 대한 신뢰가 생길 때, 그리고 비지배적 상호성을 구축하고 유지하는 국가의 정치적 역할이 정당성을 확보할 때, 개인화된 사회의 분절성이 책임있는 시민성으로 전환될 수 있으리라 믿기 때문이다. 주어진 사회적 위험과 불안을 함께 논의하고 해결하는 과정 속에서 발견되는 행복(eudaimonia), 삶을 공유하는 동료들에게 가지는 애정으로 외국인을 배려하는 선량한 시민의 품위(decorum), 그리고 인민의 자유와 정치적 지혜의 균형으로 시민적 삶의 풍요를 설계할 사려(prudenzia)가 그 누구보다 우리에게 필요하다고 생각하기에, 필자는 공화주의에 대한 보다 진지한 토론을 기대하고 있다.

참고문헌

곽준혁. 2008. “공화주의.” 『한국정치학회 핸드북 1』, 171-205. 서울: 법문사.

곽준혁. 2007. "키케로의 공화주의." 『정치사상연구』 13집 2호, 126-148.

곽준혁. 2005a. "민주주의와 공화주의: 헌정체제의 두 가지 원칙." 『한국정치학회보』 39집 3호, 33-37.

곽준혁. 2005b. "심의 민주주의와 비지배적 상호성." 『국가전략』 11권 2호, 141-168.

곽준혁. 2003. "민족주의 없는 애국심과 비지배 평화원칙." 『아세아연구』 46권 4호, 311-340.

국가인권위원회. 2002. 『국내거주 외국인 노동자 인권실태조사』.

김유선. 2007. "비정규직 규모와 실태." 『노동사회』 127호.

법무부. 2007. 『보도자료: 2007년도 출·입국자 4천만명 육박』.

삼성경제연구소. 2007. 『소비자태도조사: 2007. 3/4분기 부가조사』.

사회발전연구소. 2007. 『외환위기 10년: 살 맛나는 나라 만들기』. 서울대 사회발전연구소.

여성가족부. 2007. 『보도자료: 2007년 9월 5일』.

이선민. 2007. "얼마나 잘하는지 두고 보자." 『조선일보』(4월 16일).

자산운용협회. 2008. 『통계로 본 2007년 펀드시장』.

통계청. 2007. 『2006년 혼인통계결과』.

한국 갤럽. 2004. 『한국인의 종교와 종교의식』. 서울: 한국갤럽연구소.

『매일경제』. 2008년 1월 2일자. www.mk.co.kr 1월 5일 검색.

『한겨레신문』. 2008년 1월 1일자. www.hani.co.kr 1월 5일 검색.

Aristotle. 1984. *The Politics*. Carnes Lord trans. Chicago: University of Chicago Press.

Bauman, Zygmunt. 2001. *The Individualized Society*. Cambridge: Polity Press.

______. 1999. *In Search of Politics*. Stanford: Stanford University Press.

Beck, Ulrich. 1992. *Risk Society: Towards a New Modernity*. New Bury Park: Sage Publication.

Blumenberg, Hans. 1988. *Work on Myth*. Robert Wallace trans. Cambridge: MIT Press.

Burchell, Graham. 1996. "Liberal government and techniques of the self."

Andrew Barry, Thomas Osborne, and Nikolas Rose, eds. *Foucault and political reason: Liberalism, neo-liberalism and rationalities of government.* Chicago: the Unviersity of Chicago Press.

Calhoun, Craig. 2007. *Nations Matter: Culture, History, and the Cosmopolitan Dream.* London: Routledge.

Cicero. 2000[1928]. *De Re Publica.* Clinton Walker Keyes trans. Cambridge: Harvard University Press.

Foucault, Michel. 1994. *Ethics: Subjectivity and Truth.* Paul Rabinowy and Robert Hurley, ed. New York: the New Press.

Fraser, Nancy and Axel Honneth. 2003. *Redistribution or Recognition; A Political-Philosophical Exchange.* New York: Verso.

Gehlen, Arnold. 1988. *Man: His Nature and Place in the World.* C. McMillan and K. Pillemer, trans. New York: Columbia University Press.

Giddens, Anthony. 2007. *Europe in the Global Age.* Malden: Polity Press.

Kwak, Jun-Hyeok. 2004. "Nondomination and Contestability: Machaivelli contra Neo-Roman Republicanism." *Korean Political Science Review* 38, No. 4(Winter), 219-239.

Lemke, Thomas. 2001. "'The birth of bio-politics': Michel Foucault's lecture at the College de France on neo-liberal governmentality." *Economy and Society* 30, No. 2(May), 190-207.

Machiavelli, Niccolò. 1996. *Discorsi sopra la prima deca di Tito Livio.* Gennaro Sasso, ed. Milano: Rizzoli Editore.

Margalit, Avishai and Joseph Raz. 1990. "National Self-Determination." *Journal of Philosophy* 87, No. 9(September), 439-461.

Mouffe, Chantal. 2000. *The Democratic Paradox.* New York: Verso.

Miller, David. 2000. *Citizenship and National Identity.* Cambridge: Polity.

Negri, Antonio. 1999. *Insurgencies: Constituent Power and the Modern State.* Minneapolis: University of Minnesota.

Peters, Michael. 2001. "Education, Enterprise Culture and the Entrepreneurial Self: A Foucauldian Perspective." *Journal of Educational Enquiry* 2, No. 2,

58-71.

Przeworski, Adam, Susan C. Stokes, Bernard Manin. 1999. "Introduction." Adma Przeworski, Susan Stokes, and Bernard Manian, eds. *Democracy, Accountability, and Representation*, 1-25. Cambridge: Cambridge University Press.

Rose, Nikolas. 1992. "Governing the enterprising self." Paul Hellas and Paul Morris, eds. *The Values of the Enterprise Culture: The Moral Debate*, 141-164. New York: Routledge.

______. 1996. "Governing 'advanced' liberal democracies." Andrew Barry, Thomas Osborne, and Nikolas Rose, eds. *Foucault and political reason: Liberalism, neo-liberalism and rationalities of government*, 37-64. Chicago: the Unviersity of Chicago Press.

Rose, Nikolas and Peter Miller. 1992. "Political Power Beyond the State: Problematics of Government." *British Journal of Sociology*, 43, No. 2, 172-205.

Schneiderman, David. 2000. "Investment Rules and the New Constitutionalism." *Law & Social Inquiry*, 25, No. 3, 757-787.

Wolin, Sheldon. 1997. "Fugitive Democracy." Seyla Benhabib ed. *Democracy and Difference: Contesting the Boundaries of the Political*, 31-44. Princeton: Princeton University Press.

Zolo, Danilo. 1992. *Democracy and Complexity*. University Park: Penn State Press.

CHAPTER 05

범지구적 자본주의체제에서의 맑스주의

조 현 수

"노동자계급의 해방은 노동자계급 자신의 과제이어야 한다.…"
(K. Marx/F. Engels, 『*Kritik des Gothaer Programmentwurfs*』)

"… 평등과 정의의 문제들에 있어 진리가 어디에 있는지를 이론적으로 발견하는 것은 아주 어려운 과제이다. 약한 자는 항상 평등과 정의를 갈망한다. 강한 자는 평등과 정의의 그 어느 것에도 유념하지 않는다."(Aristotle, 『*Politics*』, 1318b.)

Ⅰ. 머리말: "노동자계급의 정치경제학"은 사라졌는가?

"역사의 종말", "신세계질서"라는 문법이 그 위세를 뽐내고 있는 지구화의 국면에서 "맑스주의는 죽었다"라는 주장은 분명히 상투적인 표현을 넘어서서 자명한 사실로 여겨진다. 오늘날 자본의 논리에 함몰된 거의 모든 국가들에게 이 주장은 너무나 당연하게 여기고 있으며, 이에 대해 그 어떤 논의도 하려들지 않는다. 맑스와 엥겔스가 『공산당 선언』

을 쓸 당시의 상황과는 전혀 다른 "유령이 지금 유럽을 배회하고" 있는 것이 아니라 세계를 자신의 손아귀에 움켜쥐고 있다. 자본의 운동을 적극적으로 옹호하고 있는 (신)자유주의라는 유령이 말이다. 또 다른 "신성동맹"이 형성되었다. 문자 그대로 "신성동맹"인 것이다. "보이지 않는 손"의 마술. 인간은 역사의 필연성이라는 문구를 사용하면서 성자와 성부, 그리고 성신의 이름으로 이에 대해 숭배의 잔을 들고 있다. 특히 제2차 세계대전 이후로 인간은 "적과 동지"라는 인식 하에서 중앙집권적 국가통제와 시장의 착취적 무정부 상태라는 두 가지 체제 중에 하나를 선택하였다. 그리고 각각의 체제는 '자유', '평등', '정의'라는 슬로건을 내세우면서 자신의 선택을 합리화하였다. 그런데 이제 하나의 체제가 사라졌다고 할 수 있으니 합리화의 과정보다는 지구화의 이름으로 공고화의 과정이 더 필요할 것이다. 간단히 말해, 사회적·정치적·경제적 생활의 각각의 국면들이 "신세계질서"의 토대이자 목표인 "시장의 힘"이라는 놀라운 권력에 대한 독단적인 믿음에 의해 일방적으로 지배당하고 있다. 이러한 믿음에 절대적으로 의존하면서 평등주의를 "건설적인 도덕윤리를 가장 심각하게 파괴하고 있는" 이념으로 간주하고 있는 하이에크의 진술을 들어보자. "과거에 문명의 진보가 가능했던 것은 시장의 비인격적인 힘에 대하여 인간이 복종했기 때문이다. 이것이 없었다면 문명의 진보는 불가능했을 것이다. 따라서 우리는 그러한 복종을 통해 우리들 중에서 어떤 한 사람이 포괄할 수 있는 것보다 더 큰 어떤 것을 건설하는 데 매일 도움을 줄 수 있을 것이다"(Hayek 1944, 151-2). 케이스 조셉(Sir K. Joseph)의 진술에서 시장에 대한 숭배는 최고조에 달한다. "시장이 가진 맹목적이고 무계획적이며, 조정되지 않은 지혜는 … 합리적이며, 체계적이고, 잘 조정되어 있으며, 과학에 근거하여 미래를 예견하며, 통계적으로 훌륭한 정부의 계획보다 훨씬 더 우월하다"(Joseph 1976, 57). 그에 따르면, "시장제도는 국부를 창조하는 데 있어서 인류에게 알려진 것 중에서 가장 위대한 장치이다. 시장은 강제와 지도, 관료적 개입없이 무수히 많은 개인들의 다양한 욕구들을 어떠한 인간도 감히 이해할 수 없는 방식으로 조정하고 충족시켜 준다"(Joseph 1976, 62). 시장에 대한 이러한 지배적인 숭배 속에서 "각 개인의 자유로운 발전이 만인의 자유로운 발전의 전제"[1] 가 되는 그러한 세상의 실현가능성조차 결코 생각할 수 없는 실정이며, "생산자들의 자유로운 연합"(a free association of producers)은 인간본성에 모순된다는 믿음이 널리 퍼져 있다. 인간들은 단지 "복잡한 기계", "유전자적으로 프로그램화된 말하는 원숭이", "이기적인 원자"로 인식되고 있다.

이러한 상황 하에서 이를 극복할 수 있는 비판이론으로서 맑스의 사유체계 혹은 맑스주의의 사유체계는 그 존재근거를 상실하고 말 그대로 "위기"를 넘어서 "죽음"을 맞이하였는가? 본 글에서는 이러한 문제를 성찰하는 입장에서 맑스 및 맑스주의의 사상의 본래의 의미를 되새겨 보려 한다. 필자는 자유주의에 기반한 자본주의의 제1의 대안으로서 역사적으로 등장한 것이 맑스 및 맑스주의의 사상[2]이라고 생각한다. 동시에 필자는 맑스가 진정으로 의도하였던 바가 다음과 같은 입장이었다는 판단 하에서 "지구화"의 세계사적 국면에서 맑스 및 맑스주의의 의미를 재검토하고자 한다.

첫째, 맑스가 자주 언급하였던 자본주의 생산의 "자연법칙들", 즉 "엄정한 필연성을 가지고 자신을 관철시키는 경향들"은 자연과학적 의미에서의 자연법칙이 결코 아니라 순수자본주의의 논리로부터 해명된

1) Marx, K./Engels, F. *Manifest der Kommunistischen Partei*. MEW 4, 482.

2) 물론 맑스주의에는 다양한 흐름과 입장의 차이가 존재한다. 이 글에서는 다양한 흐름의 맑스주의를 고찰하는 것이 목적이 아니라 맑스의 문헌을 통해 맑스가 진정으로 의도하였던 바를 논의하려 한다.

"이론적인 단순화"이다. 이 이론적인 단순화는 역사 및 사회 현실에서 단지 "경향"으로서 나타난다.

둘째, 맑스주의자들이 종종 맹세한 자본주의의 "종말위기"는 순전히 경제적인 원인에서 설명하고 예언할 수 있는 자본주의의 붕괴론이 아니라 자본주의 사회에서의 경제적, 사회적, 정치적 및 이념적 관점에서의 총체적 위기를 의미한다.

셋째, 이러한 맥락에서 사회주의를 위한 경제적으로 확립된 불가피성과 "자연법칙적 필연성"은 존재하지 않는다. 중요한 사실은 행위하는 인간들의 의식적인 행동이다. 요컨대, 사회주의 — 새로운 정의가 필요하다고 볼 수 있겠지만 — 의 실현 여부는 자본주의의 경제적인 위기논리에서 단지 도출되는 것이 아니라 객관적 토대 위에서의 행위주체의 '실천'이 결정적인 요소로 작용한다는 점이다.

Ⅱ. 역사적 유물론: "토대"와 "상부구조"의 상호작용론

1. 인간과 역사의 관계설정

"세계사는 자유를 향한 의식의 진보"라는 명제에 입각하고 있는 헤겔의 역사철학은 세계사의 발전을 정신의 관점에서 파악하고 있으며, 이 세계사는 "절대정신"의 구현 속에서 그 막을 내린다. 이 "절대정신" 속에서 인간은 자기의식과 자유를 성취한다. 반면에 맑스는 세계사를 역사의 주체로서 사회적으로 생활하고 행위하는 인간의 관점에서 이해하고 있다. 요컨대, 인간은 의식적이고 계획적으로 행위하는 역사의 주체이다. 이러한 점에서 맑스주의는 인간들의 역사적 행위에 관한 가르침으로 이해할 수 있겠다. 엥겔스가 정식화하였던 것처럼, "우리는 우리의 역사 자체를 … 특정한 전제와 조건들 밑에서 만든다." 일정한 역사적 · 사회적인 "전제와 조건들" 밑에서 경제적인 조건들은 역사발전에 있어 중요한 역할을 수행한다. 이미 잘 알려진 간단명료한 문구에서 보는 바와 같이 "인간들이 정치, 과학, 예술, 종교 기타 등등을 추구하기 전에 인간들은 무엇보다도 먼저 먹고, 마시고, 거주하고, 옷을 입어야만 한다"는 점이다. 독일관념론에 대한 비판, 특히 헤겔의 역사철학에 대한 비판인 맑스의 '역사에 대한 유물론적 개념'의 출발점은 바로 '현실에서 생활하는 개인들'과 이 개인들의 물질적 기반인 것이다. 따라서 맑스는 이러한 자신의 입장을 현실에서의 "상상의 산물"인 종교를 비판하면서 『법철학비판 서문』에서 다음과 같이 요약하고 있다.

> "인간이 종교를 만들지 종교가 인간을 만들지 않는다. … 종교는 자기 자신을 획득하지 못했거나 아니면 이미 자기 자신을 잃어버린 인간의 자기의식이고 자기감정이다. 인간은 인간의 세계이다. … 인간은 세계 바깥에 웅크리고 있는 추상적인 존재가 결코 아니다. … 종교는 인간이 진정한 현실을 갖고 있지 못하기 때문에 상상의 산물인 것이다. … 종교에 대한 투쟁은 간접적으로 그 정신적 향기가 종교인 저 세상에 대한 투쟁이다. … 종교는 인민의 아편이다. 인민의 환상적 행복인 종교의 지양은 인민의 현실적인 행복의 요구이다. … 인간의 자기소외의 신성한 형태가 폭로된 뒤에 그 신성하지 않은 형태들 속의 자기 소외를 폭로하는 것이 역사에 봉사하는 철학의 임무이다. 그럼으로써 천상에 대한 비판은 지상에 대한 비판으로, 종교에 대한 비판은 법에 대한 비판으로, 신학에 대한 비판은 정치에 대한 비판으로 전환된다"(MEW 1, 378-379).

'역사에 대한 유물론적 해석 혹은 개념'은 무엇보다도 독일관념론에 대한 총체적인 비판을 담고 있다. 이러한 맥락에서 엥겔스는 『공상에서 과학으로의 사회주의의 발전』(*Die Entwicklung des Sozialismus von der Utopie zur Wissenschaft*)에서 역사에 대한 유물론적 해석을 다음과 같이 규정하고 있다.

> "역사에 대한 유물론적 견해는 다음과 같은 문장으로부터 출발한다. 즉 생산, 생산 다음에는 생산물들의 교환이 모든 사회질서의 기초라는 점, 그리고 역사적으로 등장한 각각의 사회는 생산물의 분배, 그리고 이와 함께 계급이나 신분으로의 사회적 편성은 무엇이 생산되고 어떻게 생산되며 생산물이 어떻게 교환되는가에 따라 규정된다는 점이다. 이것에 따르면 모든 사회적 변화와 정치적 변혁의 궁극적 원인들은 인간들의 머리 속에서, 영원한 진리나 정의에 대한 인간들의 증대하는 통찰에서 찾을 것이 아니라 생산양식과 교환양식의 변화에서 찾아야 한다는 점이다. 즉 이 궁극적 원인들은 철학 속에서가 아니라 그 시대의 경제에서 찾아야 한다."[3]

나아가 엥겔스는 맑스의 위대한 업적을 역사에 대한 유물론적 개념의 정립과 잉여가치에 의한 자본주의 생산의 비밀의 폭로를 들면서 이로 인해 "사회주의가 하나의 과학으로 되었다"고 주장하였다. 역사에 대한 유물론적 해석에 따르면, '현실에서 생활하는 개인들'[4]은 자유지상주의자들이 상정하고 있는 고립되고 원자화된 개체로서의 개인이 아

---

3) Engels, Friedrich. *Die Entwicklung des Sozialismus von der Utopie zur Wissenschaft* .(1880) in: Karl Marx/Friedrich Engels. *Ausgewahlte Schriften II*. Berlin: Dietz Verlag. 1989, 146.

4) 『포이에르바흐에 관한 테제』에서 드러나고 있듯이 맑스에 있어 인간의 본성은 각각의 개별적인 개인에 내재적인 것이 아니며, 개인의 의식은 "사회적 관계들의 총체"인 것이다. 그래서 맑스는 『독일 이데올로기』에서 "인간들이 환경을 만드는 것과 마찬가지로 환경이 인간들을 만든다"는 입장을 되풀이하고 있다. 맑스는 개인적 행동들의 총합이 역사를 구성한다는 점을 인식하였지만 그렇다고 해서 개인들이 가장 강력한 역사적 힘이라고는 생각하지 않았다.

니라 이 개인들이 접하고 있는 물질적 기반과 결합하여 결국에서는 사회적 존재자로서의 개인이 관건이 된다. 물질적 기반은 "토대"(Basis)를 형성하며, 이 토대로부터 정치, 문화, 법률, 이데올로기, 종교의 영역, 즉 "상부구조"(Ueberbau)에 대한 성격이 규명된다.

맑스와 엥겔스의 '역사에 대한 유물론적 개념'은 다음의 사실을 지시하고 있다. 첫째, 흔히 "경제주의" 혹은 경제결정론자들이 주장하고 있는 것처럼 맑스와 엥겔스가 볼 때, 인간행위는 단지 물질적이거나 경제적인 과정의 산물만이 아니다. 인간행위는 의식적인 행위이며, 이념들을 통해 유도된다.[5] 둘째, 인간생활을 위해 필요한 재화와 업적들의 산물인 경제는 인간의 역사적 행위에 있어 불가피한 토대이기는 하다. 하지만 윤리, 법, 국가, 철학, 예술 그리고 종교 등의 상부구조도 마찬가지로 인간의 사회적 존재의 현실적이고 작용을 일으키는 계기들이다. 이러한 시각은 자본주의 사회의 국가의 성격규정과 관련하여 상당히 많이 논의되었다. 이 모든 상부구조의 요소들은 인간의 행위에 영향을 미치며, 따라서 엥겔스의 주장처럼, 서로 "상호작용"의 관계를 형성한다. 인간은 다 만들어져서 주어진 존재가 결코 아니며, 그는 역사 속에서 그 자신을 스스로 만들어 낸다. 즉 "인간은 역사를 가지고 있는데, 그 이유는 인간은 자신들의 삶을 생산해 내어야 하기 때문이다". 그들은 그들 자신의 물질적 생활토대들과 삶의 문화적·이념적 형태들을 만들어 낸다. 그들은 이 모든 것들을 의식적으로 만들어 낸

5) 맑스는 분명히 인간이 과학적 인식에 도달하는 방법으로서 헤겔의 변증법을 활용하고 있다. 또한 "추상에서 구체로의 상승"이라는 그의 "정치경제학비판"의 방법론을 고려해 볼 때, 맑스를 경제라는 요소가 상부구조의 모든 요소들을 결정한다고 하는 경제(환원)주의 혹은 경제결정론자로 해석하는 것은 무리라고 나는 생각한다. Karl Marx, *Grundrisse der Kritik der Politischen Oekonomie*(1858) 참조. 이하에서는 GR로 약칭. 맑스 자신이 천명하였던 바와 같이 "나는 맑스주의자가 아니다"라는 말의 의미를 독자들은 음미해 보기 바란다.

다. 그러나 의식은 처음부터 “하나의 사회적 산물”이며, “인간이 상황들을 만들어 내는 것과 마찬가지로 상황들이 인간을 만들어 낸다”. 이러한 맥락에서 맑스는 “헤겔이 주어진 주체로서의 인간에 대한 현실적인 역사가 아닌 역사운동에 대해 추상적이고, 논리적이며, 사변적인 표현만을 발견하였다”고 비판하였다. 게오르기 플레하노프(Georgi Plekhanov)는 맑스와 엥겔스의 역사에 대한 유물론적 개념을 다음과 같이 정의하고 있다. “맑스의 근본적인 이념은 다음과 같이 요약될 수 있다: 1) 생산관계들은 인간들의 사회생활에서의 인간들 사이에 존재하는 모든 다른 관계들을 결정한다(determine). 2) 생산관계들은 … 생산력의 상황에 의해 결정된다.” “역사에 대한 유물론적 설명의 기본적 원칙은 인간들의 사고가 그들의 존재에 의해 조건지워진다거나 혹은 역사과정에서 이념들의 발전과정이 최종적인 분석에서 경제적 관계들의 발전과정에 의해 결정된다는 점이다.” 다시 한번 반복하겠지만 여기서 “결정한다”는 말은 일방적으로 하나의 인자가 다른 인자의 모든 행위 및 형태들을 일방적으로 좌지우지한다는 의미가 아니라 다른 인자의 행위양식에 중요한 영향력을 행사한다는 의미이다. 루카치는 맑스와 엥겔스의 역사적 유물론의 의미를 하나의 “과학적 방법론”의 입장에서 해석하고 있다.

> “역사적 유물론이란 무엇인가? 역사적 유물론은 분명히 과거의 사건들과 파악하고 이들의 진정한 성격을 이해하는 하나의 과학적 방법론이다. 하지만 부르주아계급의 역사적 방법들과는 대조적으로 역사적 유물론은 역사적으로 그리고 과학적으로 현재를 조망하게끔 해준다. 그래서 우리는 표면의 밑을 관통할 수 있고 현실에서 사건들을 통제하는 더 심오한 역사적 힘들을 감지할 수 있다”(Lukacs 1986, 357).

그리하여 역사적 유물론은 "혁명적 변증법"이며, "이론과 실천에 관한 물음"이 관건이 된다(Lukacs 1986, 59).

맑스의 "역사에 대한 유물론적 개념"을 역사를 설명하는 하나의 방식으로 이해할 수도 있겠지만 사실상 역사에 대한 설명방식이 맑스의 제1관심사는 아니었다. 맑스와 엥겔스의 "역사에 대한 유물론적 개념"은 소외된 삶의 운동을 기술함과 동시에 역사 전체를 소외를 극복하는 과정으로 이해하고 있으며, 이를 연구하는 것이 그의 비판이론으로서의 "정치경제학비판"의 근본목적이다. 맑스는 그 자신이 탐구하였던 역사가 소외된 사회적 삶의 과정이었다는 점과 이 소외된 사회적 삶 안에서 인간의 의식은 비인간적으로 사회적 존재에 의해 구속당하였다는 점을 인식하였다. 즉 인간의 생활을 지배하는 "역사적 힘들"이 '주체'로서 간주되는 반면에 개인들의 삶은 이 역사적 힘들에 의해 규정되는 객체 혹은 대상으로 간주되는 그러한 생활이 곧 인간의 소외적 삶을 뜻한다. 주체와 객체의 전도라는 이러한 삶이 하나의 "역사적 필연성"인가? 이에 대해 맑스는 이렇게 대응하고 있다. "이 전도과정은 단지 역사적 필연성, 즉 일정한 역사적 출발점 혹은 토대에서 비롯되는 생산력의 발전을 위한 필연성일 뿐이다. 이 전도과정은 생산의 절대적 필연성은 결코 아니다. 오히려 이것은 이행적(사라지는) 과정이다. 그래서 이 과정의 결과와 (내재적인) 목적은 이 토대 자체와 이 과정의 형태를 초월하는 것이다."

이러한 과정에 대한 앎은 이 구속들을 무너뜨리고자 하는 인간들의 투쟁 속에서 발전하였던 것이다. 이러한 점에서 맑스의 비판이론은 현실적인 인간의 자기의식이라는 존재의 형성이며, 이 점이 곧 인간의 자기창조적인 사회적 삶으로서의 존재를 형성한다. 이는 곧 인간이 사회적으로 자기창조적이라는 맑스 사상의 출발점, "인간사회와 사회적 인간"이라는 그의 입장에서 비롯된다. 맑스에 따르면, 세계의 외부에 머물러 있거나 순수 인식론적 활동을 인간활동의 총체성으로부터 분리시키고서는 세계와 인간을 이해할 수 없다. 인식주체는 자연에 능동적으로 관계하는 모습을 지니며, 자연이 인간을 위해 존재하는 정도로 인간과 자연은 상관관계를 맺는다. 또한 인간은 세계와의 교류에서 자신의 수동적 요소를 제거할 수 없다. 이러한 점에서 맑스의 사유구조는 대상이 자의식의 외화를 구성하는 헤겔의 자의식이론과 대립한다. 맑스의 이러한 사유는 또한 그가 대면한 유물론과도 대립된다. 이 유물론에 있어서 인식은 애초부터 대상을 수동적으로 수용하고 이 대상을 주관적 내용으로 변형시킨다는 것이다. 따라서 맑스는 자신의 관점이 "관념론과 유물론 모두를 통합하는 진리를 포함하고 있기 때문에 관념론이나 유물론과 구별되는" 일관성 있는 자연주의 내지는 인간주의라고 규정하였다. 이는 곧 인간화된 자연을 인간의 실천적 의도의 대역으로 보는 인간중심적 사고인 것이다. 이 사고에 따르면, 인간의 '실천'(Praxis)은 사회적 성격을 담고 있는 까닭에 실천의 인식론적 결과는 사회적 인간의 성과인 것이다(Kolakowski 1976, 222-223).

인간사회에서 생산력과 생산관계들은 "사회적 개인의 발전에 대한 두 가지 다른 모습들"이며, 생산력과 생산관계 간의 싸움은 인간생활의 각각의 국면들에 침투해 들어간다. "각 개인의 자유로운 발전이 모든 사람의 자유로운 발전의 전제"가 되는 그러한 사회인 '공산주의'라는 개념이 담지하고 있는 핵심적인 과제는 이 갈등을 초월하는 것이며, "계급투쟁" 혹은 계급적대라는 개념은 생산력과 생산관계들 사이에서 그 모습을 드러내는 "소외의 표현"인 것이다.

2. 분업, 계급사회 그리고 소외의 극복

인간사회와 이 사회의 역사적 형태에 대한 구체적 발전을 고려해 볼 때, 맑스와 엥겔스에 있어 다음과 같은 결과들이 도출될 수 있겠다. 즉 각각의 더 높은 문명사회는 분업에 그 기반을 두고 있다. 특정한 인간집단들은 수공업에, 또 다른 집단들은 예술에, 행정에, 혹은 국방에 종사할 때 비로소 경제적·정신적 발전 및 사회적·정치적 조직이 가능하게 될 것이다. 아담 스미스 역시 '분업'을 경제생활의 가장 중요한 요소로 간주하면서 『국부론』에 대한 논의를 전개시키고 있다. 스미스가 볼 때, 분업은 경제성장, 즉 한 사회나 더 광범위한 국제무역의 세계에서 '부' 혹은 '부유함'의 발전을 위해 본질적인 출발점이자 전제라는 것이다. 하지만 그에게 있어 분업이라는 사회적 상호의존성이 개인들의 이타주의와 일차적으로 연관을 가지는 것이 아니며, 분업이 주는 혜택은 "거래, 교역, 그리고 어떤 것을 다른 것과 교환하고자 하는 성향"인 '교환'이라는 단순한 이기심에서 비롯되는 것이다. 그는 『국부론』에서 이렇게 기술하고 있다. "그러나 사람들은 그의 동포의 도움을 기대하게 되는 거의 한결같은 이유가 있다. 하지만 사람들이 단지 이들 동포들의 자비로부터 이 도움을 기대하기란 헛된 일이다. 사람들이 자신을 위해 동포들의 자기애에 관심을 가질 수 있다면, 그래서 동포 자신들의 이익이 사람들이 동포들에게 요구하는 것을 하고 있다는 점을 보여주었다면, 사람들은 더 설득을 당할 것이다. … 우리가 우리의 저녁을 기대하는 것은 도살업자, 양조자, 빵제조업자의 자비에서가 아니라 이들 자신들의 이해관계와 관련하여서이다"(Smith 1988, 17). 아담 스미스에 있어 이러한 이기적인 개인들은 단지 하나의 개체로서의 개인으로 머문다. 비록 그가 자본, 토지, 노동이라는 세 가지 요소에 근거하여 자본가, 지주, 노동자에 대한 분배원칙을 설명하고 있다할지라도 그것은 단지 이들 각각의 개인에 대한 정당한 보상이라는 관점에서이다. 다시 말해 아담 스미스는 분업에 기초하여 형성되는 사회적 존재자로서의 개인의 성격에 대한 분석을 행하지 않았다.

맑스와 엥겔스는 분업과 이에 상응하는 생산양식에 기초하여 "토대"와 "상부구조"의 상호작용적 관점에서 네 가지 역사적인 사회구성체들, 즉 아시아적 사회, 고대노예제사회, 봉건사회 그리고 자본주의 사회를 지적하였다. 이 각각의 사회에서는 이에 특유한 계급 및 계급관계 그리고 계급지배가 존재하였다. 이러한 맥락에서 맑스와 엥겔스는 『공산당 선언』의 첫 머리를 다음과 같은 문구로 시작하고 있다. "지금까지 존재한 모든 사회의 역사는 계급투쟁의 역사이다"라고 말이다. 그런데 자유와 평등의 외침 속에서 자본주의는 계급지배의 관계를 외관상 철폐함으로써 인간의 "전사"(prehistory)를 종식시키고 진정한 자유와 평등을 실현시킬 객관적 토대를 제공해 주었다는 것이다. 그리하여 엥겔스는 '인간의 역사', "계급없는 사회"인 사회주의의 의미를 이렇게 특징짓고 있다. "이와 함께 비로소 인간은 일정한 의미에서 궁극적으로 동물세계와 이별하고 동물적인 존재조건에서 진정으로 인간적인 조건으로 들어선다. … 지금까지 역사를 지배한 객관적이고 낯선 힘들이 인간 자신의 통제 밑에 놓이게 된다. 여기서부터 인간들은 완전히 의식적으로 그들의 역사를 스스로 만들 것이다. … 이것은 곧 필연성의 영역에서 자유의 영역으로의 인간의 도약이다." 이러한 인간도약의 발전은 무엇을 의미하는가? 맑스와 엥겔스가 볼 때, 그것은 분업의 지양인 것이다. 이것은 역사에서 소외된 인간을 벗어나서 인간의 진정한 본질을 회복하는 것을 뜻한다. 이들에게 있어 "공산주의 혁명"은 곧

"노동의 분배를 지양하는" 것이다. 맑스와 엥겔스는 『고타강령비판』에서 공산주의가 "노동의 배분 밑으로의 노예적인 종속", "정신적 · 육체적 노동의 대립이 사라진 후에야" 비로소 가능할 것이라는 점을 다시 한번 강조하고 있다. "공산주의사회의 더 높은 단계에서 요컨대 개인들이 분업에 예속되는 종속상태가 사라지고 이와 함께 정신적 노동과 육체적 노동의 대립도 사라진 후에, 노동이 단지 생활수단임과 동시에 그 자체가 제1의 생활욕구로 된 후에, 모든 방면에서의 개인들의 발전과 함께 생산력이 증대하고 협동조합적인 부의 모든 간헐천들이 더 가득차게 흘러넘친 후에 비로소 부르주아적 권리의 좁은 지평이 완전히 극복되고 그 사회는 각각의 개인은 능력에 따라 각각의 개인에게는 필요에 따라 라는 깃발을 꽂을 것이다."[6] 자본주의 사회에서 분업에 기초하여 이루어진 재산과 국가권력은 진정으로 인간적인 내용으로부터 소외된 사회적 노동형태들의 표현들이며, 소외된 사회는 개인들의 물질적 이해관계들, 즉 계급들 간의 적대감에 의해 특징지워진다. 따라서 "총체적인 인간의 자기해방" 혹은 "생산자들의 자유로운 연합"인 공산주의는 "인간에게 목적이 되며, 동시에 인간 자신에게 낯설고 비인간적인 대상이라는 감지할 수 있는 사실의 표현"인 사적 소유를 초월해야만 한다. 여기서 잠깐 짚고 넘어가야 할 문제가 있다. 맑스가 사적 소유의 부정을 토대로 공산주의를 말하고 있기는 하지만 동시에 그는 초기 공산주의적 이상향에 내포된 원시적인 전체주의적 평등주의를 비판하고 있다. 맑스에 따르면, 이 평등주의는 사적 소유의 맹아가 될 수 있는 모든 것, 즉 재능과 개성을 포함하여 개개인들을 구별짓는 일체의 것들과 문명을 폐기하고자 하는 형태의 공산주의라는 것이다. 맑스

6) K. Marx. *Kritik des Gothaer Programmentwurfs.* in: K. Marx/F. Engels. Ausgewaehlte Schriften. II. 25.

가 그리고 있는 공산주의는 인간의 유적 본질을 회복시키고 사회적 존재로서의 인간 자신의 위치를 되돌려 놓음에 있다. 요컨대, 맑스에게 있어 공산주의란 "인간의 자기소외의 표현인 사적 소유의 적극적 지양, 즉 인간을 위한 인간을 통한 인간적 본질의 진정한 성취로서 완성된 자연주의인 휴머니즘"인 것이다. 이러한 맥락에서 공산주의를 "프롤레타리아의 해방의 조건에 관한 학설"로 규정한 엥겔스는 『오이겐 뒤링씨의 과학변혁』(*Herrn Eugen Duehring's Umwaelzung der Wissenschaft*)[7]에서 공산주의 사회는 "프롤레타리아가 국가권력을 장악하고 생산수단을 국유화"하며, 이 사회에서 "프롤레타리아계급은 프롤레타리아계급으로서의 자신을 해체시키며", 따라서 "계급차별과 계급대립 역시 해체되며", "사람에 대한 통치 대신에 사물에 대한 행정과 생산과정에 대한 관리가 등장한다"고 진술한다.

소외의 극복, 소외된 인간노동을 극복하기 위한 방법으로서 이제 맑스와 엥겔스의 사회혁명이론이 등장한다. 사실상 맑스의 혁명이론은 직접적으로 그 자신이 제시한 역사이론과 사회이론에서 유래한다. 맑스는 생산력과 생산관계의 모순 속에서 사회혁명의 이론적 단서를 찾아내고 있다. 그는 『정치경제학비판을 위하여』의 서문에서 이렇게 진술하고 있다.

> "물질적 생활의 생산양식은 사회적, 정치적 그리고 정신적인 생활과정 일반을 조건지운다. 인간의 의식이 인간의 존재를 규정하는 것이 아니라 그 역으로 인간의 사회적 존재가 인간의 의식을 규정한다. 일정한 단계의 발전에서 사회의 물질적 생산력은 이미 존재하고 있는 생산관계들 혹은 이에 대한 단지 법률적 표현인 소유관계들과 … 모

7) F. Engels. *Herrn Eugen Duehring's Umwaelzung der Wissenschaft.* MEW 20. 1-303. 참조.

> 순에 빠진다. 이 관계들은 생산력의 발전형태로부터 이것들의 족쇄로 돌변한다. 그 경우에 사회적 혁명의 시기가 도래한다"(Marx MEW 13, 8-9).

간단히 말해 맑스는 생산력과 생산관계라는 역사에 대한 유물론적 개념에서 사회혁명의 적합성을 진단하고 있다. 여기서 한 가지 사실을 지적하고 넘어가자. 맑스는 이러한 사회적 혁명의 시기에서 대중에 대한 계몽을 위해 소수에 의한 리더십의 필연성을 강력하게 주장하고 있다기보다는 대중의 자발성을 강조하고 있다. 그는 1843년 루게(Ruge)에게 보낸 편지에서 이렇게 적고 있다. "우리는 세상 사람들에게 다음과 같이 말하지 않습니다. 당신의 투쟁들을 그만 두십시오. 그들은 어리석습니다. 우리가 당신들에게 투쟁의 진정한 슬로건을 줄 것입니다라고 말이다. 우리는 단지 세상 사람들에게 진정으로 무엇을 위해 싸우고 있는지를 그리고 세상 사람들이 원하지 않는다 할지도 의식은 습득해야 하는 어떤 것이라는 점을 보여줄 뿐입니다." 맑스와 엥겔스에게 있어 "노동의 해방은 노동자계급의 과제이어야 하며, 모든 다른 계급들은 노동자계급에 대해 반동적인 대중일 뿐이다". 이러한 점에서 이들은 무엇보다도 사회적 혁명의 국면에서 노동자계급의 혁명적 자발성을 염두에 두고 있다고 하겠다.

사회적 혁명과 관련하여 적용되고 있는 "생산력"과 "생산관계" 그리고 이 두 가지 개념이 서로 결합되어 있는 범주인 "생산양식" 개념은 맑스주의 전통 내에서 다양한 관점에서 해석되었다. 하지만 한 가지 확실하게 말할 수 있는 점은 이 개념들이 하나의 추상적인 사회과학적 개념으로 이해되는 것이 아니라 현실적인 역사발전에 대한 이론적 접근으로 이해되어야 한다는 것이다. 맑스가 사회혁명에 관해 그 자신의 이론적 개념을 정립함에 있어 부르주아 혁명의 시기에 주목하였다는 점은 분명하다. 부르주아 혁명의 현실에 대한 점을 고려해 볼 때, "생산관계", "생산력", "모순" 그리고 "사회혁명"과 같은 범주들은 이론적 분석에 의해 정식화된 사회적·역사적 발전의 "객관적"인 측면을 표시한다. 하지만 구체적인 역사발전은 협력 혹은 대립투쟁 속에서 진행된다. 이것이 곧 역사과정의 "주관적"인 측면이다. 요컨대, 추상적이고 부르주아적인 "생산력"이 봉건적인 "생산관계"들의 형태를 붕괴시켰을 뿐만 아니라 부르주아, 소시민, 프롤레타리아 그리고 농민들이 군주정, 관료제, 봉건적 귀족정의 권력을 빼앗았고 부르주아계급의 헤게모니 하에서 부르주아 사회의 형태로 하나의 새로운 계급사회를 만들었던 것이다. 달리 표현하면, 객관적 토대가 자연적으로 하나의 새로운 사회를 창출시킨 것이 아니라 역사발전의 객관적 토대를 기반으로 하여 사회변혁을 위한 행위자들의 정치적 실천이 하나의 새로운 사회를 건설하였다는 말이다. 맑스가 사회혁명의 성공가능성과 관련하여 말하고자 하였던 점은 "주관적"인 혁명적 요소, 즉 투쟁하는 인간들이 어떤 "사회구성체"를 전복시키고 하나의 새로운 사회구성체를 건설하기 위한 "객관적" 가능성이 생산력의 물질적 발전을 통해서 만들어진다는 점이다. 즉 객관적인 사회적 발전과 주관적인 정치사회적 행위는 변증법적 통일의 계기들로서 작용한다. 이러한 점에서 로자 룩셈부르크의 지적처럼[8] 혁명의 "수동적 요소"인 경제적 위기, 혹은 맑스의 평균

8) 로자 룩셈부르크(Rosa Luxemburg)는 대중의 자발성에 토대를 둔 "아래로부터의 사회주의"를 열렬하게 주장하였던 혁명가였다. 이 점은 독일 사회민주당의 개혁지향적 노선에 반대하여 노골적인 공격을 가한 『사회개혁이냐 아니면 혁명이냐?』(*Sozialreform oder Revolution*)(1899)와 『대중파업, 당 그리고 노동조합』(*Massenstreik, Partei und Gewerkschaften*)(1906)에서 잘 드러나고 있다. 그녀는 사회주의 사회의 본질에 대해 이렇게 정의내리고 있다. "사회주의 사회의 본질은 노동대중이 더 이상 지배당하는 대중이 아니고 그들 자신이 자유롭고 의식적인 자결을 통해 정치적, 경제적 생활을 영위하고 이끌어 나간다는 사실에 있다"(Spartakus Programm).

이윤율체감 경향의 법칙을 놓고 자연발생적 사회혁명이나 자본주의체제의 붕괴를 주장하는 것은 더 이상 적실성을 지니지 못한다고 할 수 있다. 맑스 자신이 『헤겔법철학비판 서문』에서 한 말을 상기해보라. "사상이 실현을 독촉하는 것으로는 충분치 않으며, 현실이 스스로 사상으로 몰고 나아가야 한다". 이러한 의미에서 맑스는 프루동과의 논쟁인 『철학의 빈곤』에서 "계급으로서의 혁명적 요소들의 조직은 모든 생산력들의 성숙한 존재를 전제한다"고 주장하였다.

결론적으로 말해 인간소외, 혹은 소외된 노동의 극복을 의미하는 혁명은 맑스적 의미에서 단지 정치적 질서의 폭력적인 전복, 폭동 그리고 내전을 의미하는 것이 아니다. 사회적 혁명은 사회적 전복을 의미하며, 긴 역사적 과정이다. 이 과정은 혁명적인 방법으로 뿐만 아니라 진화적으로, 즉 본질적으로 평화적인 발전으로 일어날 수 있다.

Ⅲ. "정치경제학비판": 사회변혁을 위한 객관적 토대 제공을 위한 성찰

맑스는 근대세계와 인간성 간의 갈등에 주목한다. "현재의 시민사회는 개인주의의 현실화된 원칙이다. 개별적인 존재가 최종목표이다. 활동, 노동, 내용물 기타 등등은 단지 수단에 불과하다. … 근대의 시기는 … 인간의 객관적인 본질을 단지 외적인 어떤 것으로서의 인간으로부터 분리된다. … 근대의 시기는 진정한 실체로서의 인간의 내용을 수용하지 않는다." 그래서 소외된 사회적 관계들이 개인들의 생활 일반을 지배하고 그러한 관계들이 표현되는 개념들이 개인들의 사고를 다스린다. 이러한 점에 주목하여 맑스는 진정으로 인간적인 사회와 비인간적인 부르주아 사회의 성격을 “사회적 인간”이라는 기준을 가지고 일차적으로 철학적 전통에 대한 비판으로부터 도출하고자 하였다. 이 “사회적 인간”이라는 개념은 자유주의적 개인관과는 대립되는 것으로 맑스주의 일반의 자본주의 비판에서 공유하고 있는 개념이라고 하겠다. 맑스나 맑스주의가 사회적 인간 개념을 설정한 이유는 첫째, 계급사회에서 개별적인 인간들은 인간들의 인간다움에 소외된 사회형태들에 의해 지배되며, 이것은 곧 비정상적인 상태로 간주되기 때문이다. 둘째, 인간다움을 저버린 이 사회형태들이 인간들이 자신들과 그들의 사회적 삶을 생각하는 방식을 조건지우기 때문이다. 따라서 자본주의를 지탱하고 있는 범주들에 대한 비판은 “자연적인 것”의 겉모습을 해체하고 그리하여 인간다움을 회복하려는 의식적인 사회적 실천을 위한 길을 열어주기 때문이다. 이러한 점에서 맑스의 부르주아 사회에 대한 “해부”인 “정치경제학비판”은 자본의 권력 하에 놓여 있는 경제생활에 대한 일관적인 설명을 제공해 주며, 나아가 이 권력들을 표현하고 있는 정치경제학의 범주들을 거부하는 데 그 목적이 있다고 하겠다. 맑스가 생각하기에 “고전정치경제학”의 범주들은 사적 소유의 본질적인 구조를 대변해 주고 있으며, 이 범주에서 논의되고 있는 자유와 평등의 영역은 불평등, 억압, 착취의 겉모습, 혹은 자기정당화의 표현일 뿐이라는 것이다. 이것이 맑스가 항상 종교와 화폐 간의 대비를 의식하면서 “물신숭배”라고 불렀던 바로 그것이다(Smith 2005, 51-2).

(고전)정치경제학은 “개인들 간의 물(Ding)과 같은 관계들과 물들 사이의 사회적 관계들”에 토대를 둔 자본주의적 사회관계들의 현상형태들을 수용하고 있다. 맑스가 볼 때, 사적 재산의 교환 — 자본, 토지, 노동력 간의 교환 — 은 화폐와 이것의 가장 중요한 형태인 자본의 발전을 필연적으로 초래하며, 자본은 범지구적으로 침투적이고, 억압적이며,

비인격적인 권력으로서 그 자신을 생산하고 확대 재생산한다. 동시에 사회적 인간의 창조적인 잠재력은 하나의 주체, 즉 자본의 생산적인 힘으로 보이게 된다. 이것은 이제 진정으로 인간적인 형태들을 위협하는 권력으로 작용한다. 자본의 권력 하에 놓인 인간들은 이 권력을 창조 및 재창조하는 데 참여하지 않을 수 없다. 자본이 주체가 되고, 인간의 노동은 이 주체의 생산과 재생산을 위한 도구로 기능한다. 이것이 "자본의 생산과정"이라는 부제를 달고 있는 『자본』 1권의 주제이다.

맑스에 따르면, 자본주의사회에서 자본의 생산과정은 기본적인 모순 속에서 진행된다. 기본적인 모순은 사회적 생산과 개인적인 자본주의적 선점(Aneignung) 사이에서 발전된다. 즉 자본주의 사회에서 급속하게 증대하는 부들은 모든 인간들의 복잡하고 분업적인 과정에서 생산된다. 하지만 소수인 자본가계급만이 이 부를 통제하며, 자신의 것으로 만든다. 무엇보다도 중요한 사실은 자본주의적 계급지배가 전승되어 온 경제구조, 사회구조 그리고 지배구조들을 해체시키며, 사회와 국가, 즉 경제적 권력과 정치적 지배를 분리시키고, 개인을 사회적 연결로부터 분리시킨다. 이 모든 해체와 분리가 자본주의사회의 존재조건이며, 이러한 존재조건을 토대로 자본의 증식이 진행된다. 자본의 증식과정, 혹은 자본의 축적과정은 "자기목적"의 성격을 획득한다. 덧붙이자면, "자본과 자본의 자기증식은 생산의 출발점이자 종착지로서, 계기와 목적으로서 나타난다"(Marx MEW 23, 166). 이 생산은 "오로지 자본을 위한 생산"이며, 생산수단은 "지속적으로 확대하는 생활과정의 형상을 위한" "단순한 수단"이다. 또한 자본주의적 계급지배는 모든 시민들에게 형식적이고 법적인 자유와 평등을 부여해 준다. 경제적 착취와 정치적 지배행사는 직접적으로 가시적인 것이 아니며, 마치 자연법칙적이며 모든 인간들의 법적 평등을 토대로 진행되는 "객관적인" 과정의 결과로 보인다. 이 "객관적인" 과정은 사실상 자본의 자본주의적 운동의 '현상형태'로서 그 본질을 은폐하고 있다.[9] 즉 자본주의적 계급지배는 아주 전문적인 의미에서 "이데올로기적"으로 중재되며, 이 점은 경제적 지배형태뿐만 아니라 정치적·사회적 지배형태에도 통용된다. 달리 표현하면, 자본주의 사회의 정치적·사회적 조직은 무엇보다도 불평등, 자의성, 그리고 공개적인 억압에 기반하고 있는 것이 아니라 원칙으로 그 사회 구성원들의 자발적인 동의에 기초를 두고 있다. 사실상 자본주의 사회에서 생활하고 있는 인간들의 머리를 지배하고 있는 관념들의 이중적 성격이 "이데올로기"라는 맑스주의 범주의 이론적 핵심인 것이다. 『독일 이데올로기』, 『공산당 선언』, 그리고 『자본』에서 반복되어 언급되었던 바와 같이 엄청나게 발전한 생산력과 생산관계의 모순은 일차적으로 사적 소유에 토대를 둔 경제 그 자체에서 전개된다. 이러한 과정을 분석하고, 이해하며, 이 과정의 발전경향들을 파악하는 것이 곧 정치경제학, 자본 내지는 "부르주아 사회의 해부"에 대한 맑스 혹은 맑스주의적 비판의 주대상인 것이다.[10]

맑스와 맑스주의에 있어 인간소외 혹은 소외된 노동의 극복은 주관심사이다. 그렇다면, 인간이 사적소유의 굴레로부터 자신을 자유롭게 할 수 있는 의식을 달성하는 것이 어떻게 가능한 것일까? 이 점은 맑스나 맑스주의에 있어 가장 실천적인 질문이었다고 하겠다. 이 문제에 대해 맑스는 『정치경제학비판 요강』(*Grundrisse der Kritik der Politischen Oekonomie*)에서 이렇게 적고 있다.

---

9) 맑스는 과학의 존재근거를 다음과 같이 규정하고 있다. "… 사물의 현상형태와 본질이 직접적으로 일치한다고 한다면, 모든 과학은 쓸모없을 것이다. …"(MEW 25, 825).

10) Peter von Oertzen, "Karl Marx." in: Walter Euchner(hrsg.) 1991. *Klassiker des Sozialismus* Ⅰ. Muenchen: C.H. Beck. 139-156. 참조.

> "개인들은 오로지 일정한 개인들로서 서로 관계를 맺는다. 개인적인 의존관계들과는 대조적으로 이 객관적인(sachlich) 의존관계는 또한 개인들이 이제 추상(Abstraktion)에 의해 지배되는 되는 것으로 나타난다. … 객관적인 의존관계는 겉으로 보기에 독립적인 개인들에게 독립적으로 대면하는 사회적 관계들일 … 뿐이다. 그러나 이 추상 혹은 이념은 개인들에 대해 주인인 그 어떤 물질적 관계들의 이론적 표현일 뿐이다"(GR. 81-2).

맑스가 볼 때, 자본주의 사회에서의 적대성을 초월하고 인간이 자유로울 수 있는 일차적 조건은 새로운 철학적 종합에 있는 것이 아니라 "물질적 관계들의 이론적 표현"인 이념 혹은 추상에 대한 과학적 인식에 있다. 부언하면, 자본주의의 존재조건들에 타격을 가하는 혁명적인 사회적 힘은 곧 노동자계급이 처해 있는 현실적인 상황, 자본주의 사회의 모순 그리고 객관적인 필연성과 가능성에 관한 노동자계급의 발전적인 의식에 있다는 점이다. 맑스는 18세기 계몽주의가 힘들게 추구하였던 정치적 해방의 한계를 이해하고자 그는 정치 그 자체의 성격을 규명하고자 하였고, 그 결과 그는 다음과 같이 결론을 내린다.

> "나의 연구는 다음의 결론에 이르렀다. 즉 법관계들과 국가형태들은 그 자체로부터 이해될 수 있는 것도 아니고 소위 말하는 인간정신의 일반적인 발전으로부터도 이해될 수 있는 것이 아니다. 오히려 이 관계 및 형태들은 18세기의 영국인과 프랑스인들의 선례를 좇아 헤겔이 "시민사회"라는 이름 하에 그 총체성을 이해한 물질적 생활관계들 속에서, 즉 시민사회의 해부는 정치경제학에서 찾아야 한다는 점이다"(Marx MEW 13, 8).

이 문장의 의미는 맑스가 원래 자신의 연구의 출발점으로 삼았던

"사회적 인간"과 자유로운 연합과 사회적 인간으로서의 모든 인간들의 자유로운 발전을 의미하는 "인간사회", 요컨대 "진정한 민주주의", "진정한 휴머니즘" 즉 "공산주의" 사회의 건설을 위해 헤겔의 "절대적 정신"에 해당하는 '자본'의 운동법칙성에 대한 분석과 비판으로 나아가게 됨을 지시한다.[11)]

이제 맑스의 "정치경제학비판"이 담고 있는 사유구조로부터 앞서 언급하였던 맑스의 입장을 다시 한번 정리하고자 한다.

첫째, 맑스가 자주 제기하였던 자본주의 생산의 "자연법칙들" — 필연성을 가지고 작용하고 자신을 관철시키는 경향들 — 은 자연과학적 의미에서 자연법칙들이 아니라 순수 자본주의의 논리로부터 설명되는 "이론적 단순화"이며, 이 "이론적 단순화"는 역사적 · 사회적 현실 속에서 단지 "경향들"로서 나타난다.

둘째, 맑스주의자들이 종종 제기하였던 자본주의의 "멸망위기"(Todeskrise) 역시 순수하게 경제적인 원인으로부터 설명하고 예견할 수 있는 붕괴가 결코 아니라 경제적, 사회적, 정치적 그리고 이념적 관점에서 자본주의 사회에서의 총체적 위기인 것이다. 다시 말해 이윤율체감경향의 법칙으로부터 자본주의의 붕괴를 규정하는 것은 그 적실성을 담보하지 못한다.[12)] 위르겐 하버마스의 주장처럼, 경제위기는 사회에서 나타나는 다양한 위기 중의 하나에 불과하며, 이 위기가 직접적으로 자본주의 붕괴를 초래하는 것은 결코 아니다.

셋째, 경제적으로 확립된 사회주의의 필연성과 "자연법칙적 필연성"은 존재하지 않는다. 『역사와 계급의식』에서 루카치(1986)가 주장하였던

11) 주지하다시피 이러한 의미에서 맑스는 정치생활의 구조를 고려하는 것을 거부하고 단지 개인들의 내적 생활에 주목하였던 스토아학파를 철저하게 거부하였다고 하겠다.

12) Mandel(1973) 참조.

바와 같이 사회주의로의 이행과 관련하여 중요한 사실은 행위하는 인간의 의식적인 행동, 즉 정치적 실천인 것이다.

혁명의 역사에서 지배적인 이념, 즉 "지배계급의 이념"에 대한 투쟁은 부르주아 혁명의 계몽에서 알 수 있듯이 중요한 의미를 지닌다. 봉건사회의 지배는 최종적으로 직접적인 정치군사적 지배에 기반을 두고 있는 반면에 자본주의적 계급지배는 세분화된 방식으로 "이데올로기적"으로 구성된다. 그런 까닭에 인간의 의식적인 행동인 정치적 실천이 중요한 문제로 대두되며, 동시에 이 실천을 수행할 사회적 주체가 관건이 된다.[13]

Ⅳ. 사회주의와 민주주의

물질적·사회적 빈곤이 존재하지 않는다면, 갈등과 불만은 존재하지 않는다. 즉 사회에서의 갈등과 불만은 물질적·사회적 빈곤에서 비롯된다는 점이다(Marcuse 1962). 이러한 빈곤에 대한 인식으로 인해 인간들은 이상사회를 동경하고, 그럼으로써 이러한 사회건설을 위한 이념을 정립하게 된다. 사회주의는 물질적·사회적 빈곤의 제거를 통해 사회 구성원 전체의 조화를 이룩하고자 하는 운동이자 목표이다. 맑스와 맑스주의에 있어 — 다양한 흐름의 맑스주의가 존재하기는 하지만 — 사회주의 혁명의 목적은 일차적으로 사회적 생산과 개인적인 소유권 간의 자본주의적 기본모순을 지양함에 있다고 하겠다. 요컨대, 생산이 더 이상 시장경쟁이라는 자동적 메카니즘과 이윤경제의 척도에 따라 이루

13) 필자는 이 글에서 혁명의 사회적 주체인 프롤레타리아계급의 역할에 대해서는 논의하지 않기로 하겠다. 필자가 생각하기에 이 문제는 그렇게 간단하게 논의할 성질의 문제가 아니라고 생각하기 때문이다.

어지는 것이 아니라 인간들의 구체적인 필요들에 따라 행해지고 그럼으로써 자본의 축적과정과 증식과정이라는 "자연법칙성"을 쓸모없게 하는 데 있다. 이것은 곧 생산수단의 "사회화"의 의미를 지시한다. 그 결과 이 "사회화"는 한편으로는 "생산의 유지와 확대를 위한 수단으로서의 직접적인 사회적 소유"를 의미한다는 점, 그리고 다른 한편으로는 "생필품과 기호품으로서의 개인적 소유"를 의미한다. 맑스와 엥겔스는 그들의 글에서 미래의 "공동체적"(genossenschaftlich) 생산과 사회주의에 있어서의 개인의 위상에 관해 언급하고 있다. 하지만 사회주의의 작동방식에 관한 아주 구체적인 언급들은 별로 행하고 있지 않는 것처럼 보인다. 그럼에도 불구하고 그들의 견해에 따르면, 사회주의는 『공산당선언』에서의 진술처럼 "각 개인의 자유로운 발전이 모든 사람의 자유로운 발전을 위한 전제가 되는 그러한 연합"인 것이다. 물론 이 문구는 분명히 사회의 조직원리에 대한 구체적인 작동방식을 담고 있는 것은 아니다. 하지만 이 문구를 놓고 해석해 볼 때, 사회주의의 협동형태와 조직형태는 급진적이고 법적으로 보장된 "민주주의"일 개연성이 상당히 높다. 앞서 언급한 바와 같이 맑스의 출발점이 "인간사회" 혹은 "사회적 인간"이라는 점을 고려해 볼 경우, 그가 주목하고 있었던 사회주의는 민주주의의 최고발전단계로 간주해 볼 수 있겠다.

질문을 해보자. 사회주의 이념은 어떠한 사유구조를 지니고 있으며, 추구하고자 하는 목표가 무엇인가? 먼저 사회주의가 추구하고자 하는 목표는 평등사회건설에 있다기보다는 인간의 자유 실현에 있다고 하겠다. 자유주의에서 주장하는 자유의 실현방식과는 달리 사회주의에 있어 개인 및 인간 일반의 자유, 혹은 자율적 의지는 경제적 평등이 전제되지 않은 상태에서 그 실현이 불가능하다고 보는 대전제가 깔려 있다. 이러한 맥락에서 인간의 자유를 실현시키기 위한 전제조건으로서 사회주의 개념에 있어 평등 혹은 평등사회가 일반적인 주요한 이념으로 등장한다. 즉 평등은 인간의 자유를 구현하기 위한 필요조건인 것이다. 맑스가 지향한 사회주의가 '보편적 선'의 추구로 인해 애초에 개인성을 배제했다거나 보편성의 평준화를 추구했다고 하는 주장은 그렇게 적실성이 없다. 왜냐하면, 맑스에게 있어 사회주의는 공동체 생활을 소외된 세계로 전환하게 만드는 주체와 객체의 전도현상이라는 신비화를 해체시킴으로써 개인의 완전한 해방을 실현하고자 하기 때문이다. 달리 표현하면, 맑스의 이상은 모든 개인이 자신의 성격을 사회적 존재로서 완전하게 인식하고, 개인이 가진 개성을 다양한 형태로 완전하게 발현시킬 수 있어야 한다는 점에 있다. 이러한 점에서 사유재산제도는 자아를 타자와 대립하게 만들기 때문에 각 개인의 개성을 온전하게 실현시킬 수 없게 한다(Kolakowski 1976, 211-212).[14] 따라서 맑스와 엥겔스가 제시하고 있는 사회주의 문법을 '공동소유를 통해 구성원 전체의 집단적 행복을 증진하기 위해 노력하는 이념' 혹은 '공동체 구성원 상호간의 집단적 평등 확보'로 규정하는 것은 방금 설명한 자유와 평등의 관계맥락에서 그 적합성을 담지한다고 하겠다.

사회주의자로 단정짓기는 무리가 있기는 하지만 루소 역시 인간의 자율적 의지의 실현이 일정 정도의 경제적 평등을 전제해야 한다는 점을 잘 인식하고 있었다. 그는 『사회계약』(*The Social Contract*)(1762) (1973)에서 자유주의에 기반을 두고 있는 방어적 민주주의 혹은 영국의 의회민주주의를 비판하면서 개인의 자율적 의지가 한 공동체 내에서 제대로 구현되기 위해서는 "어떤 시민이 다른 사람을 살만큼 충분히 부유하지도 않고 어떤 시민도 자신을 팔 정도로 가난하지 않을 것"을 제시

14) 이 책은 한국어로 번역되었다. Kolakowski, Leszek. 1976. *Main Currents of Marxism*. 변상출 옮김. 2007. 『마르크스주의의 주요 흐름』. 서울: 유로. 쪽수 표시는 번역본에 따른 것임.

하고 있다. 달리 표현하면 개인의 자유와 평등의 문제는 분리된 개별적 영역이 아니라 서로 긴밀한 연관성을 형성하고 있다는 것이다. 방어적 민주주의를 비판하는 루소의 이러한 입장은 이른바 '급진적 민주주의'라는 형태로 나타난다. 급진적 민주주의 관점에서의 민주주의는 단지 시민이 정부의 침해로부터 자신을 보호할 수 있는 장치라는 입장을 뛰어 넘어 사람들은 집단적 과정인 민주주의를 통해 그들의 생활에 영향을 미치는 어떤 결정과정에 적극적으로 참여할 기본적 권리를 가지는 것으로 간주된다. 탈중앙집권화, 참여 그리고 정치권력의 광범위한 분산을 추구하는 급진적 민주주의는 정치적 민주주의를 승인하는 차원을 넘어서서 경제생활을 민주화하는 하는 방식으로 부의 집단화와 노동자 자치의 도입을 위한 사회주의적 요구 속에서 분명하게 그 모습을 드러낸다(Heywood 2007, 4장).[15] 맑스나 맑스주의가 근본적으로 사적 소유제도를 극히 부정하였던 가장 강력한 이유 중의 하나가 바로 개인의 자유의지 혹은 자율성의 발현이라는 관점에서였다. 맑스의 "프롤레타리아 계급 독재"라는 개념도 개인의 자유의지 혹은 자율성의 구현이라는 관점에서 해석할 수 있겠다. 달리 표현하면 "민주주의는 인간에서 출발하여 대상화하는 인간을 통해 국가를 수립한다. 종교가 인간을 만드는 것이 아니라 인간이 종교를 만드는 것과 같이 구조가 사람을 만드는 것이 아니라 사람이 구조를 만든다." 맑스는 이론의 문제로서 모든 정치제도들을 활동적인 인간의 창의성으로 환원하려고 한다. 맑스가 이해하는 민주주의의 목적은 국가를 인간의 도구로 만드는 것, 즉 정치제도들을 탈소외화하는 것에 있다. 민중 위에 군림하여 통치하는 낯선 기구가 아니라 민중의 실존의 한 형태를 취하는 국가만이 진정한 국가이며, 이

15) 이러한 루소의 견해는 1960년대와 1970년대의 신좌파(New Left) 사상가들의 참여민주주의에 대한 논의에 기여하였다.

것이 바로 국가의 본성에 부합한다는 점이다. 그렇다면, 비민주주의적 국가는 실제로 국가가 아니다. 맑스에 따르면, 헤겔은 사회를 개인성의 실현으로서가 아니라 국가에 의해 성취되는 목적으로 간주함으로써 인간과 국가 간의 간극을 극복하지 못하고 있다(Kolakovski 1976, 202). 즉 "헤겔에 있어 공동의 목적을 구체화하는 것은 주체들이 아니며, 공동의 목적 그 자체가 주체이다. 주체들이 공동의 목적으로 자신들의 진정한 목적으로서 필요로 하는 것이 아니라 공동의 목적이 그 형식적 실존의 조건을 충족시키기 위해 주체들을 필요로 한다." 여기서 개인은 역사를 실현하고 창조해 나가는 과정에서 하나의 주체로 활동하는 것이 아니라 단지 하나의 "계기"에 불과할 뿐이며, 보편적 실체, 요컨대 "절대정신"의 도구로 기능할 뿐이다. 맑스가 『법철학비판』에서 누누이 강조한 바와 같이 프로이센의 국가는 결코 보편적 이해관계를 구현하고 있지 않다고 하였다. 헤겔은 시민들의 특정한 이해관계보다 우선하는 국가의 정신, 공적 이해관계의 실현은 관료주의 의식으로 구현된다고 간주하였다. 헤겔이 생각하기에 관료들은 자신들의 특정한 이해관계를 국가 전체의 이해관계와 동일시하는 까닭에 국가의 한 기구로서 공동선과 특정집단의 선 사이의 종합을 구현한다는 것이다. 맑스는 헤겔의 이러한 생각을 즉각적으로 거부하고 반박하였다. "진정한 국가의 목적은 시민 개개인이 보편적 목적에 — 이 목적이 특정한 것이라 할지도 — 봉사해야 하는 것에 있는 것이 아니라 보편적 목적이 진정으로 보편적인 것, 즉 모든 시민의 목적이어야 한다는 점에 있다." 맑스의 비판은 여기에 그치지 않는다. 그는 논의를 더 발전시킨다. 헤겔은 그 당시의 생활영역을 사적 영역과 공적인 영역, 즉 시민사회와 국가로 구분하였다. 여기서 시민사회는 특정한 이해관계들의 총화로서 이 이해관계들이 갈등하고 긴장관계를 창출해내는 하나의 광장이었다. 하지만 헤겔에 따르면, 시민사회 내에 존재하는 이해관계들의 갈등들은 특정한 이해관계와는 무관한 국가의 최고의지를 통해 합리적으로 통합될 수 있다는 것이다. 맑스의 헤겔비판은 또한 여기에 있다. 맑스는 이 두 개의 영역이 현실적으로 존재한다는 점을 인정하기는 하지만 이 영역들의 국가에 의한 통합은 가능한 일이 아니라고 한다. 현재의 프로이센 국가는 특정한 이해관계들을 조정하고 중재하는 역할을 하는 존재가 아니라 특정한 이해관계를 관철시키는 도구일 뿐이라는 것이다. 맑스가 『공산당 선언』에서 "현대의 대의민주주의 국가에서 부르주아계급은 스스로의 힘으로 배타적인 정치적 지배권을 획득했다. 현대국가의 집행부는 전체 부르주아계급의 공동사무를 관리하는 위원회에 불과하다"고 예단하였을 때, 그는 프로이센국가의 성격을 염두에 두었을 것이다. 헤겔의 시민사회에 대한 분석은 다음과 같은 식으로 신비주의에 빠진다. 즉 시민으로서의 인간은 사적 개인으로서의 인간과 전적으로 다르다. 시민으로서의 인간은 추상적 존재로 보인다. 반면에 시민사회에 속해 있는 사적 개인은 현실적이며, 구체적인 실존이다. 헤겔이 보았던 것은 추상적 존재인 시민으로서의 인간이었다. 그 결과 그는 국가의 최고의지로서 시민사회의 계급적 갈등이 통합될 수 있다고 여겼던 것이다. 하지만 맑스가 보기에 "인간 개인의 본질은 그 개인의 수염, 혈액 혹은 추상적·물질적 본성에 있는 것이 아니라 사회적 성격에 있으며, 국가의 기능은 인간의 사회적 성격의 실존형태와 작동일 뿐이다." 맑스는 시민사회 내에 존재하는 사적 이해관계의 갈등을 극복하는 방안을 사적인 이해관계와 공동체의 이해관계의 구분을 극복할 통합적 인간존재의 이념에서 찾고 있으며, 이 이념에 바탕하여 "진정한 민주주의" 혹은 인간해방을 모색한다. "개인적 인간이 자신의 경험, 개인적 활동, 개인적 관계에서 종이라는 존재가 되는 것과 같이 현실의 개별적 인간은 추상적 시민의 모습을 취하게 된다. 하지만 자신의 힘이 사회적 힘이라는 것을 인식하고 이 사회적 힘을 조직해야 한다.” 이 “사회적 힘”의 인식과 조직을 통해 “진정한 민주주의” 혹은 “인간해방”은 실현된다(Kolakowski 1976, 203-206).

이러한 맥락에서 자본주의 사회에서 사회주의 사회[16]로의 이행에서 등장하는 정치적 형태로서의 “프롤레타리아계급독재”의 이념은 사실상 맑스주의 이론에서 중심적인 위상을 점하고 있다. 이 이념은 지금까지 정치권력에서 소외되었던 노동자계급이 직접적으로 정치권력에 참여함으로써 자신들의 정치적·경제적 소외를 극복하는 하나의 과도기적 단계로 해석할 수 있겠다. 물론 맑스는 이 단계의 사회가 어떠한 방식으로 조직되는지에 관해 상세하게 기술하지 않았다. 『무엇을 해야 할 것인가?』(*Was tun?*)에서 레닌은 이 “독재”를 “그 어떤 종류의 법률과 결합되지 않으면서 직접적으로 폭력에 의존하고 있는 권력”으로서 정의하고 있는데, 이 정의에 따르면 “프롤레타리아계급 독재” 이념은 모든 민주주의를 제외시키고 있는 것처럼 보인다. 하지만 1871년의 파리꼬뮌(Paris Commune)에 대한 엥겔스의 논평, “여러분들이여 파리꼬뮌을 보십시요. 이것이 바로 프롤레타리아계급 독재입니다”에서 보는 바와 같이 프롤레타리아계급 독재가 어떤 형태의 민주주의를 배척하고 있다는 것은 너무 성급한 결론일 것이다. 파리꼬뮌은 가장 광범위한 민주주의의 토대 위에서 조직되었고 이러한 의미에서 맑스는 “다른 사람의 노동으로 생활하지 않는 모든 사회계급의 대표로서의 꼬뮌혁명”[17]에 대

16) 콜라코브스키(1976, 215)의 해석에 따르면 맑스는 사회주의를 단지 사회개혁의 프로그램으로서가 아니라 보편적 세계관으로 설명하고 경제적 범주들을 자연에서 점하는 인간의 위상에 대한 철학적 해석과 연관지으려 하였다고 한다. 즉 “인간은 인간을 위해 실천적으로, 감각적으로 명백히 자연의 존재가 되었으며, 자연은 인간을 위한 인간에 대한 존재가 되었다.” 맑스에게 있어 사회주의는 “실존으로서의 인간과 자연에 대한 이론적, 실천적, 감각적 지각을 출발점”으로 삼고 있다.

해 "인류를 계급제도로부터 영원히 해방시킬 위대한 사회혁명의 서광" 이라는 긍정적인 평가를 내렸다. 맑스는 프롤레타리아계급 독재 개념을 인민에 의한 직접민주주의를 실현하는 수단으로 하나의 법적·정치적 개념으로서보다는 사회학적 개념으로서 주목하였고, 이것은 그람시의 관점에서 볼 때, "헤게모니"개념으로 이해될 수 있겠다. 맑스나 맑스주의자들은 외형적 자유나 평등만을 강조하는 자유주의적 민주주의를 '부르주아적' 혹은 '자본주의적' 민주주의로 간주하였던 까닭에 인민의 직접적인 정치참여를 의미하는 "진정한 민주주의"(True democracy) 혹은 "진실한 인본주의"(real humanism)를 주장하기에 이르렀다. 맑스와 엥겔스에 있어 완결성을 갖춘 하나의 국가이론과 법이론은 존재하지 않는다. 계급지배의 정치적 형태로서의 국가나 법에 관한 개념이 있으며, 그런 한에서 "민주주의"는 계급지배의 도구, 즉 처음에는 부르주아계급의 도구로, 사회주의로의 이행에서는 프롤레타리아계급의 도구로서 기능한다. 맑스와 엥겔스는 무정부주의자와의 신랄한 대립에서 계급지배가 없는 사회에서도 "관리"(Leitung)와 "권위"가 필요하다는 점을 재차 강조하였고, 이것은 이른바 "인민민주주의" 형태로 등장한다.

V. 맺음말

『공산당 선언』이 발표된 지도 160년이라는 시간이 흘러갔다. 그리고 이제 세계는 두 개의 지축 중에 한 축인 사회주의를 몰락시키고 지구화라는 문법으로 범지구적 자본주의질서를 탄생시켰다. 지구화의 문법은 무엇보다도 이른바 "경계없는 국경선", "지구촌", "상호의존성"이

---

17) 파리꼬뮌에 대해서는 MEW 17, 528-559. 참조.

라는 단어를 사용하면서 사회구성원들에게 탈정치화의 이미지를 강하게 심어 놓았다. 그렇다면, 맑스주의의 국제주의적 성격을 압축하고 있는 "모든 국가의 프롤레타리아여, 단결하라"는 『공산당 선언』의 마지막 구절은 과연 하나의 희망 없는 절규에 불과한 것인가?

앞서의 논의에서 우리는 맑스와 맑스주의가 지향하는 바를 검토해 보았다. 맑스 혹은 맑스주의 사상의 문제의식은 고립되고 원자화된 인간의 소외된 모습을 "인간사회", "사회적 인간"으로 다시 복구시키는 것에 있었다. 지구화의 문법 속에 존재하는 오늘날의 세계에서 나타나는 가장 두드러진 특징 중의 하나는 국제적인 노동자계급과 이 조직의 파편화 현상이다. 신보수주의가 득세하기 시작하는 1980년대 동안에 노동자운동의 많은 부분들이 순전히 방어적인 행동으로 후퇴하였던 반면에 더 높은 이윤을 향한 자본의 운동은 더 오래된 자본주의 국가들에서의 대규모 제조업의 쇠퇴를 초래하였고, 이로 인해 노동조합의 운동은 더욱 더 약화되었다. 이러한 현상을 두고 어떤 연구자들은 "프롤레타리아계급은 더 이상 존재하지 않으며", 그런 까닭에 맑스와 맑스주의자들의 기본적 분석단위인 '계급'은 더 이상 쓸모없는 것이 되었다고 말이다. 더군다나 인간의 본성에 합당한 "경쟁"이야말로 개인의 창조성, 자아실현 그리고 사회발전을 위해 필요한 것이라고 말이다. 이것은 곧 개인의 책임감, 독립적 선택권, 정부의 불간섭주의야말로 인간 일반의 자유와 행복을 증진시키는 최선의 방책임을 강조하면서 정부가 행해야 할 가장 중요한 정책들을 개인의 책임과 선택의 문제로 환원시키고 있는 "신경제적 자유주의"의 실체이다. 필자가 생각하기에 자유자본주의의 경쟁 논리는 루소식의 자연상태를 외치고 있는 것이 아니라 궁극적으로 홉스식의 "자연상태"를 정당화하고 있는 셈이다. 자유주의의 기본이념으로 개인의 자유는 중요하다. 이것은 논의의 여지가 없다. 맑스와 맑스주의 혹은 사회주의에 있어서도 자유는 인간생활에 있어 중요한 부분이다. 분명히 개인의 자율적 의지 혹은 자유와 책임감은 사회발전에 있어 중요한 문제이다. 문제는 개인의 자유를 구체적으로 실현시키는 방법이다. 정부가 개인에게 간섭한다고 해서 그것이 곧 자유의 침해인가? 시장[18]이 말 그대로 개인의 자유를 증진시켰는가? 역사적 실례는 이에 대해 긍정적인 대답만을 보여주지 않고 있다. 필자가 생각하기에 개인의 자율성과 책임감을 증진시키고자 한다면, 정부는 개인의 차원에서 해결할 수 없는 문제들에 적극적인 관심을 기울여야 한다. 하지만 이것은 단지 규범의 차원에서 해결될 문제는 아니며, 사회집단 간의 세력대결을 통해 해결될 수 있는 문제이다.[19] 이러한 세력대결의 과정에서 맑스와 맑스주의의 문제의식 혹은 문제의 출발점인 "인간사회"와 "사회적 인간"으로의 복귀를 향한 인식은 하나의 유용한 도구로서의 적합성은 여전히 담지한다고 하겠다. 국제적이고 급속한 자본의 흐름이라는 현재의 상황을 감안해 볼 때, 맑스가 주장한 '국제주의' 이념은 그 실현가능성이 결코 용이한 것은 아니지만 그렇다고 해서 실현 불가능한 것은 아니라는 생각이 든다. 물론 여기서 말하는 "국제주의" 이념은 사회의 여러 영역으로 확장되어야 하며, 단지 노동자계급의 일방적인 국제주의적 연대를 의미함은 아니다. 다시 한번 강조하는 바와 같이 "신세계질서" 혹은 신자유주의적인 정치이념이 목표로 하고 있는 것 중의 하나로 들 수 있는 것은 공동체 속에서 생활하

18) 현재 진행되고 있는 이른바 "금융위기"를 참조하라. 자율적 기제라고 하는 시장이 이 위기에 얼마나 무능한지를 말이다. 각 국가는 이 위기에 대처하기 위해 정부의 강력한 지원이 필요하다고 말하지 않는가! 시장지상주의자들은 시장의 무정부상태에 관해서는 그 어떤 언급도 하지 않으면서 이 현상을 단지 자본주의의 경기순환과정에서 나타나는 불가피한 상황이라고 주장하고 있다.

19) 필자는 한 정부에서 특정한 정책이 선택되는 가장 근본적인 이유는 공공선의 실현이 아니라 사회집단의 세력을 반영한 결과라고 본다.

고 있는 인간들을 탈정치화시키고 동시에 모든 사회를 경제라는 울타리 속으로 함몰시킨다는 점이다. 다시 말해 자본의 운동논리로 인간의 모든 행위를 조작하려는 것이라고 하겠다. 이러한 상황에서 정치적 이상(주의)을 향한 욕구와 희망이 없다면, 인간의 삶은 홉스식의 "자연상태"에서 만족하게 되지 않을까?

참고문헌

Engels, Friedrich. *Herrn Eugen Duehring's Umwaelzung der Wissenschaft.* MEW 20. Berlin: Dietz Verlag. 1984.

______. *Die Entwicklung des Sozialismus von der Utopie zur Wissenschaft.*(1880) in: Karl Marx/Friedrich Engels. Ausgewahlte Schriften II. Berlin: Dietz Verlag. 1989.

Euchner, Walter.(Hrsg.) 1991. *Klassiker des Sozialismus* I. München: C.H. Beck.

Hayek, F. A. 1944. *The Road to Serfdom.* London: Routledge & Sons.

Heywood, Andrew. 2007. *Politics.* Palgrave Macmillan.

Joseph, Sir K. 1976. *Stranded on the Middle Ground.* London: Centre for Policy Studies.

Kolakowski, Leszek. 1976. *Main Currents of Marxism.* 변상출 옮김. 2007. 『마르크스주의의 주요흐름』. 서울: 유로.

Lukacs, Georg. 1986(9 Aufl.) *Geschichte und Klassenbewusstsein.* Darmstadt/Neuwied: Luchterhand.

Mandel, Ernst. 1973. *Der Spaeterkapitalismus.* Frankfurt/M: Suhrkamp.

Marcuse, Herbert. 1962. *Eros and Civilization.* New York.

Marx, Karl. *Zur Kritik der Hegelschen Rechtphilosophie.* Einleitung. MEW 1. Berlin: Dietz Verlag. 1983.

______. *Thesen ueber Feuerbach.* MEW 3. Berlin: Dietz Verlag. 1985.

______. *Grundrisse der Kritik der Politischen Oekonomie*. MEW 42. Berlin: Dietz Verlag. 1985.

______. *Zur Kritik der Politischen Oekonomie*. MEW 13. Berlin: Dietz Verlag. 1983.

Marx, K./Engels, F. *Manifest der Kommunistischen Partei*. MEW 4. Berlin: Dietz Verlag. 1983.

______. *Die Deutsche Ideologie*. MEW 3. Berlin: Dietz Verlag. 1983.

Rousseau, Jean-Jacques. 1973. *The Scoial Contract and Discourses*. Translation and introduction by G.D.H. Cole. London: Everyman's Library.

Smith, Adam. 1988(4 Aufl.). *Der Wohlstand der Nationen. Eine Untersuchung seiner Natur und seiner Ursachen* (Uebertraen und herausgegeben von Horst Claus Recktenwald). Muenchen: DTV.

Smith, Cyril. 2005. *Karl Marx and the Future of the Human*. Maryland: Lexington Books.

CHAPTER 06

아나키즘: 일제하 아나키즘의 수용과 '무정부주의'

전 상 숙

Ⅰ. 머리말

민족주의와 국가주의에 대한 반작용으로, 이들과 동시에 출현한 아나키즘이 이데올로기적·실천적으로 표출되어 하나의 정치관으로 등장한 것은 상대적으로 최근에 속하는 현상이라고 할 수 있다. 일반적으로 아나키즘은 다른 이념에 비해서 상대적으로 현실을 파악하는 방식이자 삶의 방식으로 여겨진다. 때문에 그것은 일반적 의미의 '정치'라는 경계를 넘어서는 것으로 여겨진다. 이 때문에 아나키즘은 명확히 규정할 수 없다고 한다. 그러나 '아나키즘'을 아나키즘이라고 부를 수 있는 것은, 그것이 일관되게 인간관계의 진정한 본질이 구체적인 '개인'에게 있다는 것을 '진리'로 여기는 데 있다. 이렇게 자기중심주의에서 출발한 아나키즘은 주관적 자유에 대한 한결같은 옹호자로서 자처한다(장 프레포지에 2003, 50-52).

이러한 아나키즘이 한국인들 사이에서 모습을 드러낸 것은 1921년

11월 재일 한국유학생들이 조직한 흑도회를 효시로 해서였다. 일제하에서 '무정부주의'로 받아들여진 아나키즘은, 청년 지식인들에게 '무' '정부' 곧 '일본 정부'를 없애자는 것으로 여겨졌다. 처음부터 무정부주의와 민족독립의 문제는 상호 모순 없이 받아들여졌다. 그러나 러시아혁명과 3·1운동 이후 볼셰비즘과 거의 동시에 수용된 한국의 아나키즘은 곧 혁명 후 러시아에 대한 인식과 민족독립운동의 방법을 놓고 대립·분화되었다. 민족주의와 국민국가 건설이라는 시대의 흐름에 적절히 부응한 공산주의가 일제하 정치운동의 주도권을 차지해 간 반면에 민족주의와 국가주의를 거부한 아나키즘은 시대의 흐름에 낙오했다고 할 수 있다(조세현 2001, 104).

그러나 신채호의 아나키즘을 민족독립운동과 관련해 평가한 하기락과 김성국은 한국에서 민족주의와 아나키즘은 상호 대립적인 양자택일의 관계가 아니라, 민족주의에 기초해서 아나키즘이 이념적으로 성숙해갔다고 한다. 양자가 식민지사회에서 상호 보완적 관계에 있었다고 해석한 것이다(하기락 1980; 김성국 1996). 민족주의와 아나키즘을 상호보완적 관계로 볼 수 있는 것은, 일제하 식민지 민족독립운동을 매개로 하여 민족주의와 '무정부주의'로 번역된 아나키즘이 하나의 접점을 이루며 항일 민족운동가들의 의식 속에 자리하고 있었기 때문이다.

근대사회의 구조적인 모순을 비판하고 그에 대한 대안을 제시하는 근대 변혁사상으로 형성된 서구 아나키즘의 원론에 입각해 한국의 아나키즘을 평가할 수는 없을 것이다. 지역적 특성을 간과할 위험이 있기 때문이다. 아나키즘이 수용된 사회구조적 상황을 고려하는 한편으로 궁극적으로 그것이 한국사회에서 지향한 바가 무엇이었는지 함께 고찰할 때 한국의 아나키즘과 아나키즘운동을 이해할 수 있을 것이다. 이러한 입장에서 이 글은 먼저, 아나키즘이 근대의 실천적 사회운동과정 속에서 정립된 과정과 기본적인 특성을 살펴보고, 그것이 한·중·일 동아시아 삼국으로 전파되면서 형성된 동아시아 아나키즘 수용의 특징을 고찰한 후 일제하 민족해방운동의 방법이자 이념으로 사회주의와 함께 수용된 한국 아나키즘의 특질에 대해서 살펴보고자 한다. 이렇게 역사상에 나타난 아나키즘을 고찰한 후 마지막으로 그것이 21세기에 다시 제기되는 이유는 무엇인지 아나키즘의 현재적 의미에 대해서 재고해 보고자 한다.

Ⅱ. '개인'의 절대적 자유를 구한 아나키즘 사회운동

세바스티앙 포르(Sebastien Faure)는 『아나키스트 사전』에서 "권위를 부정하고 그에 맞서 싸우는 자는 누구나 아나키스트"라고 했다(죠지·우드코크 1972, 11). 이런 의미에서 역사상 아나키스트가 없었던 때는 없을 것이다. 그러나 아나키즘이 이데올로기적·실천적으로 표출되어 하나의 정치관으로 등장한 것은 근대 산업혁명 이후였다. 근대사상으로서 아나키즘은 민족주의와 국가주의에 대한 반작용으로, 산업혁명으로 인한 정치와 경제의 집중화와 사회경제적 불평등을 극복하기 위한 대안 이데올로기로 형성되었다.

아나키즘은, 모든 이데올로기가 그렇기는 하지만, 상대적으로 현실을 파악하는 방식이면서 동시에 삶의 방식이기도 하기 때문에 통속적인 의미의 정치라는 경계를 넘어서는 것으로 여겨진다. 아나키즘은 개별자 곧 인간관계의 진정한 본질이 구체적인 '개인'에게 있다는 것을 '진리'로 여기기 때문이다. '개인'을 본질적이며 최상의 가치이고 정치적 권리와 역사의 진정한 주체이자 총체성을 구성하고 그 내부에 생명을 불어넣어 총체성을 현존하게 하는 생물학적·사회적 단세포라고 단언한다. 반면에 국가는 변증법적 과정의 비본질적인 계기인 '전체'로 여겨진다. 이렇게 아나키즘은 자기중심주의에서 출발해 주관적 자유에 대한 한결같은 옹호자로서 자처한다(장 프레포지에 2003, 50-52). 때문에 '아나키즘'·아나키스트는 제각기 다르게 정의되며 명확하게 정의하는 것은 불가능하다고 할 수 있다.

19세기 유럽에서 이데올로기적·실천적으로 표출되어 근대사상으로 정립된 아나키즘이 러시아혁명과 두 차례의 세계대전을 거치며 실천운동으로서의 동력을 상실한 과정은 그러한 아나키즘의 특성을 잘 드러낸다고 할 수 있다. '아나키즘'이라는 용어는 지배자 또는 권력이 없음을 의미하는 희랍어 아나르코스(anarchos)에서 유래한다. '아나키(anarchie)'·'아나키스트'라는 말은 정부의 부재·혼란·무질서 등과 동의어로 경멸적이고 부정적인 의미로 사용되었다. 이 용어가 정치적인 의미에서 일반적으로 쓰이기 시작한 것은 프랑스 혁명기였다. 당시 그것은 각종 당파가 자신들의 반대자를 규탄하기 위한 부정적인 비판이나 욕설로 또는 좌익에 대한 호칭으로 사용되었다. '아나키즘의 아버지'로 불리는 프루동은 이를 역설적으로 사용해 아나키즘을 하나의 정치적 입장으로 끌어올렸다고 평가된다. 1840년 프루동이 『소유란 무엇인가?』라는 저서에서 '아나키스트'와 '아나키'란 말을 처음 사용한 문장은 아나키즘을 세속적인 의미에서가 아니라 정치적 이론으로 설명한 것으로 평가받는다(죠지·우드코크 1972, 12-15; 장 프레포지에 2003, 88-91).

· "우리는 어떤 형태의 정부를 선호해야 합니까?" 젊은 학생 중 한 사람이 의심치 않고 답한다. "그런 질문을 하시다니 당신은 공화주의자시군요." "공화주의자라구요? 그렇습니다. 그렇지만 그 말은 정확하지

> 않습니다. 공화국을 의미하는 'Res publica'라는 라틴어는 '공적인 것'이라는 뜻이고, 따라서 공적인 것을 원하는 사람이라면, 그가 어떤 형태의 정부 하에 있든지 공화주의자라 할 수 있겠지요. 왕도 공화주의자일 수 있습니다." "그럼 당신은 민주주의자인가요?" "아닙니다. … 그럼 당신은 무엇인가." "나는 아나키스트입니다!" "이제야 알겠군요. 당신은 빈정거리고 있습니다. 정부에 대해서." "절대로 그렇지 않습니다. 내 말을 심각하게 받아들이고 곰곰이 생각해 보십시오. 나는 질서의 편임에도 불구하고 온전한 의미에서 아나키스트입니다."

이렇게 말하고 프루동은, 사람이 정의를 평등 속에서 구하듯 사회는 질서를 아나키 속에서 구한다고 했다. 주인도 주권자도 없는 아나키, 곧 지배와 피지배의 정치권력이 아닌 개인 간의 자율적 공동체. 그는 그것이 우리가 날마다 접근해 가는 정부의 형태라고 해, 아나키를 근대사회의 정치적 이상으로 제시했던 것이다.

프루동은 "내가 자유롭고 내가 나 자신 이외의 어떤 법률에도 따르지 않고서 나 자신을 지배하기 위해 사회라는 건축물은 계약의 사상 위에 재건되지 않으면 안된다"며 개인의 자유를 엄격히 옹호했다. 그러나 그는 그것을 연합이라는 견지에서 보았다. 이러한 입장에서 그는, 경제적으로는 생산수단을 소유가 아니라 '점유'한 개인과 소집단에 기초를 두고, 각 개인에게 자기 자신의 노동 생산물을 보증하는 교환과 상호신용의 계약으로 결합된 코뮨(commun)과 노동자협동조합의 대연합을 구상했다(죠지 · 우드코크 1972, 23).

아나키즘은 근대산업사회의 발달로 계층화된 정치 · 사회체계 속에서 경제적 빈곤으로 인간(개인)으로서의 존엄성을 상실하고 도구화되어 가는 대다수 노동자계층을 개인(인간)으로서 복원시킬 수 있는 공동체 사회를 추구한 것이었다. 그것은 자유로운 '개인'의 '자율'에 기초해 경제적 불평등을 해소할 수 있는 사회였다. 이는 인간의 존엄성과 인간 이성의 자각에 대한 신뢰를 기반으로 한 근대적 사회사상이었다. 프루동이 "나는 질서의 편임에도 불구하고 온전한 의미에서 아나키스트"라고 한 것은 바로 그러한 의미를 내포한 것이었다고 할 수 있다.

프루동은 노동자들이 폭력혁명보다는 경제적 행동을 통해 사회를 변혁시킬 수 있다는 '원시적 아나키즘'을 주장했다고 할 수 있다. 여기서 그의 아나키즘은 '상호부조주의'라는 이름이 붙여졌다. 그는 생산자와 소비자로 이루어진 협조조합체계 즉 '상호부조조합'이 자본주의체제를 대신하고, 이러한 '자유로운 상호부조조합'이 국가를 대신해 미래의 아나키사회를 이끌 것이라고 주장했다. 그의 사상은 노동자들에게 큰 반향을 일으켰고 그의 상호부조주의를 받아들인 파리의 수공업자들은 제1인터내셔널에서 중요한 역할을 했다(구승회 외 2004, 24-25).

아나키즘은 19세기 자유주의의 확산과 자본주의의 발달이 산출해낸 자본과 노동이라는 계층적 분화와 이에 따른 경제적 불평등에 신음하는 대다수 노동자계층에게 경제적 불평등을 해소하기 위한 대안으로 대두했다. 이와 함께 노동자계층이 중앙집권적 권력을 형성해 집권함으로써 이상사회를 실현하고자 했던 보다 현실적인 이데올로기로 이론화된 것이 맑스주의였다. 두 사상은 모두 근대산업사회의 모순을 비판하고 새로운 이상사회를 지향한 사회변혁사상이었다. 그러나 아나키즘은 개인의 존엄에 근거해 일체의 권력을 부정하고 일반 대중에 대한 신뢰를 바탕으로 한 새로운 공동체사회를 지향한다는 점에서 맑스주의와 구별된다. 때문에 양자는 현실사회변혁을 목표로 한 실천적 사회운동에 함께했지만 갈등·대립하지 않을 수 없었다.

그 가운데 아나키즘은 이론적으로 성장·분화되어 가는데 그 과정은 인터내셔널의 전개와 맥을 같이 했다. 이 과정에서 아나키즘의 딜레마는 개인의 자유·자율과 이를 획득하기 위한 실천운동에서 조직화된 권력에 대한 대응력을 확보하기 위한 전략적인 문제 사이의 균형을 유지하는 것이었다. 이는 현실적으로 정치적 조직화를 부정하는 가운데 어떻게 '개인'적 자유의 기초가 되는 경제적 자유를 획득하고 완성할 것인가 하는 문제와 직결되어 실천적 사회운동과정에서 산업사회의 성장에 대응한 이론적 성장과 분화를 가져왔다.

1862년 영국 만국박람회에서 함께 한 프랑스·독일·영국노동자들의 협의에 기초해 1864년 9월 노동조합 연합으로 국제노동자협회(제1인터내셔널)가 결성되었다. 제1인터내셔널 회의의 진행과정을 자세히 다룬 장 메트롱의 『프랑스 아나키스트운동』을 보면 인터내셔널은 다음과 같이 전개되었다(장 프레포지에 2003, 96). 1866년 9월 제네바에서 열린 제1차회의와 1868년 9월 로잔에서 열린 제2차회의는 프루동사상의 영향을 받은 상호부조주의가 지배했다. 1868년 9월 브뤼셀에서 열린 제3차회의에서 아나키즘은 상호부조주의에서 집산주의와 생디칼리즘으로 이행하고, 1869년 9월 바젤에서 열린 제4차회의에서는 소수파인 맑시스트와 프루동주의자에 대항한 '반권위적 집산주의자'가 다수파로 대두했다.

이들은 모두 연합주의와 노동자들의 결합을 강조한 프루동사상의 중요 요소를 보유하며 인터내셔널 최초의 프랑스지부를 결성했지만 아나키즘을 성장하는 산업사회에 적응하고자 프루동의 이론을 변형해 적용한 것이었다. 바쿠닌과 집산주의자들은 프루동의 '개인적 점유'를 자발적인 집단제도에 의한 점유로 바꾸어 놓았다. 그것은 개인의 생산물 또는 노동자 개인에게 보증된 그와 동등한 가치가 있는 것을 향수할 권리를 수반하는 것이었다(죠지·우드코크 1972, 23-24).

인터내셔널은 창립 초부터 그것을 정치조직화 하려는 맑스주의자와 순수하게 노동자들의 경제적 해방을 목표로 해야 한다는 프루동의 사상을 받아들인 상호부조주의자들이 대립했다. 아나키스트들의 정치투쟁 배제 요구는 사회개혁의 수단으로 국가권력을 이용하고자 급진적 정치가들의 참여를 독려했던 맑스주의자들의 노선과 배치되었다. 인터내셔널에서 맑스주의자들과 강력하게 이념적으로 대치한 것이 바쿠닌주의자들이었다. 프루동의 직접적인 제자라 할 수 있는 바쿠닌은 생산자의 자유로운 조합에 기초한 미래사회와 국가에 대한 프루동의 견해를 수용했다. 그러나 그는 프루동과 달리 '폭동'에 의해 국가를 폐지시켜야 하고 노동조합도 폭동을 목표로 해야 한다고 주장했다. 그러나 그는 정치적 개량을 위한 투쟁은 거부하고, 개인·코뮨·지역·민족의 자유로운 연합체가 국가를 대신할 것이라 하여 자본주의 붕괴 이후 프롤레타리아독재를 상정한 맑스와 견해를 달리했다. 인터내셔널에서 국가의 파괴를 목표로 한 바쿠닌의 연맹주의와 프롤레타리아계급에 의한 국가권력의 획득을 목표로 한 중앙집권주의는 첨예하게 대립했다. 그들은 정치적 전술과 목표, 실천상의 조직문제에서도 큰 차이를 보였다(구승회 외 2004, 28-30; 죠지·우드코크 1972, 164-205).

이러한 사회변혁운동이론으로서의 아나키즘의 발전을 다시 논리적으로 변형시킨 것이 1870년대 후반 크로포트킨과 그의 동지 아나코 코뮤니스트들이었다. 그들은 지방코뮨과 이와 유사한 연합을 생산수단의 관리자로 구상하고 모든 형태의 임금제도를 공격했다. 그들은 능력에 따른 생산과 필요에 따른 소비라는 슬로건을 기초로 각자의 욕망에 따라 누구나 공동의 창고에서 필요한 것을 가질 수 있도록 하는 문자 그대로의 코뮨주의사상을 제창했다. 바쿠닌의 집산주의 대신 대두된 아나코 코뮤니즘은 공동체주의로 발전한 것으로, 생산수단과 소비재 모두 사회화 하는 것이었다. 그러나 크로포트킨은 폭력주의에 반대했다. 이들과 그후 프랑스노동조합 속에서 등장한 아나코 생디칼리스트와의 차이는 후자가 총파업을 가장 유효한 전술로 하는 혁명적 노동조합을 투쟁의 기관으로서 강조하고 그 위에 자유사회가 세워질 것이라고 강조한 점이었다(죠지・우드코크 1972, 24).

한편, 인간 해방과 이성에 대한 신뢰에 기초한 아나키즘 계열의 한 끝에 청년헤겔학파의 일원으로, 전투적인 자기관철을 주장하고 상호간의 무자비성을 존중하는 에고이스트동맹을 예견하며 이 경향을 논리적으로 관철하고자 했던 슈티르너의 개인주의적 아나키즘이 있다(죠지・우드코크 1972, 23; 장 프레포지에 2003, 127-62). 그의 이론은 순수 관념론자의 것으로서 사변적인 아나키즘으로 불린다.

1880년대 이후 아나키즘운동은 오랫동안 노동자 대중과 유리되었다. 이 시기 아나키스트들은 '행동적 아나키즘'이라고 불리는 테러와 같은 직접행동으로 고립을 자초했다. 아나키즘은 러시아 혁명기 반볼셰비키투쟁과 이탈리아 노동운동, 스페인 혁명기 반정부투쟁에서 선도적인 역할을 했지만 두 차례의 세계대전을 거치면서 공고히 된 국민국가 단위의 국제질서 하에서 실천운동으로서의 동력은 사상되고 이상적 공동체사회의 한 이념으로 존재하게 되었다.

Ⅲ. 동아시아 삼국의 아나키즘 수용과 특징

아나키즘은 19세기 후반 신문・잡지를 통해 동양에도 소개되고 있었다. 20세기 초에는 아나키즘 관련 서적들이 번역・출판되었다. 동아시아에서 아나키즘의 수용은 사회주의의 수용과 함께 했다. 근대적 산업사회의 모순을 비판하고 그 대안을 모색한 서구의 근대 사회변혁사상은 적극적으로 자본주의적 성장을 도모한 일본을 필두로, 제국주의의 침략에 직면해 새로운 사회변혁을 모색하던 중국과 한국의 지식인들에게 이론적·실천적 대안을 제시하는 정치·사회사상으로 다가왔다. 근대적 사회변화를 몸소 체험하며 사회변혁의 필요와 이를 위한 실천적 이데올로기로 정립된 서구의 사회변혁사상은, 자유의지와 관계없이 직면하게 된 근대적 경제체제와 이를 이끄는 정치구조의 부당성과 대립하며 그 치하에서 상실된 주권을 회복하기 위해 현존하는 지배체제와 재래의 전근대적 사회체제를 동시에 변혁할 수 있는 또는 변혁하기 위한 가능성이자 방법으로서 받아들여졌다. 서양 근대사상이 동아시아 사회에 소개되어 수용·전개된 방식은 서구와는 근본적으로 달랐던 것이다.

일본에서 사회주의가 처음 소개된 것은 근대적 개혁을 추진한 메이지정부에 의해서였다. 19세기 후반 산업화를 주도하는 과정에서 메이지정부는 사회주의에 대한 예방책으로서 사회주의를 부정적으로 소개했다. 자본주의가 성장하지는 않았지만 중국에서 사회주의는 20세기 초 진보적 지식인들과 유학생들을 통해서 전제군주제를 타도하기 위한 이론적 무기로 받아들여졌다. 한국에서는 3·1운동 후 이른바 '문화정치'로 일제가 지배정책을 수정하면서 부분적으로 허용한 언론·출판을 통해 소개되어 반제국주의 항일운동의 새로운 이념으로 수용되었다. 넓은 의미의 '사회주의'·근대 사회변혁사상은 자본가와 노동자의 대립 구도에서 싹튼 것이 아니라 새로운 사조가 소개·수용되는 과정에서 들어와 사회 내부의 필요와 맞물리며 자리를 잡았다. 일본에서는 여러 사회주의 파벌이 활동하는 가운데 아나키즘이 점차 독자적인 세력으로 성장했다. 이에 비해 중국에서는 아나키즘이 처음부터 가장 먼저 주도권을 쥐고 상당한 세력을 형성했었다(조세현 2001, 21-22). 한국에서는 사회주의와 혼재되어 받아들여져 실천운동을 전개하는 가운데 분화되어갔다.

아나키즘은 서구에서와 같이 일체의 강제적인 권력이나 권위를 부정하는 사회사상으로 받아들여졌지만 동아시아 3국이 처한 사회·경제적 상황의 차이만큼 수용 양상과 그것을 통해 해결하고자 한 현실적인 목표는 각국마다 달랐다. 메이지시기 번역과 사회주의 사조의 일환으로 일본에 유입된 아나키즘은 1902년 도쿄대학생 게무야마 센타로가 펴낸 『근대무정부주의』라는 책을 통해서 '무정부주의'로 불리게 되었다(小松隆二 1972, 23-26). 중국의 량치차오(梁啓超)가 "무정부"라는 용어를 사용한 적이 있기는 하지만 광범하게 유통된 이 책을 통해서 아나키즘은 동아시아에서 무정부주의로 불리게 되었다. 이 번역어가 유통된 다음 아나키즘은 허무주의자의 암살이나 폭동과 동일시되면서 원래의 의미가 심하게 왜곡되어 모든 정부나 조직을 부정하는 혼란과 폭력의 대명사가 되기도 했다(조세현 2001, 26).

영국의 정치학자 존 크럼이 동아시아에서 아나키즘이 등장한 것을 1906년이라고 한 것은(크럼 1995, 91), 동년 미국에서 아나코 생디칼리즘의 영향을 받고 돌아온 일본의 대표적인 아나키스트 고토쿠 슈스이가 일본에서 본격적으로 아나키즘운동을 전개하기 시작했기 때문이다. 고토쿠는 의회주의로는 사회혁명을 달성할 수 없다며 노동자의 총동맹파업을 통한 사회혁명을 주장했다. 일본의 아나키스트들은 일본 정부의 정책과 대치되는 반자본주의·반제국주의·평화주의·노동계급의 연대를 통한 총파업과 같은 직접행동을 주장했다. 고토쿠의 직접행동론은 일본 사회주의운동의 분화를 촉진하는 한편으로 노동운동이 결합된 아나코 생디칼리즘으로 조직적인 대중운동으로 전개되었다. 러일전쟁 이후 대륙진출을 본격화하기 시작한 일본은 아나키즘운동이 사회운동으로 자리를 잡자 이른바 '적기사건'을 필두로 대대적인 탄압과 체포를 전면적으로 단행해 아나키스트 세력을 급속히 약화시켰다.

1908년 아나키스트들의 집회에 붉은 혁명기가 걸렸다는 것을 빌미로 한 적기사건 이후 일본정부는 사회주의운동에 대한 전면적인 탄압을 실시했다. 그리하여 1910년에는 이른바 '대역사건'을 통해서 고토쿠를 처형했다. 고토쿠 슈스이는 일본에서 가장 먼저 천황제를 비판한 사람 가운데 한명이었다. 그러나 그가 천황암살계획을 가지고 있던 것은 분명 아니었다. 1910년 5월 고토쿠가 운영하던 '평민사'에 관계하던 젊은 청년 가운데 한명이 폭탄을 제조하다 발각되었다. 일본 정부는 이를 고토쿠 슈스이를 비롯한 사회주의자들이 천황암살음모를 계획했다는 '대역사건'으로 조작했다. 이 사건에는 재일 한인 아나키스트 박열도 연루되어 있었다. 일본이 본격적으로 한국병합을 단행하려던 시점에서 일어난 이 사건은 당시 고토쿠와 가타야마센 등 사회주의자들이 한일병합에 반대했다는 것을 고려하면 정치적으로 시사하는 바가 크다. 동년 일본 정부는 '치안유지법'을 제정해 사회운동에 대한 통제를 강화하며 언론·집회의 자유를 박탈하는 한편으로 한국병합을 시작으로 한 대륙으로의 침략을 본격화하기 시작했다.

동아시아 아나키스트들의 연대를 제창한 고토쿠를 중심으로 한·일본 아나키즘은 중국과 한국의 지식인들에게 깊은 영향을 주었다. 1907년 고토쿠의 영향으로 아나키즘을 수용한 중국인 청년들이 1907년 '사회주의강습회'라는 중국인 최초의 아나키스트단체를 결성했다. 이를 중국 아나키즘운동의 본격적인 시작으로 본다. 그러나 중국 국내에서 아나키즘운동이 본격화된 것은 1911년 신해혁명 이후였다. 일본과 러시아를 통해서 유입된 중국의 아나키즘은 순수 이론보다는 양국의 현실적인 상황에서 전개되고 있던 혁명운동의 실천적 성격을 가진 것이었다. 일본의 다양한 사회주의 사조와 혼재된 아나키즘과 러시아 짜르 전제정권에 대항한 '허무당'의 반정부·반권력 투쟁에 관한 전술이 주로 소개되었다. 서구 열강의 반식민지 상태에 있던 중국 혁명운동의 대세는 반제국주의와 반제국주의 실천에는 배만(排滿)혁명이 필연적이라는 인식이 팽배해 파괴와 암살 등의 테러가 현실적으로 가동되었다. 이 시기 중국에서는 그것이 아나키즘으로 이해되었고, 그것을 정치혁명의 수단이라고 생각했다. 민족주의적 입장에서 아나키즘이 받아들여진 것이다. 그러나 중국 본토가 아닌 해외에서 중국 아나키스트 단체가 생겨나면서 아나키스트 진영에서 민족주의 색채는 점차 탈색되어 갔다(구승회 외 2004, 75-76).

중국과 일본에서 혁명사상으로 급속히 전파되고 있던 아나키즘은 일본의 한국병합으로 구국과 민족해방의 당면 과제에 직면한 한국의 독립운동가·지식인들에게 양국을 통해서 국권회복과 민족해방을 위한 실천적 사회이념으로 받아들여졌다. 한편으로, 일본 정부가 급속히 확대된 산업화에 필요한 노동력을 한국으로부터 조달함에 따라 많은 한국인들이 일본의 노동 현장에 투입되면서 한국인 노동자들은 당시 일본 노동계에서 광범하게 유행하던 아나코 생디칼리즘을 쉽게 경험하고 있었다. 한·중·일 삼국이 식민지·반식민지·제국주의화한 동아시아 정세 속에서 한국의 지식인들은 식민지화 이전까지 근대화의 논리로 수용되고 있던 사회진화론을 '상호부조주의'로 대치하며 이를 핵심으로 하는 크로포트킨의 아나키즘에 기초하여 아나코 코뮤니즘을 주류로 받아들였다(구승회 외 2004, 82).

아나키즘이 한국인들 사이에서 모습을 드러낸 것은 1921년 11월 일본의 한국인 유학생들이 조직한 흑도회를 효시로 해서였다. '대역사건'에 연루되었던 박열이 조직한 흑도회는 일본정부의 한인 노동자 집단학살사건 등에 관여하면서 사회운동단체로 표출되었다. 박열은 1921년 서울에 들어와 국내 최초의 아나키스트단체인 흑로회를 조직하기도 했다(이호룡 2001, 101). 일제로부터의 민족해방을 추구하는 젊은 지식인들에게 '무' '정부주의'는 '일본 정부'를 없애자는 말로 받아들여졌다. 그리하여 무정부주의운동과 민족독립의 문제는 상호 모순 없이 받아들여졌다. 그러나 3·1운동 이후 볼셰비즘과 거의 동시에 한국사회에 전파·수용되기 시작한 아나키즘은 혁명 후 러시아에 대한 인식과 민족독립운동의 방법을 놓고 볼셰비즘과 대립, 분화되었다.

동아시아 삼국에서 아나키즘은 사회주의와 함께 수용되면서 각국이 처한 정치·경제적 상황에 따른 내부적 필요와 맞물려 정치적·사회적 성격을 갖는 사회운동으로 전개되었다. 그것은 서구사회에서 아나키즘이 일체의 정치적 성격을 부정하는 근대사상으로 형성된 것과는 대조적이었다. 아나키즘은 서구사회의 자본주의적 성장으로 야기된 경제적 불평등에서 비롯된 인간관계의 문제를, 인간관계의 진정한 본질은 구체적인 '개인'의 자유와 해방에 있다는 입장에서 개인의 주관적 자유를 확보할 수 있는 방법을 모색해 사회구조적인 문제를 해결하고자 한 근대 변혁사상이었다. 이러한 아나키즘이 20세기 초 동아시아 사회에서 급속히 받아들여진 것은 당시 '상호부조주의'로 불린 크로포트킨 사상의 세계적인 영향력과 그것이 동아시아 사회와 갖는 친화력에 힘입은 바 크다고 할 수 있다.

앞에서 언급한, 크로포트킨이 제시한 코뮨을 단위로 한 자유연합사회는 코뮨이 모든 재화를 공동으로 소유하며 도시와 농촌, 공업과 농업이 절묘한 조화를 이루는 분권사회였다. 그 속에서 개인은 창의성을 마음껏 발휘하고 상호부조의 정신이 충만해 즐거운 노동이 가능하며 불평등한 교육이 낳은 정신노동과 육체노동의 차별이 사라진 이상사회였다. 이러한 크로포트킨의 사상은 유럽뿐만 아니라 동아시아에도 큰 영향을 미쳤다. 보편성과 국제 연대를 강조한 그것은 군국주의로 나가던 일본이나 전제군주제가 남아있던 중국, 식민지화된 한국에서도 받아들일 만했다. 종래의 사회진화론은 일본인에게는 침략적 제국주의론으로 변질되었고, 약자였던 중국과 한국인에게는 더 이상 제국주의 침략에 대항할 수 있는 적절한 대응 논리로 여기지지 못하고 오히려 세계대세에 적응하지 못한 필연의 산물이라는 역논리로 작용했다. 크로포트킨의 상호부조론은 이를 극복하기 위한 모색과 비판적 대안으로 3국 사상계에서 고루 받아들여졌다(조세현 2001, 42-45; 조세현 2005, 270). 그것은 전통 유가의 성선설이나 묵가의 겸애론과 연결되어 이해되기도 하고(조세현 2005, 254), 공자나 맹자의 원시 유교나 노자의 무치(無治)주의와도 잘 어울렸다(안종수 2006, 33; 김갑수 2007, 76-103).

동아시아 아나키즘운동에 큰 영향을 미친 고토쿠 슈스이도 공동소유·공동생산·공동소비를 주장한 크로포트킨의 『빵의 정복』을 번역하면서 정당이나 선거문제 등에 대한 관점을 정립할 수 있었다. 직접행동을 주장한 고토쿠의 아나키즘도 크로포트킨의 사상과 노동조합주의가 결합된 것이라고 할 수 있다(조세현 2001, 40-45). 한국인 아나키스트 유자명이나 정화암도 각기 회고록과 자서전에서 크로포트킨 사상의 중요성을 강조해 상호부조주의의 영향을 깊이 받고 있었음을 알 수 있다(유자명 1999, 71-72; 정화암 1992, 353; 오장환 1998; 이호룡 2001). 특히 일본의 군국주의정책에 반대한 아나키스트 고토쿠는 재일본 중국인과 한국인들을 우호적으로 대하며 특히 중국의 혁명가들과 긴밀한 협조관계를 구축하려했다. 일본 사회주의자들의 정치집회에 참가했던 많은 중국과 한국의 유학생들과 혁명가들은 고토쿠와 교류하며 그의 영향 아래 자연스럽게 아나키즘을 받아들였다. 그들은 20세기 전반 상호 국경을 넘는 연대활동을 지속했다. 일본 아나키스트들은 중국 혁명을 지원하기 위해 국경을 넘었고, 한인 혁명가들은 일본과 중국 아나키스트들의 지원을 받아 민족해방운동에 참여했다. 동아시아 아나키스트들의 국경을 초월한 연대의식은 동아시아 근대사에 매우 이채로운 한 페이지를 장식하고 있다(조세현 2001, 35-45).

동아시아의 아나키스트들은 1917년 러시아혁명 성공 이후 급부상한 볼셰비즘과 함께 사회운동을 전개하는 가운데 일어난 아나·볼 논쟁을 통해서 종래 혼재되어 있던 광의의 사회주의자들과 결별하고 독자적인 노선을 견지해갔다. 중국과 일본에서는 거의 같은 시기인 1921년 7월 아나·볼 논쟁이 벌어졌다. 일본에서 그것은 전국노동조합의 조직형태를 자율적 조합의 연합으로 할 것인지 중앙집권적 통일조직으로 할 것인지를 둘러싸고 일어났다. 자본주의적 성장이 미진했던 중국에서 그것은 노동운동분야가 아니라 중국공산당을 창당하는 과정에서 먼저 일어났다. 3·1운동 이후 아나키즘과 볼셰비즘을 거의 동시에 수용한 한국에서는 민족해방운동의 방법을 둘러싸고 아나키스트들과 공산주의자들이 사회운동 초기부터 대립했다. 프롤레타리아 독재와 맑스주의 국가론 문제, 개인의 자유와 당 규율 문제, 생산과 분배 문제 등을 둘러싼 동아시아의 아나·볼 논쟁은 이론적인 경쟁 이면에 누가 더 효율적으로 사회변혁의 대안을 제시할 수 있는가 하는 실제적인 문제를 안고있었다. 논쟁이 한창이던 1920년대 전반은 동아시아에서 아나키즘운동이 전성했지만 얼마 후 볼셰비즘의 우세로 돌아섰다. 민족주의와 국민국가 건설이라는 시대의 흐름에 적절히 부응한 공산주의는 정치적 주도권을 차지할 수 있었지만 민족주의와 국가주의를 거부한 아나키즘은 시대의 흐름에 낙오했기 때문에 실패했다고 할 수 있다(조세현 2001, 137-144).

Ⅳ. 한국의 아나키즘: 일제하 아나키즘의 수용과 '민족해방운동'

아나키즘이 한국에 들어온 것은 3·1운동을 계기로 전환된 일제의 '문화정치'하에서 본격적으로 소개, 수용되기 시작한 사회주의와 함께였다(전상숙 2004, 48-55). 아나키즘은 1921년 박열이 조직한 것으로 알려진 흑로회, 흑색청년동맹을 시작으로 독자적인 사회운동을 전개해갔다. 한국에서도 아나키즘은 사회운동선상에서 민족해방문제를 둘러싸고 공산주의와 대립하며 실질적으로 분리되기 시작했다. 3·1운동 직후 아나키스트들과 공산주의자들은 1920년 4월 조선노동공제회 결성에 함께 했다. 그러나 그들은 일본에서 아나·볼논쟁을 계기로 1922년 각각 박열과 김약수를 중심으로 아나키스트와 공산주의자로 분열해(전상숙 2008, 103) 흑도회와 북성회로 나뉜 것과 궤를 같이 하며 조선노동공제회에서도 결별했다. 공산주의자들이 조선노동공제회를 개조하려는 과정에서 충돌한 양측은 공산주의자들의 조선노동연맹회와 아나키스트들의 흑로회로 분리되어 각기 다른 길을 걸었다. 당시 아나키즘이 강했던 중국에서 한인 아나키즘운동은 1919년 조직된 김원봉의 의열단이 베이징으로 옮겨와 세력을 확장하면서 본격화되었다. 유자명이 신채호에게 부탁해 완성된 '의열단선언문'(조선혁명선언)은 의열단이 아나키즘을 수용했음을 상징하는 것으로 평가된다. 1924년 의열단은 분열되고, 순수 아나키스트 단체인 재중국 조선무정부주의자연맹이 1927년 조직되었다(이호룡 2004, 230; 김성국 2003, 305-306; 김영범 1997, 143-44; 한상도 2008, 147-48).

일본의 아나·볼논쟁을 계기로 분리된 아나키즘은 1920년대 중반부터 본격적으로 활동하지만 공산주의세력의 신장에 밀려 약세를 면치 못했다. 한국의 아나키스트들은 실천적 사회운동 상에서의 약세를 극복하기 위해 아나키즘의 근본 원리와는 달리 연합체의 성격을 갖는 단일한 전국적 조직을 결성해 운동을 발전시키고자 했다. 그러나 1924년 서울에서 결성을 시도한 흑기연맹, 1925년 박열의 의지를 계승하기 위해 대구에서 조직된 진우연맹, 박열의 법정 진술이나 신채호의 '조선혁명선언'과 같은 급진적 논리를 보인 '허무당선언서'를 작성해 전국에 배포한 박홍곤사건 등 1925년 전후 아나키즘 조직과 운동은 대부분 실패로 끝났다. 그러나 지방으로 확산된 1920년대 중반 이후 아나키즘운동은 특히 북부지방을 중심으로 보다 조직적이고 체계적으로 단체를 결성하기 시작했다. 이는 1927년의 신간회 결성과 맞물려 공산주의자들과 격렬한 주도권 다툼을 벌였다.

1927년 12월 평양에서 관서 운동자 연합체로 창립된 관서흑우회는 창립시부터 대중조직에 관심을 기울여 국내 아나키즘운동사상 최초로 조직적인 농민·노동운동을 시도했다. 관서흑우회는 1929년 11월 회원과 조직의 자발적 참여로 이루어진 연합체로서의 성격을 갖는 전국적 아나키즘 조직으로서 조선공산무정부주의자연맹을 만들었다. 연맹은 기본적으로 공산주의에 대항하기 위한 조직이었다. 당시 국내의 아나키스트들은 신간회결성과 맞물려 아나·볼논쟁에 깊이 개입했지만, 연맹은 일제의 탄압과 민족운동 진영과의 경쟁으로 크게 활동하지 못했다. 한인 아나키스트들이 연맹을 전국적 단일조직으로 발전시키려고 한 것은 한국 아나키즘운동사상 특기할 만한 사건이라고 볼 수 있다(구승회 외 2004, 202; 조세현 2001, 132-33). 1920년대 후반 연맹 조직이 와해되고 국내 아나키즘운동은 일제의 탄압을 피해 지하화되었다.

공산주의와 결별 후 기타 모든 사회운동세력을 부정하며 순수 아나키즘을 지향한 국내 아나키즘운동은 공산주의와의 투쟁을 지속하며 1930년대 이후 학생들을 중심으로 한 독서회와 청년·학생들의 선전활동, 출판활동 등을 전개했다. 출판활동의 중심이 되었던 '이십세기서방'은 서울 견지동에 자리해 에스페란토 강습소인 근대사상연구소와 일본 아나키스트 잡지인 『자유연합신문』 경성지국을 겸하며 국내 아나키스트들의 연락처 역할을 했다. 국내 아나키즘운동은 치안유지법을 개정해 사회변혁운동을 강력히 탄압하는 일제의 단속을 피해 지하화해야 했던 1930년대 이후 소규모 조직으로 명맥을 이어갔다(하기락 1978, 453-58).

한편 일제의 병합 이후 정치·경제적인 이유로 이주한 한국인들이 가장 많이 살고 있어 일제하 민족해방운동의 배후지 역할을 했던 만주에서는 1929년 7월 신민부와 아나키스트의 연합전선이라 할 수 있는 재만조선무정부주의자연맹이 조직되어, 재만한족총연합회를 결성했다(박환 1991, 203-28). 재만한족총연합회는 신민부의 김좌진과 권화산을 각각 위원장과 부위원장으로 추대하고, 농무와 조직선전위원장 김종진, 교육위원장 이을규, 군사위원장 이붕해 등 아나키스트들이 실무 부서를 담당했다. 이 연합회는 중앙집권조직을 부인하고 자유연합주의적 지방 합의제에 의한 완전한 지방자치제를 실시하기 위해 각 지방의 한족농무협회를 조직하고 이를 기초로 연합기관으로서 한족총연합회를 조직했다. 이는 민족해방운동사상 최초의 유형이었다. 이를 주도한 재만조선무정부주의자연맹은 1929년 11월 '북만한인청년연맹선언'을 발표해 일본제국주의와의 결전을 표방했다. 이런 견지에서 군사학교를 설치하고 농한기에는 군사교육을 시켜 독립군을 양성하려 했다. 그러나 이러한 시도는 일제와 공산주의세력 양측으로부터 공격받아 큰 타격을 받았다. 만주사변 이후 일제의 침략과 탄압이 더욱 강화되자 주요 인사들이 북만주에서 철수하고 만주의 아나키즘운동도 쇠퇴했다. 만주에서 철수한 아나키스트들은 상해에서 이회영 · 유자명 등이 중심이 된 남화연맹 조직에 대거 가담해 직접행동을 전개했다. 일본의 상해 점령과 윤봉길의 거사 이후 대부분의 민족주의 단체들이 상해를 떠났지만 남화연맹은 1930년대 후반까지 상해에서 직접행동과 선전활동을 수행했다. 재중 한인 아나키스트들은 직접행동조직을 만들어 일제에 대한 직접 공격을 시도하며 농촌 · 노동운동을 전개하는 한편으로 국제 연대 활동도 활발히 전개했다. 그들은 만주사변, 중일전쟁으로 중국 전역이 전쟁터로 변하자 민족주의세력과 연합전선을 결성해 항일 투쟁을 전개하다 민족해방을 맞았다(구승회 외 2004. 219-233).

이상으로 알 수 있듯이, 한인 아나키스트들은 공산주의와 결별 후 기타 모든 사회운동세력을 부정하며 순수 아나키즘운동을 전개했다고 하지만 그것은 동아시아 국가들 중에서도 특히 민족주의 색채가 짙은 것이었다. 공산주의와 결별후 사회운동의 약세를 극복하기 위해 단일한 전국적 조직을 결성해 공산주의운동과 대결한 것이나, 재만한족총연합회가 일제와의 결전을 표방하고 독립군양성계획을 세우는 한편 민족주의세력과 연합전선을 결성해 항일투쟁을 전개한 것 등은 한인 아나키즘운동이 서구의 아나키즘과는 달리 정치적이고 민족주의적이었음을 드러내는 대표적인 예라고 할 수 있다. 이는 존 크럼의 말처럼 아나키즘으로서는 "충격적이고 일탈적인" 것으로 한국 아나키즘의 특수한 성격이라고 할 수 있다. 이런 점에서 공산주의는 물론 일제와의 대결을 통해서 정치적인 경향까지 표출했던 한국의 아나키즘이 민족주의에서 출발해 민족주의 때문에 타락했다는 크럼의 비판은 적절하다고 할 수 있다(존 크럼 1995, 104-108).

그러나 이는 모두 일본의 식민지통치에서 기인한다고 할 수 있다. 기본적으로 아나키스트들은 '민족국가'란 절대다수의 민중의지와 무관하게 일부 사회엘리트의 이해를 위해 존재한다고 믿는다. 그럼에도 불구하고 많은 아나키스트들은 한국에서만이 아니라 세계적으로 민족해방투쟁이 유용하다고 믿었다. 민족국가의 독립이 기본적으로 권위적이지만 제국주의 열강이 식민지를 억압하고 착취하는 것보다는 낫다고 생각했기 때문이다(조세현 2001, 118). 일제하 식민지라는 상황에서 '무정부주의'로 받아들여진 한국 아나키즘에서 '국가'에 대한 부정은 곧 지배권력인 일본 국가 타도와 직결되었다. 따라서 한국 아나키즘운동은 제국주의세력을 최대의 억압적 권력으로 여겨 민족주의적·반제국주의적 성격을 갖게 되었다. 식민지 한국사회의 절실한 내부적 요구 곧 항일민족해방 의지가 아나키즘과 결합될 여지를 갖고 있었던 것이다. 반제국주의 논리는 1930년대 이른바 '파시즘의 시대'에 반파시즘의 논리로 발전해 재중 한인 아나키스트들이 항일독립운동에 적극 참가하게 되는 논리와 명분이 되었다. 한인 아나키스트들이 항일민족투쟁에 참가한 것은 식민지배권력을 타도하고 한국 민족을 해방시켜 자유로운 삶을 영위할 수 있도록 하기 위해서였다. 한인 아나키스트들에게 그것은 소수엘리트의 정치적 억압기구인 국가를 건설하기 위한 것은 아니었다.

일제하 한인 아나키스트들에게 '민족'은 국제사회를 구성하는 단위주체로서의 민족으로, 민족주의를 내세우는 배타적 민족을 의미하는 것은 아니었다고 할 수 있다(이호룡 2001, 205). 그들은 항일 민족해방투쟁을 통해서 식민통치 국가의 모든 강권과 억압을 일소하고 개인의 완전한 자유와 독립이 보장되는 공동체사회 건설을 목표로 했다. 서구의 아나키즘 원론을 그대로 잣대로 해서 동아시아의 아나키즘 운동을 평가할 수는 없다. 어느 사상이나 그러하듯이 그 지역의 특수한 상황을 간과한 사상이나 이념은 관념적이고 사변적인 담론으로 전락하고 말 것이기 때문이다. 근대사회의 변혁사상으로 대두한 아나키즘은 처음부터 실천적 사회사상으로 형성되었다. 따라서 한국 아나키즘이 민족주의적 색채가 강하고 심지어 정치적 정향까지 나타냈다고 하더라도 그 사실 자체만으로 판단할 것이 아니라, 아나키즘이 전파되어 수용된 정치사회적 상황을 고려하며 궁극적으로 그것이 지향한 바 목표에 주목해야 할 것이다.

Ⅴ. 맺음말

19세기 중반부터 20세기 전반까지 서구사회를 풍미한 아나키즘은 인간의 이성과 합리성에 대한 신뢰에 기초해 어떠한 강제적인 권력이나 권력을 비판하고 부정했다. 그것들이 사회구조적으로 인간 '개인'의 자유를 억압한다고 여겼기 때문이다. 때문에 아나키즘은 허무주의나 테러리즘과 동일시되기도 하고 유토피아사상에 불과한 것으로 치부되기도 했다.

사실 서구 근대사상으로 형성된 아나키즘은 광의의 사회주의의 한 형태로 일체의 정치적인 것을 거부하고 경제적 불평등 구조의 변혁을 통해서 사회문제를 해결하려 했다. 공산당과 같은 전위조직이나 프롤레타리아 독재와 같은 정치권력의 장악 등 모든 정치적인 권위와 조직을 거부한 아나키즘은 근본적으로 공산주의와 화해할 수 없었다. 다른 한편으로 아나키즘은 개인의 자유를 중시하고 이의 극대화를 지향했다는 점에서 자유주의와 유사하다고 할 수 있지만 그것과도 근본적으로 공존할 수 없었다. 아나키즘은 기존 사회의 구조적인 문제를 비판하며 사회의 모순을 근본적으로 변혁하고자 했다는 점에서 자유주의와도 합치할 수 없었기 때문이다. 국민국가를 기본 단위로 한 세계체제가 형성, 확립되던 20세기 전반에 아나키즘운동이 급속히 쇠퇴한 것은 이러한 아나키즘의 특성 때문이라고 할 수 있다.

그런데 이데올로기가 '종언'을 고하고 세계화·지역화가 전개되며 새로운 길을 모색하는 과정에서 아나키즘에 대한 관심이 다방면으로 증폭되고 있다. 아나키즘에 대한 새로운 관심은 에코 아나키즘, 아나코 페미니즘, 대안학교의 교육운동 등 폭넓게 적용되고 있다. 이는 일체의 정치적 성격을 부정하는 근대사상으로 형성된 아나키즘이 동아시아 삼국에서 수용되며 각국의 내부적 필요와 맞물려 정치사회적 성격을 갖는 다양한 사회운동으로 전개된 경험에 비추어 볼 때, 아나키즘사상 고유의 탄력적 성격에 힘입은 바 크다고 할 수 있다. 새로운 아나키즘에 대한 관심과 적용 시도가 앞으로 어떻게 전개될지 시간을 갖고 지켜봐야 할 것이다. 그러나 자본주의와 사회주의의 대결구도가 해체되고 정보사회가 진전되면서 인간 개인 고유의 절대적 자유와 이를 담보할 경제적 불평등의 문제를 사회구조적으로 변혁하고자 한 아나키즘이 일각에서 재조명, 재해석되는 것은 역사상의 아나키즘과 아나키즘운동이 남긴 유산에 힘입은 것이라고 할 수 있다.

근대산업사회의 사회경제적 불평등으로 인한 '개인'의 존엄한 자유의 상실을 정치의 부정과 경제구조의 개혁을 통해서 극복하려는 대안으로 대두한 아나키즘이 20세기 사회의 사람들에게 어떤 의미였는가. 그리고 그것이 남긴 역사적 유산은 21세기 우리에게 어떤 의미를 가질 수 있는가. 그것은 결국 인간관계의 진정한 본질을 구체적인 '개인'의 자유와 해방에서 구하고, 그것을 확보할 수 있는 방법을 현실의 사회구조적인 문제의 해결을 통해서 찾았다는 데 있을 것이다. 아나키즘의 기본적인 문제의식과 그것을 해결하기 위한 관점은 인간이 사회적 관계속에서 생활하는 한 언제나 유효하고 또 상황에 따라 다양한 해석의 가능성을 열어놓고 있을 것이다.

참고문헌

구승회 외. 2004.『한국 아나키즘 100년』. 이학사.

김갑수. 2007. "아나키금의 윤리관과 전통 윤리관의 만남 및 변용: 한국 근대의 경험을 중심으로."『시대와 철학』제18권 1호.

김성국. 2003. "유자명과 한국 아나키즘의 형성."『한국사회사상연구』. 나남.

김영범. 1997.『한국근대민족운동과 의열단』. 창작과 비평.

로버트 폴 볼프 지음. 임흥순 옮김. 2001.『아나키즘: 국가권력을 넘어서』. 책세상.

마이클 테일러 지음. 송재우 옮김. 2006.『공동체, 아나키, 자유』. 이학사.

막스 넷트라우 저. 하기락 역. 1994.『전세계 인민해방전선 전개(아나키즘 약사)』. 형설출판사.

박 환. 1991. "한족총연합회."『만주한인민족운동사연구』. 일조각.

박 환. 2005.『식민지시대 한인아나키즘운동사』. 선인.

박홍규. 2004.『자유・자치・자연 아나키즘이야기』. 이학사.

오장환. 1998.『한국 아나키즘운동사 연구』. 국학자료원.

안종수. 2006.『에스페란토, 아나키즘, 그리고 평화』. 선인.

유자명. 1999.『한 혁명자의 회억록』. 독립기념관 한국독립운동사연구소.

이호룡. 2001.『한국의 아나키즘: 사상편』. 지식산업사.

이호룡. 2004. "류자명의 아나키스트 활동."『역사와 현실』53.

전상숙. 2004.『일제시기 한국 사회주의 지식인 연구』. 지식산업사.

전상숙. 2008. "박열의 무정부주의와 민족의식."『동양정치사상사』제7권 1호.

정화암. 1992.『어느 아나키스트의 몸으로 쓴 근세사』. 자유문고.

조세현. 2001.『동아시아 아나키즘, 그 반역의 역사』. 책세상.

조세현. 2005. "동아시아 3국(한・중・일)에서 크로포트킨 사상의 수용: '상호부조론'을 중심으로."『중국사연구』第39집.

존 크럼. 1995. “동아시아에 있어서의 아나키즘과 민족주의.” 『아나키즘연구』 창간호.

죠지 우드코크 저. 하기락 역. 1972. 『아나키즘: 사상편』. 형설출판사.

죠지 우드코크 저. 최갑룡 역. 1976. 『아나키즘: 운동편』. 형설출판사.

콜린 워드 지음. 김정아 옮김. 2004. 『아나키즘, 대안의 상상력』. 돌베개.

하기락. 1978. 『한국아나키즘운동사 전편 · 민족해방투쟁』. 무정부주의운동사편찬위원회.

한국민족운동사학회 편. 2003. 『일제하 아나키즘운동의 전개』. 국학자료원.

한상도. 2008. “유자명의 아나키즘 이해와 한 · 중연대론.” 『동양정치사상사』 제7권 1호.

小松隆二. 1972. 『日本アナキズム運動史』. 青木書店.

CHAPTER 07

현대사회와 시민: 왜 시민사회인가?

이 동 수

Ⅰ. 인류문명과 현대사회

오늘날 대두되고 있는 'NGO 현상'을 올바로 이해하기 위해서는, 이를 가능케 한 현대사회의 특성을 먼저 살펴보아야 한다. NGO가 비정부기구(non-governmental organization)의 약자라는 데서 알 수 있듯이, NGO는 정부라고 하는 사회의 영역 혹은 기제에 대한 반작용으로 등장한 개념이다. 이런 NGO가 형성되고 활동하는 영역을 시민사회(civil society)라 부르며, 여기서 시민사회란 정부와는 다른 영역을 일컫는다. 오늘날 사회학자들은 전체 사회의 하부영역을 국가(혹은 정부), 시장, 시민사회로 나누고 있으며, 우리의 사회적 삶은 이 세 영역에 걸쳐 이루어지고 있다.

개인적 삶을 더 중시하는 근대 자유주의는 개인의 권익을 보호하고 프라이버시를 보장하기 위해 시장의 자유와 국가의 최소한의 간섭을 강조하였다. 하지만 이런 자유주의는 개인 간의 편차를 초래하고 사회적 불평등을 심화시키는 부작용을 낳았다. 이에 대한 반작용으로 등장한 사회주의는 국가의 기능을 확대시키고 불평등을 해소하기 위해 국가의 시장에 대한 통제, 개인적 삶에 대한 간섭을 강화시켰다. 그 결과 다양성과 개성을 폐기하고 획일화된 사회적 삶만 강요하기도 했다.

그러나 20세기 후반 68혁명 이후 탈근대시대로 접어들면서, 사회와 사회적 삶의 성격에 대한 새로운 변화가 나타나기 시작했다. 근대질서를 이끌어 온 사회기제로서의 국가와 시장의 역할을 비판하면서, 이에 대한 대안으로 개인의 자율적 삶과 생활세계의 복원을 목표로 하는 신사회운동(new social movement)이 발생한 것이다. 이 운동은 시민들의 자유와 책임을 바탕으로 의사소통을 통한 자발적 공동세계로서의 시민사회의 중요성을 새로이 대두시켰다.

일반적으로 시민사회는 소위 국가실패와 시장의 한계에 따른 후기산업사회의 각종 사회문제를 해결하기 위한 대안적 패러다임으로 인식된다. 복지국가의 위기, 발전의 위기, 환경의 위기, 사회주의의 위기 등 4대 위기가 복합적으로 작용한 국가실패는 시민사회의 발흥을 불러왔으며 시민사회에 영향력을 부여하는 계기로 작용하였다. 또한 국가실패의 대안으로 제시되고 있는 시장도 그 자체의 한계를 노정하면서 시민사회의 필요성을 부각시켰다. 시장 자체의 모순뿐만 아니라, 공정한 시장의 존재를 가능케 하는 국가와 사회에 대한 인식 부족은 '20 대 80의 사회' 혹은 '두 개의 국민국가(two nation states)'로 표출되는 심각한 국가·사회적 병리현상을 유발시켰다. 이에 따라 시민사회는 국가권력을 견제하고 시장을 감시하는 역할을 통해, 국가중심주의적, 시장중심주의적 문제해결 방식을 대체하는 대안으로 인식되고 있다.

하지만 오늘날 시민사회 발흥에 있어서 이보다 더욱 중요한 요인은 이미 틀 지워진 기성 국가정치의 명령을 넘어 시민적 삶 자체를 복원하기 위한 정치의 새로운 모습에 대한 요구이다. 그동안 국가와 사회가 보다 많은 부(富), 보다 효율적인 생산체계, 보다 많은 소비를 지향하며 자국 또는 자국민의 생존과 번영을 지향해 왔다면, 오늘날 시민사회의 움직임은 비물질적 재화와 시민의 자발적인 가치형성, 이를테면 환경, 인권, 자원봉사 등을 통해 시민 자신의 주체적 의미를 형성하고 그들 사이의 공동세계를 가꾸어 나가려는 양상을 띠고 있다. 즉 전통적 의미의 거대한 정치조직과 결별하고 자발적으로 타인들과 연대해 보다 적극적으로 삶을 탐색하려는 시민들의 행위가 시민운동을 통해 부상하게 된 것이다.

연대와 결속을 통해 조성되는 시민사회의 이와 같은 분위기는 최근 확산되고 있는 참여민주주의라는 시대정신과 더불어 기성의 "정치(politics)"를 넘어 "정치적인 것(the political)"[1]으로의 탈바꿈을 가속화시키고 있다. 전통적으로 정치는 국가 자체의 활동과 동일시되거나 제도정치 영역에 국한되는 것으로 여겨졌으며, 권력행사를 중심으로 파악하는 권력정치의 틀 속에서만 이해되어 왔다. 그러나 정치에 대한 이러한 고정관념은 시민사회의 발흥과 함께 빠르게 변화하고 있다. 과거엔 국가주의 정치가 강조해 온 국가나 민족과 같은 거대담론이나 생존과 번영과 같은 국가적 아젠다가 시민의 삶의 방향을 규정해 왔다면, 현대사회에서는 전통적인 정치적 아젠다가 거부되고 그 대신 개인 삶의 가치를 중심으로 자발적으로 참여하고 사안별로 연대하는 양상을 보이면서 정치담론에 대한 근본적인 변화를 예고하고 있다. 정치 자체의 의미를 이러한 관점에서 바라볼 때, 시민사회는 단순히 국가와 시장에

1) 정치를 이와 같이 "politics"와 "the political"로 나누어 설명하고 있는 대표적 예로는 Ernst Vollath가 있다. 한편 Fred Dallmayr는 이러한 전통을 그 이전의 여러 정치철학자들에서도 발견한다. 이 전통에는 Carl Schmitt, Paul Ricoeur, Etienne Balibar, Luc Ferry, Philippe Lacoue-Labarthe, J.-F. Lyotard, Jean-Luc Nancy, Sheldon S. Wolin, Hannah F. Pitkin 등이 포함된다. Cf. Vollath 1987, Dallmayr 1993.

대한 감시와 견제의 역할에 그치는 것이 아니라, 위의 변화들을 보다 적극적으로 수렴하는 차원에서 이해된다. 즉 시민사회는 시민 개개인이 자유로운 의사에 따라 자신을 둘러싼 삶의 환경을 해석하고 삶의 방식을 선택함으로써 일상생활 영역을 중심으로 변화를 지향하는 영역으로 간주되는 것이다.

이를 달리 표현하면, 시민사회란 정치에 대한 기존의 고정관념으로부터 벗어나 "정치적인 것"의 재활성화를 통해 시민사회의 자율성을 신장하고 대안적인 삶의 양식들을 모색하는 영역이라는 것이다. 이때 시민사회의 정치가 추구하는 것은 시민들의 생활세계적, 자율적 삶의 발현을 도모하여 시민사회의 자율성을 확보해야 함을 의미한다. 이를 위해 개인은 단순히 사적인 개인일 뿐만 아니라 한 사회의 시민이 되어야 하고, 자기표현과 사회에의 참여, 그리고 다른 시민들과의 소통을 통해 기성정치의 권력투쟁과 경쟁을 넘어 서로 협력하고 연대하는 능력을 배양함으로써 '권력정치'가 아닌 '소통정치'를 구현해야 한다.

여기서 '권력정치'란 폭력적인 힘에 입각하여 어떤 결정을 내리고 설사 불만과 이견이 있더라도 공동체 구성원으로 하여금 그 결정에 강제적으로 따르게 하는 것으로서, 사람들은 이런 권력을 획득하기 위한 권력투쟁과 권력의 행사를 정치로 이해한다. 다른 한편 '소통정치'란 공동체 구성원들이 설사 자신의 의견이나 이해관계와 다르더라도 설득과 소통(communication)을 통해 공동이익이나 공동의견에 자발적으로 동의하는 것으로서, 구성원들이 자신의 의견을 표출하고 토론과 토의를 거쳐 결정에 도달하는 의사소통 과정을 정치의 핵심으로 본다(이동수 2006, 44).

이 두 종류의 정치 중 현재 사회를 지배하고 있는 것은 권력정치이다. 현실의 논리는 소통정치를 이상(ideal)으로 간주하면서 실제 정치세계에서는 의견을 달리하는 사람들에게 공동체의 결정을 수용하게 하고 공동체의 안녕과 질서를 유지하기 위해 어느 정도의 강제성(compulsion)이 필요하다고 주장한다. 이때 공적으로 인정된 강제성은 '공권력'으로 정당화되고, 정당화된 권력은 '권위'를 획득하여 현실을 지배한다.

하지만 이런 권력정치의 논리에는 숨겨진 함정이 있다. 권력은 공적이든 사적이든 공동체를 위하는 공적인 도구라기보다는 사적인 도구로서 오히려 사적 이해를 위해 봉사하며, 권력정치는 정치를 사사화(privatization)시킨다. 왜냐하면 권력이란 소유물(possessions)로 간주되며, 소유물이란 결국 개인의 것이기 때문이다. 따라서 권력정치는 공동체 구성원들의 개인적, 집단적, 혹은 당파적 분리를 초래한다. 이때 분리는 단순한 분리가 아니라 권력의 유무와 정도에 따라 지배자와 피지배자로 구별하며, 결국 정치는 그 구별된 요소들 간의 권력을 둘러싼 투쟁과정으로 받아들여진다(이동수 2006, 45).

이에 비해 소통정치는 자기 혼자서는 성립불가능하기 때문에 사사로이 소유할 수 없고, 오직 타인을 타인으로 간주하고 타인의 존재를 인정한 후 타인과의 상호작용을 통해서만 존재한다. 그런 점에서 소통정치야말로 나에게서 출발하지만 나로부터 벗어나 비로소 공적인 영역으로 나아가는 정치적인 행위인 것이다. 따라서 소통정치는 공동체 구성원들의 참여와 적극적인 정치행위를 요구하고, 그럼으로써 민주적 공동체 형성에 공헌한다.[2)]

---

2) 정치 현실에서 권력정치를 모두 배제하고 소통정치로 충만한 사회로 만드는 것은 지나치게 이상적이며 사실상 불가능하다. 다만 권력정치와 소통정치를 동일한 차원에서 전개되는 정치의 이분법(dichotomy)으로 볼 것이 아니라, 동시에 두 요소가 공존하는 두 차원(dimension), 즉 이중성(duality)으로 나누고 이 중 소통정치가 한 사회에 어느 정도 존재하는가의 문제가 그 사회의 민주성과 공공성을 담보해주는 척도로 간주하는 것이 보다 적절한 정치에 대한 이해가 아닌가 싶다. 이것은 마치 하이데거(M. Heidegger)가 '현존재'(Dasein)로서의 인간의 실존성(existentiality)을 강조하면서도 '세속적 인간'(Das Man)으로서의 인간의 세속성을 전적으로 배제하지 않는 것

사실 인류문명의 역사를 돌이켜보면, 이런 소통정치를 어떻게 구현할 것인가에 주목해왔다. 고대엔 존재론적으로 고독하고(solitary), 유한하며(finite), 사멸하는(mortal), 나약한(feeble) 존재인 인간이 완전하고(perfect), 영원하며(eternal), 선한(good) 신(God)과 소통함으로써 자신의 약점을 보완하고 자기완성을 이루기를 원했다.

하지만 인간이 무한하며 영원한 신과 함께하는 것은 개인적(personal) 차원에서만 가능한 일이다. 즉 인간은 개인적으로 신으로부터 구원(salvation)받을 수 있지만, 사회적(social) 차원에서 신국(the City of God)을 건설하는 것은 불가능하다. 즉 성인이나 신앙심 깊은 개인은 존재할지라도 사회적으로 신국은 달성되지 않는다. 왜냐하면 사회란 그 자체 하나의 실체(entity)로 존재하는 것이 아니라, 사람들이 모여 서로 관계맺음으로써 그 관계의 복합적 행위의 결과로 구성되기 때문이다. 즉 사회는 그것을 구성하는 다수 사람들의 여러 관계의 망이기 때문에, 만약 성인이 아닌 자가 한 사람이라도 존재한다면, 그가 관계하는 여러 행위로 인해 그 사회의 연결망은 훼손되기 마련이다. 그런 점에서 인간의 나약함보다 사회는 더욱 깨지기 쉬운(frail) 존재이다.

따라서 인류가 추구하는 사회의 최종적 모습은 '이상사회(ideal society)'가 아니라 '문명사회(civilized society)'이다. 문명사회란 신국과 같은 높은 경지의 완전한 사회는 아닐지언정, 부족하고 고독한 인간들끼리 서로 소통하고 협력함으로써 개인의 한계를 넘어 인류를 위협하는 다른 존재들 — 예컨대 자연이나 맹수들, 기근, 불행 — 에 공동으로 대처하는 사회이다. 그런 점에서, 문명이란 단순히 지식의 발견이나 물질의 번영을 지칭하는 것이 아니라, 서로 협력할 줄 아는 태도의 발견을 의미한다. 문명의 시작은 도시(city)의 건설과 함께 진행되었는데, 도시의

과 마찬가지이다. Cf. Heidegger 1962.

건설이란 기본적으로 사람들이 함께 어울려 사는 공존과 협력의 공간을 확보한다는 것을 뜻한다.

협력의 공간 속에서 사회의 질서를 확립하고 유지하기 위한 정치는 어떤 것일까? 여기서 정치가 무엇인지 알기 위해 아리스토텔레스의 학문분류법을 살펴보도록 하자. 아리스토텔레스에 의하면, 학문은 크게 물리학(physics), 철학(philosophy), 정치학(politics) 등 세 종류로 나누어진다. 여기서 물리학이란 "사물의 원리를 탐구"하는 학문이고, 철학이란 "인간을 포함한 우주 삼라만상의 보편적 진리를 궁구"하는 영역이며, 정치학이란 개별 인간을 넘어서 "인간들 사이의 관계에 관심"을 갖는 분야이다. 따라서 '정치'란 기본적으로 인간들 사이에 형성되는 '관계'를 지칭한다(Aristotle 1985).

위의 분류법에 따르면, 정치학은 철학이나 물리학과 근본적으로 다른 점이 있다. 사물의 '원리'나 인간을 비롯한 우주 삼라만상의 '진리'를 추구할 때에는 근원적이고 본질적인 것으로서 '선' 혹은 '악'을 전제할 수 있는 반면, 인간관계를 설명하는 정치란 사람들이 서로 어떻게 관계를 맺느냐에 따라 선한 것과 악한 것으로 갈라질 수 있다는 점이 그것이다. 그런 점에서 정치란 그 자체 중립적(neutral)이며, 이차적(secondary)이고, 가능성에 열려 있으며(open), 불확정적인(indeterminate) 공간이다.

그러나 이러한 불확정성을 특징으로 하는 정치세계를 그리 비난할 일은 못된다. 왜냐하면 이 불확정성이야말로 인간에게 주어진 존재론적 특권(?)이며, 또 인간에게는 적어도 두 가지 선택의 여지가 주어져 있고, 그 중 어느 것을 택하느냐에 따라 인간의 위상이 존엄한 존재로 상승할 수 있기 때문이다. 여기서 두 개의 선택가능성이란, 한편으로 인간관계를 권력(power)과 자본(capital)이라는 매개체를 둘러싸고 지배와 피지배의 관계로 설정하여 서로 반목하고, 갈등하며, 경쟁하고, 투쟁하는 길이 있음을 의미하고, 다른 한편 인간이 협력, 연대, 우정을 통해 서로 공존하고 조화를 이루는 관계로 나아갈 수 있음을 뜻한다(이동수 2004, 58-59).

하지만 역사는 이러한 열려진 선택의 기로에서 인류가 항상 갈등, 경쟁, 투쟁의 길을 걸어왔음을 보여준다. 원래 초기의 인류는 거대한 자연의 힘과 맞서기 위해, 또 인간보다 힘에 있어서 우월한 맹수들의 공격에 공동으로 대처하기 위해, 협력의 필요성을 인지하고 이에 바탕한 문명의 탄생을 추동해 왔다. 이런 점에서 갈등과 투쟁의 기본적인 전선은 인간들 사이에서보다는 — 물론 인간들 사이의 투쟁도 엄청났겠지만 — 인간 대(對) 자연의 대결 속에서 형성되었다. 그리고 이러한 전선에서 인간관계를 협력과 단결로 모아가고 변덕스러운 자연의 힘으로부터 인간을 벗어나게 해주는 사람, 즉 자연과 맞서 싸우면서 자신의 희생을 통해 인간세계의 단결을 도모하는 사람이 바로 정치가였으며, 고대인들은 그를 영웅(hero)이라 불렀다. 고대 그리스 비극에 나오는 여러 영웅들, 예컨대 아가멤논이나 오이디푸스가 그런 사람이었고, 아도르노(T. W. Adorno)는 오딧세우스야말로 이런 용기와 지혜를 겸비한 진정한 정치가로 간주하였다(Horkheimer and Adorno 1989).

그러나 현실세계에서는 이러한 영웅의 출현보다 자신의 권력을 개인적 이익의 실현에 사용하는 경우가 빈번했다. 즉 인간세계의 공존과 협력을 위한 지도자로 추대되었던 고대의 왕들은 자신의 역할을 망각한 채 자신의 권력과 이익의 확대에만 전념하여 문명을 타락시켰으며, 이의 반작용으로 제기된 중세의 신권정치는 초심의 종교적 태도를 져버리고 결국 세속화되고 타락된 사제들의 부패로 막을 내렸다. 근대는 다시 인간을 재발견하고 물질의 번영과 계몽을 통해 사회발전을 도모했지만, 개개인으로 나누어진 인간은 인류의 화합과 협력에 주목하기보다는 신이 사라진 세상에서 자기이익과 자기권력의 극대화를 추구하면서 갈등과 투쟁의 강도를 높여 왔을 뿐이다. 이러한 상황에서는 홉즈(T. Hobbes)가 말하는 "만인의 만인에 대한 투쟁"(Bellum Omnium contra Omnes) 상태가 팽배하고, 그 결과 사회는 권력투쟁의 장으로 변모한다(Hobbes 1994).

이에 덧붙여 홉즈는 권력이 충돌하게 되는 근본원인을 날카롭게 파헤치고 있다. 그는 "인간은 인간에 대해 늑대"(Homo Homini Lupus)라고 말하는데, 이는 자연을 이미 정복하고 더 이상 신조차 자기근거의 대상으로 신봉하지 않는 근대인들이 이제 세상의 주인이 되었고, 그럼으로써 갈등과 충돌의 전선은 인간 대 자연이 아니라 인간 대 인간으로 전화되기에 이르렀음을 갈파하는 것이다.

근대는 과학기술을 획득한 인간이 더 이상 자신에게 필적할만한 대상이 없는 이 세상에서 인간의 존엄성을 개인의 존엄성으로, 그리고 여기서 한 걸음 더 나아가 자기 자신의 존엄성과 주체성으로 해석하면서 내가 아닌 다른 사람을 객체라는 명목 하에 대상화시켜 나의 갈등대상 혹은 지배대상으로 삼아 사회적 갈등과 충돌을 더욱 강화시켜온 과정이다. 여기서 인간들 사이의 갈등의 본질은 너와 나의 대결, 즉 너와 나를 적의 상태로 간주하는 것이며, 혹자는 이를 주체와 객체의 분리로, 다른 혹자는 계급 대(對) 계급의 갈등으로 전화시키면서 이 투쟁과정을 보편적 가치라는 이데올로기로 덧씌워 정당화시켜 왔다.

이러한 투쟁 상황은 사람들로 하여금 비관적 전망을 내세우도록 만들었다. 혹자는 인간이란 원래 악하고 이기적인 존재라고 전제하고 제도와 법, 체제 등의 강압적 수단을 사용하여 이런 이기심의 발로를 막아야 한다고 주장하면서, 정치문제를 갈등조정의 제도화를 통해 해결하려 한다. 다른 혹자는 인간이란 원래 선한 존재이므로 자신의 본성을 회복하면 더 이상 싸우지 않을 것이라고 상정하고 선한 본성을 회복하기 위해 도덕성 교육을 강조하지만, 이는 여전히 인간관계를 무의식의 세계 속에서 억압하고 강제할 뿐이다.

결국 현실정치에서 승리한 것은 권력정치와 이런 권력정치의 충돌을 권위적이고 합리적으로 조정하기 위한 조정의 기제들, 즉 국가와 시장이었던 것이다. 특히 국가는 모든 폭력을 독점하여 그것을 공권력으로 전화시켜 조정권력의 사용을 정당화함으로써 현대사회에서는 오히려 국가권력에 의한 피해를 가중시켜 왔다. 요컨대 국가를 중심으로 한 기성의 정치는 사회적 관계를 권력관계로 규정짓고, 이러한 권력의 충돌 역시 보다 강하고 권위적인 국가권력을 사용하여 조정하려 함으로써, 끊임없는 권력투쟁을 가속화시켜 왔던 것이다.

따라서 우리에게 필요한 것은 근대의 발전을 유지하면서도 인간들 사이의 협력과 연대를 이끌어낼 수 있는 "정치적인 것"으로서의 '소통정치'의 회복이다. 이것이야말로 인류의 문명사회를 계속 유지할 수 있는 방안이다. 그리고 오늘날 시민사회가 이 역할을 떠맡고 있는 것이다.

Ⅱ. 국가에서 시민사회로

근대 정치학은 정치의 임무를 권력이나 권위를 사용하여 "서로 상충하는 이해관계를 합리적이고 권위적으로 조정"[3]하는 것으로 간주하면서, 갈등충돌을 승인한 채 이것의 관리에만 집중한다. 즉 인간은 이기적 존재이며 그 이기심의 발로란 인간의 본능이어서 제거할 수 없으

3) 정치를 이런 방식으로 정의하는 대표적 예로는, Easton 1953, Lasswell 1958 등이 있다.

며 또 경제발전에 도움이 되기 때문에 모두 제거할 필요도 없다고 보고, 승인된 이기심에 바탕하여 권력과 이익을 어떻게 분립시키고 어떻게 분배할 것인가에만 주목한다. 정치의 본질이란 인간과 인간 간에 자연적으로 발생하는 갈등을 조정하는(coordinate) 데 있다는 것이다.

그러나 이기적 인간은 본능적으로 그 조정이 자신에게 유리하게 이루어지도록 하기 위해 여러 압력수단을 동원하고 폭력을 사용하면서까지 권력투쟁을 더욱 강화하기에 이른다. 즉 이익의 조정은 권력의 투쟁을 종식시키는 것이 아니라 오히려 그것을 증가시킬 뿐이다. 바로 이 점이 근대정치를 자가당착에 빠지게 하는 원인이다. 근대의 수많은 이론들이 이익간의 조정과 협상, 타협을 주장하지만, 그리고 이러한 조정을 위한 기제로서 국가 또는 정부의 기능을 강조하지만, 결국 갈등 충돌이 멈추지 않는 것은 "합리적인 너무나 합리적인" 인간들이 자기에게 유리하게 조정하기 위해 마지막 순간까지 권력투쟁을 극대화해야 한다고 생각하기 때문이다. 예컨대 국회의원들이 선거구를 조정할 때 얼마나 극렬하게 싸우는지를 보라. 또 한국전쟁 당시 가장 치열했던 전투는 바로 휴전을 앞둔 시점에 발생했었다는 사실을 상기해 보라(이동수 2004, 61).

근대는 또한 다른 조정의 기제로 시장(market)을 내세우기도 한다. 국가가 법, 제도 등을 통한 '강제적 조정'의 기제로 작동한다면, 시장은 이와 반대로 합리적 경쟁을 통한 '자율적 조정'을 목표로 한다. 국가가 사용하는 법, 제도에 내포된 합리성은 '도구적 합리성(instrumental reason)'인 반면 시장에서 통용되는 이성의 기준은 '효율성(utility)'이며, 이 기준에 따르면 합리적인 개인들은 자신의 이익을 극대화하는 한편, 자기이익추구가 극대화되어 궁극적으로 사회의 파괴를 초래할 정도의 충돌이 일어나기 전에 가장 효율적인 지점에서 갈등과 경쟁을 자율적으로 멈추리라고 상정한다. 그리하여 각자가 자기이익의 최적점에서 자연스럽게 타협할 것이라고 예상한다.

하지만 시장의 문제점은 그것이 설사 최종적 파국은 막을 수 있을지언정, 이익들 간의 자유경쟁이 허용되는 한 그 경쟁과정에서 승리한 자와 패배한 자, 즉 우열이 확연히 가려진다는 데 있다. 국가의 강제적 조정이 인간의 자유를 제한하는 문제를 발생시키는 한편 경우에 따라 불평등을 강제적으로라도 조정하여 시정시킬 수 있는 반면, 시장은 자유를 극대화시켜 주지만 거기서 승리자와 패배자, 우열자, 강자와 약자, 중심과 주변을 만들어냄으로써 결국 개인들 간의 협력과 조화를 이끌어내기에는 부족하다.

요컨대 근대사회의 목표인 이익조정은 국가라는 강제적 조정기제와 시장이라는 자율적 조정기제의 양날을 사용하여 이루어져 왔으나 결국 자유 및 평등의 침해, 그리고 유리한 조정을 위한 권력투쟁의 극대화라는 부정적 결과를 빚고 말았던 것이다. 이것이 바로 오늘날 현대사회가 그토록 여러 측면에서 괄목할만한 성장을 이루어왔음에도 불구하고, 현실을 더욱 더 '만인의 만인에 대한 투쟁'이 만연된 각축장으로 만들어 온 이유이다. 즉 정치의 목표를 승인된 이기심을 국가를 통해 강제적으로 혹은 시장을 통해 자율적으로 조정하려 할 때, 결국 국가의 강제적 조정은 인간의 자유를 억압하고 시장의 자율적 조정은 불평등을 심화시켜 투쟁을 확대재생산할 뿐이다.

이와는 다른 소통정치의 가능성, 협력과 연대의 가능성은 없는가? 오늘날 제기되고 있는 시민사회, 특히 공론장으로서의 시민사회가 바로 이런 측면에 대한 대안을 제시할 수 있다고 여겨진다. 이를 설명하기에 앞서 시민사회론 일반에 대해 먼저 알아보자. 흔히 시민사회론은 크게 세 종류로 나누어지는데, 로크(J. Locke)류의 자유주의적 전통, 그람시(A. Gramsci)류의 수정 마르크스주의적 전통, 그리고 하버마스(J. Habermas)의 공론장(public sphere)으로서의 시민사회론이 그것이다.

먼저 국가와 시민사회를 분리시키고 시민사회를 친시장적인 것으로 간주하는 자유주의적 전통은 17-18세기경 서구 자본주의 발달과 궤를 같이 한다. 즉 시민사회는 자본주의가 발달함에 따라 생산, 이익, 소유가 증가하게 되고 그럼으로써 국가로부터 부르조아들의 이익과 경제소유권을 확보하기 위해 태동되었다는 것이다. 이렇게 형성된 부르조아 시민사회는 시민들의 권리, 이익을 제도화시키고, 집회, 결사, 종교의 자유를 강조하면서 국가로부터의 간섭을 배제한 채 시민사회의 독립성을 추구했다. 이것이 근대 자유민주주의의 발달을 가져왔으며, 오늘날 일반시민들의 시민사회 형성에도 크게 이바지했다.

요컨대 자유주의적 전통에서는 넓은 의미의 재산권에 관한 자기보존(self-preservation)의 원리에 입각하여, 이 자기보존의 권리를 무엇보다도 우선적인 것으로 간주하고, 시민사회의 역할을 개인들의 권리와 사적이익을 보호하는 데 있다고 본다. 여기서 국가는 개인들의 권리와 이해관계를 적극적으로 보장하고 보호해주는 도구에 불과하기 때문에 시민사회의 자율성에 관한 한 자유주의적 전통은 타의 추종을 불허한다(Held 1996, 35-41).

그러나 이런 시민사회관은 시민사회와 시장의 경계를 불분명하게 만들기 때문에 시민사회의 자율성 추구가 경제적 불균형 관계를 내포하게 됨으로써 종국적으로는 시민사회가 경제체계에 종속되는 방향으로 흐를 위험이 있다. 특히 빈부의 격차 발생과 프롤레타리아 계급에 대한 착취는 복지국가의 필요성을 증대시켰는데, 복지국가의 등장으로 인해 국가통제가 강화되고 국가의 시장개입이 빈번해짐에 따라 시민사회가 약화되고 경제가 침체되는 악순환을 겪게 된다. 그런 점에서 자유주의적 관점의 시민사회는 결국 자기 자신을 유지하지 못하는 결과를 초래하기도 한다.

반면 그람시와 하버마스는 시민사회를 국가와 시장으로부터 분리시킨다.[4] 우선 마르크스의 사회주의 혁명관을 따르던 그람시(A. Gramsci)는 러시아에서는 볼셰비키 혁명이 성공한 데 비해 서구 자본주의사회에서는 왜 공산혁명이 일어나지 않는가에 주목한다. 그람시가 보기에, 그 이유는 서구의 부르조아들이 단순히 국가기관을 장악하고 강압적으로 통치하고 있기 때문이 아니라, 시민사회 영역에서 사회문화적인 부르조아적 헤게모니의 행사를 통해 노동자 계급을 자발적으로 복종하도록 만들고 있기 때문이다.

그런 점에서, 그람시는 사회문화의 자율성을 어느 정도 인정한다. 그는 국가나 마르크스적 의미의 토대가 아닌 상부구조의 한 영역으로서 시민사회를 설정한다. 상부구조는 강제의 영역인 좁은 의미의 국가(정치사회)와 '사적'이라 불리는 유기체들의 총체인 '시민사회'로 구성된다. 이 중 국가나 법률상의 정부는 '직접적인 지배'를 행사하고 있으며, 시민사회 부문은 지배집단이 사회 구석구석에 행사하는 사회문화적 '헤게모니' 기능을 통해 통치된다. 즉 부르조아 국가의 지배는 억압적 장치들로만 이루어진 것이 아니라, 시민사회 내 다양한 동의의 기제들을 통해 이루어지고 있는 것이다. 물리적 강제력에 기반한 입법, 사법, 행정의 국가기구로 구성된 정치사회는 외곽에 불과하며, 정당, 노조 및 다양한 문화, 이데올로기적 조직체로 구성된 시민사회는 정치사회에 둘러싸인 요새이자 보루인 것이다(Gramsci 1971, 251).

시민사회에 대한 부르조아적 지배는 헤게모니를 통해 교묘하게 이

---

4) 국가-시장-시민사회라는 3분법은 영역별 배타적 분류가 아니라 개념적 분류이다.

루어지고 있다. 여기서 헤게모니란 시민사회에서 지배계급이 지적·도덕적 지도력의 행사를 통해 창출하는 피지배집단들의 자발적 동의를 말한다. 헤게모니가 지배하는 시민사회는 '교회, 노동조합, 학교뿐만 아니라 언론, 도서관, 서클, 클럽, 건축, 거리시설 및 이름'까지 일반여론에 영향을 줄 수 있는 모든 것들이 속한다. 따라서 시민사회는 헤게모니를 둘러싸고 계급지배 및 투쟁이 이루어지는 정치적 영역이자, 시민들의 문화적이고 사적인 활동공간을 의미한다. 요컨대 그람시는 시민사회를 상부구조의 한 영역으로 이해하고, 마르크스류의 토대-상부구조의 단순한 이분법을 수정하여 토대-시민사회-국가의 삼분법으로 수정하고 있는 것이다. 이와 같이 그람시가 시민사회를 중요한 사회영역으로 설정한 것은 사회주의로의 이행과정에서 시민사회가 갖는 중요성을 인식했기 때문이다(김호기 1997, 160).

그러나 상부구조의 일부인 시민사회는, 마르크스에서 상부구조가 토대의 계급관계를 반영하듯이, 어느 정도 상대적 자율성을 갖고 있기는 하지만 경제적이고 계급적인 면을 반영한다. 헤게모니가 "비록 윤리적·정치적인 것이긴 하지만 또한 경제적이지 않을 수 없으며, 경제적 활동의 결정적인 핵심에서 지도적 집단이 수행하는 결정적 기능에 근거하지 않을 수 없기"(Gramsci 1971, 161) 때문이다.

따라서 시민사회는 지배계급의 헤게모니가 이루어지는 영역인 동시에 노동자계급의 대항 헤게모니가 조직될 수 있는 장소이기도 하다. 달리 말하면, 시민사회는 생산현장에서의 노동자 계급 투쟁이 전체사회의 다양한 계급관련 투쟁들 및 사회운동들과 역동적으로 접합되는 지점이자, 지배계급의 수동적 혁명에 대항하는 반수동적 혁명으로서 진지전이 전개되는 거점인 것이다. 결국 그람시는 사회주의 이행전략이 국가기구 자체를 분쇄하는 기동전으로부터 시민사회의 참호들을 장악하는 전략, 즉 대항 헤게모니를 구축하는 장기적인 진지전으로 전환되어야 한다고 주장한다.

이러한 진지전적 사회변혁에 있어서는 지식인의 역할이 중요해진다. 프롤레타리아는 공산혁명의 주체적 계급이기는 하지만, 도덕성과 역사이성을 지닌 지식인들의 헤게모니 투쟁이 선행되어야 한다. 혁명은 단순하게 부르조아나 국가의 강권구조를 무너뜨리는 데에는 군인정신이 필요하지만, 정교하고 복잡하게 짜여진 사회문화적인 헤게모니 구조를 전복시키는 데에는 지식인의 예리한 분석과 전략이 요구된다. 따라서 시민사회의 활동은 지식인 중심으로 정부와 국가에 대한 끊임없는 비판과 감시를 통해 지배적인 사회문화에 저항하면서 부르조아적 헤게모니를 종식시키는 데 모아져야 하는 것이다.

한편 하버마스(J. Habermas)는 시민사회의 역할을 공론장을 이루어 국가의 행정적 권력에 대항하는 의사소통적 권력을 형성하고 그것을 바탕으로 법을 제정하는 일을 담당함으로써 국가와 시민사회의 균형을 이루는 것이라고 본다. 먼저 하버마스는 사회를 사적 영역(private sphere)인 생활세계 영역, 공적 영역으로서의 공론장, 그리고 국가와 경제와 같은 체계(system) 등 세 영역으로 구분한다. 이때 사적 영역에서는 개인의 이익과 주관적 의사들이 표출되며, 공적 영역에서는 그것들을 의사소통 과정을 거쳐 상호주관적인 공공의견으로 형성한다. 그리고 체계로서의 시장과 국가는 각각 개인이익의 교환을 제도화시켜 주고, 공공의견의 집행을 제도화시키는 곳이다. 이러한 세 영역이 잘 구분되어 서로 균형을 유지할 때에만, 개인, 시민사회, 국가의 통합이 가능해진다.

이때 공론장으로서의 시민사회는 체계의 조직들과는 달리 비경제적(non-economic), 비정부적(non-governmental), 비형식적(informal), 자발적

(voluntary) 모임들(groupings)로 구성된다. 이는 의사소통적 구조로서 다양하고 다원적인 개인들의 의견을 토론(discussion)과 토의(deliberation)를 통해 공공의견으로 합의해 가는 언어적 구조이다. 그것은 또한 개인의 다양한 의견에 열려 있으며 공공의견을 형성하기 위해 참여자들이 상호협력하면서 국가의 '행정적 권력(administrative power)'에 대항할 수 있는 '의사소통적 권력(communicative power)'을 형성한다(Habermas 1996, 361). 이러한 공론장의 활성화는 소위 토의 민주주의(deliberative democracy)를 성립시킨다.

따라서 하버마스는 국가와 시민사회의 관계가 기능적으로 분리되어 있으면서 상호 권력의 균형을 이루어야 한다고 본다. 시민사회는 여러 사적인 의견들을 개진하고 의사소통 과정에서 토론과 토의를 통해 공공의견으로 합의해 가는 역할을 해야 하며, 정부는 이러한 시민사회의 공공의견을 존중하고 거기서 비롯되어 제정된 법률들을 잘 집행함으로써 시민들의 생활세계적 삶을 보존시켜야 한다. 따라서 시민들의 정책결정과정에의 참여는 공론장에서의 의견개진과 의사소통에 집중된다. 여기서 수렴된 공론을 정부는 잘 이행해야 하며, 이럴 때에만 정부와 정책의 규범성이 보장되고 그럼으로써 효율적인 실행이 가능해진다는 것이다.

이상에서 살펴본 바와 같이, 오늘날 시민사회를 논하는 세 이론은 시민사회의 역할을 각각 사적 이익을 보호하는 것, 지식인을 중심으로 지배체제를 유지시키는 헤게모니를 타파하는 것, 그리고 공론장을 통해 의사소통적 권력을 형성하여 행정적 권력과 균형을 이루게 함으로써 사회통합을 이루는 것으로 바라본다.

그런데 자유주의적 전통은 경제적 이해관계로부터 시민사회를 분리하지 않는다는 점에서, 그리고 그람시적 전통은 시민사회의 역할을 시민들의 생활세계적 삶의 발현을 도모하고 시민사회의 저변을 확대하기보다는 전문가와 시민운동가 중심의 비판과 감시기능에 치중한다는 점에서, 오늘날 시민사회의 발흥의 의미와 중요성을 일면적으로 바라보는 한계가 있다.

역사적으로 시민사회에 대한 견해는 자유주의적 시민사회관에서 수정 마르크스주의적 시민사회관으로, 또 수정 마르크스주의적 시민사회관에서 공론장으로서의 시민사회관으로 점차 변해가고 있다. 이때 공론장으로서의 시민사회는 권력투쟁의 장이나 이익조정의 장과는 근본적으로 다르다. 시민사회가 국가의 억압, 시장의 불평등에 대한 감시와 비판, 견제와 공공 서비스 제공에 대한 역할을 하는 것은 당연하지만, 이때 주의해야 할 점은 비판에 있어서 일종의 대항권력을 형성하거나, 공공서비스 제공에 있어서 일종의 준권력적 기관이 되어서는 안 된다는 점이다. 또한 사회의 이익집단들 간의 이익갈등의 중재자 역할을 할 때에도 조심해야 한다.

이런 역할 외에도, 시민사회의 중요한 역할은 무엇보다도 시민들의 협력적 태도를 기르고 협력적인 행위를 하도록 만드는 것이다. 예컨대 감시・비판과 공공서비스 제공에서 핵심은 단순히 국가의 권력남용을 방지하거나 국가를 대신해 효율적으로 공공서비스를 제공해주는 데 있는 것이 아니라, 국가에 대한 저항을 통해 시민들의 협력과 연대를 만들어 일상에서도 그것이 필요하다는 인식을 심어주고, 다른 한편 공공서비스 제공을 통해 서로 나누고 함께 사는 정신을 전파하는 데 있는 것이다.

이런 역할을 수행하려면 먼저 '사회적 자본(social capital)'이 충족되어야 한다. 여기서 사회적 자본이란 생산활동을 증가시키는 무형의 자산으로서 상호간의 이익을 위해 조정 및 협동을 촉진하는 규범(norm),

신뢰(trust), 네트워크(network)를 일컫는다. 물적 자본이 도구와 같은 물질 내의 자본이고, 인적 자본이란 기술, 능력 등 인간 내의 자본인데 비해, 사회적 자본은 인간 사이에 발생하는 사회적 상호작용 내의 자본으로서 구성원 서로를 존중하고 공유된 표현·해석·의미 체계를 가지며, 구성원의 관계 및 유대를 증진시키는 것을 포함한다(Coleman 1988, 100-101).

퍼트남(Robert D. Putnam)은 이러한 사회적 자본이 형성되기 위해서는 시민들이 사회단체에 가입하고 자발적인 참여를 해야 한다고 주장한다(Putnam 1995, 65). 그 전제조건으로 퍼트남이 제시하는 것은 시민사회에 대한 역사적·문화적 배경과 정부의 영향은 배제된 채 수평적이고 자발적인 시민단체들의 존재 여부이다. 특히 사회단체 가입은 사회적 자본 축적에 긍정적인 영향을 준다. 왜냐하면 내부적으로 조직구성원들을 민주적 문화 내에서 사회화시키고, 신뢰와 협동의 필요성을 교육시키며, 외부적으로는 시민을 정치체제 및 기관과 연결시키고, 이익을 집단화하여 표현하며, 다원화 정책을 구성하는 다양한 경쟁 또는 협력집단을 제공하기 때문이다.

하지만 모든 사회단체 가입이 사회적 자본 형성에 긍정적인 것은 아니다. 먼저 사회적 자본과 정치적 자본은 다른 것으로서 후자는 리더와 시민 사이의 수직적 또는 정치적 신뢰를 얻을 수는 있을지언정 사회적 자본 형성에는 부정적인 영향을 미친다. 또한 종교단체 가입은 시민성과 역의 관계에 있다. 왜냐하면 시민사회는 종교적 믿음에 의해 관계가 형성되는 것이 아니라 세속적인 신뢰를 바탕으로 하기 때문이다. 그리고 정당가입은 집단 이기적 행위이므로 항상 사회적 자본 축적에 긍정적이지만은 않으며, 폐쇄형 노조, 변호사협회, 의사협회 가입도 강제적 가입이기 때문에 별로 도움이 안 된다.

이와 달리 사회적 자본 형성에 도움이 될 사회단체의 성격은 자발적, 수평적, 공식적이며 이차적 관계에 의존하는 조직이어야 한다(박희봉 2001, 8-9). 자발적 조직만이 사회적 자본의 신뢰 및 상호작용을 생산하고 하의상향적이 될 수 있으며, 가족, 종교집단, 권위적 정치집단 등 상하관계가 존재하는 수직적 조직은 사회적 자본 형성에 부정적이다. 또한 종족이나 작은 지역사회를 기본으로 한 가족적 조직은 같은 종족, 계층, 인종, 지역 등과 같은 일차적 신뢰(thick trust)에만 바탕을 두기 때문에 균질적이고 독자적이어서 다른 사회구성원에 대해 배타성을 드러내어 갈등과 사회불안을 야기시킨다. 이와 달리 사회단체 구성원들은 몰인격성과 이차적 신뢰(thin trust)가 있어야 하며, 이런 조직은 공식적이며 이차적인 조직일 때에만 가능하다.

그러나 사회적 자본의 형성도 그것을 바탕으로 공론장을 형성하지 않으면 시민사회의 역할을 다 하지 못하게 된다. 오늘날 민주주의는 대의민주주의(representative democracy) 체제이며, 시민의 위임을 받은 정치가들이 정치를 대신하고 있지만, 정치란 그들이 자의적으로 하는 것이 아니라 국민의 의견을 충분히 반영해야 한다. 그런 점에서 시민은 단순히 대리자를 선거를 통해 선출할 뿐만 아니라, 공론장에의 참여를 통해 자신의 의견을 전달하고 다른 의견도 청취하며, 타인을 공공의 장소에서 조우해야 하는 것이다.

만약 이러한 공론장이 형성되어 있지 않으면 국가권력이나 이익집단 및 언론매체는 국민의 여론을 호도할 우려가 있다. 지나치게 국가권력이 강한 경우엔 공론장이 질식될 우려가 있으며, 이익집단이 시민사회를 장악하여 점령하게 되면 공론은 사라지게 되고 언론매체는 시민들의 여론을 오히려 지배하고자 하는 유혹에 빠질 수도 있다. 그 만큼 국가권력이나, 이익집단, 언론매체의 권력이 지나쳐서는 올바른 공론이 형성되기가 어려운 것이다. 오히려 공론이 제대로 형성되기 위해서는 무엇보다도 생활세계에 살고 있는 시민들의 참여가 가장 중요하다. 왜냐하면 어떤 정책이든지 간에 그 수혜자는 일반시민이고, 따라서 그들의 일상적 삶과 동떨어진 정책이란 실효성이 없기 때문이다. 그런 점에서 생활세계와 단절된 '전문가들만의 공론장'은 아무런 소용이 없다. 전문가들만의 공론장은 일종의 '공론장에 대한 기술관료적 금치산 선고'와 같은 것으로서 시민들을 희생시키면서 관철된 것에 지나지 않기 때문이다(Habermas 1996, 351).

Ⅲ. 시민과 시민의 덕성

시민사회가 앞에서 지적한 것과 같은 일들을 제대로 수행하기 위해서는, 무엇보다도 우리 자신이 단순히 '개인'이나 '국민'이 아닌 '시민'이 되어야 한다. 시민사회란 너무나 당연하게도 시민으로 구성되는 사회이기 때문이다. 하지만 오늘날 시민사회 구성원으로서의 시민은 고대의 시민과 다르며, 근대적 의미의 시민권(citizenship)이나 국적(nationality) 소유자로서의 시민이라는 개념과도 구별될 필요가 있다. 고대 그리스와 로마에서도 시민이 존재하기는 했으나, 이때 시민은 자유인을 의미했으며 노예와 반대되는 개념으로 쓰였다. 한편 근대적 의미의 시민 개념은 한 국가나 공동체 내의 구성원을 의미하는 용어로, 경계선 밖에 존재하는 외국인과 반대되는 개념으로 쓰인다. 이것은 특히 1789년 프랑스 혁명 이후, 양도할 수 없는 천부의 권리와 공동체에 대한 의무를 갖는 시민과 이들의 동의에 기초한 공화국 개념이 유럽에 널리 퍼지면서 20세기에 이르러 일반적인 시민에 대한 정의로 받아들여졌다.

고대의 시민 개념은 기본적으로 신분의 차이와 세습을 당연하게 여기고, 노예의 노동력과 여성의 희생에 기반한 성인남자만을 대상으로 했다는 점에서 배타적이고 제한적이었다. 그리스 시민은 법을 제정하고 지배와 피지배의 권리를 갖는다는 점에서 정치저인 의미가 강했던 반면, 로마 시민은 이미 존재하는 로마법 체계의 보호를 받을 수 있는 권리를 갖는다는 점에서 법적인 의미가 강한 것이 둘 사이의 차이다(Pocock 1998). 한편 고대 시민과는 달리 근대적 시민은 일정한 자격요건(예컨대, 국적획득과 성실한 국가의무 수행)을 갖추어 시민권을 획득하기만 하면 누구나 시민이 될 수 있기 때문에 일반시민이라는 말로 표현되기도 한다. 그런 점에서 근대적 시민은 계급, 성, 인종, 지역, 학력, 사회적 지위 등과 관계없이 아니 그런 것들을 기준으로 할 때에는 다양한 계급, 성, 인종, 지역, 학력, 지위를 포함하는 사람들로 구성된다.

하지만 오늘날 시민사회 구성원으로서의 시민이라는 용어를 사용할 때 주의해야 할 점은, 이를 단순히 근대적 의미의 시민권자라는 의미로만 해석해서는 안 된다는 점이다. 왜냐하면 근대적 의미의 시민권자는 국민국가를 단위로 할 때의 국가의 구성원을 염두에 둔 것이며, 오늘날 시민사회의 시민은 국가와는 다른 공적 영역을 만드는 시민으로서 이는 때로는 국경을 초월하기도 하면서 세계시민으로서의 의미를 갖기 때문이다. 따라서 시민사회의 '시민'은 시민권자나 국적을 가진 자로서의 '국민'이란 개념이나 '대중,' '민중'이라는 용어와 구별해서 사용해야 한다. 먼저 '시민'은 '국민'과 구별된다. 국민은 수동적인 국가구성원, 즉 국적을 가진 일반인을 가리키며, '능동적' 존재인 시민에 비해 권리와 의무를 갖고 있지만 비교적 '수동적' 존재로서의 의미를 갖는다. 즉 국민은 국가의 통치를 받는 수혜자로서의 구성원의 성격이 강하며, 자기 자신을 '능동적인 주체(active subject)'로서의 시민으로 의식하지 않는다.

또한 현대사회에서 정책의 효율성을 높이고 시민의 참여를 불러일으키기 위해서는 무엇보다도 대중의 성격이 변해야 하는데, 과거처럼 수동적이고 기껏해야 동원되기만 하는 국민을 대상으로 해서는 이러한 목표를 달성할 수 없다. 민주화를 위해 저항했던 '민중'은 피지배자의 성격을 갖는 존재로서 저항과 비판의 행위를 하기는 하지만 민주화 이후에 정책적 참여를 담당할 수 있을 정도의 주체적인 능력은 부족한 편이다. 그리하여 수동적인 국민이나 저항적인 민중이 능동적이고 창의적인 시민으로 전환되기 위해서는 그들의 역량강화(empowerment)가 필요하며, 이를 위한 가장 좋은 방법은 바로 그들을 시민적 활동에 참여시켜 능동적인 정치적 주체로 거듭나게 하는 것이다(Fung and Wright 2003, 5). 한편 '대중' 역시 수동적이고 획일적인 대상으로서의 집단을 일컫는다. 즉 자기 자신의 이익에만 관심이 있고, 사회적인 의식이 불투명한 익명의 다수 집단, 생산자들이 물품을 팔기 위해 대상으로 삼아야 하는 소비자 집단을 대중이라 부르며, 이 경우 역시 능동적인 사회적 주체로서의 시민으로 보기에는 부족하다.

시민사회의 시민은 사회적·정치적 존재로서의 의미가 중요한 요소로 작용한다. 앞서 살펴본 아리스토텔레스는 인간에 대해서도 세 종류로 구분하고 있는데, 철학자(philosopher), 신사(gentleman), 대중(mass)이 그것이다. 이 중 철학자란 인간에 대한 진리탐구와 관련하여 개별 사람들의 현실을 넘어서 인간의 보편적 진리를 추구하는 자를 말하며, 대중이란 나 자신의 일에만 관심을 갖고 몰두하는 사람을 일컫는다. 반면 신사란 나 자신의 일 외에 타인의 일에도 관심을 갖는 자를 의미하며, 이런 사람만이 고상한 사람으로서 진정한 사회적 인간이라고 본다. 즉 타인에게 관심을 갖는 사람만이 인간과 인간 사이의 관계를 조화나 협력의 관계로 만들어 나갈 수 있는 '정치적 인간(political man)'이라는 것이다.

이 점에 있어서는 고대 서양과 동양이 서로 다르지 않다. 흔히 사용되고 있는 인민(人民)이라는 용어는 사실 인(人)과 민(民)이라는 서로 다른 두 종류의 사람을 한 데 묶어놓은 근대적 개념이다. 여기서 인이란 단순히 지식이 있고 사회적으로 신분이 높은 사람을 일컫는 것이 아니라, 어진 사람 즉 "타인의 일에 관심을 갖고 돌보는 사람"이라는 뜻이며, 민이란 백성을 가리키는 말로서 "타인의 보살핌을 받아야 하는 사람"을 지칭한다. 따라서 유가사상에서 정치의 주체는 항상 민이 아니라 인일 수밖에 없었다. 여기서 동양적 의미에서의 인(人), 서구적 의미로서의 신사(gentleman)가 사회적 존재로서의 시민을 지칭한다.

또한 시민은 주체적이고 능동적인 인간이라고 할 수 있는데, 이때 주체적, 능동적이라는 것의 의미는 자신이 주인으로서 지배자의 위치에 도달해 있다는 것을 의미하는 것이 아니라, '정치적 판단'을 할 수 있는 판단자를 의미한다. 즉 개인으로서의 권리뿐만 아니라, 의무, 책임을 다해야 하는데, 이런 책임감을 갖고 사회적 존재로 활동하기 위해서는 무엇보다도 판단력이 필요하다는 것이다. 즉 판단력을 바탕으로 해야만 시민으로서의 사회적·정치적 행동을 할 수 있다는 것이다.

그런데 이때 요구되는 판단이란 '철학적 판단'이라기보다는 '정치적 판단'이다. 왜냐하면 사회공동체에서 필요한 판단은 여러 의견들(opinions, doxai) 중에서 진리(truth, episteme)를 골라내는 작업이 아니라, 공동체의 안녕과 발전에 더 '적합한 의견'(truthful opinion)을 만들어가기 위한 것이어야 하기 때문이다. 정치세계란 실존적 영역으로서 무엇보다도 그 구성원인 인간을 위한 곳이다. 정치세계를 철학적 진리 혹은 보편적 진리가 실현되는 영역으로 간주하는 것은 '정치의 철학에의 종속'

을 의미하며, 이때 인간행위의 의미는 없어지고 진리와 신의 뜻만 남게 된다. 따라서 정치세계에서 필요한 이성은 순수이성(pure reason, nous)이라기보다는 현실이성(practical reason, phronesis)이다(이동수 2004, 56-57).

의견은 원래 나쁜 의미를 함축하고 있는 용어가 아니다. 의견이란 단순히 나의 자의적 · 주관적 의견을 가리키거나 나의 이해관계가 반영되어 현실을 왜곡시키는 것이 아니라, 나의 주관성이 배제된 채 세계가 나에게 열려져 드러나는 것(dokei moi, it-appears-to-me)을 지칭한다. 실존적 존재로서 나는 세계의 한 부분이며, 내가 비록 의도적으로 세계의 리얼리티를 왜곡시키려 하지 않았다손 치더라도 세계의 한 부분인 나에게는 그 세계의 리얼리티가 부분적으로만 열리기 때문에 내가 볼 수 있는 것은 한정적일 수밖에 없다. 그러나 그 부분성은 거짓이 아니다. 또 그 부분들을 뛰어넘어 존재하는 리얼리티의 전체는 누구에게나 드러나지 않는다.

따라서 정치란 이러한 의견들을 전체적 진리로 대체하는 것이 아니라 이 의견들을 존중하고 그것들 사이의 합의적 과정을 통해 의견들의 조화, 즉 공동의견(common opinion)을 만들어 공동체 구성원의 조화와 협력을 이끌어내는 것이다. 그런 점에서 정치적 인간이란 단순히 철학자가 아니라, 이러한 공동의견을 만들 수 있도록 타인들의 의견에 귀 기울이고 그들을 배려하는 자이다.

공동세계를 구성하는 시민이 근거해야 할 기준 혹은 가치는 철학적 가치와도 다르다. 철학적 가치가 시대와 상황에 따라 변하지 않는 보편적인(universal) 가치를 일컫는다면, 시민사회에서 통용되고 근거해야 할 사회적 가치는 공익적(public) 또는 공동적(common) 가치이다. 한편으로 이것은 개인적 · 당파적 가치와 구분되며, 다른 한편 보편적 가치와도 구분된다. 공익적 혹은 공동적 가치란 사회구성원들의 정치세계에서 실제적 문제를 다룰 때 개인이나 당파들 간의 이익의 충돌을 모면하고 보편적 가치를 객관적 기준으로 들이댐으로써 다른 사람들의 의견을 억견으로 폄하하는 대신, 그들이 공동체에서 더불어 살 수 있게 해주는 공동적 합의를 이끌어 내는 것이다(이동수 2004, 64-65).

이런 기준에 따른 사회는 주관적이고(subjective) 부분적인(particular) 것들의 무한한 충돌을 피할 수 있으며, 뿐만 아니라 객관적이고(objective) 보편적인(universal) 것을 추구할 때 생기는 진실/거짓, 선/악, 동지/적의 구별과 여기서 비롯되는 불평등한 대결을 피할 수 있다. 그 대신 공동적 가치를 존중하는 사회는 구성원 모두를 소중히 여기고 그들 간의 상호주관적이며(intersubjective) 공동의 세계를 구성하기 위한 협력과 합의를 중요시한다.

이와 같이 공동세계로서의 정치가 조화와 협력의 공간이 되기 위해서는 먼저 자신의 이익이나 의견에 대한 주의주장의 한계를 인식하는 한편, 공동체를 하나의 전체로 간주하여 그곳에서 객관적이고 보편적인 진리가 실현되어야 한다는 진리적 주장에 현혹되지 말고, 최소한 타인들의 의견이 무엇인지 귀 기울이고 그들의 이야기를 들어보는 일이 중요하다. 그리고 다른 사람의 개인적 의견이 나의 것과 다르다고 할지라도 적어도 그가 자신의 이익달성과 권력획득을 위해 그것을 말하고 있다고 의심하지 말고, 그도 자신의 입장에서 열리는 세계를 우리에게 말하고 표현하는 것이라고 간주해야 한다.

공동세계로서의 시민사회는 나 혼자만의 생각이나 혹은 너 혼자만의 생각으로는 결코 만들어지지 않는다. 또 나와 너를 떠나서 객관적인 진리와 정의에 의해 형성되어야 하는 것도 아니다. 오히려 나와 네가 함께 의견을 드러내고 공동의견의 구성에 참여할 때에만 그것은 나타난다.

특히 아렌트(H. Arendt)는 공동세계로서의 시민사회의 정치활동 방식을 콘서트 행위(action-in-concert)로 제시하고 있다. 콘서트 행위는 공동의 관심사에 대해서도 서로 다른 관점이 있다는 점을 인정할 때 가능하다. 즉 행위자는 논리나 이성을 동원하여 자신의 의견을 강요하거나 증명하지 않고 공통감에 호소하며, 관객은 행위자의 표현을 보편성으로 귀속시키지 않고 목적성 속으로 용해시키지 않으면서 수용한다. 수용성은 차이를 유지시키는 거리를 전제로 한다는 점에서, 행위자의 드러냄에 대한 관객의 수용은 각각의 개별성을 유지하면서도 공공성과 연대성을 형성하는 행위인 것이다. 아렌트는 이러한 콘서트 행위가 권력을 형성하며 이러한 방식을 통해서만 공적 영역이 유지된다고 본다(Arednt 1965, 71).

콘서트 행위가 함의하는 아렌트의 정치행위 개념은 정치적 다양성과 가치의 다원화를 특징으로 하는 시민사회의 탈근대적 지향성에 부합한다. 이는 동시에 전환기에 처해 있는 한국의 시민사회가 나아가야 할 방향을 제시하는 것이기도 하다.

현재 한국의 시민사회엔 그동안 진행되어 온 시민운동의 지평을 새로이 확장하고 재편해야 한다는 문제의식이 대두되고 있다. 그동안 한국의 시민사회는 개발독재 시대의 민주화 운동이라는 큰 흐름 속에서 배태되고 성장된 역사적 배경으로 인해 주요한 정치적, 정책적 사안에 대해 개입하는 시민운동, 즉 정부의 정책에 대한 견제와 비판을 주요 목표로 삼는 활동을 해왔다. 이를 통해 시민운동이 제도개혁을 이끌어 내고, 정부와 국회의 제반 활동을 견제하고 감시하는 역할을 수행하는 성과를 거두었다. 그러나 이런 활동방향으로는 '시민 없는 시민운동'이라는 한계를 넘어설 수 없다는 비판이 제기되었다.

따라서 제도정치에 대한 비판과 개혁이라는 제도정치 중심주의를 넘어 생활정치(life politics)에 주목해야 한다는 인식이 대두되고 있다. 이런 논의는 그동안 한국 시민사회가 시민사회 영역을 진보적 담론을 중심으로 정치적 권력구조의 변화를 지향하는 영역으로만 협소하게 이해해 왔다는 자성에서 비롯된다. 점차 한국 시민운동은 '시민 없는 시민운동'을 극복해야 한다는 차원에서, 절차적 민주화를 넘어 사회의 민주화로 가고자 하는 차원에서, 그리고 시민사회의 탈근대적 지향성을 담아내는 차원에서 이와 같이 변화하고 있는 것이다.

시민사회는 진보적 담론에서부터 보수적 담론에 이르기까지 폭넓은 스펙트럼을 형성하고 있다. 또한 점점 가치의 다원화 양상을 보이면서 인터넷 소모임과 같이 기존의 '제도적 시민사회' 외의 영역에서 조직화되고 제도화되지 않은 방식으로 자발적인 네트워크 형태의 공적 영역을 형성하고 있다. 즉 시민사회는 시민단체의 성격의 다양성뿐만 아니라 하나의 사안에 대한 가치기준이 다양한 영역이며, 참여의 성격도 과거처럼 개인들의 이해관계나 집단 이데올로기와 같은 이익과 헤게모니가 투영된 것이 아니라 개인의 가치기준에 따라 참여하고 연대하는 잠재적이고 역동적인 양상을 보이고 있는 것이다.

따라서 시민사회는 다양한 관점이 있다는 점을 인정하면서 갈등하지 않고 협력하는 것이 무엇보다도 중요한 과제이며, 각자의 개별성이 발휘되면서도 연대를 모색하는 움직임을 포괄해야 한다. 요컨대 시민사회의 활동은 한 가지 방식이 아니라 다차원적으로 실행되어야 하며, 시민들의 삶 전체를 포괄하는 차원에서 이루어져야 하는 것이다.

이런 점들에 유의할 때, 한국사회에도 시민사회의 공간은 점차 넓어질 것이다. 시민사회는 이미 현대사회의 한 축을 이루고 있는 대단히 중요한 영역이다. 예전과 같이 국가만이 공적인 영역이 아니며 오히려 폐쇄성과 체계화의 질곡에 사로잡힌 국가의 영역보다 더욱 공적인 영역이다. 한편으로는 개인주의에 함몰되고 다른 한편 국가주의에 구속되어 있는 현대사회의 이중의 질곡 속에서, 시민사회의 성장은 인간들 사이의 협력과 유대의 가능성을 만들어가고 있는 것이다.

참고문헌

김호기. 1997. 『현대자본주의와 한국사회: 국가・시민사회・민주주의』. 서울: 사회비평사.

박희봉. 2001. 「사회자본과 거버넌스에 대한 정부와 시민사회의 역할」. 한국정치학회 2001년도 추계학술대회 발표논문.

이동수. 2001. 「하버마스에 있어서 두 권력」. 『정치사상연구』 제5집.

이동수. 2004. 「정치와 정쟁: 근대적 정치관을 넘어서」. 『철학과 현실』 제61호.

이동수. 2006. 「한나 아렌트와 한국정치: 권력정치에서 소통정치로」. 『철학과 현실』 제71호.

임혁백. 2001. 『세계화시대의 민주주의』. 서울: 나남.

Arendt, Hannah. 1965. *On Revolution*. New York: The Viking Press.

Arendt, Hannah. 1958. *The Human Condition*. Chicago: The University of Chicago Press.

Aristotle. 1985. *Nicomachean Ethics*. Tr. Terence Irwin. Indianapolis: Hackett Publishing Co.

Balibar, Etienne, Luc Ferry, Philippe Lacoue-Labarthe, J.-F. Lyotard, and Jean-Luc Nancy. 1981. *Rejouer le politique*. Paris: Editions Galilee.

Coleman, James S. 1988. "Social Capital in the Creation of Human Capital." *American Journal of Sociology* 94.

Dallmayr, Fred. 1993. *The Other Heidegger*. Itacha: Cornell University Press.

Easton, David. 1953. *The Political System: An Inquiry into the State of Political Science.* New York: Alfred Knopf.

Fung, Archon and Eric Olin Wright. 2003. "Thinking about Empowered Participatory Governance." Eds. Archon Fung and Eric Olin Wright. *Deepening Democracy: Institutional Innovations in Empowered Participatory Governance.* London: Verso.

Gramsci, Antonio. 1971. *Selections from the Prison Notebooks.* Vol. Ⅰ. New York: International Publishers.

Habermas, Jürgen. 1996. *Between Facts and Norms: Contributions to a Discourse Theory of Law and Democracy.* Tr. William Rehg. Cambridge: The MIT Press.

Heidegger, Martin. 1962. *Being and Time.* Trs. John Macquarrie and Edward Robinson. New York: Harper & Row.

Held, David. 1989. *Political Theory and Modern State: Essays on State, Power and Democracy.* London: Polity Press; 안외순 역. 1996. 『정치이론과 현대국가』. 서울: 학문과 사상사.

Hobbes, Thomas. 1994. *Leviathan.* Ed. Edwin Curley. Indianapolis: Hackett Publishing Co.

Horkheimer, Max and Theodor W. Adorno. 1989. *Dialectic of Enlightenment.* Tr. John Cumming. New York: Continuum.

Lasswell, Harold D. 1958. *Politics: Who Gets What, When, How?* New York: The World Publishing Co.

Locke, John. 1960. *Two Treatises of Government.* Ed. Peter Laslett. Cambridge: Cambridge University Press.

Pitkin, Hannah F. 1972. *Wittgenstein and Justice.* Berkeley: University of California Press.

Pocock, J. G. A. 1998. "The Ideal of Citizenship since Classical Times." Ed. Gerson Shafir. *The Citizenship Debates.* Minneapolis: University of Minnesota Press.

Putnam, Robert D. 1995. "Bowling Alone: America's Declining Social Capital." *Journal of Democracy* 6/1.

Ricoeur, Paul. 1965. *History and Truth*. Tr. Chrales A. Kelbley. Evanston: Northwestern University Press.

Schmitt, Carl. 1976. *The Concept of the Political*. Tr. George Schwab. New Brunswick: Rutgus University Press.

Vollath, Ernst. 1987. "The 'Rational' and the 'Political': An Essay in the Semantics of Politics." *Philosophy and Social Criticism* 13.

Wolin, Sheldon S. 1966. *Politics and Vision: Continuity and Innovation in Western Political Thought*. Boston: Little, Brown and Company.

CHAPTER 08

헤게모니론: 쟁점, 문제점, 그리고 한국화[1)]

김 종 법

Ⅰ. 글의 구성과 논점

한국사회에 그람시(A. Gramsi)가 소개된 지도 벌써 25년이 되었다. 그는 낯선 개념과 이론으로 우리를 당혹하게 하기도 했지만, 새로운 학문적 이정표와 동기를 부여하기도 했던 이탈리아의 정치 사상가였다. 헤게모니 개념과 시민사회론으로 한국 사회에 커다란 반향을 불러일으켰던 그람시는 1980년대 이후 현재에 이르기까지 한국의 수많은 지식인들에게 크고 작은 영향력을 행사했다. 그러나 그 영향력의 크기를 채 가늠하기도 전에 그람시는 한국사회의 연구영역에서 사그라지고 말았다. 그람시의 유산이나 재해석에 대한 논쟁의 결론과 내용이 증명되기도 전에 무대 뒤로 사라졌다는 것을 그람시 이론과 개념의 경박함으

1) 이 글은 그동안 필자가 수행했던 그람시 연구 결과물들과 번역서 등을 종합하고, 정리하는 내용의 형식을 띠고 전개될 것이다. 지난 4반세기 동안의 그람시 연구 결과물들을 정리하고 그람시 이론의 한국적 적용 가능성에 보다 초점을 두고 진행될 것이다. 따라서 이 글에서 인용될 많은 내용 중에는 필자의 연구결과물들에 대한 활용과 부분 인용이 사용되었다.

로 해석해야 할 것인지 아니면 우리 사회의 학문 풍조가 지나치게 유행이나 상황에 민감한 것인지 정확하게 지적할 수는 없지만, 분명한 것은 우리 사회가 학문에 대한 깊이나 태도의 경박함이 크다는 것을 반증하는 것이다.

1984년 최장집 교수에 의해 한국사회에 처음으로 소개되었던 그람시의 헤게모니론 역시 이론적으로나 학문적으로 더 이상 유용하지 않게 된 것은 우리 사회의 학문적 풍조를 그대로 돌아보게 한다. 그렇다고 헤게모니 개념이 언제까지나 유용하고 참신한 '상품성'이 있다는 주장은 더더욱 아니지만, 적어도 헤게모니 개념과 이론은 한국사회 분석을 위해서는 분명 보다 체계적이고 다양한 영역에서의 고찰과 연구가 이루어졌어야 하는 아쉬움은 남는다. 그람시의 헤게모니 개념이 한국사회 분석과 어떻게 연결될 수 있을지에 대해 의아해 할 수도 있겠지만, 그람시 연구와 분석이 이탈리아의 사회적 상황과 역사적 분석에서 도출된 것이라는 사실과 그가 궁극적으로 자신의 저술과 연구를 통해 밝히고자 했던 것이 이탈리아 자본주의 체제의 성격이라는 점을 이해한다면 그람시를 원용하여 한국사회를 분석할 수 있을 것이라는 주장은 타당할 것이다.

이 글은 그러한 연구의 출발점으로서 그리고 그람시를 어떻게 한국사회에 적용할 수 있는가에 대한 사례의 예시라는 측면에서 지금까지 논의되었던 그람시의 헤게모니 이론에 대한 연구 결과들과 그에 대한 한국적 유용성을 찾아보려는 의도를 갖고 전개될 것이다. 이러한 전개의 목적은 현재까지 축적된 헤게모니 관련 외국의 연구 결과물들을 통해 그람시 해석의 방향과 내용을 고찰해보고, 그람시주의의 가능성을 모색하고자 한다. 또한 영미계열의 연구와 이탈리아와 프랑스 등의 라틴계 연구 및 기타 제 3세계권 연구결과들 사이에 존재하는 차이를 비교하면서 국가와 지역에 따른 연구 결과물들이 한국 사회에 적용할 수 있는가의 문제도 돌아볼 것이다. 따라서 이와 같은 목적과 의도에 부합하기 위해 다음과 같은 두 부분으로 대별하겠다. 첫 번째 장은 그람시 헤게모니 연구에 대한 외국의 결과물들과 방향을 다루게 될 것이고, 두 번째 장은 한국에서의 연구 결과들과 경향에 대한 내용을 취급할 것이다. 이는 외국과 한국이라는 두 개의 공간을 기준으로 그람시 연구에 대한 비교를 진행함과 동시에 이를 통해 그람시 헤게모니 이론의 한국적 적용 가능성을 모색하고자 한다.

1960년대 이후 영어권 국가에서 본격적으로 시작된 그람시 연구는 헤게모니론 이외에도 다양한 개념과 영역에서 진행되어 왔다. 특히 1960년대 이후 영미권 국가들을 통해 후기 산업사회의 사회분석에서 지체되고 좌절되어 온 연구의 실마리를 그람시 헤게모니론을 통해 분석하려고 했던 사례와 결과물들을 중심으로 주요 쟁점 사항에 대해서도 함께 다루면서, 아울러 현재의 연구 방향과 결과물들에 대한 내용을 소개할 것이다. 동시에 그람시 연구의 본고장인 이탈리아에서 50년대부터 행해졌던 연구 사례와 결과물들은 영미권을 통해 어떻게 전달되었는가를 함께 돌아보고, 기타 프랑스를 비롯한 유럽의 여러 국가들에서 진행되었던 그람시 연구 결과들과의 차이는 어떤 것이었는가에 대해서도 간략하게 소개할 것이다. 또한 이와 같은 서양에서 재해석되고 그려진 그람시의 이론과 논의들이 1980년대 중후반 한국사회에 소개되면서 나타난 연구 경향과 결과물들은 어떤 상호연관성을 갖고 있으며, 한국적 상황에 적절하게 대응 또는 적용되었는가를 검토할 것이다. 결론 부분에서는 그람시 헤게모니 개념을 중심으로 그람시 이론화 나아가 그람시주의의 한국화가 가능할 것인가에 대한 전반적인 검토와 미래의 연구 방향에 대하여 서술할 것이다. 지금까지 연구된 한국에서 그람시에 대한 전반적인 연구 결과를 바탕으로 한국사회 분석에 어느 정도 유용한 분석틀과 패러다임을 제공했는가를 살펴보고, 앞으로의 발전 가능성에 주목하여 그람시 이론의 한국화를 이야기하고자 한다.

Ⅱ. 외국의 연구를 통해 본 그람시 헤게모니론

그람시 연구를 가장 먼저 시작한 국가는 이탈리아였지만, 학문적인 영향력을 갖기 시작한 것은 신좌파와 프랑스 및 독일 등의 여러 국가의 정치 사상가들에 의해 그람시가 원용되면서 직간접적으로 여러 이론에 반영되면서부터였다.[2] 가장 먼저 그람시 연구의 초석을 다진 이들은 신좌파(New Left) 그룹이었다. 스튜어트 휴즈(Stuart Hughes), 페리 앤더슨, 에드워드 톰슨, 레이몬드 윌리엄즈, G. A. 윌리엄즈 등은 그람시에 대한 발견과 재해석을 통해 그람시 이론의 단초와 소개를 시작했다. 알튀세르, 발리바르, 부르디외, 그리고 데리다 등을 중심으로 프랑스에서도 1960년대 초반부터 그람시에 대한 본격적인 연구가 시작되었으며, 독일에서는 프랑크푸르트학파가 중심이 되어 그람시에 대한 관심

2) 최장집 교수는 이를 다음과 같이 표현하고 있다. "그람시 사상은 좌로는 유로코뮤니즘의 극좌파로부터 우로는 페이비아니즘적 · 사회민주주의적 '개량주의'에 이르기까지 실로 광범위한 이데올로기적 스펙트럼상에서 영향을 미치게 되었다. 알뛰쎄의 '이데올로기적 국가 아파라투수' 개념, 알뛰쎄, 풀란차스, 발리바 등에 의해 대표되는 중층적 결정과 사회구성체론을 중심으로 한 구조주의적 마르크스주의 이론, 풀란차스의 시민사회에 대한 국가의 자율성을 중심으로 한 국가이론, 크라우스 오페, 제임스 오코너를 비롯한 자본축적과 정통성화의 이중적 기능에 관한 제이론, 아담 쉐보르스키와 마이클 왈러슈타인에 의해 대표되는 계급간 타협의 이론, 훼르난도 카르도소, 귀레르모 오도멜에 의한 제 3세계 국가이론에의 수용, 그리고 비정치적 아카데믹 마르크스주의라 불릴 수 있는 … 이론의 제변종 … 에 직접적이든 간접적이든 광범위한 영향을 끼쳤다." 최장집. 1984. "그람씨의 헤게모니 개념", 『한국정치학회보』(한국정치학회 제18집, pp. 19~40).

을 기울였다.

그람시의 다양한 개념과 이론 중에서도 가장 주목을 받았던 것은 헤게모니 개념이었다. 영어권 국가에서 그람시 헤게모니 개념을 가장 먼저 종합하고 해석한 이는 G. A. 윌리엄즈라고 볼 수 있다.[3] 그는 1960년 한 역사 저널에 그람시 헤게모니 개념에 대한 문화적인 해석을 담은 연구 결과를 발표하였다(Williams 1960). 문화적이고 지적인 측면에서의 헤게모니에 대한 역할과 기능을 설명한 윌리암스의 연구 결과는 1960년대 오랫동안 많은 관련 연구가들에게 주요한 기준을 제시했지만, 그람시를 마르크스나 레닌과 결별시키면서 학문적 영향력은 축소되었다.

보다 학문적인 수준에서 반향을 불러일으켰던 것은 네언(Nairn)과 앤더슨의 연구였다. 데이빗 포가치는 네언과 앤더슨의 연구 결과를 평가하면서 글이 갖는 그람시적 특징을 다섯 가지로 정리하고 있다(데이빗 포가치 저/김현우・신진욱・허준석 편역 1995, 262-263). 첫째, 이 글들에는 국민의 역사가 갖는 독특함에 대한 세심한 관심이 존재한다. 둘째, 네언과 앤더슨은 역사적인 장기 분석과 현재 상황에 대한 진단을 상호 교직시키고 [이를 통해] 좌파의 전략적 전방을 이끌어 내려는 형식을 취한다. 셋째, 두 단계에서 분명히 했듯 그들은 경제주의와 확실히 결별

3) 물론 그윈 윌리엄즈 이전에도 루이스 마크스(Louis Marks)나 핸더슨(H. Handerson) 또는 홉스바움(E. Hobsbawm) 등에 의해 그람시가 읽혀지고 원용되었다. 특히 마크스는 *The Modern Prince and Other Writings*라는 제목으로 International Publishers에서 1957년 출간되었다. 이 책은 그람시 사상의 정치적이고 체계적인 소개를 목적으로 했지만, 당시 영국의 반스탈린주의 경향과 맞물리면서 신좌파의 문화적 조류 안으로 편입하였다. 그러나 소수의 독자들과 연구자들만이 주목한 책이었다. 이러한 상황에서 본격적으로 그람시 연구가 시작된 것은 레이몬드 윌리엄즈와 톰슨 및 앤더슨과 네언 등이었다. G. Eley. 1984. 'Reading Gramsci in English: Observations on the Reception of Antonio Gramsci in the English-Speaking World 1957~1882', *European History Quarterly*. vol. 14 참조.

한다. 즉 그들은 경제적 토대와 정치적 상부구조 사이의 직접적이고 기계적인 연결과 단절하며 정치적 지배에서 문화적이고 이데올로기적인 측면을 강조한다. 넷째, 그들은 역사적으로 임의적인 사회적 지배관계가 '상식'으로 영속화되고 자연스럽게 받아들여지는 과정에 대한 독특한 인식을 보여준다. 다섯째, 그들은 노동운동이 경제주의적 · 조합주의적에서 헤게모니적 문화로 길을 열어 나가지 못한 것, 말하자면 사회적 세력들의 블록의 수위(首位)에서 스스로 서지 못한 것에 대하여 비판을 가한다. 네언과 앤더슨의 이러한 해석은 이후 영국에서의 그람시 연구에 하나의 방향성을 고정시켜 주었지만, 보다 다양하고 다층적인 그람시 해석과 연구의 걸림돌 역할을 하기도 했다.

이후 1967년에 카메트(J. Camette)는 그람시의 전반적인 사상체계와 그러한 사상체계의 역사성을 설명하는 그람시 해설서를 출간하였다(Camette 1967). 여기에서 카메트는 그람시 사상이 형성되어 온 과정을 그리면서 이탈리아의 사상적 전통 속에서 그람시의 위상과 중요성을 역설하고 있다. 그러나 그다지 깊이 있는 이론적 정교함을 가지고 그람시를 분석한 것은 아니었고, 간단한 해설서 수준이었다. 그람시 연구의 보다 독창적이고 의미 있는 결과는 1968년에 마르티넬리(Martinelli)와 메링턴(Merrington)에 의해 이루어졌다(Martinelli 1968; Merrington 1968). 마르티넬리의 연구에서는 서구사회에서의 혁명에 대한 분석과 함께 그에 대한 그람시 평가의 유용성을 지적하고 있다. 메링턴 역시 그람시의 마르크스적인 측면을 강조하면서 헤게모니 개념을 비롯한 독창적인 그람시의 개념들을 역사적이고 정치적인 사건들과 연결시켜 분석하고 있다.

그러나 당시의 일반적인 그람시 연구는 그람시 저작에 대한 직접적 접근이 여의치 않은 한계 속에서 그람시를 정치 이론가로서 정치학의 영역에서 다루기보다는 문화비평가로 그려진 모습을 강조하면서 영미권 초기 연구들의 한계를 노정시켰다. 이러한 한계를 조금이나 뛰어넘을 수 있게 해준 것은 1971년 Q. Hoare와 G. N. Smith가 편집한 *Selections from the Prison Notebooks of Antonio Gramsci* (그람시의 옥중수고 편집본)이었다. 이 책을 통하여 비로소 — 그람시 저작의 일부이긴 하지만 — 그람시에 대한 비교적 전체적인 윤곽과 사상적 체계에 다가설 수 있었다. 헤게모니 개념에 대한 이론화와 천착 역시 이 편집본을 통해 이루어졌다.

그람시의 영어판 선집은 영미 계열의 많은 그람시 연구가들에게 상당한 반향을 불러일으켰고, 많은 연구 결과들이 나올 수 있었다. 특히 68운동 이후 자본주의 체제의 공고성이라는 측면에서 후기 산업사회를 분석했던 좌파 계열의 학자들에게 그람시가 던져준 많은 미완성의 개념들과 이론들은 새로운 지평 확장을 위한 디딤돌이었고 계기였다. 헤게모니론 역시 단지 개념적인 측면이나 단편적인 해석의 수준을 넘어 그람시 사상의 핵심 개념이자 이론으로 발전할 수 있었던 것은 편집본의 공헌이 컸다. 이 시기 그람시 헤게모니론에 대한 주요 연구 결과들은 다음과 같다.

Adamson, W. 1980. *Hegemony and Revolution: A Study of Antonio Gramsci's Political and cultural Theory*. Berkeley and Los Angeles: University of California Press.

Althusser, L. 1977. *Lenin and Philosophy and Other Essays*. London: Verso.

Anderson, P. 1975. *Consideration on Western Marxism*. London: New Left Books.

Anderson, P. 1978. "The Antinomies of Antonio Gramsci", in *New Left Review* no. 100. London: New Left Books.

Bates, T. R. 1975. "Gramsci and Theory of Hegemony". *Journal of the History of Ideas*. vol. XXXVI, no. 2. April-June.

Bocock, R. 1986. *Hegemony*. London: Tavistock Publications Limited.

Boggs, C. 1976. *Gramsci's Marxism*. London: Pluto Press.

Bucci-Glucksmann, C. 1980. *Gramsci and the State*, trans. D. Fernbach. London: Lawrence & Wishart.

Femia, J. 1981. *Gramsci's Political Thought. Hegemony, Consciousness and Revolutionary Process*. Oxford: Clarendon Press.

Geras, N. 1978. *Marx and Human Nature. Refutation of a Legend*. London: Verso Press and New Left Books.

Hall, S. 1978. "The 'Political' and the 'Economic' in Marx's Theory of Classes", Hunt A.(ed.), *Class and Class Structure*. London: Lawrence & Wishart.

Joll, J. 1977. *Gramsci*. London; Fontana.

Laclau, E. & Mouffe, C. 1985. *Hegemony & Socialist Strategy*, (trans.) Moore, W. & Cammack, P. London: Verso.

Mandel, E. 1975. *Late Capitalism*. London: Verso.

Sassoon, A. S. 1982. *Approaches to Gramsci*. London: Writers and Readers.

Sassoon, A. S. 1980. *Gramsci's Politics*. New York: St. Martin's Press.

Simon, R. 1982. *Gramsci's Political Thought. An Introduction*. London: Lawrence & Wishart.

Williams, R. 1977. *Marxism and Literature*. New York: Oxford University Press.

Worsley, P. 1982. *Marx and Marxism*. Chichester and London: Ellis Horwood and Tavistock Publications Limited.

열거한 저서들 외에도 많은 학자들에 의해 그람시 관련 논문과 저서들이 생산됨으로써 이 시기 영미 학계에서 그람시에 대한 연구는 오랫동안 독자적인 영역을 구축할 수 있었다. 이 시기 헤게모니론에 대한 연구는 일반적으로 자본주의 사회의 지배계급과 지배계층의 정치적 권력 유지와 연속성에 초점이 맞추어졌고, 그람시에게 영향을 미쳤던 많은 기존의 사상가들과의 접목을 통해 다양한 그람시 경향에 대한 연구에 초점이 맞추어졌다. 그람시의 마르크스주의적 경향, 레닌이즘적 경향, 유로코뮤니즘 경향, 크로체주의적 경향, 다원주의적 민주주의 경향의 해석 등등의 수많은 그람시의 모습이 그려진 것도 이 시기이다.[4)]

4) 그람시가 후기 마르크스주의자로 분류된다는 의미뿐만이 아니라 실제로 그의 정치적 이데올로기를 전통 마르크스주의자 혹은 수정 마르크스주의자로 해석하는 것은 오랜 전통을 가진다. E. Hobsbawm이나 Williams 등에 의해 시작된 이러한 논의와 주장은 1970년대 이후 본격적으로 여러 학자들에 의해 주장되었다. Howard D./Klare(ed.) *The Unknown Dimension: European Marxism since Lenin* (New York: Basic Books, 1972); Markovic, M. 'L'unita' di filosofia e politica nel Gramsci', in P. Rossi(ed.), *Gramsci e la cultura contemporanea* (Roma: Editori Riuniti, 1967); Marramao G. *Marxismo e revisionismo in Italia* (Bari; De Donato, 1971); Piccone, P. 'Phenomenological Marxism', *Telos*, no. 9. Autumn 1971; Piccone, P. 'Gramsci's Hegelian Marxism', *Political Theory*, Feb. 1974: Piccone, P. 'From Spaventa to Gramsci', Telos, no. 31. Spring 1977; Long, T. 'Marx and Western Marxism in the 1970's', *Berkeley Journal of Sociology*, vol. XXV. 1980) 등이 있다. 레닌이즘적 경향에 대한 연구는 주로 이탈리아에서 먼저 시작되었는데 제2차 세계대전 직후 톨리아트(Togliatti)에 의해 지도되던 PCI에서는 레닌주의적 측면이 지나칠 정도로 강조되었다. 톨리아티 이외에도 그루피(Gruppi), 마키오끼(Macchiocchi) 및 데 조반니(De Giovanni) 등을 중심으로 연구들이 이루어졌으며, 이를 비판하면서 레닌을 넘어선 그람시를 강조한 이들이 피코네와 보그스 등이다. 그러나 이들은 헤겔주의적 전통에 입각하여 그람시의 관념론적 마르크스주의에 경도된 후기 마르크스주의자로 해석하고 있는 한계를 나타냈다. 이에 대하여는 Piccone, P. 'Gramsci's Marxism: Beyond Lenin and Togliatti', *Theory and Society*, no. 3. Winter 1976; Boggs, C. *The Impasse of European Communism* (Boulder, Colo.: Westview Press, 1982)를 참조하시오. 그람시에 대한 레닌이즘의 전통은 다시 유로코뮤니즘으로 연결되는데, 이는 레닌이즘의 전통에 섰던 학자들을 중심으로 연결되면서 1970년대 후반 카릴로(Carillo)와 클라우딘(Claudin) 및 마르자니(Marzani) 등으로 이어졌다. 이에 대하여는 Carillo, S. *Eurocommunism and the State* (London; Lawrence & Wishart, 1977); Claudin, F. *Eurocommunism and Socialism*(London: New Left Books, 1978); Marzani C. *The Promise of Eurocommunism*(Westport, Conn.: Lowrence Hill and Co., 1980)을 참조하시오. 그람시와 유로코뮤니즘을 잇는 주요 연구들은 그람시에 대한 다원주의적 민주주의 경향의 해석은 전통적으로 1970년대 이후의 그람시 연구에 대한 이탈리아 PCI의 공식적인 입장의 하나였다. 그람시의 다원주의적 민주주주의적 경향에 대한 주요 연구로는 Cammett, J. 'Socialism and Participatory Democracy', in G. Fischer(ed.), The

그람시 해석의 다양성을 여기서 모두 다룰 수는 없겠지만, 헤게모니론의 발전 과정에서 학문적으로나 이론적으로 주요한 전기를 마련해 준 몇몇의 연구결과들은 그람시 헤게모니론 이해의 필수적인 기초 자료들이다. 1978년 발표한 앤더슨의 연구는 그런 의미에서 그람시 해석의 주요한 전환기적 의미를 다른 논문이었다(Anderson 1978). 앤더슨은 영국의 전통적인 그람시 연구의 한계를 뛰어넘음과 동시에 지나친 확장이나 무리한 해석에 대한 경고를 그람시의 이항대립적 용어의 분석을 통해 전개하고 있다. 특히 헤게모니와 관련하여 동구와 서구, 국가와 시민사회, 진지전과 기동전, 동의와 강제, 지배와 헤게모니 등의 이분법적 대립구조를 통해 헤게모니 개념이 갖는 서구적 의미에 대하여 비판적임과 동시에 절제된 분석의 틀을 보여주었다.

영미권의 그람시 연구는 다소 경직적이고 도식적이던 방향에서 탈피하여 최근에 보다 다양한 측면에서 논의되고 있다.[5] 언어학적인 측면에서 헤게모니라는 용어 사용의 빈도와 내용 등을 분석하고 있는 피터 이브스의 저서는 그람시 저작이 갖는 언어적 모호성과 의미론적인 측면에서의 새로운 분석이라는 점에서 그람시가 사용했던 용어나 개념

Revibal of American Socialism(New York: Oxford University Press, 1971); Karabell, 'Revolutionary Contradiction: Antonio Gramsci and the Problem of Intellectuals', *Politics and Society*, vol. 6. no. 2, 1976.; Adamson W. *Hegemony and Revolution: A Study of Antonio Gramsci's Political and cultural Theory* (Berkeley and Los Angeles: University of California Press, 1980); Bobbio, N. 'Gramsci and the Conception of Civil Society', in Mouffe, C.(ed.) *Hegemony & Socialist Strategy*, (tran.) Moore, W. & Cammack, P. (London: Verso, 1985); Salvadori, M. 'Gramsci and the PCI: Two Conceptions of Hegemony', in Mouffe, C.(ed.) *Hegemony & Socialist Strategy*, (tran.) Moore, W. & Cammack, P. (London: Verso, 1985) 등이 있다.

5) Morton, A. *al Ec* D. *Unravelling Gramsci: Hegemony and Passive Revolution in the Global Politiconomy* (London: Pluto, 2007); Ives, P. *Language And Hegemony In Gramsci* (London: Pluto, 2004): Crehan, K. Gramsci, *Culture and Anthropology* (Califonia: University of California Press, 2002); Renate Holub. *Antonio Gramsci: Beyond Marxism and postmodernism* (London: Routledge, 1992).

에 대한 새로운 접근에 해당한다. 르네 홀럽의 연구는 사회주의 국가들이 몰락하면서 자유민주주의 질서의 구축이라는 새로운 전환기인 1990년대에 그람시주의 혹은 그람시 연구에 대한 포스트모던적 접근의 필요성을 역설하고 있다. 크리언의 연구 결과는 문화인류학의 토대 속에서 새로운 그람시에 대한 새로운 접근이라는 시각으로 21세기적 지평 확장의 단초를 열고 있다. 그녀의 연구에서 그람시에 대한 인류학적 접근의 필요성에 대해 서구사회와는 다른 새로운 사회, 예를 들면 개발도상국이나 신흥 공업국 및 아프리카나 남미 국가들에 대한 접근방식과 분석에 대한 새로운 기준을 그람시를 통해 제시하고 있다. 모튼의 저작은 신자유주의 세계화 시대의 세계경제의 새로운 구도 속에서 그람시가 주창했던 경제주의적 해석을 통해 국제관계의 영역에서 새로운 헤게모니를 지속시키고 있는 신자유주의 경제체제에 대한 새로운 분석틀과 질서를 모색하는 계기를 제공해주고 있다.

특히 새로운 국제질서 속에서 세계정치질서라는 보다 확장된 영역으로의 그람시적 시각에 의한 분석은 콕스(Cox) 이후 그람시에 대한 주요한 연구 흐름으로 자리 잡았다. 보편적이고 세계적 질서의 결합으로서 국제기구들의 총합과 세계질서의 집합적인 이미지를 통해 국제질서 상의 헤게모니를 해석하였던 콕스의 해석은 이후 많은 학자들에게 영향을 미쳤다(Cox 1981, 135-139; 1983, 168-174; 1987, 149-150 & 396-398). 자본과 노동의 요소를 새로운 전환기적 요소로서 중요한 분석 요소로 상정했던 빌러(Bieler)나 유럽에서의 계급 형성과정을 통해 계급의 전환이라는 시각에서 유럽연합(EU)의 통합과정을 새로운 국제질서로 파악하고 있는 반 아펠돈(van Apeldoorn)과 모튼 등은 이러한 전통의 계승자들이다(Bieler 2000; van Apeldoorn 2002; Morton 2001).

영미권 국가에서의 그람시 연구는 오랜 전통 속에 문화주의적 출발을 통한 정통성과 환원론적 해석 등이 주를 이루었지만, 그람시 연구를 가장 먼저 시작한 이탈리아와 프랑스는 좀 더 직접적이고 이데올로기적 방향에서 주요한 학자들을 중심으로 하는 학파들이 주도하여 이루어졌다. 이탈리아의 그람시 연구는 이미 알려진 대로 그람시의 처형이 그람시 사망 전에 소련으로 몰래 빼돌린 『옥중수고(*Quaderni del carcere*)』가 여러 경로를 거쳐 톨리아티 수중에 들어가면서 시작되었다.[6] 다시 말해 1940년대 후반부터 직간접적으로 그람시의 저작들이 출간되면서 그람시에 대해 주목하였다. 당시 반파시즘 투쟁의 중심 역할을 했던 PCI(이탈리아 공산당)에게 그람시는 당세를 확장하고 정치적 헤게모니를 장악하는데 유용한 정치적 수단임과 동시에 주요한 사상적 기반이자 유산이었다(Mouffe · Sasoon/김현우 · 신진욱 · 허준석 역 1995, 211-254). 특히 당시 PCI를 이끌고 있던 톨리아티는 이를 적극적으로 활용함과 동시에 그람시의 레닌주의적 경향을 강조하면서 그람시를 레닌주의자로 묘사하였다. 레닌주의자로서 그람시 혹은 스탈린주의자로서 그람시에 대한 다소 경직된 연구 방향은 당시 PCI가 소비에트 연방과 직접적인 교류를 하고 있었던 유럽 최대의 공산당이었다는 사실에 일부분 기인한 것이긴 해도 그람시에 대한 편향적이고 파편적인 해석이라는 비판이 제기되었다.

톨리아티로부터 시작된 이러한 경향은 그루피와 데 조반니 등으로 이어지면서 1960년대와 70년대 초에 지배적이었던 유로코뮤니즘으로 연결되었다. 이탈리아 내부에서 이러한 연구 경향이 좀 더 다양한 방향성을 갖게 된 것은 1960년대에 들어서였다. 톨리아티의 그람시에

---

6) 1940년대 이탈리아에서 전개된 그람시 연구와 저작들은 이미 상당한 양이 축적되고 있었으며, 톨리아티 등의 PCI 지도부에 의해 당 차원의 연구 사업이 진행될 정도였다. 이에 대하여는 다음의 자료를 참고하시오. Fondazione Istituto Piemontese Antonio Gramsci. 1994. *Gtamsci Nella Biblioteca Della Fondazione*. Regione Piemonte.

대한 접근은 이탈리아 노동운동사와 PCI라는 역사적 맥락에서 이해될 수 있었지만, 그람시 연구의 새로운 지평은 헤게모니 개념에 대한 보다 다차원적인 접근에 의해 이루어졌다. 헤게모니의 형성과 유지 및 보존이라는 역사적 과업을 계급 차원에서 논의하면서 헤게모니 형성을 위한 수단의 다양성과 다수성에 초점을 맞추고, 지식인의 역할과 현대 군주로서의 당(공산당 PCI를 의미)을 강조했다는 점은 노동운동의 지평에서 정치적 권력과 정치로 확장시키는 분수령이었다. 이러한 분석에 가장 먼저 기여한 사람은 라지오니에리(Ragionieri)이다.

라지오니에리는 1967년 칼리아리에서 개최된 제2회 그람시 학술회의에서 자신의 논문에서 톨리아티의 입장에 대한 연장선에서 그람시의 국제적 지평의 확장을 주장하였다(Ragionieri 1967). 라지오네리가 주목한 그람시 사상의 핵심은 서구에서의 정치적 상황 변화를 통해 그람시가 이탈리아적 상황, 즉 혁명 파고의 퇴조와 파시즘의 등장, 1929년 세계 경제위기와 그에 따른 적절한 전략의 부재 등의 국제적 경험을 통하여 다양하고 가변적인 전략의 창출을 국제노동운동의 지형 위에 그리고 있다는 점을 강조했다. 라지오네리 이외의 또 다른 사상가로 꼽을 수 있는 이가 봅비오이다.

봅비오 역시 라지오네리와 함께 1967년 제2회 그람시 학술회의에서 그람시의 시민사회 개념을 설명하면서, 그람시 시민사회 개념이 갖는 의미를 헤겔이나 마르크스와의 차이점을 통해 분석하고 있다(Bobbio 1967). 봅비오는 그람시 시민사회의 개념이 갖는 이데올로기적·문화적 복합체에 주목하면서 특정 사회계급의 헤게모니 조직의 수단으로서 그람시의 시민사회를 정의한다. 마르크스 역시 시민사회가 역사적 발전과정에서의 능동적이고 적극적 계기에 대해 주목하지만, 그람시의 시민사회개념과의 차이는 마르크스의 경우 시민사회가 토대 안의 구조로서 존재하지만, 그람시에게는 상부구조로서 정치의 영역에 속한다는 사실을 발견할 수 있다고 주장한다. 이는 마르크스가 경제로 설명하는 역사의 추동력이 그람시에게서는 이데올로기로 나타나는 이유가 되는 것이다. 이를 토대로 봅비오는 그람시를 단숨에 상부구조의 민주주의자로, 그리고 정치사회보다 시민사회의 우월성을 주장하는 정치사상가로 규정하였다. 이러한 봅비오의 주장은 서구 민주주의 사회를 분석하는 데 유용한 그람시 해석의 중요한 기준을 마련해주었다.

이외에도 마시모 살바도리나 데 펠리체, 파올로 스피리아노, 아우치엘로(Auciello) 등의 연구들도 그람시 해석에 주요한 의미와 해석의 기준을 제시했다고 평가받는다. 살바도리의 경우 이탈리아 공산당과 공장평의회의 이중적 성격을 헤게모니 개념을 통해 설명하고 있으며, 역사적 과정 속에 구현되고 발전되어 온 헤게모니 개념을 이론적으로 치밀한 고증을 통해 증명하려고 하였다(Salvadori 1976, 33-54). 이탈리아 파시즘 연구가로 알려진 데 펠리체는 당대의 주요 인물들을 통해 그람시의 이론과 개념의 영향 관계를 추적함으로써 헤게모니 개념과 이론이 발전 경로를 돌아볼 수 있게 한다. 이에 반해 스피리아노는 전통적인 PCI의 입장에서 후기 마르크시스트 계열의 좌파 사상가로서 그람시에 대한 적극적인 해석을 추구하고 있다. 특히 그는 이탈리아 공산당의 역사를 다룬 방대한 분량의 책을 통해 그람시의 사상과 주요 이론들에 대한 역사적 배경과 경과 등을 설명하고 있다(Spriano 1977).

지금까지 논의되고 진행되어온 이탈리아에서의 연구결과물들은 양적으로나 질적으로나 측정이 어려울 만큼 상당한 분량과 결과물들이 축적되어 있다. 전술한 그람시의 연구결과들은 전통적으로 그람시에 대한 마르크스주의의 해석 논쟁이었다. 그러나 1980년대에 들어오면 그람시 연구에 대한 전환과 새로운 영역에서의 논쟁들이 야기되었다. 영국이나 앵글로 색슨계 국가들과는 달리 이탈리아에서 문화적이고 역사적 전통의 시각에서 문화적 그람시가 새로이 조명된 것이 바로 이 시기였다. 문학, 언어학, 희곡이나 드라마 그리고 영화 등을 아우르는 예술 전반에서의 그람시적 논의들, 변화하는 세계질서 속의 이탈리아에 대한 국가성과 자본주의 시스템에 대한 재해석 등이 이 시기에 제기되었던 그람시 연구들이다. 이러한 연구 결과물들 중에서 주요한 것들을 간추려 보면 다음과 같다(편의상 연도별로 정리하였다).

Fondazione Istituto Gramsci. 1981. *Il laboratorio della riforma. Contenuti culturali, organizzazione didattica e valutazione nella secondaria superiore*, Milano: Angeli.

Paggi, L. 1984. *Le strategie del potere in Gramsci: tra fascismo e socilaismo in un solo paese, 1923-1926*. Roma: Eiditori Riuniti.

AA.VV. 1986. *I giuristi e la crisi dello Stato liberale in Italia fra Otto e Novecento*, a cura di A. Mazzacane, Napoli: Liguori.

Badaloni, N. et. al. 1986. *Marx e il mondo contemporaneo, Atti del convegno dell'Istituto Gramsci, Roma 16-19 novembre 1983*, a cura di C. Mancina, Roma: Editori Riuniti.

Sbarberi, F. 1986. *Gramsci in socialismo armonico*. Milano: Angeli.

Spriano, P. 1988. *Gramsci in carcere e il partito*. Roma: Editori Riuniti.

AA.VV. 1989. *Teoria politica e società industriale. Ripensare Gramsci*, a cura di F. Sbarberi. Torino Bollati Boringhieri.

Bobbio, N. 1990. *Saggi su Gramsci*. Milano: Feltrinelli.

Fondazione Istituto Gramsci. 1990. *Gramsci e l'Occidente. Trasformazioni della società e riforma della politica*, a cura di W. Tega. Atti del convegno internazionale organizzato dall'Istituto Gramsci Emilia-Romagna, dalla Fondazione Istituto Gramsci e dal Partito comunista italiano, Bologna 9-11 settembre 1987. Bologna: Cappelli.

Fondazione Istituto Gramsci. 1995. *Gramsci nel mondo*, a cura di M. L. Righi. Roma: FIG.

Liguori, G. 1996. *Gramsci conteso*. Roma: Editori Riuniti.

Gervasoni, M. 1997. *Antonio Gramsci e la Francia. Dal Mito della modernità alla "scienza della politica"*, Milano: Edizioni Unipoli.

AA.VV. 1997. *Gramsci e il Novecento 2 voll.* a cura di G. Vacca. Roma-Bari: Laterza.

Fondazione Istituto Gramsci. cespe. 1997. *Centro per la riforma dello Stato, La transizione italiana. Alternative dell'integrazione sovranazionale dagli anni Settanta agli anni Ottanta*, a cura di A. Romano, Atti del convegno, Frattocchie, Roma 29 ottobre 1996. Roma: Manifesto Libri.

Fondazione Istituto Gramsci. 1998. *L'economia mondiale in trasformazione, a cura di A. Graziani con la collaborazione di A. M. Nassisi, Atti del convegno organizzato dalla Fondazione Istituto Gramsci e dal Dipartimento di Economia Pubblica dell'Università di Roma "La Sapienza", Roma 6-8 ottobre 1994*, Roma: Manifestolibri.

Vacca, G. 1999. *Appuntamenti con Gramsci. Introduzione allo studio dei Guaderni del carcere*. Roma: Carocci.

Baratta, Giorgio. 2003. *Le rose e i quaderni. Il pensiero dialogo di Antonio Gramsci*. Roma: Carocci.

Burgio, A. 2003. *Grasmci storico. Una lettura dei ≪Quaderni del carcere≫*. Roma-Bari: Laterxa.

Frosini, F. 2004. *Gramsci e la filosofia. Saggio sui Quaderni del carcere*. Roma: Carocci.

Togliatti, P. 2004. *Sul fascismo*. a cura di Giuseppe Vacca, Bari-Roma: Editori Laterza, Fondazione Istituto Gramsci,

AA.VV. 2004. *Gramsci e la storia contemporanea: i "Quaderni" come 'teoria' e 'critica' della storiografia in Gramsci il suo il nostro tempo*. a cura di Rita Medici. Bologna: Clueb. 135-159.

Gramsci, A. 2004. *Il lettore in catene, La critica letteraria nei Quaderni*, a cura di Andrea Menetti. Roma: Carocci.

AA.VV. 2004. *Le parole di Gramsci. Per un lessico dei Quaderni del carcere.* a cura di G. Liguori e F. Frosini. Roma: Carocci.

AA.VV. 2007. *Studi gramsciani nel mondo 2002-2005*, a cura di Giuseppe Vacca e Giancarlo Schirru. Bologna: Il Mulino.

Coutinho Carlos N. 2006. *Il pensiero politico di Gramsci.* Milano: Edizioni Unipoli.

Mordenti Raul. 2007. *Gramsci e la rivoluzione necessaria.* Roma: Editori Riuniti.

이외에도 500여 편의 그람시 관련 연구논문들이 이탈리아의 주요 학술지에 발표되었다(Fondazione Istituto Piemontese Antonio Gramsci 1994: Fondazione Istituto Gramsci 2006). 21세기 이탈리아에서 그람시가 여전히 유용한 학문적 지표이자 기준이 될 수 있을지에 대해서는 이론이 있지만, 자본주의 사회의 생산관계와 국가의 성격 그리고 세계정치질서의 재편이라는 측면에서 그람시 헤게모니 개념의 유용성은 아직까지 살아 있다. 최근 그람시에 대한 최근의 연구 경향 중에 두드러진 방향의 하나는 유럽통합과 관련한 것이다. 유럽연합을 하나의 국민 국가(Nation State)의 부활로 볼 것인지, 새로운 국제정치질서의 지역연합 단위인지에 대한 논란 속에서 그 성격과 내용에 대한 그람시적 접근은 상당히 유의미한 계기를 제공하고 있다. 자본주의적 세계질서의 재편이라는 과정 속에서 새로운 헤게모니적 구성체이자 기구로서 등장하고 있는 다양한 종류의 네트워크와 국제기구들에 대한 성격 분석은 여러 모로 유용한 것이다.

이탈리아의 그람시 연구 결과들은 인접한 프랑스에서도 즉각적인 반향을 불러일으켰다. 전통적으로 사회주의와 진보적 성향의 철학적 특징이 강한 프랑스 사상계에 그람시가 끼친 영향은 작지 않았다. 알튀세르와 함께 비교적 먼저 그람시에 대한 연구에 주목한 이는 텍시에르(J. Texier)였다. 텍시에르의 주요 논점은 봅비오나 데 펠리체 등이 주장한 것과 같은 그람시와 마르크스 사이의 불일치를 인정하지 않고 마르크스에 의해 시작된 구조 문제를 그람시가 상부구조 연구를 통해 완성했다는 점을 강조하였다(Texier 1966).

두 번째로 주목할 수 있는 이는 알튀세르이다. 그는 자신의 저서에서 그람시에 헤게모니 개념에 대해 비교적 상세하게 논의하면서, 자신의 마르크스주의 철학의 기반으로 삼았다(Althusser 1969). 역사주의적 관점에 대한 비판의 연장선에서 그람시의 환원론적 마르크스주의적 경제주의를 비판하면서 구체성과 실천의 문제를 구현하는 경험론적이고 자율성을 구현할 수 있는 구조(토대)를 추구하고자 했다. 결국 알튀세르가 보기에 그람시의 '절대적 역사주의'를 극복하는 것이야말로 그람시 헤게모니 개념이 갖는 창조적이고 독특한 이론적 기여에 대해 논의가 가능하다고 보았다.

상부구조와 토대의 관계설정에서 주목할 만한 또 다른 프랑스의 그람시 연구자는 포르텔리(Huggues Portelli)이다. 그는 그람시의 역사적 블록(Blocco storico) 개념에 주목하면서 그람시가 발전시킨 역사적 블록 개념을 세 가지 차원에서 분석하고 있다(Portelli 1973, xi-xiii). 첫째, 상부구조와 토대간의 관계를 분석하면서 이를 매개하는 일정한 계층, 즉 전체로서 지식인의 역할을 강조하고 있다는 점이다. 이는 지배계급의 헤게모니 유지와 재창출의 이론적 토양이 된다는 점에서 주요한 기준이 된다. 둘째, 역사적 블록 개념의 유지 원리로서 제시되고 있는 헤게모니 개념 차원에서 분석하고 있다는 점이다. 이는 그람시가 하나의 사회체계 내에서 제시하고 문화적이고 사회적인 가치들을 공고히 하기 위한 틀로써 헤게모니를 제시하고 있으며 이를 담당하는 지식인 계층에 의해 제시된 헤게모니가 지배계층의 통치 이데올로기로서 작용한다고 설명할 수 있게 하는 근거이다. 셋째, 이와 같은 지배계급의 헤게모니가 공고하게 구축되면 새로운 경제 시스템이 구축이 되고 그럼으로써 새로운 역사적 블록이 탄생한다는 것이다.

포르텔리의 역사적 블록 개념 연구가 지식인이 갖는 역할에 대한 새로운 지평을 확장시켰지만, 국가의 역할에 대한 지나친 경시라는 또 다른 비판에 봉착하게 되었다. 이를 분명히 지적한 사람이 부치 글룩스만(Buci-Glucksman)이다. 그녀는 그람시 저작, 특히 『옥중수고』 속에 나타난 국가 중심의 헤게모니의 이론적 규명에 집중하면서 진지전 개념을 그람시 사상의 핵심 개념으로 상정하였다(Buci-Glucksman 1974, 19). 이를 위해 그는 동의를 수동적 동의와 능동적 동의로 구분하고 의회민주주의 하에서의 수동적 혁명 개념을 서구 자본주의 국가 분석의 주요 틀로 사용하였다. 결국 서구 자본주의 국가에서의 권력 구조 변형 관계에 진지전 전략을 채택함으로써 사회주의 국가로의 이행의 가능성을 제시했다는 이론적 공헌을 하였다.

이러한 연구 경향은 동 시대의 다른 학자들에게도 유사하게 나타난다. 앤 소우스탁 사쑨(Anne Showstack Sassoon)이나 상탈 무페(Chantal Mouffe)와 에르네스토 라클라우(Ernasto Laclau) 등이 대표적인 학자들이라 할 수 있다. 사쑨은 역사주의적 관점에서 국가의 발전 단계를 분석하고 있는 그람시의 분석틀을 활용하여 헤게모니가 작동하는 기제와 권력 구조에 대해 설명하고 있다. 특히 그는 이탈리아의 역사를 통해 그람시가 지적하고 있는 예를 20세기 초의 자본주의 국가 위기에서 등장하는 수동적 혁명과 타협적 헤게모니로 설명함으로써 어째서 서구 자본주의 국가들이 지속될 수 있는가에 대한 규명하려고 하였다(Anne

Showstack Sassoon 편저/최우길 역 1984, 139-160).

상탈 무페는 그람시가 마르크스적 경제주의 환원론을 비판하고, 국가 확장에 따른 사회적 토대의 확장 및 사회적 제관계들 간의 복합적 관계 확장을 통해 헤게모니 개념을 설명하고 있다. 변형주의(transformism)와 수동적 혁명(passive revolution)이라는 개념을 통해 헤게모니의 이데올로기적 특성에 주목하고 그 형성 과정을 국민적이고 민중적인 수준에서 파악하고 있다. 그는 다음과 같은 세 가지 점에서 그람시의 헤게모니 개념 발전에 대한 이데올로기적 공헌을 이야기하고 있다(Chantal Mouffe 편/장상철·이기웅 역 1992, 238). 첫째, 그람시는 이데올로기의 물질성을 강조한 최초의 사람이었다. 둘째, 그람시는 이데올로기의 허구성을 부정하고 주체를 생산하는 실천 요소로서 이데올로기 개념을 제시했다. 셋째, 이데올로기적 계급귀속성을 부여하는 환원주의의 일반원리에 문제를 제기하였다.

사쑨과 함께 그람시의 비환원주의적 이데올로기 개념에 대해 연구하였던 라클라우 역시 사쑨과 그람시의 가능성을 좀 더 발전시켜 그람시에게서 나타나는 국민적이고 민중적인 개념의 이데올로기적 특성에 대한 과학적이고 사실적인 규명에 노력하였다(Laclua 1977). 그람시가 제시하지 않았던 비계급적 특징의 이데올로기 요소가 갖는 본질에 대한 규명을 시도했다는 측면에서 라클라우의 작업은 의미 있는 것이었다. 이와 같은 프랑스에서의 그람시에 대한 연구 경향은 이후에도 철학적 전통을 중요시 하는 학문적 경향에 따라 다양한 영역들과의 접목을 통해 발전하였다.

Ⅲ. 이중적인 모습의 그람시[7)]

1. 한국사회에 그려진 그람시 헤게모니 개념과 이론들

한국 사회에 그람시가 알려진 것은 이미 언급했듯이 1984년 최장집 교수에 의해서였다. 이후 1980년대 새로운 지적 열망의 분출구로서 그람시가 한국 사회의 주요한 학문적 지표이자 해결책으로 떠오른 것도 이때였다. 영미권과 라틴계 국가들에서 그람시가 받았던 대접을 우리나라 학계에서도 거의 동일하게 받았던 것도 어쩌면 유사한 이유였을 것이다. 헤게모니 개념에 대한 논의와 시민사회 논쟁 등은 바로 그러한 결과물이었다.

1980년대 소개된 그람시와 그의 주요 개념들은 양적인 측면에서 상당하다. 헤게모니 개념을 비롯하여 혁명에 대한 문제 및 사회구성체와 분석에 대한 내용 등은 당시 한국 사회를 분석하고 해석하는 중요한 학문적 기준을 제공하였다. 많은 논문들과 서적들이 한국 사회에서 출간되었고, 그람시에 대한 본격적인 연구자들이 생겨났다. 따라서 이 시기에는 많은 그람시 연구서들이 번역되거나 출판되었다. 이 중에서 1984년 이후 우리나라에서 출간된 주요한 그람시 관련 서적은 다음과 같다.

Adamson, W. 1986. *Hegemony and Revolution*. 권순홍 역. 『헤게모니와 혁명』.

7) 이번 장에서 설명하는 내용은 주로 다음의 논문에서 발췌하여 글의 성격에 맞게 편집한 것이다. 김종법. 2007. 『마르크스주의 연구』 제4권 제2호. 경상대학교 사회과학연구원.

학민사.

Althusser, L. 1992. *For Marx.* 고길환/이화숙 역. 『마르크스를 위하여』. 백의.

Althusser, L. 1997. *Lenin and Philosophy and other essay.* 이진수 역. 『레닌과 철학』. 백의.

Althusser, L. and Ballibar, E. 1991. *Reading Capital.* 김진엽 역. 『자본론을 읽는다』. 두레.

Anderson, P. 2003. *Consideration on Western Marxist.* 이현 역. 『서구 마르크스주의 읽기』. 이매진.

Bellamy, R. & Schecter, D. 1996. *Gramsci and the Italian State.* 윤민재 역. 『그람시와 민족국가』. 사회문화연구소.

Bobbio, N. et al. 1992. *Which Socialism?: Marxism, Socialism and Democracy.* 구갑우/김영순 엮음. 『마르크스주의 국가이론은 존재하는가: 보비오 논쟁』. 의암.

Bocock, R. 1991S. *Hegemony.* 이향순 역 『그람시 헤게모니 사회이론』. 학문과 사상사.

Boggs, C. 1991. *Gramsci's Marxism.* 『다시 그람시에게로』. 한울.

Carillo, S. 1992. *Eurocommunism and the State.* 『유로코뮤니즘과 국가』. 새길.

Carnoy, M. 1992. *The State and Political Theory.* 이재석 외 역. 『국가와 정치이론』. 한울.

Crehan, K. 2004. *Gramsci, Culture and Anthropology.* 김우영 역. 『그람시·문화·인류학』. 길.

Fiori, G. 1991. *Antonio Gramsci.* 신지평 역. 『그람시』. 두레.

Hobsbawm, E. 1998. *The Age of Capital.* 『자본의 시대』. 한길사.

Holtz, H. H. 1985. *Stömugen und Tendenze in Neomarxismus.* 주정훈 역. 『현대 마르크스주의의 현재와 미래』. 한울.

Joll, J. 1982. *Gramsci.* 『그람시』. 까치.

Laclau, E. & Mouffe, C. 1992. *Hegemony and Socialist Strategy-Toward a Radical Democratic Politics.* 김성기 외 역. 『사회변혁과 터』. 터.

Mandel, E. 1985. *Late Capitalism.* 이범구 역. 『후기 자본주의』. 한마당

Pieson, C. 1989. *Marxist Theory and Democratic Politics*. 어수영 역. 『마르크스주의와 민주주의 정치이론』. 학문과 사상사.

Priester, Karin. 1993. *Stuien Zur Staatstheorie Des Italienischien Marxismus*. 윤수종 역. 『이탈리아 맑스주의와 국가이론』. 새길.

Pulantzas, N. 1945. *Political Power and Social Classes*. 박병영 역. 『정치권력과 사회계급』. 백의.

Simon, R. 1985. *Gramsci's Politics*. 김주환 역. 『그람시의 정치사상』. 청사.

Urry, J. 1994. *The Anatomy of Capitalist Societies*. 이기홍 역. 『경제, 시민사회, 그리고 국가』. 한울.

피오리 저/김종법 역. 2004. 『안토니오 그람시』. 이매진.

김학노 · 박형준 외. 1986. 『국가 계급 사회운동』. 한울.

김현우. 2005. 『안토니오 그람시』. 살림.

상탈 무페 편/장상철 · 이기웅 저. 1992. 『그람시와 마르크스주의 이론』. 녹두.

앤 사쑨 편저/최우길 역. 1984. 『그람시와 혁명전략』. 녹두.

이병천 · 박형준 편저. 1992. 『마르크스주의의 위기와 포스트 마르크스주의』. 의암출판.

임영일 편저. 1985. 『국가 계급 헤게모니』. 풀빛.

자빈 케비어 지음/이철규 옮김. 1994. 『안토니오 그람시의 시민사회』. 백의.

이 밖에도 50여 편의 학위논문들이 있으며, 그람시 관련 학술논문들이 다양한 학술지에 발표되었다. 이데올로기적 스펙트럼이 다양한 이론적 논쟁이 있었고, 실제로 그람시의 개념과 이론에 대한 찬반양론과 관점에 대한 다수의 학술 논문들이 발표되어 한국 사회를 흔들어 놓았다. 최장집 교수와 김세균 교수 등을 비롯한 수많은 그람시 연구가들의 논쟁과 다양하고 독창적인 분석이 뒤따른 것도 이러한 학문적 분위기의 결과였다. 그러나 1980년대 중반부터 1990년대 초반까지의 그람시 열풍은 거의 모든 학문들이 그러했듯이 그저 스쳐 지나가는 유행과 바람이었다. 보다 발전적이고 활용 가능한 그람시 이론의 정착과 한국화는 더 이상 진척되지 않았다.

물론 여기에는 몇 가지 국내외적 요인들에 기인한 바가 크다. 국내적으로는 1987년 민주화운동이 정점을 이룬 시기에 더 이상의 좌파 이데올로기적 논쟁의 학문적 유용성이 사라졌기 때문이었으며, 국외적으로는 1989년 베를린 장벽의 붕괴 이후 몰락하는 사회주의권 국가들을 목도하면서 마르크스주의나 사회주의에 대한 이데올로기적 논쟁에 대한 무관심과 무용성이 대두되었기 때문이었다. 결국 그람시에 대한 본격적인 재해석과 평가 문제가 시작되기도 전에 학문의 장에서 사라져버렸다. 한국적 상황에서 그람시가 어떤 의미가 있었던가에 대한 논쟁은 이런 상황에서는 그다지 큰 의미를 부여하기 어렵다. 그러나 적어도 그람시를 통해 한국사회를 분석하는 유용한 기준점과 학문적 방향성은 분명히 제시받았다고 볼 수 있다.

그럼에도 불구하고 현재까지 한국에서의 그람시 연구가 갖는 몇 가지 난점과 한계를 지적하지 않을 수 없다. 첫째는 그람시 연구의 출발이 영미권 국가들의 그람시 연구자들에 의해 시작된 이차적 연구의 한국적 재해석이라는 점이다. 물론 영미권 국가들의 그람시 연구자들의 생각이나 연구 결과물들의 무용성을 주장하는 것은 아니다. 다만 우리에게 필요한 그람시는 다른 이들의 머릿속에 그려진 서양인 그람시가 아닌 있는 모습 그대로의 이탈리아적인 그람시였을지도 모르기 때문이다. 둘째는 그람시 연구의 연장선에서 한국적 자본주의 체제 분석으로 이어지지 못했다는 한계를 지적할 수 있다. 그람시가 궁극적으로 원했던 이탈리아 자본주의 사회의 성격과 국가에 대한 분석이 우리에게도 유용하기 위해서는 반드시 우리나라의 자본주의 체제 성격에 대한 분석이 뒷받침되었어야 한다는 면에서 후속 작업이 절실히 필요했다고 볼 수 있다. 셋째는 그람시 원전에 대한 한국적인 접근 작업이 미비했다는 점이다. 이는 첫 번째 문제와 연결되는 부분이고, 어쩌면 현 시점에서 우리에게 가장 필요한 내용일 수도 있다.

그람시 이론의 한국화가 필요한 것은 이러한 그람시 연구의 난점과 한계를 뛰어넘기 위한 가장 기본적인 작업의 단초일지도 모른다. 또한 그람시에 대한 연구 영역을 헤게모니라는 개념에 국한해서 보기보다는 보다 총체적이고 다양한 개념들의 연관성을 통해 바라볼 필요성이 있는 것이다. 따라서 보다 확장된 그람시 연구와 헤게모니 이론의 한국화라는 측면만이 아니라 그람시 이론의 한국적 적용의 유용성과 한국화를 위해서 여기서는 그람시 이론의 전반적인 학문적 유용성에 평가를 전개하고자 한다. 이를 통해 그람시 이론의 한국화와 이론적 적용의 가능성을 모색할 것이다.

2. 학문적 지표로서의 그람시와 그 의미

어쩌면 그람시의 한국화를 말한다는 것 자체가 어쩌면 우리에게 어울리지 않는 표현일지도 모른다. 그는 자신의 사상과 이론을 이탈리아화 하는데 성공했을지 몰라도 여전히 미국화하거나 세계화 하는 수준까지는 나아가지 않고 있기 때문이다. 그람시의 일차적 저작에 대한 전체번역은 아직까지 그 어느 나라의 언어로도 번역되지 않고 있다. 현재까지 그람시 저작에 대한 일차적 번역을 가장 많이 이룩한 언어는 인접한 프랑스어와 독일어 판이 있으며, 영어와 일본어 역시 일정 수준까지는 번역작업을 완료했다. 그러나 그람시가 남긴 전(全)저작에 대한 것은 아니었고, 주로 『옥중수고(*Quaderni del carcere*)』라 불리는 파시스트 감옥에서 남긴 수고가 대부분이었다. 여기에 그람시가 남긴 서간집이나 『옥중수고』 이전의 글들을 선별하여 번역한 정도이다.

상황이 이럴진대 한국사회에서 그람시를 이야기한다는 것 자체가 어쩌면 무리일지도 모르겠다. 현재 한국에 소개된 그람시 저작에 대한 1차 번역서[8]를 정리하면 다음과 같다.

그람시 저/이상훈 역. 1986. 『그람시의 옥중수고 1 －정치편－』. 거름.

그람시 저/조형준 옮김. 1992. 『그람시와 함께 읽는 문화 －대중문화/언어학/저널리즘－』. 새물결.

그람시 저/이상훈 역. 1993. 『그람시의 옥중수고 2 －철학/역사/문화편－』 (서울, 거름)

린 로너 엮음/양희정 옮김. 2000. 『감옥에서 보낸 편지』. 민음사.

리처드 벨라미 엮음/김현우・장석준 옮김. 2001. 『안토니오 그람시 옥중수고 이전』. 갈무리.

그람시 저/김종법 옮김. 2004. 『남부문제에 대한 몇 가지 주제들 외』. 책세상.

종류별로 보면 상당한 양이 번역되어 있는 것처럼 보이지만, 실제로는 모두가 선집이나 편집 또는 영어나 일본어 등의 외국어 판본을 번역한 것들이다. 그러나 실제로 그람시가 우리에게 남긴 글은 어림잡아 대략 A4용지를 기준으로 8,000에서 9,000여 페이지에 달한다. 그의 글은 크게 시기별과 종류별로 분류해 볼 수 있다. 먼저 시기적으로 체포되기 전에 썼던 글과 체포된 후의 글로 나눌 수 있고, 종류별로는 이를 문화 평론과 정치평론 및 이론적 글과 잡다한 주제를 다루고 있

8) 2차적인 해설서나 비평서가 아닌 책으로 그람시 저작을 원전번역하거나 이탈리아어는 아니지만 다른 외국어를 번역한 서적을 말한다. 편의상 출판 연도순으로 배열하였다.

는 수필, 그리고 서간문 등으로 나눌 수 있다. 체포되기 전에 썼던 글은 편지를 모은 1권 분량의 서간집과 총 5권에 달하는 글로 에이나우디(Einaudi) 출판사에서 연도별로 정리하여 출간한 글이 있다. 이 시리즈에는 1914년부터 1926년 파시스트에 의해 체포되기 전까지 각각의 시기가 주요 사건과 연도에 따라 분류하여 편집한 글들을 모아 놓고 있다.

이를 순서대로 열거하면 다음과 같다.

『상징 탑 아래서(*Sotto la Mole*)』, Torino, Einaudi, 1972.;
『젊은 날의 글(*Scritti giovanili*)』, Torino, Einaudi, 1972.;
『신질서(*L'Ordine nuovo(1919~1920)*)』, Torino, Einaudi, 1972.;
『사회주의와 파시즘-신질서(1921～1920)(*Socialismo e fascismo- l'Ordine nuovo (1921～1922)*)』, Torino, Einaudi, 1972.;
『이탈리아 공산당 창당(*La costruzione del Partito Comunista(1923～1926)*)』, Torino, Einaudi, 1972.

이들 5권의 시리즈는 나름대로의 특징들이 있다. 특히 그람시 사고와 이론의 점진적 변화를 보여주고 있는 글로 볼 수 있기 때문에 여기에 수록된 글들은 초기 그람시의 사상적 기반과 이론적 개념들에 대한 동기를 찾아볼 수 있다는 점에서 의미심장한 부분들이 많이 존재한다.

먼저 *Sotto la Mole*라는 책은 그람시가 또리노에서 문화평론가로서 문화와 관련된 수필이나 평론을 모은 글로 초기 그람시의 문화적 관점을 잘 알 수 있는 책이다. 또한 다소 거칠지만 분명하고 재기 넘치는 은유적 표현들을 많이 사용했다는 사실을 알 수 있고, 또한 그람시의 초기 문학적이고 인문적 교양과 독특한 글체를 많이 발견할 수 있는 책이다.

두 번째의 *Scritti giovanili*은 1914년 그람시가 후일 참전론자라는 불명예를 안게 하였던 “능동적이고 절대적 중립”이라는 글을 첫 머리에 실은 책으로 1918년까지 문화 평론과 정치평론을 묶어 놓은 책이다. 이 책에서 우리는 초기 그람시가 성숙되지 않은 사회주의의 영향을 어떤 식으로 전개해 나가고 있는지를 볼 수 있으며, 그의 사상적이고 개념적 단초들을 언뜻언뜻 알 수 있게 한다.

세 번째의 *L'Ordine nuovo*(1919~1920)는 1919년 팔미로 톨리아티, 안젤로 타스카, 움베르토 테라치니 등과 함께 구상했던 새로운 시대의 사회주의 문화지 『신질서』의 본격적인 시작부터 그람시가 생각했던 초기 사회주의 문화지의 성격을 그대로 보여주는 글들이 많이 수록되어 있다. 특히 이 시기는 『신질서』를 모태로 하여 공장평의회 운동을 전개하면서 그람시가 생각하던 노동자 운동과 조직에 대한 직접적인 언급을 담고 있으며, 초기 프롤레타리아 노동계급과 공산주의 혁명에 대한 그람시의 사상적 전개와 발전과정을 잘 알 수 있게 해준다.

네 번째 *Socialismo e fascismo -Ordine nuovo*(1921~1922)은 그람시의 초기 공산주의 사상과 국가에 대한 분석 등을 잘 보여주는 글들이 많이 수록되어 있다. 특히 이탈리아적인 그람시에서 국제적인 그람시로의 시각전환과 보다 확장된 국제공산주의 노동운동과 연결된 글들이 수록되어 있으며, 이 책에서 보여주고 있는 파시즘의 등장과 발전과정에 대한 예리한 분석은 저개발국가나 아직 자본주의가 정착하지 않은 국가와 사회에 대한 분석의 모범을 보여주고 있다는 점에서 이 책이 갖는 의미는 작지 않다.

끝으로 *La costruzione del Partito Comunista*(1923~1926)은 그람시가 이탈리아 공산당을 이끌면서 정당지도자로서 그리고 국회의원으로서 현실정치 속에서 느낀 생각과 모습을 가감 없이 전달하고 있으며, 권력의 쟁취와 유지라는 측면에서 많은 관심과 이론적 공고화를 시도했던 글들이 보이는 책이다. 여기에는 헤게모니 개념의 단초로서 남부문제에 대한 그람시의 평론이 실려 있으며, 아울러 이탈리아 국내외의 정치적 상황에 대한 정교한 분석 글들과 자신이 향후 하나의 이론으로서 발전시키고자 하는 개념들에 대한 언급이 있는 글들이 수록되어 있다.

전반기의 이와 같은 분기점이 되는 책들은 다시 후반기라고 할 수 있는 옥중에서 또 다른 형식과 내용으로 모아지게 된다. 영어의 기간 동안 썼던 서간문 한 권과 우리에게 『옥중수고』로 알려진 책이 그것이다. 특히 그람시 사상의 집대성이라 할 수 있는 저작인 『옥중수고』는 모두 33권의 노트에 총 2840여 페이지 분량으로 구성되어 있다.

이 책은 처음 출간되었을 때부터 논란의 여지가 많았던 그람시 저서로 당시 이 책을 편집하고 연구하던 책임자였던 톨리아티의 자의적 판단에 따라 가감이 많았던 책이었다. 그러나 다시 5개의 주제(마키아벨리, 리소르지멘토, 현재와 과거 등등)로 분류하여 1960년대에 출판이 되었고, 다시 이를 보완하여 연대기 순으로 에이나우디 출판사에서 총 4권으로 구성하여 출간하였다. 그가 학문적 수준에서 본격적인 글을 남긴 것은 1914년일 것이라 추정하고 있다. 이후 그는 거의 모든 분야를 통틀어 잡다한 수준의 칼럼에서부터 이론적 정교함을 갖는 체계적 글까지 단편적이거나 논문 형식으로 수많은 글을 남겼다. 우리에게 비교적 자세하고 빈번하게 소개된 『옥중수고』는 파시스트 감옥에서 자신의 마지막 생을 정리하는 과정에서 자신의 사상과 생각을 비교적 체계적으로 접근하면서 정리한 수고집이다.

그러나 여전히 파시스트의 감옥에서 죽어 가던 그가 과연 어떤 생각과 개념을 진정으로 말하려고 했는지 아직까지 정확하게 모른다고 하는 편이 더 정확할 것이다. 생전에 남긴 글의 양이나 질 역시 아직도 정확한 평가가 이루어지지 않고 있는 시점에서 이차적 자료나 시각으로 접근해야 하는 우리에게 더더욱 그람시는 난해한 서양의 사상가이자 단지 필요할 때만 자의적으로 인용할 수 있는 그런 서양 사상가일 따름이다. 다만 우리가 그를 이해하는데 있어 중요하게 생각해야할 부분이 있다면 이탈리아의 상황과 역사이다.

그람시는 자신이 살았던 격동의 시기 시기만큼이나 이탈리아적 상황을 자신의 생각과 사고의 중심으로 삼았다. 갓 통일한 이탈리아의 여러 사회문제들을 몸소 체험하고 느끼면서 자신의 사상을 구체화 하였다. 통일이 되었다고는 하나 여전히 존재하고 있는 대중적이고 지방중심적인 사회 구조, 북부의 산업과 남부 농업의 불일치에서 오는 지역문제로서 '남부문제', 유럽의 열강들에 둘러싸인 이탈리아의 현실, 급속한 자본가 계급의 성장은 전통적인 지배계급과 사회구조의 변화를 가져왔지만 이에 아무런 대책이나 전략을 세울 수 없었던 노동자 계급과 농민계급, 인민과 국민이 바탕이 되는 새로운 대중문화의 필요성이 요구되던 시기에서 대항 헤게모니를 창출할 수 없었던 프롤레타리아 대중, 이탈리아 내부적으로나 외부적으로 흔들리는 사회구조 속에서 파시즘이라는 새로운 정치체제의 임박이라는 위기의 상황 등등은 그람시에게 해결하기에는 너무나 심각한 이탈리아의 문제였다.

그의 문제제기와 고민은 바로 이러한 이탈리아적 상황에서 출발했다. 전형적인 남부 농촌사회이자 봉건적 사회구조의 사르데냐라는 섬에서 성장하면서 가졌던 '사르데냐주의'를 토리노라는 북부 산업도시의 대학생활에서 협소한 민족주의적 시각을 벗어던지고 '남부문제'라는 보다 확장된 문제의식으로 전환하였던 계기를 보여주었다. 또한 노동자들과 접하면서 노동운동이라는 틀에서 프롤레타리아 계급동맹의 문제와 이를 국가지배구조 안에서 파악하였다는 점은 훗날 그람시의 문제의식이 정치권력의 획득문제로 발전하게 되는 계기를 부여했다. 지배계급이나 산업자본가들에게 대항하기 위해서 노동자들만의 새로운 문화 필요성을 역설하고, 이의 토대가 되는 '실천철학'을 전개하였다. 또한 모스크바 시절에 쌓기 시작한 국제적 차원에서의 노동운동과 새로운 문화의 조직화 문제는 그람시의 시각을 국내적인 범위에 머무르게 하지 않고 보다 확장된 국제적 노동운동가의 모습을 갖추게끔 하였다. 이후 국회의원 신분으로 현실정치세계를 경험하면서 보다 구체적인 국가와 국가권력의 문제를 고민하게 되었고, 자신의 사상 체계를 총체적으로 정리해야할 필요성으로 연결되었다.

그러한 필요성의 계기는 외부로부터 찾아왔다. 파시즘에 의해 체포되면서 자연스럽게 자신의 생각과 개념들을 정리할 시간을 갖게 된 것이다. 파시스트 정권에 의해 영어의 몸이 된 뒤 집필한 『옥중수고』는 바로 그러한 정리를 기록한 저작이다. 이 책은 편집과정과 내용상의 논란에도 불구하고 그람시 사상을 집약하고 미완성적이긴 해도 비교적 이론적 일관성을 보이고 있다. 따라서 이 책의 체계적인 연구와 독해야말로 그람시를 보다 총체적으로 해석하고 발전시키면서, 반쪽짜리 그람시를 온전하게 그려낼 수 있는 저서라는 평가를 받고 있다.

책에 수록된 많은 부분은 이전에도 그람시가 보여 왔던 관심과 개념들을 보다 발전시킨 것들도 있어, 전기와 후기 그람시의 연속성을 주장하는 학자들의 근거가 되기도 하지만, 일면 전기의 이론적 부분과 설명들이 다소 반대적 모습으로 나타나고 있기 때문에 전기 그람시와 후기 그람시를 분절시키는 근거로 활용되기도 한다. 그람시 글이 갖는 미완 성적이고 일면 모순적인 특징들이 저서에까지 그대로 나타나고 있는 책이다. 서술 자체가 갖는 이중성이나 미완성적 특징들은 차지하고라도 이 책은 그람시 사상의 정리 편이라는 점에서 중요한 의미를 갖는다.

그람시는 이 책을 통해 적어도 다음과 같은 점들을 말하려고 했던 것으로 평가받는다. 그람시가 보기에 이탈리아적인 특수상황은 구체적이고 현실적인 정치세계나 정치이론에 커다란 동기부여를 할 수 있을 있다고 믿었다고 보인다. 이는 마치 정치학의 시조로 일컬어지는 마키아벨리가 이탈리아의 당대 현실을 통해 정치학을 당위의 학문으로 정립하고자 했던 것과 유사한 의미인 것이다. 신학의 지배아래 현실과 격리된 현실정치를 강하게 비판하고 통일 이탈리아를 꿈꾸면서 현재의 정치를 구현하고자 했던 마키아벨리에게서 단서를 구한 그람시가 정치학이라는 학문을 마르크시즘 안에서 현실의 학문으로서 구체성을 가진 토대의 학문으로 발전시키고자 한 자신의 의지나 시도를 서술한 저서로 평가받을 수 있다는 점이다. 아마 이것이 그람시가 오랜 기간 세상으로부터 격리된 감옥이라는 공간에서 현실을 구체화하고 행동으로 옮길 수 있는 영역으로서 정치학을 확립하고자 했던 의도가 아니가 싶다.

실제로 그람시는 헤게모니 개념 이외에도 자신이 전개하려고 했던 많은 개념들을 이탈리아의 역사 속에서 구했다. 지식인 개념, 마키아벨리의 신군주를 원용한 현대군주로서 정당의 역할과 기능, 진지전과 기동전에 대한 전술적 접근방법, 역사적 블록의 개념, 국민적이고 대중적인 문화, 파시즘을 통한 국가분석, 사회 지도 원리로서 오랜 역사적 전통을 가진 가톨릭에 대한 비판 등등의 많은 개념들은 바로 이탈리아 역사 속에서, 또 그 역사를 이끌었던 지식인들을 통해 구하고자 했던 것이다. 이는 어째서 그람시 이론이 여전히 살아있고, 앞으로도 생생하게 적용될 수 있는 이유인 것이다. 역사의 순환성을 굳이 이론적으로 이야기하지 않더라도 현재 이후 전개될 역사 안에서 반복될 가능성이 충분하기 때문이다.

Ⅳ. 그람시의 한국적 적용과 거대담론의 출발점

사회주의나 공산주의란 용어가 이미 역사의 박물관에나 전시될 개념으로 치부해버린 한국사회에서 그람시를 어째서 오늘이라는 시점에서 어떻게 읽어야하는가의 문제가 너무나 진부해 보일지 모른다. 아니 좌파 지식인의 마지막 발악이라고 폄하해버릴지도 모를 것이다. 그람시가 제시했던 많은 개념과 이론들을 천박한 자본주의 사회의 전형이라 할 한국에서는 도대체 그 어떤 학문적 의미도 존재할 것 같지 않기 때문이다. 그러나 찬찬히 살펴보면 그람시가 제기했던 많은 논의가 개념들이 우리사회의 많은 면들에서 충분히 적용가능하다는 사실을 분명하게 알 수 있다.

그람시가 가장 먼저 관심을 두었던 '남부문제'는 영호남의 지역문제 외에도 통일 후 등장할 남과 북의 지역격차와 차이성을 극복하는데 중요한 사례가 될 수 있으며, 토리노에서의 노동자 운동을 통해 그가 구현하고자 했던 새로운 문화로서 '신질서'는 급변하는 산업사회에서 노동자 계급에 적합한 '신사회 운동'의 성격을 갖는다고 볼 수 있다. 더불어 '공장평의회'라는 노동자 조직은 신자유주의라는 거대한 파고에 맞서서 노동자 계급의 연대와 동맹을 국제적 차원으로 발전시켜야할 우리 노동운동의 현실에도 적합한 것으로 평가받을 수 있을 것이다.

그람시가 공장평의회의 실패 이후 새로운 대항 헤게모니의 구축이라는 측면에서 문화의 조직화와 국민이라는 개념에 바탕 한 대중문화의 형성에 힘을 쏟았던 사실도 앞서 언급한 우리나라 상황에서 절체절명의 시급한 과제라고 생각한다. 그는 이를 위해 당대 이탈리아의 현실을 직시하고 정치체로서 파시즘의 실체를 가장 먼저 파악하고 이해했던 인물이었다. 자신이 살고 있는 국가 구조를 파악하여 그에 적합한 운동 방식을 창출하고, 다가오는 위기에 대항하려는 그의 노력은 현재 대한민국의 정체성과 관련하여 의미 있는 암시를 하고 있다. 이를 위해 우리는 그의 주요 개념들, 다시 말해 역사적 블록(Blocco storico), 지식인 문제, 실천(prassi) 철학의 개념, 시민사회론 등의 주요 개념들을 원용할 필요가 있다(김종법 2005, 81).

현재 우리사회에서 벌어지고 있는 다양한 정치적 사건들이나 현상을 보면서 그람시가 제기했던 문제 틀이 여전히 살아있고 유용하다는 것을 느끼는 것이 비단 필자만의 생각일까? 해방 이후 50년이 넘게 한국사회를 지배해왔던 지배계급의 문제나 노동자와 농민 그리고 영세민으로 대표되는 기층 대중들의 연대문제 등은 바로 한국사회를 관통하고 있는 이론적 논의의 핵심주제인 것이다. 지배 계급의 '헤게모니'를 유지하는 과정에서 '지식인'의 개입과 변절, 지배계급에 맞서는 하층 대중들의 저항과 새로운 헤게모니 창출의 노력과 시도, 국가권력의 교체에도 불구하고 여전히 견고하기만 한 전통적 의미에서의 시민사회 구성원들, 새로운 대항 헤게모니의 창출에 맞서는 지배계급 블록과 이를 무너뜨리려는 노/농/소시민의 동맹의 문제 등은 우리 정치와 학계에서 지속적으로 제기되어야 하며 현재까지도 그 유용성이 분명한 주제들인 것이다.

더욱이 최근에 논의되고 있고 정치적 실체로까지 발전하고 있는 박정희 시대나 그 잔재들의 부활을 보면서, 그람시가 가졌던 통찰력이 필요한 것은 아닌지 깊게 고민해볼 필요가 있다. 2007년 대선과 2008년 총선 결과를 보면서 역사의 순환성과 경로 의존성에 대해 다시 한 번 고민하게 된 한국사회의 내면을 돌아보고 미래의 정치적 지형을 만들기 위해서 우리는 두 가지 점에서 그람시를 조명할 필요가 있다.

하나는 그람시가 1920년대 파시즘을 분석하면서 가졌던 통찰력이다. 당시 그람시는 유럽의 사회주의 정당이나 이탈리아 공산주의 정당까지도 제대로 파악하고 있지 못하던 파시즘의 실체에 대해 그 누구보다 분명하고 정확하게 짚어내었다. 대부분의 사회주의와 공산주의 사상가들과 지도자들이 파시즘을 자본주의에서 사회주의로 가는 중간단계라고 단정할 때에도 그람시는 자유주의 체제가 허약할 때 나타날 수 있는 전체주의 체제 성격을 갖는 체제로서 파시즘을 해석했다. 이는 자유주의 체제가 위기에 처하면서 자본주의 역시 심각한 위기와 어려움을 타개하기 위해 선택한 대안 체제로서의 성격을 갖는 것으로 분석한 것으로 볼 수 있다.

따라서 그람시의 분석에 따르자면, 자유주의 체제의 지속성을 보장받고 위기를 체감하고 있는 일반 대중에게 강력하고 카리스마 넘치는 새로운 지도자와 집권당의 등장은 더할 수 없는 매력이고 짧은 시간에도 열광할 수 있는 요인이라는 것이다. 그람시의 그러한 분석은 2007년 대선을 분석하는 독특한 해석이 될 수도 있다. 해방 이후 자유주의 정부의 위기 때마다 전체주의 성향의 독재정부나 군부정부들이 들어섰던 선례도 선례지만, 지난 전체주의 정부를 잇고자하거나 부정하지 못하고 있는 현재 야당의 대통령 후보들에게 일반대중과 극우 보수주의자들이 보내는 지지를 보면서, 신자유주의 정부의 위기에 대한 선택이 어떻게 진행 될 것인가를 짐작해볼 수 있는 것이다.

그람시를 통해 볼 수 있는 두 번째 함의는 지배계급의 분석과 관련된 역사적 블록 개념이다. 그람시는 리소르지멘토 시기의 이탈리아의 지배계급 형성과 유지를 분석하는 과정에서 그들이 추구했던 지배계급 블록의 형성과정을 추적했다. 그람시는 이 과정에서 개입하고 발생한 지식인들의 역할과 그들의 이데올로기적 지도력과 민중에 대한 의식의 영향력 확산의 문제를 교육과 이데올로기 전파라는 측면에서 설명하고 있다. 이러한 문제 제기는 지식인이 갖는 체제 유지적 기능을 강조한 것이며, 하나의 블록 형성이 가능하도록 하는 사회적이고 정치적인기능을 하는 것으로 해석할 수 있는 것이다.

다시 말해 그람시가 보기에 "국가는 생산 영역의 구체적인 형태이고 지식인은 통치 요원을 배출하는 사회적 요소이므로, 강력해진 경제집단에 긴밀하게 연결되어 있지 않은 지식인은 국가를 절대적인 것으로 내세우려고 한다. 그리하여 지식인들의 기능 자체도 절대적인 것으로 파악되며, 그들의 역사적 존재와 존엄성이 추상적으로 합리화된다"(Gramsci 1975, 1361). 이는 전통적으로 지배세력 혹은 기존의 경제적 기반과 연계되어 있지 않은 새로운 지식인들은 국가 자체를 절대시하고, 그러한 절대적 국가의 지식인으로서 자신들의 위치를 합리화하는 특성을 갖게 된다는 의미이다. 결국 하나의 블록 혹은 새로운 블록의 형성과정에서 지식인들의 국가지상주의나 역할을 지나치게 과장하는 특성을 지적한 것으로 볼 수 있다.

그람시 분석이 갖는 함의는 자본주의 사회에서 흔히 발생하는 지배계급의 확장이나 편입 그리고 교체 시에 지속적으로 발생할 수 있다는 것을 의미하며, 유사한 자본주의 국가에서 적용 가능한 분석과 주제가 된다는 것이다. 따라서 한국의 경우 역시 국가의 위기 시기나 새로운 시대로의 전환 과정에서 기존 지배계급과 새로운 지식인 계급의 협력과 동맹 등의 방식을 통해 지속적으로 형성/유지되었다는 유추가 가능한 것이다. 바로 이 점에서 그람시의 두 번째 함의를 찾을 수 있다. 그람시의 역사적 블록 개념을 빌면 우리 사회에서 형성되었던 지배계급의 성격과 어떠한 방식으로 유지되어 왔던가를 비교하여 분석할 수 있으며, 국가적 위기 시마다 교체되지 않고 변형된 형태로 여전히 그 지배적 지위를 유지할 수 있는가에 대한 해답을 찾을 수도 있는 것이다.

그람시의 이론이나 개념들은 다른 이탈리아 지식인들이나 사상가들과 달리 자신이 살았던 이탈리아를 분석하고 연구하는 과정에서 도출된 것이다. 현실의 역사와 정치적 상황을 분석하면서 가장 유용하고 적절한 개념을 규정하고 이를 도식화하면서 발전시켰던 그람시의 사상과 개념은 지나치게 서양의 사상이나 이론을 무작정 끌어다 도입하는 풍토가 강한 한국의 지식인들과 학계에 던져주는 시의점일 것이다. 한국사회 분석은 한국이라는 토양 위에 정교한 분석과 사례를 통한 이론화가 가장 중요한 것일 텐데, 여전히 서양의 저명한 이론가들이나 학자들을 빌려야 가능하다고 생각하는 경향이 강하다보니 한국의 이론을 서양의 이론으로 덮어씌우는 경우가 발생하는 것이다.

그람시 역시 마찬가지다. 무작정 그람시를 원용하자는 것은 분명 아니다. 중요한 것은 한국적 이론 정립을 위한 전제로서 그 이론을 도출하기 위한 보다 철저하고 과학적인 실례를 충분히 찾아내어 그러한 결과와 내용을 그람시 혹은 다른 서양 사상가들과의 비교를 통해 새로운 이론적 지평을 확장해볼 수 있는 것이다. 결국 이러한 학문적 축적이 가능하게 되면 우리 사회를 분석하는 여러 담론이 가능할 것이고, 해방 이후 전개되었던 사회 분석에서의 거대 담론을 도출할 수 있을 것이며, 도래할 한국 사회를 예측하여 분석할 수 있게 됨으로써 바람직한 사회로의 모색을 도모할 수 있을 것이다.

V. 한국적인 학문적 지표로서 그람시

그람시 저서에 등장하는 개념이나 이론들은 그 하나하나에 의미와 학문적 의의를 갖고 있다. 지금까지 연구되었던 개념들과 주제들은 이미 잘 알려진 '헤게모니' 외에도 '정치사회', '시민사회', '진지전과 기동전', '수동적 혁명', '지식인', '대중문화', '민속', '상식' 등의 수많은 개념들이 있다. 그람시는 이 개념들을 이론적으로 규명하고 거론하는 방식에 있어서 기존 마르크스주의 연구자들과는 다른 방식을 선택했다. 당대의 주요 마르크스주의자들이 '프롤레타리아 혁명'을 위한 방법론이나 혁명의 완수를 위한 경제적 토대 분석에 초점을 맞추어 이론전개에 치중한 반면, 그람시는 경제적 토대만큼이나 중요한 상부구조의 연결고리들 즉, 의식과 이데올로기의 문제로까지 연구의 초점을 확장시킴으로써 마르크스주의의 지평을 확장시켰다.

또한 여기에 그치지 않고 그람시는 앞서 열거한 수많은 개념들을 어느 정도 일관성 있게 종합하려는 시도를 했다고 보인다. '정치사회'를 비롯한 여러 개념들을 하나의 일관된 개념으로 묶으려고 했고 그것이 의식과 이데올로기의 종합으로서 헤게모니 개념이라고 볼 수 있으며, 이를 하나의 구조로서 역사적 사례, 특히 이탈리아의 역사적 경험을 통해 구체화 시킨 것이 역사적 블록이라고 볼 수 있는 것이다. 다시 말해 상부구조에 대한 분석에서 거론된 마키아벨리의 새로운 군주를 원용한 현대군주로서 공산주의 정당의 역할과 기능, 진지전과 기동전에 대한 전술적 접근방법, 이를 하위 계급에게 적용하여 대항 헤게모니라는 관점에서 국민적이고 대중적인 문화에 대한 분석, 사회 지도 원리로서 오랜 역사적 전통을 가진 가톨릭이 어떻게 형성되었는가에 대한 분석들은 그람시가 이탈리아뿐만이 아니라 자본주의 사회를 역사적 블록이라는 개념으로 종합화 하려는 의도를 가졌다고 상정할 수 있다.

그람시가 제기하고 분석했던 이와 같은 방법론적 측면은 자본주의 체제의 독특한 지형 위에 서있는 한국사회를 분석하는 데에도 어느 정도 유용하리라 생각한다. 1980년대 헤게모니론이나 1990년대 시민사회론 그리고 앞서 제기한 역사적 블록 개념 등은 그러한 측면에서 충분히 상정가능하고 유용한 분석의 예인 것이다. 물론 그렇다고 해서 그람시가 모든 것을 해결해줄 수는 없다. 당연히 다른 역사적 배경과 정치적 내용을 무조건적으로 한국사회에 적용하는 것은 무리가 있기 때문이다. 그럼에도 불구하고 오늘날 여전히 강고한 친일의 망령이나 박정희 체제에 대한 향수를 보면서, 그리고 좀처럼 바뀌지 않는 사회계층구조를 바라보면서 새로운 한국사회를 위해 공부하는 이들이 강구할 수 있는 작지만 실질적인 사고와 연구의 단초가 바로 그람시이기를 바라는 것이다. 한국사회에서 항상 역사의 중심에 있다고 자부해왔던 지식인들, 그러나 그람시를 통해 본 지식인들은 여전히 사회구조 고착화의 또 다른 원인을 제공하는 주인공이었다는 사실과 새로운 사회건설의 지도자가 될 수 있다는 이중적 특성을 갖고 있는 것이다.

우리가 한국사회에서 그람시를 주목하면서 새로운 읽기와 해석을 시도해야하는 것은 바로 그러한 지식인의 사회적 역할과 책임이라는 측면에서도 중요한 의미를 갖는 것이다. 한국사회 안에서 소위 대학물을 먹었다는 고급인력들이 권력과 국가 앞에 무릎 꿇고 아부하거나 변절하는 일 없이 보다 나은 국가와 사회의 발전을 위해 매진할 수 있어야 한다는 소박한 진리를 그람시를 통해 배울 수 있기를 기원하며, 배운 자들의 역량과 의지를 모을 수 있는 철학적 기반으로 그람시적인

'실천철학'을 제시함과 동시에, 지식인 사회의 외연확대와 함께 다양한 계층을 아우르고 국가라는 정치사회에 대항할 수 있는 탄탄한 시민사회를 형성하는데 최선을 다하도록 하는 것이다. 바로 이것이 그람시가 우리 사회에 주는 학문적 유용성이자 새로운 지표로서의 가능성이 아닐까 한다.

꼭 읽어야 할 책

Gramsci, A. 저/이상훈 역. 1986.『그람시의 옥중수고 1 －정치편－』. 거름.

_____./조형준 옮김. 1992.『그람시와 함께 읽는 문화 －대중문화/언어학/저널리즘－』. 새물결.

_____./이상훈 역. 1993.『그람시의 옥중수고 2 －철학/역사/문화편－』(서울, 거름)

Bucci-Glucksmann, C. 1980. *Gramsci and the State*, trans. D. Fernbach. London: Lawrence & Wishart.

Morton, A. D. 2007. *Unravelling Gramsci: Hegemony and Passive Revolution in the Global Political Economy*. Londo: Pluto.

Renate Holub. 1992. *Antonio Gramsci: Beyond Marxism and postmodernism*. London: Routledge.

참고문헌

김종법. 2004.『안또니오 그람시』. 이매진.

_____. 2005. "발리에서 다시 태어난 그람시",『정치비평』제14호. 한국정치연구회.

______. 2007. "그람시, 그는 여전히 유용한 학문적 지표인가?", 『마르크스주의 연구』. 경상대사회과학연구소.

김학노 · 박형준 외. 1986. 『국가 계급 사회운동』. 한울.

김현우. 2005. 『안토니오 그람시』. 살림.

린 로너 엮음/양희정 옮김. 2000. 『감옥에서 보낸 편지』. 민음사.

리처드 벨라미 엮음/김현우 · 장석준 옮김. 2001. 『안토니오 그람시 옥중수고 이전』. 갈무리.

상탈 무페 편/장상철 · 이기웅 저. 1992. 『그람시와 마르크스주의 이론』. 녹두.

앤 사쑨 편저/최우길 역. 1984. 『그람시와 혁명전략』. 녹두.

이경일. 1995. "이탈리아 세기말 위기", 『서양사 연구』제 17집. 서양사연구회.

이병천 · 박형준 편저. 1992. 『마르크스주의의 위기와 포스트 마르크스주의』. 의암출판.

임영일 편저. 1985. 『국가 계급 헤게모니』. 풀빛.

자빈 케비어 지음/이철규 옮김. 1994. 『안토니오 그람시의 시민사회』. 백의.

최장집. 1984. "그람시의 헤게모니 개념", 『한국정치학회보』. 제18집. 한국정치학회. 19~40.

최장집. 1996. 『한국민주주의의 조건과 전망』. 나남.

피오리 저/김종법 역. 2004. 『안또니오 그람시』. 이매진.

Adamson, W. 1986. *Hegemony and Revolution*. 권순홍 역. 『헤게모니와 혁명』. 학민사.

Althusser, L. 1992. *For Marx*. 고길환/이화숙 역. 『마르크스를 위하여』. 백의.

______. 1997. *Lenin and Philosophy and other essay*. 이진수 역 『레닌과 철학』. 백의.

______. & Ballibar E. 1991. *Reading Capital*. 김진엽 역. 『자본론을 읽는다』. 두레.

Anderson, P. 2003. *Consideration on Western Marxist*. 이현 역. 『서구 마르크스주의 읽기』. 이매진.

Bellamy, R. & Schecter, D. 1996. *Gramsci and the Italian State*. 윤민재 역. 『그람시와 민족국가』. 사회문화연구소.

Bobbio, N. et al. 1992. *Which Socialism?: Marxism, Socialism and Democracy*. 구갑우

/김영순 엮음. 『마르크스주의 국가이론은 존재하는가: 보비오 논쟁』. 의암.
Bocock, R. 1991S. *Hegemony.* 이향순 역 『그람시 헤게모니 사회이론』. 학문과 사상사.
Boggs, C. 1991. *Gramsci's Marxism.* 『다시 그람시에게로』. 한울.
Carillo, S. 1992. *Eurocommunism and the State.* 『유로코뮤니즘과 국가』. 새길.
Carnoy, M. 1992. *The State and Political Theory.* 이재석 외 역. 『국가와 정치이론』. 한울.
Crehan, K. 2004. *Gramsci, Culture and Anthropology.* 김우영 역. 『그람시 · 문화 · 인류학』. 길.
Fiori, G. 1991. *Antonio Gramsci.* 신지평 역. 『그람시』. 두레.
Gramsci, A. 저/이상훈 역. 1986. 『그람시의 옥중수고 1 －정치편－』. 거름.
______./조형준 옮김. 1992. 『그람시와 함께 읽는 문화 －대중문화/언어학/저널리즘－』. 새물결.
______./이상훈 역. 1993. 『그람시의 옥중수고 2 －철학/역사/문화편－』(서울, 거름)
______./김종법 옮김. 2004. 『남부문제에 대한 몇 가지 주제들 외』. 책세상.
Hobsbawm, E. 1998. *The Age of Capital.* 『자본의 시대』. 한길사.
Holtz, H. H. 1985. *Stömugen und Tendenze in Neomarxismus.* 주정훈 역. 『현대 마르크스주의의 현재와 미래』. 한울.
Joll, J. 1982. Gramsci. 『그람시』. 까치.
Laclau, E. & Mouffe C. 1992. *Hegemony and Socialist Strategy-Toward a Radical Democratic Politics.* 김성기 외 역. 『사회변혁과 터』. 터.
Mandel, E. 1985. *Late Capitalism.* 이범구 역. 『후기 자본주의』. 한마당
Pieson, C. 1989. *Marxist Theory and Democratic Politics.* 어수영 역. 『마르크스주의와 민주주의 정치이론』. 학문과 사상사.
Priester Karin. 1993. *Stuien Zur Staatstheorie Des Italienischien Marxismus.* 윤수종 역. 『이탈리아 맑스주의와 국가이론』. 새길.
Pulantzas, N. 1945. *Political Power and Social Classes.* 박병영 역. 『정치권력과 사회계급』. 백의.
Simon, R. 1985. *Gramsci's Politics.* 김주환 역. 『그람시의 정치사상』. 청사.

Urry, J. 1994. *The Anatomy of Capitalist Societies.* 이기홍 역. 『경제, 시민사회, 그리고 국가』. 한울.

AAA. a cura di Vacca Giuseppe, 1999, *Gramsci e il Novecento I, II*, Roma: Carocci.

AA.VV. 1986. *I giuristi e la crisi dello Stato liberale in Italia fra Otto e Novecento*, a cura di A. Mazzacane, Napoli: Liguori.

AA.VV. 1989. *Teoria politica e società industriale. Ripensare Gramsci*, a cura di F. Sbarberi. Torino Bollati Boringhieri.

AA.VV. 1997. *Gramsci e il Novecento 2 voll.* a cura di G. Vacca. Roma-Bari: Laterza.

AA.VV. 2004. *Le parole di Gramsci. Per un lessico dei Quaderni del carcere.* a cura di G. Liguori e F. Frosini. Roma: Carocci.

AA.VV. 2007. *Studi gramsciani nel mondo 2002-2005*, a cura di Giuseppe Vacca e Giancarlo Schirru. Bologna: Il Mulino.

AA.VV. 2004. *Gramsci e la storia contemporanea: i "Quaderni" come 'teoria' e 'critica' della storiografia in Gramsci il suo il nostro tempo.* a cura di Rita Medici. Bologn: Clueb. 135-159.

Adamson, W. 1980. *Hegemony and Revolution: A Study of Antonio Gramsci's Political and cultural Theory.* Berkeley and Los Angeles: University of California Press.

Althusser, L. 1969. *For Marx.* London: Allen Lane.

______. 1977. *Lenin and Philosophy and Other Essays.* London: Verso.

Anderson, P. 1975. *Consideration on Western Marxism.* London: New Left Books.

______. 1978. 'The Antinomies of Antonio Gramsci', in *New Left Review* no. 100. London: New Left Books.

Badaloni, N. et. al. 1986. *Marx e il mondo contemporaneo, Atti del convegno dell'Istituto Gramsci, Roma 16-19 novembre 1983*, a cura di C. Mancina, Roma: Editori Riuniti.

Baratta Giorgio. 2003. *Le rose e i quaderni. Il pensiero dialogo di Antonio Gramsci.* Roma: Carocci.

Bates, T. R. 1975. 'Gramsci and Theory of Hegemony'. *Journal of the History of Ideas*. vol. XXXVI, no. 2. April~June.

Bobbio, N. 1985. 'Gramsci and the Conception of Civil Society', in Mouffe C.(ed.) *Hegemony & Socialist Strategy*, (tran.) Moore W. & Cammack P. London: Verso.

_____. 1990. *Saggi su Gramsci*. Milano: Feltrinelli.

Boggs, C. 1976. *Gramsci's Marxism*. London: Pluto Press.

_____. 1982. *The Impasse of European Communism*. Boulder and Colo.: Westview Press.

Bucci-Glucksmann, C. 1980. *Gramsci and the State*, trans. D. Fernbach. London: Lawrence & Wishart.

Buci-Glucksman, C. 1974. *Gramsci et l'état*. Paris.

Burgio Alberto, 2003, *Gramsci storico, Una lettura dei Quaderni del carcere*, Roma-Bari: Laterza.

Camette, J. 1967. *Antonio Gramsci and the Origins of Italian Communism*, London: Palo Alto.

_____. 1971. 'Socialism and Participatory Democracy', in G. Fischer(ed.), *The Revival of American Socialism*. New York: Oxford University Press.

Ceradi Cosimo, 2002, *Gramsci e la costruzione egemonia*, La Mongolfiera.

Claudin, F. 1978. *Eurocommunism and Socialism*. London: New Left Books.

Coutinho Carlos N. 2006. *Il pensiero politico di Gramsci*. Milano: Edizioni Unipoli.

Crehan, K. 2002. *Gramsci, Culture and Anthropology*. Califonia: University of California Press.

Eley, G. 1984. *'Reading Gramsci in English: Observations on the Reception of Antonio Gramsci in the English-Speaking World 1957~1882'*, European History Quarterly. vol. 14.

Femia, J. 1981. *Gramsci's Political Thought. Hegemony, Consciousness and Revolutionary Process*. Oxford: Clarendon Press.

Fondazione Istituto Gramsci. 1981. *Il laboratorio della riforma. Contenuti culturali, organizzazione didattica e valutazione nella secondaria superiore*, Milano: Angeli.

______. 1990. *Gramsci e l'Occidente. Trasformazioni della società e riforma della politica*, a cura di W. Tega. Atti del convegno internazionale organizzato dall'Istituto Gramsci Emilia-Romagna, dalla Fondazione Istituto Gramsci e dal Partito comunista italiano, Bologna 9-11 settembre 1987. Bologna: Cappelli.

______. 1995. *Gramsci nel mondo*, a cura di M. L. Righi. Roma: FIG.

______. 1997. *Centro per la riforma dello Stato, La transizione italiana. Alternative dell'integrazione sovranazionale dagli anni Settanta agli anni Ottanta*, a cura di A. Romano, Atti del convegno, Frattocchie, Roma 29 ottobre 1996. Roma: Manifesto Libri.

______. 1998. *L'economia mondiale in trasformazione, a cura di A. Graziani con la collaborazione di A. M. Nassisi, Atti del convegno organizzato dalla Fondazione Istituto Gramsci e dal Dipartimento di Economia Pubblica dell'Università di Roma "La Sapienza", Roma 6-8 ottobre 1994*, Roma: Manifestolibri.

Frosini, F. and Liguori G. 2004, *Le parole di Gramsci. Per un lessico dei Quaderni del carcere*. Roma: Carocci.

Frosini, F, 2003, *Gramsci e la filosofia. Saggio sui quaderni del carcere*, Roma: Carocci.

Gentile Emilio, 2004, *Storia e interpretazione*, Roma-Bari: Laterza.

Geras, N. 1978. *Marx and Human Nature. Refutation of a Legend*. London: Verso Press and New Left Books.

Gervasoni, M. 1997. *Antonio Gramsci e la Francia. Dal Mito della modernità alla "scienza della politica"*, Milano: Edizioni Unipoli.

Gramsci A. 1972, *La costruzione del partito comunista(1923-1926)*, Torino: Einaudi.

______. 1975, *Quaderni del carcere,* a cura di Gerratana Valentino, Torino: Einaudi.

______. 2004. *Il lettore in catene, La critica letteraria nei Quaderni*, a cura di Andrea Menetti. Roma: Carocci.

Hall, S. 1978. "The 'Political' and the 'Economic' in Marx's Theory of Classes", Hunt A.(ed.), *Class and Class Structure*. London: Lawrence & Wishart.

Hoare, Q. & Smith, G. N. 1971, *Selections from the Prison Notebooks of Antonio*

Gramsci, New York: International Publishers.

Howard D./Klare(ed.) 1972. *The Unknown Dimension: European Marxism since Lenin*. New York: Basic Books.

Hugues, Portelli. 1972. *Gramsci e il blocco storico*, Roma-Bari: Laterza.

Ives, P. 2004. *Language And Hegemony In Gramsci*. London: Pluto.

Joll, J. 1977. *Gramsci*. London: Fontana. Gramsci Antonio, 1978, *Socialismo e fascismo(L'Ordine Nuovo 1921-1922)*, Torino: Einaudi.

Karabell, 1976. 'Revolutionary Contradiction: Antonio Gramsci and the Problem of Intellectuals', *Politics and Society*, vol. 6. no. 2.

Laclau, E. 1977. *Politics and Ideology in Marxist Theory*. London: New Left Book.

Laclau, E. & Mouffe C. 1985. *Hegemony & Socialist Strategy*, (trans.) Moore, W. & Cammack, P. London: Verso.

Liguori, G. 1996. *Gramsci conteso*. Roma: Editori Riuniti.

Long, T. 1980. 'Marx and Western Marxism in the 1970's', *Berkeley Journal of Sociology*, vol. XXV.

Mandel, E. 1975. *Late Capitalism*. London: Verso.

Markovic, M. 1967. 'L'unita' di filosofia e politica nel Gramsci', in P. Rossi(ed.), *Gramsci e la cultura contemporanea*. Roma: Editori Riuniti.

Marramao, G. 1971. *Marxismo e revisionismo in Italia*. Bari: De Donato.

Martinelli, A. 1968. 'In Defence of Revolution', *Berkeley Journal of Sociology*, vol. XIII.

Marzani, C. 1980. *The Promise of Eurocommunism*. Westport and Conn.: Lowrence Hill and Co.

Merrington, J. 1968. 'Theory and Practice in Gramsci's Marxism', *The Socialist Register*, London. Bocock, R. 1986. *Hegemony*. London: Tavistock Publications Limited.

Mordenti Raul. 2007. *Gramsci e la rivoluzione necessaria*. Roma: Editori Riuniti.

Morton, A. D. 2007. *Unravelling Gramsci: Hegemony and Passive Revolution in the Global Political Economy*. London: Pluto.

Paggi, L. 1984. *Le strategie del potere in Gramsci: tra fascismo e socilaismo in un solo paese, 1923-1926*. Roma: Eiditori Riuniti.

Piccone, P. 1974. 'Gramsci's Hegelian Marxism', *Political Theory*, Feb.

Piccone, P. 1976. 'Gramsci's Marxism: Beyond Lenin and Togliatti', *Theory and Society*, no. 3. Winter.

______. 1977. 'From Spaventa to Gramsci', *Telos*, no. 31. Spring.

Paxton Robert. 2005. *Il fascismo in azione*, Milano: Mondadori.

Renate Holub. 1992. *Antonio Gramsci: Beyond Marxism and postmodernism*. London: Routledge.

Salvadori, M. 1985. 'Gramsci and the PCI: Two Conceptions of Hegemony', in Mouffe C.(ed.) *Hegemony & Socialist Strategy*, (tran.) Moore, W. & Cammack, P. London: Verso.

Salvatore Ludo. 2005. *Il fascismo. La politica in un regime totalitario*, Milano: Donzelli.

______. 1980. *Gramsci's Politics*. New York: St. Martin's Press.

______. 1982. *Approaches to Gramsci*. London: Writers and Readers.

Savio Antonella. 2004, *Fascino e ambiguità di Gramsci*, Milano: Prospettiva.

Sbarberi F. 1986. *Gramsci in socialismo armonico*. Milano: Angeli.

Simon, R. 1982. *Gramsci's Political Thought. An Introduction*. London: Lawrence & Wishart.

Spriano, P. 1988. *Gramsci in carcere e il partito*. Roma: Editori Riuniti.

Togliatti, P. 2004. *Sul fascismo*. a cura di Giuseppe Vacca, Bari-Roma: Editori Laterza, Fondazione Istituto Gramsci, Piccone P. 1971. 'Phenomenological Marxism', *Telos*, no. 9. Autumn.

Vacca Giuseppe, 1999. *Appuntamenti con Gramsci*, Roma: Carocci.

Williams, G. 'The Concept of "egemonia" in the Thought of Antonio Gramsci', *Journal of the History of Ideas*, vol. XXI, no. 4, October~December 1960.

Williams, R. 1977. *Marxism and Literature*. New York: Oxford University Press.

Worsley, P. 1982. *Marx and Marxism*. Chichester and London: Ellis Horwood and Tavistock Publications Limited.

CHAPTER 09

한국에서 다문화주의 논의의 전개와 수용

김 남 국

Ⅰ. 문화와 다문화주의의 정의

오늘날 문화는 보통 사람들의 생활의 양식을 가리키는 넓은 의미로 쓰인다. 물론 여기에는 두 가지 조건이 붙는다. 하나는 생활의 양식이 '학습'을 통해 세대에서 세대로 전수될 수 있을 때 그것을 문화라고 부른다. 바꿔 말하자면, 사람들이 사이에 존재하는 생물학적 본능은 문화가 아니다. 다른 하나는 사람들 사이에 '공유'된 생활의 양식을 문화라고 부른다. 즉, 개인의 습관이나 행동양식은 문화가 아니다. 따라서, 문화란 보통사람들 사이에서 공유되고 학습된 생활의 양식이라고 정의할 수 있다. 여기에서 보통 사람이라고 하는 범주는 20세기 중반 이후, 특히 2차대전 이후에 일반화된 개념이다. 18세기나 19세기에 문화는 문학이나 예술분야에서 보통의 수준을 넘어서는 뛰어난 성취를

---

* 이 장은 한국산업사회학회가 발행하는 『경제와 사회』 통권 80호(2008)에 실린 필자의 글을 재수록한 것이다.

의미했다. 그러나 20세기 이후 문화는 보통 사람들 사이에서 발견되는 모든 생활의 양식을 의미하는 것으로 그 범위가 확대되었다.

이처럼 서로 다른 생활의 양식을 공유하는 문화집단이 하나의 공동체 안에 함께 존재할 때 우리는 그 상태를 다문화 사회라고 부를 수 있다. 하나의 사회 안에 공존하는 문화는 다수문화와 소수문화로 나뉘어 위계질서를 형성하고, 다수 문화는 그 사회의 지배적인 문제해결방식과 소통의 방식을 독점함으로써 배타적인 지위를 누린다. 그들은 이와 같은 지위가 주는 편리함을 좀처럼 소수문화에 양보하려고 하지 않는다. 대체로 지배적인 문화를 결정짓는 가장 큰 요인은 문화집단의 크기이기 때문에 다수집단은 소수집단의 인원이 증가하는 것을 억제하기 위해 애쓴다. 소수집단의 증가를 억제하기 위한 노력의 가장 전형적인 사례는 다양한 형태의 국경통제일 것이다. 오늘날 모든 국민국가는 소수의 보편적인 인권 보호와 다수문화의 지위를 유지하기 위한 지배 집단의 이해 사이에서 갈등한다.

그러나 이윤을 쫓아 국경을 넘는 자본의 우월한 지위와 우리 사회 내부의 노동력 부족은 소수의 증가를 불가피하게 만든다. 물론 이론적으로 노동력의 충원을 내부에서 해결함으로써 국경을 완전하게 통제할 수 있는 네 가지 대안이 있다. 첫째는 정년을 늘려서 노년 인력을 활용하는 것이다. 둘째는 여성인력을 노동시장에 끌어들이는 것이다. 셋째는 기계화를 통해 생산성을 높이는 것이다. 넷째는 장기적인 해결책으로 출산율을 높이는 것이다. 그렇지만 이 모든 대안들은 우리 사회의 근본적인 패러다임 변화를 필요로 한다. 예컨대, 여성인구를 노동시장에 끌어 들이기 위해서는 육아와 가사문제의 해결이 전제되어야 한다. 바꿔 말하자면 더 많은 세금을 거둬들여 복지예산에 배정함으로써 국가가 육아를 책임져 주어야 하고, 남녀간 평등한 가사노동 부담을 통해 여성이 가사노동으로부터 자유로워져야 한다. 그러나 이 네 가지 대안은 이론상으로 가능할 뿐 현실에서 구현하기는 쉽지 않다. 어떤 국가도 완전한 국경통제를 실현할 수 없기 때문에 그 결과 다양한 이주자가 늘어가는 현실은 우리 사회가 불가피하게 다문화 사회로 이행하고 있음을 의미한다.

다문화주의는 크게 두 가지 의미로 정의할 수 있다. 첫째는 서술적 의미로서 자본과 노동의 세계화에 따른 새로운 인종, 종교, 문화의 유입으로 동질적이었던 국민국가가 다양한 기준에 의해 분화되어 가는 현상을 가리킨다. 이 관점에서 보면 오늘날 모든 국민국가는 다문화 사회로 이행하고 있다. 둘째는 규범적 의미로서 다문화사회로 이행하는 정치공동체에서 전통적인 사회경제적 차원의 균열이외에도 인종, 문화, 종교를 중심으로 한 균열이 사회구성원의 행복과 자아실현에 중요한 영향을 미친다는 점을 인정하고 그들이 요구하는 공공영역에서 문화적 인정과 문화적 생존 요구를 적극적으로 지지하기 위해 다양한 역차별적인 방법을 통해서 정체성의 정치를 지지하는 것을 의미한다. 이 관점에서 보면 한국에서 다문화주의 논의는 아직 두 번째 의미를 둘러싸고 본격적으로 일어나지는 않고 있다.

그렇다면 본격적인 다문화주의 논의 단계에서 보장 여부를 다투는 핵심개념인 문화적 권리란 무엇일까? 문화적 권리의 내용은 대체로 다문화의 권리(polyethnic rights), 집단자치권(self government), 집단대표권(self representation) 등으로 이루어지고, 이러한 권리들은 소수인종(ethnic minority)과 소수민족(national minority)의 서로 다른 요구에 따라 다르게 규정될 수 있다. 소수인종은 자발적인 이민을 통해 다수사회로 삶의 근거를 옮긴 사람들로서 이들은 다문화의 권리를 요구하지만 집단자치권이나 집단대표권을 요구하지는 않는다. 즉, 이들은 문화적인 차원에서 자신들의 정체성을 지킬 수 있게 되기를 바라지만, 정치, 사회, 경제적으로는 주류사회에 차별 없이 편입되기를 원한다. 반면, 소수민족은 역사 속에서 비자발적인 전쟁이나 정복, 조약 등을 통해 다수사회로 합병된 집단을 가리킨다. 이들은 자신들의 영토적 기반과 언어, 문화 등을 갖고 있고, 따라서 집단자치권이나 집단대표권을 요구한다. 예컨대, 프랑스에는 코르시카, 바스크, 브리타뉴, 알사스로렌 등에 거주하는 소수 민족이 있고, 옛 식민지였던 알제리, 모로코, 튀니지 등 마그레브 지역에서 이민 온 무슬림, 세네갈과 아이보리코스트 등 아프리카에서 이민 온 흑인, 베트남과 캄보디아 등에서 이민 온 아시아인 등의 소수인종이 있다.

소수민족은 다시 원주민(indigenous people)과 구별된다. 그 구별의 기준은 국민국가 건설 과정에서 의미 있는 경쟁자였는가의 여부에 따라 달라진다. 예컨대, 영국(UK)의 웨일스, 스코틀랜드, 북아일랜드 인들은 소수민족(national minority)이라고 부르지만, 호주의 애보리진(Aborigine)은 원주민이라고 부른다. 전자는 영국의 국가건설 과정에서 잉글랜드 인들과 주도권을 다투던 의미 있는 경쟁자였지만 후자는 그렇지 못했기 때문이다. 이러한 분류에 따르자면 한국의 경우 소수민족이나 원주민은 존재하지 않고, 1980년대 후반부터 유입된 이주노동자와 1990년대 중반 이후 국내에 정착하기 시작한 국제결혼자 등으로 구성된 소수인종이 존재한다. 이와 같은 현실은 문화적 권리를 둘러싼 갈등의 구도를 훨씬 단순하게 만든다. 다만 남북한이 통일된 이후 북한이 집단 자치나 집단 대표권을 주장하는 소수민족의 역할을 할 가능성은 있다고 보여 진다.

소수인종이 요구하는 다문화의 권리 보장 정도를 측정해 볼 수 있는 구체적인 항목으로는 지방이나 중앙차원에서 헌법이나 입법을 통해 다문화주의를 인정하는가의 여부, 학교 교과과정에서 다문화주의를 채택하고 있는가의 여부, 미디어에서 소수인종의 출연을 보장하고 있는가의 여부, 법에 의해 자유로운 복장이나 종교행위를 보장하는가의 여부, 이중국적의 허용 여부, 소수 인종의 문화 활동을 위한 재정적 지원 여부, 이중 언어교육을 위한 재정적 지원 여부, 불리한 이민자 집단을 위한 역차별 정책의 시행 여부 등이 있다. 반면 소수민족이 요구하는 집단자치와 대표권의 보장 정도를 측정해 볼 수 있는 구체적인 항목으로는 연방제 아래서의 영토의 자율성 보장 여부, 지역이나 전국적 차원에서 공식적인 언어 지위부여 여부, 중앙정부나 법원에서 집단대표의 보장 여부, 소수언어 사용 학교나 미디어의 공적인 재정지원 여부, 다민족주의에 대한 헌법이나 의회차원의 보장 여부, 국제회의나 기구에 소수민족의 대표 허용 여부 등이 있다. 원주민이 요구하는 집단자치와 대표권의 보장 정도를 측정해 볼 수 있는 항목으로는 토지권의 인정 여부, 자치권의 인정 여부, 소수민족이 맺은 기존 조약 준수 및 인정 여부, 언어, 사냥 등의 문화권 인정 여부, 중앙정부에서 자문 및 대표권 인정 여부, 원주민에 대한 특별한 지위부여 여부, 원주민의 권리에 대한 국제적 인정 및 지지 여부, 역차별 정책 인정 여부 등이 있다 (Banting & Kymlicka 2006).

Ⅱ. 국내 다문화주의 연구 현황

그렇다면 한국사회에서 다문화주의는 정확하게 어떤 의미로 사용되고 있을까? 우리나라에서 다문화주의 논의는 서술적 의미의 첫번째 단계에 주로 머물고 있지만 그 안에서도 세 가지 서로 다른 대상과 환경을 지칭하면서 쓰이고 있다. 첫째는 세계화에 따른 다양한 외국 문화가 유입되는 상황에서 서로 다른 문화와의 공존을 어떻게 이해하고 대응할 것인가를 묻는 맥락에서 쓰인다. 둘째는 성적 소수자 및 양심적 소수자의 등장에 따른 차이와의 공존을 의미하는 용어로 쓰이기도 한다. 셋째는 인종적 소수자의 급속한 증가에 따른 다인종, 다문화 사회에서 어떻게 다수와 소수가 공존할 수 있는가를 논할 때 쓰이기도 한다. 대체로 이 세 가지 쓰임은 아직도 공존하고 있지만 시간적으로 그 의미가 달라져 왔다. 예컨대, 우리나라에서 다문화주의에 대한 논의가 문학이나 철학분야에서 처음 시작된 1990년대 중반에 다문화주의의 의미는 세계화에 따른 다양한 외국 문화가 유입되는 상황에서 서로 다른 문화와의 공존을 어떻게 이해하고 대응할 것인가에 관한 것이었다. 이와 같은 관심에서 문화 다원주의 및 보편주의에 대한 이론적 이해와 서구의 제국주의적 유산을 극복하기 위한 대안으로서 다문화주의의 역할에 대한 논의들이 이루어 졌다(김욱동 1998; 김성곤 2002; 박이문 2002; 장은주 2003, 2004; 구견서 2003; 천선영 2004). 다른 한편, 다문화주의는 성적 소수자 및 양심적 소수자의 등장에 따른 우리 사회 내부의 분화와 그에 따른 차이와의 공존을 강조하는 의미로도 사용되어 왔다(서동진 2001, 2005a, 2005b; 이수자 2004; 장미경 1999, 2005). 그러나 최근 들어 가장 두드러진 다문화주의의 쓰임은 인종적 소수자의 급속한 증가에 따른 다인종, 다문화 사회에서 어떻게 다수와 소수가 공존할 수 있고, 문화적 차이에 따른 갈등을 해소할 수 있느냐에 관한 것이다.

이른바 인종이나 종교, 문화를 중심으로 한 다문화주의 논의, 즉, 새로운 사회적 소수의 유입 및 증가와 이를 둘러싼 다양한 사회 현상을 분석하고 해석하는 논의들은 크게 네 가지 분야에서 이루어져 왔다. 첫째는 사회학자나 인류학자들에 의해 소수자의 증가 추이를 추적하는 통계와 이로 인한 사회변화를 관찰하고 분석하는 작업이 있었다(김은미 외 2007, 2008; 김현미 2006, 2007; 김혜순 외 2007; 윤인진 2008a, 2008b; 오경석 외 2007; 이혜경 2007, 2008; 설동훈 2006a, 2006b; 한건수 2003; 한경구 2008; 엄한진 2006, 2007b; 박경태 2005). 둘째는 정치학자들에 의해 다문화주의에 대한 이론적 이해와 다문화사회로의 이행이 갖는 정치 제도적 함의를 찾는 작업들이 있었다(김비환 1996, 2007; 김남국 2005a, 2005b, 2005c, 2007; 곽준혁 2007; 김범수 2008). 셋째는 여성학자들에 의해 이주노동자들의 현실을 성평등의 관점에서 접근하거나 국제결혼에 따른 여성 이주자들의 인권에 대한 분석 작업이 있었다(김민정 외 2006; 김이선 외 2006; 김혜순 2006; 문경희 2005). 넷째는 교육학자들에 의해 다문화 교육의 필요성에 대한 주장과 구체적인 학습 프로그램 개발 등이 있었다(이석호 2000; 양영자 2007; 류성환 2007; 김선미 2008; 안경식 외 2008).

이처럼 다양한 연구 가운데 한국 사회에서 다문화주의의 의미와 실천을 논의한 가장 종합적인 업적은 오경석 등 안산의 '국경 없는 마을'을 중심으로 하는 활동가들이 펴낸 『한국에서의 다문화주의』와 김혜순 등 사회학자들이 동북아시대위원회 연구보고서로 펴낸 『한국적 다문화주의의 이론화』일 것이다. 두 책은 다문화주의 논의를 한국적 맥락에서 심화시키기 위해 이론의 측면에서 세계적인 논의의 흐름을 검토하고 한국의 현실에 맞는 구체적인 실천 대안이 무엇인가를 모색하고 있다는 점에서 공통점을 갖고 있다. 그러나 두 책이 제시하는 다문화주의의 의미와 실천의 방법은 매우 다르다.

첫째, 두 책은 다문화주의 논의가 필요한 맥락과 다문화주의의 주체에 대해 서로 다른 견해를 제시하고 있다. 오경석 등은 현재의 논의가 세계적인 유행에 따라 한국적 맥락에 대한 고려 없이 문화에 대해 강조함으로써 사회적 소수의 생존을 위협하는 상황에 대해 무지하다고 본다. 즉, 다문화에 대한 주장들이 쏟아져 나오고 있지만 정작 다문화 사회의 주체라고 할 수 있는 이주민 자신의 목소리는 어디에서도 찾아보기 힘들고, 그들 사이에 존재하는 상이한 정치적 입장과 문화적 욕구를 배려하고 존중하려는 노력은 적다는 것이다. 이들 활동가들에 따르면 놀랍게도 이주민 공동체들 대부분은 다문화에 무관심하고 그 절박성에 공감하지 않는다. 이러한 사실은 330여개에 이르는 이주자 관련 단체 가운데 이주여성 상담소를 중심으로 매우 적은 수의 단체만이 다문화의 권리를 성취해야 할 목표로 제시하고 있다는 사실에서도 확인할 수 있다. 이주민을 위한 다문화주의이기는 해도 이주민에 의한 다문화주의는 아닌 상황에서 지원 단체의 활동에서조차도 이주자 들은 주변적인 존재로 머무는 상황이 계속되고 있는 것이다(이선옥 2007). 결국, 오경석 등은 다문화사회로의 전환을 논의하기 위한 민주적 공론장에 대한 고민을 간과한 상태에서 이미 선험적인 해답으로 주어진 다문화주의를 전제하고 논의를 지속할 때 다문화 사회의 핵심적 구성주체인 이주자들이 주변화하는 모순된 결과를 가져온다고 주장한다. 바꿔 말하자면, 이들은 다문화주의의 구체적 내용이 무엇이어야 하는가에 대해 다문화정책의 가장 중요한 주체인 이주자들이 참여하는 민주적인 공론장에서 결정될 사항으로 미래를 향해 열어 놓아야 함을 주장하고 있는 것이다.

반면, 김혜순 등은 포괄적이고 체계적인 전망이 미흡한 상태에서 이주노동자나 시민단체, 학술단체 등 현장의 요구에 따라 다문화 정책이 진행되는 것은 위험하고 비효율적이라고 본다. 즉, 논의의 초점이 반드시 이주자에게만 맞춰져야 하는 것이 아니라 다수사회의 요구를 고려한 정책적인 판단과 장기적인 계획 속에서 진행되어야 한다고 보는 것이다. 이들의 논의 역시 다문화주의가 무조건적인 해답이라고 주장하는 것은 아니다. 이들은 다문화사회를 시민/국민으로서 누릴 수 있는 사회·경제·정치·문화적 권리를 취득하고 향유하는데 개인의 인종과 민족이 차별의 근거가 되지 않는 사회, 그리고 다문화주의는 이를 견인해가는 이념이라고 정의한다. 그러나 한국에서 다문화주의 논의는 아주 짧은 시간 안에 갈등이나 균열을 그다지 겪지도 않은 채, '다문화적 감수성과 문화다양성의 고양'이라는 정치적으로 바람직하다 할 입장이 주류를 점하고 있고, 그 결과 보편 가치로서 "다문화주의"와 "다문화사회 지향"에 전 국민이 쉽게 합의에 이른 것처럼 보인다. 그러나 이들은 한국사회가 지향해야 할 목표가 다문화사회라는 것에는 동의하지만, 이런 지향점을 견인해 갈 이념으로 지금 다문화주의를 채택해야 하는가에 대해서는 결론을 유보하고 있다.

이 두 가지 책이 보여주는 두 번째 차이점은 국가의 역할에 대한 시각에서 더욱 뚜렷하게 나타난다. 오경석 등은 정치 지향으로서 다문화주의는 논리적으로 '탈물질, 비국가'적 사회공동체의 구성을 목표로 한다고 본다. 따라서, 비국가적 사회공동체의 구성이 '국가 주도'로 이루어질 수 있으리라고 전망하는 것은 너무나 소박한 희망이라고 비판한다. 이들은 다문화주의가 근대 체제의 근간인 민족 국가에 대한 급진적인 비판을 공유하는 정치 이념이라고 보고, '탈물질' 사회를 지향한다는 것 역시, 근대 자본주의 체제의 가부장적 생산력주의에 대한 전복적인 탈주를 의미한다는 점에서 급진적인 비판의 기획이라고 본다. 이들 활동가들에 따르면, 한국의 관주도형 다문화주의는 민족적 동질성을 유지하기 위해 결혼이민자와 그 자녀들을 중심으로 실시하는 사회통합 정책을 다문화 정책의 핵심으로 간주하고 있다. 결국, 이들은 다문화의 주체이어야 하는 이주자를 대상화하는 관주도형 다문화주의가 갖는 한계를 지적하고, 정부의 통치전략을 넘어서서 탈범주적인 다문화 주체들이 생존의 자유를 누릴 수 있는 소수자 연합으로서의 정치와 다원주의를 지향하며 실천하는 다문화주의를 주장한다.

반면, 김혜순 등은 다문화주의 실천의 주요 사회 주체로서 국가의 정책능력을 중요시 한다. 즉, 한국에서 다문화사회로의 이행과정에서 국내 거주 외국인, 이들 관련 활동을 하는 NGO, 그리고 정책을 입안하고 시행하는 정부 주무 부처는 똑같이 중요한 역할을 맡고 있는 것이다. 따라서, 김혜순 등의 책에는 법무부 출입국외국인 정책본부의 주무담당관이 정부 정책에 대해 설명하는 논문을 집필하고 있고, 몇몇 학자에 의한 국가 정책 분석이 중요한 내용을 이루고 있다. 예컨대, 2006년 한국 정부가 발표한 일련의 정책들은 그간의 경제적인 측면만 부각한 '인력정책'으로서의 '외국인정책'이 인구 및 차별철폐정책, 가족정책, 사회문화정책으로 변모하였음을 보여준다고 주장하는 이혜경(2007)의 논문이나, 관주도형 다문화주의를 비판하면서 국가 주도형과 시민사회 주도형을 혼합한 단계적 다문화주의, 즉, "1단계: 합법체류와 불법체류의 강한 구분, 차별적 적용, 2단계: 장기체류자 합법화, 제한된 주민권 부여, 3단계: 이민조건 완화, 적극적 조치, 인정의 정치 허용" 등 세 단계로 이루어진 다문화주의를 주장하는 윤인진(2007)의 논문 등이 그 예이다.

Ⅲ. 국내 다문화주의 논의에 내재된 이론적 갈등

그렇다면 이와 같은 두 논의의 차이점은 어떤 기준에 의해 평가가 가능할까? 물론, 우리 사회가 한 번도 가보지 않은 길에 대해 각자 이론적 정당성과 정치적 신념을 가지고 주장하는 문제에 대해 옳고 그름을 따지는 일은 무의미하다. 다만, 이러한 차이점에 내재된 이론적 갈등과 그 함의에 대해 짚고 넘어갈 필요는 있을 것이다.

우선 문화적 권리를 둘러싼 주체에 대해 논의할 때 이주자나 NGO, 또는 정부 등 그 강조점을 어디에 두느냐의 차이는 적어도 두 가지 확인해야 할 사항을 건너뛰고 있다는 점을 말하고 싶다. 첫째는 우리 사회에서 문화적 권리가 무엇인가에 대한 정의와 그 권리의 부여를 둘러싼 찬반 논쟁이 없었다는 점이다. 이러한 상태에서 사회적 다수가 문화적 권리를 사회적 소수의 권리로 당연히 전제하는 것은 다수의 우월한 지위를 전제한 계몽적 접근으로서 오경석 등의 주장처럼 이 과정에서 주체로서의 사회적 소수자가 배제될 확률은 높아진다. 둘째는 사회적 소수가 문화적 권리를 포함한 자신들의 선호를 대표할 민주적 공론장에 참여할 수 있느냐의 여부를 확인해야 하는 과정 역시 생략되어 있다는 점이다. 즉, 자신들의 목소리로 자신들의 이해를 대표할 정치적 권리를 갖고 문화적 권리에 대한 자신들의 선호를 말할 기회가 충분히 주어졌는가를 따져야 한다. 이 두 가지 사항이 확인된다면 문화적 권리 논쟁의 한 주체로서 사회적 소수가 지금 당장 무조건적인 문화적 권리를 지지하리라고 볼 근거는 없다.

다음으로 다문화주의 실천과정에서 서로 다른 국가역할의 평가에 대해서도 논란의 여지가 있다. 오경석 등은 한국의 다문화주의 정책을 관주도형 또는 통치전략으로 간주하면서 국가역할에 대한 부정적인 평가를 내린다. 다문화주의를 소수자 연합에 근거한 다원주의 정치로 이해하는 당연한 귀결일 것이다. 그러나 다문화주의의 속도와 깊이를 결정하는 현실적인 두 변수는 사회적 소수의 다문화적 권리에 대한 요구 정도와 이에 대한 국가의 수용 여부이다. 즉, 기본적으로 다문화주의는 국가중립성과 개인의 자유 우선성, 그리고 자의성의 회피라는 세 가지 원칙에서 자유주의와 갈등한다. 바꿔 말하자면, 다문화주의는 국가가 역차별적인 정책을 채택해서라도 사회적 소수의 열등한 지위를 의도적으로 사회적 다수와 동등한 지점까지 고양시키는 개입을 해야 하고, 개인의 자유보다는 집단의 문화적 권리를 우선해야 할 때가 있고, 문화적 권리의 부여를 둘러싸고 문화집단의 선정과정에서 자의성을 의심받을 수밖에 없다. 이렇게 보면 다문화 정책의 수립과정에서 국가의 적극적 역할을 인정하는 김혜순 등의 논의가 훨씬 더 현실적이라고 생각된다.

물론 이러한 두 가지 이론적 갈등의 전제를 해소한다고 해서 문화적 권리와 문화의 역할에 대해 모든 학자들의 의견이 긍정적인 방향으로 일치하는 것은 아니다. 서구에서의 다문화주의 이론은 주로 문화집단에 근거한 문화적 생존 주장과 문화적 권리의 인정이 개인의 자유와 권리를 근거로 한 자유주의 전통과 양립 가능한가에 초점을 맞추고 있다. 문화적 권리를 지지하는 학자들은 공공영역에서 문화적 인정의 문제를 적극적으로 존중함으로써 더 존엄하고 평등한 사회의 성립이 가능하다고 주장하는 반면, 이에 반대하는 학자들은 집단을 근거로 한 문화적 권리의 인정이 문화 집단 내부의 개인의 동등한 자유를 보장하지 못하고, 국가의 자의적인 권리부여로부터 자유롭지 못하다고 주장한다.

예컨대, 브라이언 베리(Brian Barry)는 문화적 권리에 대해 매우 부정적으로 평가한다. 그는 우리의 인종에 대한 의무는 단순히 육체적인 것이지만, 정치적인 국민국가에 대한 의무는 윤리적인 것이기 때문에 근대 국민국가의 의미가 인종집단의 종합으로 축소될 수 없다고 본다. 즉, 생물학적인 조상을 따지는 것하고 인간의 필요와 목적을 완성하기 위한 이해와는 아무 상관이 없다는 것이다. 따라서, 공동의 사업에 대한 협력을 쉽게 만들고, 시민들 사이의 재분배를 보다 쉽게 받아들일 수 있게 만드는 특별한 정치공동체, 즉 국민국가의 내부에서 인종이나 문화 등 생물학적 분류에 따른 집단 권리를 요구하는 것은 당연히 허용될 수 없다고 본다. 반면 비쿠 파레크(Bhikhu Parekh)는 소수 집단에게 예외적인 문화적 권리를 인정하는 것 역시 사회적 화합이나 문화적 다원성, 공동의 귀속감 등 집합적인 목표를 위해 가치 있다는 점에서 단순히 다른 집단과의 평등만을 의식한 채 부정적으로 평가할 필요는 없다고 본다. 평등은 중요한 가치이지만 한 사회가 고려해야 할 유일한 가치는 아니며, 소수 집단의 문화적 권리 역시 사회가 존중해야 할 많은 가치들 가운데 하나라고 보는 것이다. 그러므로 평등과 함께 경쟁하는 다양한 가치들 사이의 균형을 맞추는 일이 중요하며 사회적 소수의 문화적 권리를 존중하는 것은 정의를 구현하는 또 하나의 길이라는 보는 것이다(김남국 2006b).

그러나 파레크의 경우처럼 규범적 차원에서 다문화주의를 적극적으로 인정하는 경우에도 해결해야 하는 실천적 쟁점들은 남아 있다. 첫째는 문화적 권리를 갖는 집단의 선정과정에서 국가개입의 범위와 자의성을 어떻게 정하느냐의 문제이다. 둘째는 문화적 권리를 갖는 소수 집단 내에서 동등한 개인의 권리를 어떻게 보호할 것인가의 문제이다. 셋째는 다양한 집단들이 자신들의 문화적 권리를 중심으로 분화할 때 하나의 정치공동체를 유지하는 준거로서 사회적 연대감을 어떻게 찾을 것인가 하는 문제이다. 첫째 쟁점과 관련하여 한 집단의 인종 및 문화적 정체성을 인정하고, 다문화의 권리나 자치의 권리, 특별한 대표의 권리 등을 부여하는 일은 문화집단의 크기와 요구의 강도, 주변의 인정 등 여러 요소를 고려해야 한다. 이러한 절차는 어떤 심사숙고에도 불구하고 항상 중립성에 대한 의문과 자의적인 결정의 여지를 남긴다. 즉, 절대적인 평등이라는 관점에서 보면, 한 집단에게 특별한 문화적 지위를 허용하는 다문화주의 정책의 모순은 영원히 해결 불가능한 것이다. 따라서, 사회정의의 실현을 위해 소수 집단이 주장하는 문화적 생존의 논리를 존중하는 것보다는, 인종과 문화, 종교에 상관없이 모든 개인에게 똑같이 적용되는 법 앞의 평등을 보장하는 것이 더욱 정의의 실현에 가까워지는 길이라고 주장하는 비판이 나오는 것이다(김남국 2005c).

두번째 쟁점은 집단에게 문화적 권리를 부여한다고 해서 그 집단에 속한 개인의 권리가 보장되는 것은 아니라는 점인데, 이러한 정책은 오히려 반대의 효과를 가져올 수도 있다. 예컨대, 어떤 집단에게 부여된 문화적 권리가 그 집단안에 존재하는 지배적인 파벌의 이익을 옹호하는 데 사용됨으로써, 그 집단의 주변에 머물고 있는 개인의 권리를 동등하게 보장하지 않는 경우가 생기는 것이다. 궁극적으로 다수집단이든, 소수집단이든 그 집단의 운명을 결정할 권리는 구성원 개개인에게 있고, 전체로서 집단에게 있는 것은 아니다. 나아가서, 두 집단 모두 현재의 상태로 고정된 것이 아니라, 역사와 상황에 의해 규정받는 개인들의 집합적인 선택에 의해 변화를 겪게 된다. 집단의 운명 자체가 구성원들의 선택에 의해 끊임없이 변하기 때문에 다수집단이든, 소수집단이든 그들의 현재 상태가 최종적인 권위를 갖는 것처럼 이해되어서는 안되는 것이다(김남국 2005c).

세번째 쟁점인 사회적 연대감을 유지할 공동의 정체성과 근거에 대해서 다문화주의는 서로 다른 개인과 집단들을 묶을 상호 신뢰의 기초를 어디에서 구할 수 있는가라는 질문에 대해서는 뚜렷한 답을 제시하지 못한다. 물론, 다문화주의를 거부하는 문화적 인종주의는 국가를 단일한 문화적 공동체로 상상 속에서 규정함으로써 스스로를 표현하고 있다. 즉, 실제로는 안팎으로부터의 끊임없는 공격에 직면해 있는 국가 정체성에 대해, 동질적인 민족문화라는 고정된 이미지를 구성하여 방어하려고 하는 것이다. 인종에 근거한 절대주의는 쉽고 빠른 해결책을 제시해 줄 수 있을지 몰라도 이러한 유사 연대감은 현실의 고통을 덜어주는데 궁극적으로 부적절하다. 따라서, 사회적 다수이든 소수이든 인종에 근거한 문화는 인류의 보편적인 정체성과 소통을 필요로 한다(김남국 2005c). 어떤 학자들은 그 소통의 근거가 문화, 종교, 인종에 근거한 배타적인 정체성이 아니라 정치적 가치와 제도에 근거한 민주주의적 신념이어야 한다고 주장한다.

Ⅳ. 다문화주의를 둘러싼 갈등의 전면화 변수들

이와 같은 이론적 갈등의 불완전한 해결에도 불구하고 오늘날 모든 국민국가는 서술적 의미의 다문화 사회로 빠르게 이행하고 있다. 서구 사회에서 다문화주의가 전면화되는 상황적 변수들은 크게 다섯 가지로 나눠 볼 수 있다. 첫째는 인구학적으로 사회적 소수의 증가가 빠르게 일어나고 있다는 점이다. 이민을 통해 전통적인 국민국가의 사회적 소수가 증가하는 것도 사실이지만 높은 출산율을 통해 소수집단의 절대적인 숫자가 증가하고 있는 것 역시 다문화주의의 진전을 가져오는 중요한 변수이다. 둘째는 사회구성원의 권리를 향한 자각이 진행되고 있다는 점이다. 사회적 소수가 자신들의 권리를 위해 전투적으로 투쟁하기 시작하면서 사회적 다수 역시 소수의 권리를 인정하지 않을 수 없는 상황에 직면하고 있다. 셋째는 민주주의 증진에 따라 평등의식의 고양되고 있다는 점이다. 사회적 다수의 우월한 지위를 당연히 받아들이던 사회적 소수가 그러한 전제를 의심하면서 자신들의 동등한 권리를 주장하기 시작하고 있다. 넷째는 평화의 증진에 따라 내부의 소수가 국가안보를 위협할 것이라는 불안이 해소됨으로써 더 안정적으로 다문화주의 정책을 실시할 수 있게 되었다는 점이다. 다섯째는 자유민주주의적 합의에 따른 소수의 인권보호를 사회적 다수 역시 중요한 덕목으로 간주하게 되었다는 점이다(Kymlicka & He 2005).

한국사회도 이와 같은 다섯 가지 상황적 변수에 의해 다문화주의가 전면화 할 수 있는 조건을 갖추고 있다고 볼 수 있다. 우리 사회의 사회적 소수도 인구학적으로 빠르게 늘어나고 있고, 사회구성원의 권리를 향한 자각과 민주주의 증진에 따른 평등의식의 고양 및 소수의 인권보호 등에 대해 사회적 합의가 이루어지고 있다. 다만 한반도의 지정학적 조건과 분단의 특수한 사정 때문에 평화의 증진에 따라 국가안보를 위협하는 요인이 사라짐으로써 다문화주의가 훨씬 더 번성할 수 있다는 점은 여전히 유동적인 요인으로 남아 있다. 그러나 이와 같은 상황적 변수의 진전에도 불구하고 한국에서 아직 다문화주의를 둘러싼 갈등은 본격화 하지 않고 있다. 그 원인은 대체로 세 가지 방향에서 찾아 볼 수 있다.

첫째는 다문화주의의 폭과 깊이를 결정하는데 가장 직접적 변수인 우리사회의 인종적·종교적·문화적 소수가 아직까지 다문화의 권리보다는 보편적인 자유주의적 권리를 요구하고 있다는 점이다. 새로운 사회에 유입된 사회적 소수는 대체로 첫 단계에서 '우리는 당신들과 같다'고 주장한다. 즉, 우리는 당신들과 동등한 인격을 갖는 인간이기 때문에 동일한 임금과 동일한 노동조건을 보장해 달라고 주장한다. 그러나 일정한 시간이 지나고 그 집단의 크기와 복잡함이 임계점을 지난 두 번째 단계에서 사회적 소수는 '우리는 당신들과 다르다'고 주장하기 시작한다. 즉, 우리는 당신들과 인종, 문화, 종교적으로 다르기 때문에 공공영역에서 우리의 다름을 공식적으로 인정해 달라고 요구한다. 적어도 아직 우리 사회의 소수는 문화적 차이의 본격적인 인정보다는 사회경제적 평등과 자유주의적인 보편적 인권의 문제에 더 초점을 맞추고 있는 것으로 보인다.

둘째는 다문화주의의 폭과 깊이를 결정하는 또 다른 주요 변수인 한국정부의 정책인식이 민주화 이후 보편적 인권을 보장해야 한다는 정치적 올바름(political correctness)에 대한 압력으로부터 자유롭지 못하다는 점이다. 다시 말하자면, 우리가 이룩한 민주주의가 일국 수준에서 그치지 않고 세계수준에서도 손색이 없기 위해 이주 노동자를 비롯한 사회적 소수에게 완전한 평등과 보편적 인권을 보장해야 한다는 야망이 다문화주의에 대해 너그러운 환경을 만들었고 그 결과 다문화주의를 둘러싼 갈등은 아직 전면화되지 않고 있는 것이다. 이러한 상황은 이른바 지난 민주정권 10년 동안 지속되었고 담당 부처 사이의 경쟁 역시 다문화주의를 적극적으로 추진하게 만들었다. 예컨대, 2003년 불법체류자의 자녀도 거주증명서류나 이웃의 증언으로 취학할 있게 허용한 교육부의 정책이나 2004년 주민투표법과 2005년 공직자선거법에서 3년 이상 국내 거주한 영주권자에게 지방선거의 투표권을 부여한 정책들은 유럽과 미국에서도 오랜 기간 투쟁을 통해 겨우 합의에 이를 수 있었던 놀라운 정책들이다.

셋째는 다문화주의를 둘러싼 갈등의 폭과 깊이를 결정하는 매개 변수로서 시민사회 내의 두 가지 흐름을 들 수 있다. 하나는 다문화주의가 우리 사회 극우집단의 의제로서 아직 본격적으로 이슈화되지 않았다는 점이다. 유럽이나 미국의 사례에서 보면 단순히 인종, 문화, 종교적 소수가 증가한다는 이유만으로 다문화주의를 둘러싼 갈등이 폭발하지는 않는다. 이러한 이슈들은 이민과 문화적 차이를 적극적으로 활용하는 극우집단과 정치인이 있을 때 비로소 사회문제로 폭발한다. 특히 경제 후퇴기에 이들의 선동은 사회적 소수를 둘러싼 갈등을 증폭시키고 모든 비난을 쏟아 부을 희생양으로 이주자를 선택하여 공격하게 만든다. 한국의 시민사회 내에서 다문화주의를 둘러싼 갈등의 전면화를 막는 다른 하나의 흐름은 이주자와 관련된 시민단체 가운데 거의 대부분이 신 앞에서 인간의 평등을 주장하며 보편적 담론을 펼치는 종교단체들이라는 사실이다. 이들은 비록 종교, 문화, 인종적 소수를 지원하는 NGO들이지만 문화적 특수성을 강조하거나 문화적 권리를 주장하기 보다는 사회적 다수와 소수가 동등하게 공존하는 세계주의적 담론을 주장한다. 이들 시민단체의 주장과 사회적 소수가 주장하는 사회경제적 평등 및 자유주의적 권리는 아직까지 전략적으로 상응하는 측면이 있다.

이러한 세 가지 이유 때문에 다문화주의를 지지하는 다섯 가지의 상황변수에도 불구하고 한국에서 다문화주의는 규범적 의미의 두 번째 뜻보다는 서술적 의미의 첫 번째 뜻으로 쓰이고 있고, 다문화주의를 둘러싼 갈등 역시 아직 전면화되지 않고 있다고 본다. 바꿔 말하자면, 이와 같은 시간과 상황의 변수를 고려할 때 앞으로 우리 사회에서 다문화주의 논의의 전개는 문화적 권리를 둘러싼 논쟁이 본격화하기 이전에 사회적 소수의 선호를 표현할 정치적 권리 보장과 민주적 공론장이 우선 만들어 져야 하고, 그 과도기에 문화적 권리보다는 자유주의의 보편적 세례를 통해 타파해야 할 우리사회의 부정적인 관습에 초점이 맞춰져야 할 것이다.

참고문헌

곽준혁. 2007. "다문화 공존과 사회적 통합," 『대한정치학회보』 15(2): 23-41.

강휘원. 2006. "한국 다문화 사회의 형성 요인과 통합 정책," 『국가정책연구』 20(2): 5-34.

구견서. 2003. "다문화주의의 이론적 체계," 『현상과 인식』 27(3): 29-53.

구은숙. 2000. "다인종 다문화시대의 문화연구: 미국문학과 문화 수업을 중심으로," 『국제문화연구』 18: 75-81.

김남국. 2004. "영국과 프랑스에서 정치와 종교: 루시디 사건과 헤드스카프 논쟁을 중심으로," 『국제정치논총』 44(4).

______. 2004. "유럽통합과 민주주의의 결여," 『국제정치논총』 44(1).

______. 2005a. "경계와 시민: 국민국가의 국경통제는 정당한가?" 『한국과 국제정치』 21 (2).

______. 2005b. "다문화시대의 시민: 한국사회에 대한 시론," 『국제정치논총』 45(4).

______. 2005c. "심의다문화주의: 문화적 권리와 문화적 생존," 『한국정치학회보』 39(1).

______. 2006a. "유럽에서 다문화의 도전과 대응," 『국회도서관보』 43(5).

______. 2006b. "문화와 정의," 『국제평화』 3(2).

______. 2007. "Constitution and Citizenship in Multicultural Korea: the Limitations of a Republican Approach," *Korea Journal* 47(4).

김남일. 2007. "열린 사회 구현을 위한 외국인 정책 방향," 『한국적 다문화주의의 이론화』 서울: 동북아시대위원회.

김민정 · 유명기 · 이혜경 · 정기선. 2006. "국제결혼 이주여성의 딜레마와 선택: 베트남과 필리핀 아내의 사례를 중심으로," 『한국문화인류학』 39(1): 159-193.

김범수. 2008. "민주주의에 있어 포용과 배제," 『국제정치논총』 48(3): 173-198.

김비환. 1996. “포스트모던 시대에 있어 합리성, 다문화주의 그리고 정치,” 『사회과학』 35(1): 205-236.

______. 2007. “한국사회의 문화적 다양화와 사회통합: 다문화주의의 한국적 변용과 시민권 문제,” 『법철학연구』 10(2): 317-348.

김이선 · 김민정 · 한건수. 2006. 『여성결혼이민자의 문화적 갈등 경험과 소통증진을 위한 정책과제』 서울: 한국여성개발원.

김선미. 2008. 『다문화교육의 이해』. 서울: 한국문화사.

김선욱. 2003. “다원주의의 논점들과 정치 윤리적 관점,” 『사회와 철학』 6: 7-38

김성곤. 2002. “다문화주의와 인문학 교육의 미래,” 『철학과 현실』 52: 39-51.

김성윤. 2006. “하인즈 워드: 인종의 정치가 시작됐다,” 『문화과학』 47: 315-333.

김욱동. 1998. “다문화주의의 도전과 응전,” 『미국학 논집』 30(1): 29-49.

김은미 · 김지현. 2008. “다인종, 다민족 사회의 형성과 사회조직,” 『한국사회학』 42(2).

김은미 · 강S진. 2007. “Seoul as a Global City with Ethnic Villages,” *Korea Journal* 47(4).

김현미. 2005. “글로벌 사회는 신분제 사회인가?”, 『글로벌시대의 문화번역, 또 하나의 문화』, 제3장.

______. 2006. 국제결혼의 전 지구적 젠더 정치학, 『경제와 사회』 70.

______. 2007. The State and Migrant Women, *Korea Journal* 47(4).

김현숙. 2004. “부산지역 여성이주노동자들의 노동상태 및 생활경험에 관한 연구,” 『부산정책연구』 2: 69-144.

김혜순. 2006. “한국의 ‘다문화사회’ 담론과 결혼이민자: 적응과 통합의 정책마련을 위한 기본 전제들,” 동북아 “다문화” 시대 한국사회의 변화와 통합 자료집. 한국사회학회.

______ 외. 2007. 『다문화주의의 한국적 이론화』 서울: 동북아시대위원회.

노석태 · 김남철. “한국에서의 외국인의 인권: 국제인권법의 관점에서의 검토를 중심으로,” 『법학연구』 48(1): 255-88.

류성환. 2007. “현장에서의 다문화 교육 사례,” 오경석 외, 『한국에서의 다문화주의』 파주: 한울.
문경희. 2005. “다문화주의, 그 차이의 정치,” 『부산여성정책연구』 3.
______. 2008. “호주 다문화주의의 정치적 동학,” 『국제정치논총』 48(1).
박경태. 2005. “이주노동자를 보는 시각과 이주노동자 운동의 성격,” 『경제와 사회』 67: 88~112.
박남수. 2000. “다문화 사회에 있어 시민적 자질의 육성,” 『사회과교육』 33: 101-17.
박이문. 2002. “문화다원주의,” 『철학과 현실』 52: 22-38.
배영수. 2002. “인종과 민족과 계급의 삼각 관계: 백인성에 관한 최근 연구의 함의와 맥락,” 『미국학』 25: 1-42.
서동진. 2001. “성적 소수자의 인권: 같음과 다름 사이에서,” 『인권과 평화』 2(1): 37-51.
______. 2005a. “인권, 시민권 그리고 섹슈얼리티 : 한국의 성적 소수자 운동과 정치학,” 『경제와 사회』 67: 66~87.
______. 2005b. “차이의 윤리라는 몽매에서 어떻게 벗어날 것인가: 소수자 담론과 다문화주의 비판,” 『문학판』 16: 95-108.
설규주. 2004. “세계시민사회의 대두와 다문화주의적 시민교육의 방향,” 『社會科敎育』 43(4) : 31-54.
설동훈. 2005. “이민과 다문화 사회의 도래,” 김영기 편 『한국사회론』. 전북대학교출판부.
______. 2006a. “선진 외국의 다인종 · 다문화 정책 사례,” 『지방의 국제화』 114: 33-39.
______. 2006b. “한국의 다문화사회 실태,” 『다문화사회의 교육: 현황과 대안』 유네스코 아시아 · 태평양 국제이해교육원.
신문수. 2004. “인종의 의미망: 성, 계급, 민족과 관련하여,” 『미국학』 27: 1-30.
신병현. 2004. “다문화주의와 다양성 관리 담론에서 타자성의 문제,” 『경영연구』 29(1): 279-306.
안경식 외. 2008. 『다문화 교육의 현황과 과제』 서울: 학지사.
양영자. 2007. “한국의 다문화교육 현황과 과제,” 오경석 편, 『한국에서의 다문화주의』 파주: 한울.

양철호 외 5인. 2003. "외국인 주부의 인권과 복지에 관한 연구: 광주, 전남을 중심으로," 『사회복지정책』 16(6): 127-49.
엄한진. 2006. "전지구적 맥락에서 본 한국의 다문화주의 이민논의," 동북아 "다문화" 시대 한국사회의 변화와 통합 자료집. 한국사회학회.
______. 2007b. "세계화시대 이민과 한국적 다문화 사회의 과제," 김혜순 외, 『한국적 다문화주의의 이론화』 서울: 동북아시대위원회.
오경석 외. 2007. 『한국에서 다문화주의』 서울: 한울.
유길상 · 이규용 · 설동훈 · 박성재. 2005. 『이민정책연구』 서울: 고령화 및 미래사회위원회.
유정석. 2003. "캐나다: 다문화주의 제도화의 산실," 『민족연구』 11: 12-26.
윤수종. 2005. "소수자 운동의 특성과 사회운동의 방향," 『경제와 사회』 67: 12~38.
윤수종 · 설동훈 외. 2005. 『우리 시대의 소수자운동』 서울: 이학사.
윤인진. 2008a. "한국적 다문화주의의 전개와 특성: 국가와 시민사회의 관계를 중심으로," 『한국사회학』 42(2).
______. 2008b. "Korean Diaspora and Transnationalism," 『문화역사지리』 20(1).
이경숙. 2006. "혼종적 리얼리티 프로그램에 포섭된 '이산인'의 정체성: 러브 人 아시아의 텍스트 분석," 『한국방송학보』 20(3): 239-276.
이선옥. 2007. "한국에서 이주노동운동과 다문화주의," 오경석 편, 『한국에서의 다문화주의』 파주: 한울.
이석호. 2000. "다문화시대의 문학교육," 『영미문학교육』 14: 37-50.
이수자. 2004. "이주여성 디아스포라: 국제성별분업, 문화혼성성, 타자화와 섹슈얼리티," 『한국사회학』 38(2): 189-220.
이용승. 2004. "호주의 다문화주의," 『동아시아연구』 8: 177-205.
이윤성. 1998. "탈식민주의와 다문화주의 그리고 불협화음," 『안과 밖』 4: 365-378.
이윤환. 2005. "국내 장기거주외국인의 참정권에 관한 연구," 『법과 정책연구』 5(1): 181-208.
이재정. 2003. "한국에서의 다문화주의 모색 — 재한외국인 정책을 중심으로," 『민족연구』 11.

이혜경. 2007. "이민정책과 다문화주의," 김혜순 외, 『한국적 다문화주의의 이론화』 서울: 동북아시대위원회.

______. 2008. "International marriage and the State in South Korea: Focusing on Governmental Policy," *Citizenship Studies*, 12(1).

장동진 · 황민혁. 2007. "외국인노동자와 한국 민족주의: 자유주의적 민족주의를 통한 포용 가능성과 한계," 『21세기정치학회보』 17(3): 231-55.

장미경. 1999. "페미니스트 근대론자들: 낸시 프레이저, 아이리스 영, 앤 필립스를 중심으로," 『경제와 사회』 43: 154-174.

______. 2005. "한국사회 소수자와 시민권의 정치," 『한국사회학』 39(6): 159-182.

장은주. 2003. "문화다원주의와 보편주의," 한국철학회편, 『다원주의, 축복인가 재앙인가?』 서울. 철학과 현실사.

장지표. 2008. '다문화 사회통합프로그램 이수제,' 법무부 출입국외국인정책본부, 『다문화 사회통합프로그램 구축 마련을 위한 공청회』 자료집. 서울: 법무부.

전규찬. 1999. "'인종'의 한국 문화연구내 배치에 관한 계보학적 고찰," 『한국언론정보학보』 12: 99-136.

______. 2001. "인종주의의 전지구적 형성과 미디어 연관성에 관한 연구," 『언론과 사회』 9(3): 73-105.

______. 2004. "텔레비전과 문화다양성, 질 평가의 연관성," 『방송연구』 겨울: 7~31.

______. 2005. "소수(자)성, 매체문화연구 진화의 일단," 『프로그램/텍스트』 12: 97~124.

정미라. 2005. "문화다원주의와 인정윤리학," 『범한철학』 36: 211-233.

천선영. 2004. "다문화사회 담론의 한계와 역설," 『한독사회과학논총』 14(2).

최성희. 2006. "다문화주의의 허와 실 : 아시아계 미국 드라마에 나타난 양상을 중심으로," 『영어영문학』 52(1): 3-30.

최우용. 2003. "외국인의 참정권에 관한 연구: 재일동포 참정권의 문제와 일본의 학설을 소재로 하여," 『공법학연구』 4(2): 315-40.

한경구 · 한건수. 2007. "한국적 다문화사회의 이상과 현실," 김혜순 외, 『한국적 다문화주의의 이론화』 서울: 동북아시대위원회.

한경구. 2008. "다민족 다문화 사회로의 전환," 『젠더리뷰』 8.

한국염. 2005. "이주의 여성화와 국제결혼," 이주여성인권센터 3주년 기념심포지엄 발표문, 한국이주여성인권센터.

한건수. 2003. "타자만들기: 한국사회와 이주노동자의 재현," 『비교문화연구』 9(2): 157-193.

함인희. 1995. "한국의 외국인노동자 유입에 따른 인종과 계급문제," 『한국문화인류학』 28: 99-221.

호사카 유지. 2003. "Japan: 일본의 정주외국인정책과 재일 코리안", 『민족연구』 11.

Keith Banting & Will Kymlicka. 2006. *Multiculturalism and the Welfare State.* Oxford: Oxford University Press.

Will Kymlicka & Baogang He. 2005. *Multiculturalism in Asia.* Oxford: Oxford University Press.

CHAPTER 10

페미니즘

최 정 원

Ⅰ. 페미니즘과 여성운동

1. 페미니즘의 개념

페미니즘은 "사회에서 여성이 차별받고 불평등하다는 인식 아래 여성억압의 원인과 규모를 분석하여 여성해방을 실현하기 위한 거시적 이론틀"(터들 1999, 163)인 동시에 "다양한 방법으로 여성억압을 폐지하고 여성의 사회적 지위를 높여 남녀평등사회를 지향하고자 하는 실천적 의지와 광범위한 운동"(김민정 2005, 19)이다. 그러나 실제로 무엇을 페미니즘이라 하는가에 대한 정의는 쉽지 않다. 시대에 따라, 그리고 여성을 어떻게 정의하느냐에 따라 페미니즘은 다양한 경향과 분파를 보이기 때문이다. 이들은 기본적인 개념과 의미에 대해 논쟁할 뿐만 아니라 때로는 서로 심하게 대립하기도 한다. 따라서 페미니즘은 하나의 통합된 개념이 아니라 여러 사상들과 현실의 여러 행동들로 구성된 다양하고 복합적인 조각들의 묶음이라고 하는 것이 적절할 것이다(프리드먼 2002, 17). 통(Rosemarie Tong) 역시 페미니즘은 여러 개의 이론과 관점을 포함하며, 이들 각각은 여성 억압의 원인과 결과를 설명하고 여성해방을 위한 전략을 제시하는 시도들이라고 설명한다(Tong 1989, 1). 이렇게 볼 때 페미니즘은 그 자체의 사상과 역사, 그리고 실천을 가진 분야이기는 하나, 페미니즘이 역사상, 그리고 오늘날 의미하는 바가 무엇인지에 대해서는 완전하고 고정된 개념으로 이해해서는 안 될 것이다(프리드먼 2002, 21-22).

페미니즘의 이와 같은 다양성은 현실에서 여성들이 처해 있는 위치와 상황의 다양성을 보여주는 것이며 이를 해결하기 위한 세부 전략들이 다르기 때문에 나타나는 것이다. 그러나 모든 페미니즘은 공통적으로 여성의 열등한 사회적 지위와 성차로 인해 여성들이 직면하는 사회적 차별과 편견을 극복하고 나아가 사회적·경제적·정치적·문화적 질서의 변화를 주장하는 것에서 출발한다. 즉, 페미니즘은 남녀 간의 불평등한 권력현상, 즉 남성이 주도하고 행사하는 권력의 지배 아래 여성들이 종속되어 있음을 지적하며, 이러한 기존의 양성관계가 변화되어야 함을 주장한다.

모든 페미니즘은 또한 단순한 이념만을 의미하지 않는다. 페미니즘은 남녀관계를 변화시켜 모든 사람들이 인간의 잠재성을 실현할 수 있도록 하는 일련의 이념이자 동시에 다양한 정치적 실천을 의미한다(박의경 2001, 332). 이와 함께 모든 페미니즘은 여성의 경험을 재해석하고 여성의 문화를 재구성함으로써, 여성 경험의 주변화를 거부하고 정치적 주체로서의 여성의 자기 긍정성을 확대시키고자 한다(곽삼근 외 1998, 6).

그러나 페미니즘의 궁극적 목표는 여성과 남성을 대립적 관계로 보고 서로 간의 우위를 가리자는 것이 아니라 여성과 남성이 상호간의 공존을 꾀하고 양성평등을 추구하는 데 있다(조희원 2006, 106). 즉 여성들에게 불리했던 사회의 제도나 법률을 개선하고 그들을 억압하고 속박했던 모든 제한에서 벗어나고자 하는 것을 의미할 뿐 아니라, 더 나아가 동일한 공동체에서 남성과의 협력관계를 갖는 동참자로서의 힘과 능력을 소유할 때 진정한 페미니즘이 이루어질 수 있다고 보는 것이다(조희원 2006, 106). 이렇게 볼 때, 페미니즘은 단지 여성만을 위한, 혹은 여성에게만 해당하는 이론이나 개념이 아니다. 단순히 남성 중심에서 여성 중심으로 그 관심의 초점이 바뀐 것이 아니라, 여성의 관점을 적절히 포괄할 수 있는 이론으로의 발전을 의미하는 것이며, 보다 근본적으로 사회 구성원 모두에게 도움이 되는 근본적인 사회 변화의 기조를 제공해야 하는 것이다(김희강 2006, 32, 38). 즉, 페미니즘은 인간과 사회의 문제를 바라보는 새로운 관점, 또 하나의 패러다임이라고 할 수 있다.

2. 여성운동의 흐름

페미니즘이 "개인이나 사회의 제도와 구조를 변화시키려는 일군의 의도적이고 집단적인 시도"(Zald and Ash 1966, 327)라고 한다면, 페미니스트 운동은 여성해방 뿐만 아니라 정치적·사회적·경제적·문화적 제반질서의 변화까지를 추구하는 운동이라고 할 수 있다. 반면, 여성운동은 보다 포괄적인 의미로 사용되는데, 여성이라는 성적 정체성을 기반으로 사회 내의 전반적 영역에서 여성차별을 줄이고, 여권 신장을 위해 전개되는 다양한 활동이나 조직들의 운동을 포함한다(전복희 2005, 200).

역사적으로 여성의 억압은 그 이전부터 지속되어 왔지만, 여성들이 자신들의 억압에 저항하며 남성과 다름없는 자유와 평등의 권리를 주장하는 이른바 페미니즘이 등장하기 시작한 것은 17-18세기경이었다.[1)]

계몽주의 철학과 자유주의의 발전 그리고 산업화에 영향을 받아 자유와 평등, 권력의 분점 등이 중요한 사회 문제로 등장하면서 여성문제에 대한 자각은 자연스럽게 페미니즘으로 이어졌다. 그러나 여성들이 페미니즘적 요구를 집단적인 정치·사회운동을 통하여 개혁하고 실천하려 한 것은 19세기에 들어와 조직화된 참정권 운동이 전개되면서부터이다.

여성운동은 개별국가에 따라서 시간적·공간적으로 차이를 보이며 전개되는데, 일반적으로 19세기 중엽 이후 1920년대까지 전개된 여성운동을 제1기 여성운동 또는 여성운동의 '첫번째 물결' 이라고 부르는 반면, 1960년대부터 지금까지 전개되고 있는 여성운동을 제2기 여성운동, 신여성운동 또는 여성운동의 '두번째 물결'이라고 일컫는다. 제1기 여성운동에서는 여성이 남성과 동등한 시민으로 권리를 인정받고자 했던 참정권 운동이 주요 쟁점이 되었던 반면, 제2기 여성운동은 제1기 여성운동보다 다양한 흐름으로 분화되고 이념적·실천적으로 더욱 정교한 양상을 띠고 있을 뿐만 아니라 정치적·법적 평등에도 불구하고, 여성이 당하는 실질적 불평등에 대항하는 다양한 여성해방 전략을 전개하였다(전복희 1998, 60).

그런데 이러한 여성운동은 두 번의 시기에만 전개된 것은 아니다. '페미니스트'[2]라는 단어가 사용되기 전에도 여성의 사회적 지위에 대한 문제는 사상과 행동의 한 주제였으며, '첫번째 물결'인 참정권 운동

---

1) 월스톤크래프트(Mary Wollstonecraft)는 1792년 『여성권리의 옹호 *A Vindication of the Rights of Women*』에서 여성도 남성과 동등한 권리를 가져야 한다고 주장하였고, 구쥬(Olympe de Gouges)와 메리쿠르(Theroigne de Mericourt) 등은 프랑스혁명이 약속한 권리들은 여성에게 확대하기 위해 투쟁하였다(프리드먼 2002, 20)

2) 페미니즘이라는 용어는 상대적으로 근대적인 것이다. 논란의 여지가 존재하지만 '페미니스트'라는 용어는 1871년 프랑스의 한 의학서적에서 남성의 여성화를 나타내기 위한 의학용어로 처음 사용하였다. 반면에 정치적 용어로는 여성의 남성화를 묘사하기 위해 처음 사용되었다(프리드먼 2002, 18-19).

시기부터 페미니즘이 제기된 '두번째 물결' 시기 사이에도 여성 불평등이라는 쟁점은 사라지지 않고 계속됨으로써 두 물결 내부에, 그리고 두 물결 사이에 다양한 페미니즘이 지속되고 있었다. 이후 여성운동은 현재까지 세계적인 보편현상으로 초국가적으로 파급되어 글로벌 여성운동으로 전개되고 있다. 따라서 여성운동들이 특정한 역사적 시기에 좀 더 활동적이고 더 많은 주목을 받았다 하더라도, 페미니즘은 이런 '물결' 속에서 등장한 것이 아니라 꾸준한 사상과 행동의 연속체로 보는 것이 더 정확할 것이다(프리드먼 2002, 23).

(1) 제1기 여성운동

제1기 여성운동은 계몽주의적 자유·평등권에 관심을 가졌던 19세기 후반부터 1920년을 전후하여 참정권 획득과 여성교육을 중심으로 다양한 성차별적 이슈를 제기하고 이에 대한 개선을 요구하던 활동들을 말한다.

19세기의 자유주의 발전과 근대 자본주의로의 전환은 개인의 천부적 인권을 강조함으로써 모든 인간은 동등한 능력과 권리를 가지고 있다는 자유와 평등 이념을 확대시켰고, '인간의 권리'를 선언하기에 이르렀다. 그러나 여성은 인간평등 원칙에서 전적으로 배제되었으며, 여성의 신분적 예속은 여전히 지속되었다. 정치·사회 영역에서의 여성의 배제에 대해 저항한 가장 중요한 것이 참정권 운동이다. '인간의 권리' 선언이 18세기와 19세기에 유럽과 미국에 퍼지자, 여성들도 자신들의 동등한 권리를 주장하기 시작하였다. 실질적이고 조직적인 여성참정권 운동은 1848년 '센티먼츠 선언'과 더불어 미국에서부터 시작되었다. 투표권은 많은 서로 다른 페미니즘 운동과 캠페인의 상징이 되었으며, 여성의 참정권에 대한 지지는 페미니스트 자격을 판단하는 '리트머스 시험지'가 되었다(Delmar 1986: 프리드먼 2002, 66). 밀(J. S. Mill) 역시『여성의 예속 *The Subjection of Women*』에서 자유와 평등의 원칙이 여성에게는 적용되지 않는 모순현상을 비판하면서 남성과 동등한 이성적 존재인 여성을 예속하고 남성의 지배가 절대적 진리인 양 왜곡하고 있다고 주장했다. 그는 여성도 똑같이 공적인 사회생활과 정치활동에 참여해야 한다는 것과 여성 정치참여의 전제조건으로 참정권의 획득을 주장하였고 이는 당시 교육받은 여성들에게 큰 영향을 주었다(전복희 2005, 202).

제1기 여성운동은 사회의 주류세력인 남성과의 동일함과 평등을 지향함으로써 제도적·법적 의미에서의 여성의 평등권, 특히 참정권의 획득을 강조하였다. 이는 이 시기 여성운동의 기본 목적이 남녀 차별적인 사회구조와 체계를 성평등하게 변화시키는 것이었음을 보여주는 것으로 이를 통해 이전에는 금기시되었던 여성들의 정치참여 확대가 이루어지는 긍정적 효과를 갖게 되었다(박의경 2001, 333). 그러나 공동의 목표였던 여성참정권을 획득하자 여성운동은 다양한 성향의 분파들간 갈등이 다시 표출되었고, 이후 소강상태에 접어들었다.

(2) 제2기 여성운동

제2기 여성운동은 제1기 여성운동 이후 침체상태에 있던 여성운동이 1960년대 후반과 1970년대에 들어와 다시 활발하게 전개되었던 여성운동의 부활을 일컫는다. 제1기 여성운동이 남성과 동일한 권한과 지위를 갖기 위해서 정치적·법적 권리 확보를 위한 투쟁의 역사였다면, 제2기 여성운동은 형식적 평등권을 획득했음에도 해결되지 않는 실질적 평등권의 구현을 위해 여성을 남성과 차별화시키는 전략으로 여성운동이 이루어졌다. 따라서 제2기 여성운동은 가부장적인 사회체제와 가치 등에 주목하고 가사노동, 낙태, 성폭력, 성별분업, 여성성 등과 같은 여성들만의 독자적인 문제와 현상들을 주요 쟁점으로 제기하며 여성해방을 주장하였다.

여성들의 독자성 확보를 위한 제2기 여성운동은 자연스럽게 다양한 흐름으로 분화되고 이념적으로나 실천적으로 보다 정교하게 심화되었다.[3] 특히 비판이론과 함께 성장한 급진주의 페미니즘은 제2기 여성운동에 커다란 영향을 미쳤다. 이들은 남성지배적인 전통적 위계질서와 조직에 대항하여 여성만의 조직을 만들고 '사적인 것이 정치적인 것이다'라는 슬로건을 내세우며 사적 구조의 변혁을 추구하였다(전복희 2005, 207). 정치의 장을 공식적 제도들에서 비공식적·복합적 차원의 분야로 확대시켰고, 투쟁의 초점을 의회와 정부 제도 등의 좁은 정치제도에서 사회의 정치과정 전반과 생활정치라는 보다 넓은 정치참여로 전환하였다(프리드먼 2002, 69). 또한 지배수단으로서의 성의 역할에 주목하고 가족제도에 대한 새로운 대안의 사회적 수용, 가정과 직업에서 성특화된 노동 분화의 폐지를 위한 다양한 전략과 프로그램을 전개하였다.

제2기 여성운동에서 주목할 또 다른 점은 집단으로서의 여성들 간의 차이를 인식하기 시작했다는 점이다. 여성문제란 단순히 생물학적 차이로 인한 여성의 특수성에서 파생되는 것이 아니라 인종·종교·지역·성 등이 다르다는 이유로 소외되고 억압받는 사회적 차별의 문제인 것이다(이영애 1999, 19). 여성들의 다양성은 각기 그 여성들의 위치와 소속에 의해 서로 다른 특성과 차이를 보이고 있지만, 여성들의 운동에서 여성은 억압에 대항하는 동일한 목표 속에서 집단적 정체성을 발견할 수 있다(프리드먼 2002, 165).

이렇게 볼 때 1960년대의 여성운동은 여성만을 해방의 대상으로

3) 페미니즘의 다양한 흐름에 대해서는 다음 장에서 보다 구체적으로 설명한다.

하기보다는 약자와 강자, 지배자와 피지배자의 역학관계에 대하여 근본적인 재조명을 시도하는 새로운 사상적 움직임을 보이고 있다(이영애 1999, 18).

(3) 글로벌 여성운동의 전개

제2기 여성운동은 1970년대 이후 유엔을 중심으로 한 초국적 여성운동으로 이어지면서 질적으로나 규모의 면에서 이전과는 차별적인 여성운동이 전개되었고 1990년대에 이르러 글로벌 여성운동으로 발전하였다. 이 시기의 여성운동은 여성문제를 범세계적 문제로 이슈화하고 각국의 여성정책 수립에 큰 영향을 미쳤다.

유엔은 1975년 멕시코 시티에서 열린 제1차 세계여성회의에서 '세계여성의 해'(1975)와 '유엔 여성 10년'(1975-1985)을 선포하였고, 1980년 코펜하겐, 1985년 나이로비, 1995년 북경회의 등 4차에 걸친 세계여성회의는 글로벌 여성운동을 활성화하고 여성이 세력화할 수 있는 계기를 제공하였다. 글로벌 여성운동은 여성과 환경, 여성과 발전 등을 이슈화했을 뿐만 아니라 낙태법, 성폭력, 동성애자 차별에 대한 문제제기와 정책적 영향력, 정치적 담론의 변화에 적잖은 영향력을 행사하였다(전복희 2005, 208).

1985년 제3차 나이로비 세계여성회의 이후 여성운동은 '여성 이슈들'(women's issues)에서 '젠더 이슈들'(gender issues)[4]로 운동의 초점을 이동시켰으며, 1995년 북경에서 열린 제4차 세계여성회의는 성 주류화(gender mainstreaming)라는 여성발전의 새로운 패러다임을 공식화하였다. 성 주류화란 "양성평등을 실현하기 위한 전략으로 성인지적 관점을 부

4) '젠더(gender)'는 사회적으로 구성되고 학습된 성을 의미하는 것으로, 젠더 이슈에는 여성들뿐만 아니라, 남녀간의 이슈들이 모두 포함된다. 젠더에 대해서는 뒤의 젠더정치학 부분의 설명을 참조할 것.

가적으로 고려하는 것이 아니라 정책의 목표와 전략, 자원배분에 영향을 미칠 수 있도록 모든 분야에서 초기 기획단계부터 개입하는 것"을 말한다(김경희 2005, 3). 성 주류화는 사회의 남녀관계의 불균형을 근본적으로 변화시켜 평등을 이루려는 '전략적 요구'[5]이자, 성평등 관점을 통합시키기 위한 정책 과정들을 인식하고, 증진시키고, 개발하고 평가하는 것이다(True and Mintrom 2001, 33).

글로벌 여성운동이 전개되면서 무엇보다도 중요한 점은 제1 세계의 여성들과 제3 세계 여성들 간의 이해와 관심의 편차가 드러나고 여성운동에서 그동안 소외되었던 제3 세계 여성들의 목소리가 반영되게 되었다는 점이다(전복희 2005, 208). 이들 간의 갈등은 정치적 · 경제적 · 문화적 배경의 차이로부터 비롯되었는데, 서구의 여성운동가들이 여성종속을 섹시즘에 근거한 불평등으로 보았던 반면 제3 세계 여성운동가들은 여성의 불평등을 국가들 간의 불평등의 일부분, 즉 서구의 국가들이 경제발전을 위하여 제3 세계의 국가들을 착취한 역사적 과정의 희생물로 보았다(Friedman 2003, 318). 제3 세계 페미니스트들의 도전은 여성들의 억압 현상을 공통된 현상으로 보편화하는 이론을 재고하도록 하였고, 여성들 간의 차이에 대해 인식함으로써 인종, 계급, 민족, 연령, 성적 지향, 종교 등의 차이를 함께 고려하도록 하였다(전복희 2005, 210).

5) 몰리노(Maxine Molyneux)는 젠더 요구(gender needs)를 실질적 요구(practical needs)와 전략적 요구(strategic needs)로 구분하였다. 실질적 요구는 단기적 · 직접적 · 현실적인 이해를 반영하는 것으로 예를 들어 더 나은 노동조건, 동등한 기회, 육아, 주택, 상수도 등에 대한 요구 등을 말하며, 권력의 가부장적 구조 틀에 도전하지 않는다. 반면 전략적 요구는 여성의 종속에 대한 분석을 기반으로 종속적 지위를 극복하기 위한 거시적 구조의 전환을 강조한다(Peterson and Runyan 1999, 177).

Ⅱ. 페미니즘 이론의 분류[6)]

페미니즘의 다양한 갈래들은 여성운동의 역사와 긴밀한 관계를 갖고 있다. 페미니즘 이론이 크게 성장한 때는 20세기 후반이지만 페미니즘의 뿌리는 여성운동과 연결되어 있기 때문이다. 페미니즘은 여성문제의 성격, 즉 여성의 사회적 억압의 원인을 어떻게 인식하고 이에 대한 극복방안을 어디에서 찾는가의 입장 차이에 따라 여러 갈래로 나누어진다. 크게 보면 여성문제를 특정 제도의 문제로 보는 경우(자유주의 페미니즘)와 사회구조 자체의 문제로 보는 경우로 갈라지며, 사회구조를 문제삼을 때도 여성 억압구조만을 강조하는 경우에는 급진주의 페미니즘으로, 그것을 다른 억압구조와 관련짓는 경우에는 마르크스주의 페미니즘, 사회주의 페미니즘으로 나누어진다(김영희 1999, 37).

그 외에도 페미니즘의 갈래는 매우 다양하나 여기에서는 자유주의 페미니즘, 급진주의 페미니즘, 사회주의 페미니즘, 포스트모던 페미니즘만을 다룬다.

1. 자유주의 페미니즘

자유주의 페미니스트들은 19세기 여성운동이 조직화되기 시작할 때 나타난 분파로, 인간은 모두 평등하고 자유롭다는 이념을 내포한 계몽주의, 자유주의 정치사상이 사상적 기초이다. 천부인권론에도 불구하고

6) 페미니즘 이론을 체계적으로 분류하고 정리한 기존 연구로는 Alison Jaggar의 *Feminist Politics & Human Nature*(1983), Rosemarie Tong의 *Feminist Thought: A Comprehensive Introduction*(1989)를 참조할 것.

배타적 남성 중심주의로 인해 여성이 부차적인 존재로 치부되는데 크게 좌절한 초기 자유주의 페미니스트들은 여성에게도 남성과 동등한 교육 기회가 부여된다면, 남성과 동등한 능력으로 경쟁할 수 있다고 보았다. 따라서 여성이 열등하게 보이는 것은 교육여건이나 기회의 불평등, 또는 법, 제도, 관행에 있어서 여성에 대한 차별 때문인 것으로 인식하였다. 자유주의 페미니즘은 남성 중심의 사회적 관행 및 법적 억압을 개선하기 위해서는 관습, 제도 및 법의 개선에 초점을 맞추어야 하고, 기존의 사회적 틀 안에서 여성의 지위를 보장함으로써 가능하다고 주장하였다(황영주 2002, 228). 즉, 가족의 틀을 지키려는 보수적 시각, 기존의 정치적 제도와 과정에 참여하여 그 안에서 평등을 구현하려는 정치 · 사회운동이 자유주의 페미니즘이다(이영애 2003, 64). 이러한 자유주의 페미니즘은 남녀의 동등한 교육기회의 부여에 대한 주장과 1920년대의 정치적 참정권의 확대를 위한 여성참정권 운동으로 나타났다.

그러나 현대에 들어오면서 자유주의 페미니즘은 형식적인 법적 · 제도적 변화만을 이루었을 뿐, 실제적인 여성의 억압은 지속되고 있다는 비판을 받는다. 여성의 참정권은 확보되었지만 여성의 종속적 지위는 여전하고, 법률적 재산권은 보장받았으나 가부장제의 틀은 공고히 남아 있기 때문이다. 이로 인해 자유주의 페미니즘이 공 · 사영역을 구분하는 이론틀 속에서 주로 공적 영역에 대한 공공정책을 통해 성불평등 문제를 해결하려는데 대해, 비자유주의 페미니스트들은 여성에 대한 차별의 근원이 사회적 관행 및 법적 억압보다는 사회의 각종 구조 속에 있다고 주장한다.

너스바움(Martha Nussbaum)은 기존의 자유주의 페미니즘이 현상유지적이고 법 · 제도에 의해 보호받는 형식적인 성평등을 주장하였다면, 새로운 자유주의 페미니즘은 할당제 등의 적극적 조치(affirmative action)와 육아복지와 보호에 관한 프로그램 등, 국가의 적극적 주도와 간섭이 필요함을 주장하고 있다. 즉, 기존의 자유주의 페미니즘이 여성의 권익과 능력의 증가를 위해 보살핌과 가족의 문제를 적절히 설명할 수 있는 새로운 자유주의 페미니즘으로 발전되어야 한다는 것이다(Nussbaum 2000, 48-49; 김희강 2006, 269).

2. 급진주의 페미니즘

급진주의 페미니즘은 성차에 의한 여성억압을 모든 형태의 억압 가운데 가장 근본적인 것으로 인식하고, 모든 생산양식에서 공통으로 나타나고 있는 보편적인 가부장제를 여성억압의 가장 중요한 원인으로 파악하였다. 이들은 가부장제의 핵심 고리가 법적・경제적 요인뿐만 아니라 여성의 특수한 영역인 임신과 출산, 모성 등 극히 개인적이고 일상적인 영역에서 출발한다고 보았다.

밀레트(Kate Millet)는 『성의 정치학 *Sexual Politics*』에서 현재의 성에 대한 인식은 가부장제 문화에서 핵심적이고 결정적인 역할을 한다고 설명하였다. 사회의 근본적인 분리는 성(性)이며 사회 계급이나 인종 등 다른 모든 구별보다 생물학적 불평등에서 비롯되는 성별 분업이 여성문제의 기본적인 요소이다. 모계 사회였던 고대 시대를 제외하고는 제도적인 남성 지배, 혹은 가부장제에 의해 강화되는 노동의 성적 분화가 항상 지속되어 왔다(랜달 2000, 26). 급진주의 페미니즘은 이성애 중심주의를 통해 여성의 관심을 남성에게 쏟도록 하고 다른 한편으로는 남성 위주의 성애와 사랑이 강조되는 남성 중심주의를 비판하였다. 더불어 생산관계보다는 가사노동이나 출산 등, 여성의 다양한 활동인 재생산 관계에 더욱 관심을 집중시킴으로써 낙태나 강간과 같이 남성 지배의 육체적, 혹은 성적인 측면으로부터 야기되는 문제를 다루었다(김민정 2005, 21). 이렇게 성적 지위가 계급의 결정요소로 제시되는 급진주의 페미니즘에서는 현재의 성이 재인식·재구성되지 않는 한 여성의 종속적 상태는 변화되지 않는다고 보았다.

급진주의 페미니즘은 또한 남성과는 어떠한 연대나 동맹도 불가능하다는 분리주의적 경향을 갖고 있다. 남성은 여성에 대한 권력을 결코 포기하지 않기 때문에 타협은 불가능하며 남성 지배는 혁명에 의해서만 폐지될 수 있다는 것이다(김민정 2005, 21). 따라서 혁명적인 사회개혁은 여성의 자율성을 바탕으로, 자매애를 통한 단결을 확보함으로써 실현될 수 있다(황영주 2002, 229). 이와 함께 미래사회는 남성성과는 전혀 다른 여성성이 지배양식이 되어야 하며, 페미니즘이 사회개혁의 토대가 되어야 함을 주장한다. 이들에 따르면 여성들은 남성들이 가질 수 없는 독특한 성향과 가치들을 내재하고 있는데, 보살핌의 윤리, 배려의 윤리, 관계적 윤리들이 그것이다(Jaggar 1983, 249-302).

급진주의 페미니즘은 이처럼 남성과의 분리주의, 전투적인 운동노선, 동성연애, 가족제도의 타파 등이 일견 비현실적으로 보이기 때문에 지지기반이 넓지는 않으나, 이들의 주장 중 문화적 특수성과 다양성은 현대사조와 맥락을 함께하며 발전하고 있다(이영애 1999, 34).

3. 사회주의 페미니즘

사회주의 페미니즘은 급진주의 페미니즘의 가부장제론과 마르크스주의의 역사적·유물론적 접근을 비판적·발전적으로 통합하려는 문제의식에서 출발한다. 영(Iris Young)은 가부장제와 자본주의 시장논리는 독립적인 것이 아니라 서로 결합된 통합체제로 상호작용한다고 주장하며, 여성에 대한 억압 역시 이러한 결합과 상호작용에 의한 성별분업이 핵심이라고 파악하였다(Young 1990). 즉, 한편으로는 경제적 생산구조, 다른 한편으로는 가정에서의 재생산구조에 의해 여성의 지위가 결정된다는 것이다.

사회주의 페미니즘에서는 성별분업을 경제적 억압만큼 근본적으로 인식하고, 산업노동력으로서의 여성노동뿐만 아니라 가정에서의 여성노동에 주목하며, '가정 대 생산'의 이분법을 배격한다(장필화 2006, 14). 이들은 또한 '재생산' 개념을 사용하여 남성은 자신의 소유를 유지하기 위해서 재생산을 통제해야만 했고, 이 과정에서 재생산의 주체인 여성을 억압하게 되었다고 설명한다(김민정 2005, 20). 따라서 여성억압의 종식은 자본주의 체제와 가부장제적 구조의 동시 타파에서 비롯된다고 역설하였다(황영주 2002, 9). 사회주의 변혁이 여성해방에 도움은 되지만 여성해방 자체는 아니며 여성해방은 가부장제와 성별 노동분업의 철폐, 나아가 성별 자체의 철폐를 지향하는 별개의 혁명을 통해 수행되어야 한다는 것이다(허혜경 · 박인숙 2005, 65).

사회주의 페미니즘은 정체성에 대한 재정의의 필요성 역시 강조한다. 즉, 여성과 남성에게 부여된 전통적인 성역할을 넘어서 양성적이고 완전한 인간을 지향할 뿐만 아니라 상품화되고 소외된 여러 형태의 성을 초월해야 한다는 양성론을 주장하고 있다(장필화 2006, 15). 한편, 사회주의 페미니즘은 산업자본주의 사회의 문제를 적시한 반면, 개인의 다양한 선택과 책임에 따른 차이를 간과하였다는 점과 여성 간의 계급차이 속에서 페미니즘의 동질성을 어떻게 유지할 수 있는가를 설명하지 못한다는 점에서 비판을 받는다.

4. 포스트모던 페미니즘

포스트모던 페미니즘은 하나의 진리와 가설을 부인하고 복수성, 다원성, 차이라는 개념으로 페미니즘 이론의 지평을 확장하려는 시도이다. 이들은 여성성과 남성성이 고정되어 있거나 이미 주어진 상태라고 생각하지 않는다. 오히려 한 여성의 주체성은 특정의 권력관계나 사회적 관계 속에서 구성되고 재구성되기 때문에 매우 다중적이고 가변적이라고 본다(전복희 2005, 212). 여성들이 공동으로 경험하는 억압적 경험 역시 단순히 남성들의 여성에 대한 권력 관계에서 발생하는 것이 아니라 다양한 담론들의 복합적인 결과이기 때문에 여성들 간의 다양하고 복잡한 경험과 정체성을 인식함으로써 다양한 형태의 여성억압체계를 이해해야 한다(전복희 2005, 212).

이처럼 포스트모던 페미니즘은 여성이 동질의 집단이 아니며, 여성들 간에도 의미있는 차이가 있음을 강조한다. 여성을 하나의 단일한 집단으로 규정하는 것은 여성성의 일반화·보편화를 추구하는 것인데, 이는 지배집단 여성이 아닌 경우에는 주변화될 수밖에 없으며, 서로 다른 환경에 처한 여성들 간의 차이를 설명하지 못한다. 따라서 이들은 남성과 대립된 '여성'뿐만 아니라 '여성들' 내부의 차이와 여성의 정체성을 규정하는 여성들의 다양성을 설명하고자 한다. 여성성을 '다양성'과 '차이'를 중심으로 구체화하는 경우, 남성과의 관계에서뿐만 아니라 인종, 계급 등 다른 집단의 억압까지도 연계하여 여성 억압에 대한 다양한 형태를 살펴볼 수 있다(Davis 1981; Lorde 1984).

포스트모던 페미니즘은 여성들 사이에 존재하는 차이를 적절하게 주제화하였다는 점에서 현대 페미니즘이론 중 가장 주목할 만한 인식론으로 자리잡고 있다(곽삼근 외 1998, 28). 반면에 여성들 사이의 차이와 다양성을 강조하다 보면 페미니즘 이론을 유지할 수 없다는 비판을 받는 것도 사실이다. 그러나 여성들간의 차이를 고려해야 한다는 것이 분석 범주로서의 '여성'을 버리고 집단적 정체성에 기초한 투쟁이 존재할 수 없다는 것을 의미하지는 않는다. 여성의 차이를 간과하지 않으면서 페미니스트들을 집단적으로 동원할 수 있는 방법으로 유발-데이비스(N. Yuval-Davis)는 '횡단의 정치' 모델을 제시하고 있는데, 이는 다양한 지역과 계급, 인종, 민족이 포함된 여성 운동은 분명히 그 여성들 각자의 위치와 소속에 따라 서로 다른 특성과 차이를 보여주지만 여성의 억압에 대항하는 투쟁이라는 공통의 목표 아래 여성운동은 집단적 정체성을 발견할 수 있다는 것이다(전복희 2005, 212).

Ⅲ. 페미니즘과 젠더정치학

정치학은 "페미니즘의 충격을 가장 최소화한 학문이다"(Bonder 1983, 570)라는 언급에서 알 수 있듯이, 정치학과 페미니즘의 관계는 페미니즘이 본격적으로 대두되던 1960년대까지 거의 연관성이 없었다. 그동안 정치학이 무성적 영역으로 생각되었기 때문에 정치학은 여성 및 여성과 관련된 현상들에 대해 관심이 없었고, 정치학의 연구 영역으로서 성(性)은 어떤 의미도 갖지 못했다. 따라서 정치학의 대상이자 주요 행위자에서 남녀 차이는 존재하지 않는 것으로 보았다(황영주 2008, 245). 반면에 페미니즘에서 보는 정치학은 지극히 남성적인 학문이다. 정치학의 연구대상은 흔히 정치영역이라고 간주되는 전통적인, 협의의 제도적 정치 영역으로 한정되었고, 그 영역은 배타적으로 제한된 공적 남성들의 활동 무대였다. 이는 그동안 정치권력이 남성으로 상징되었고, 민주주의 사상은 여성들을 시민권에서 배제했으며, 공화주의 사상은 여성들을 대표성에서 배제했기 때문이다(프리드먼 2002, 61). 따라서 무성적으로 보이는 정치과정이 실제로는 합리적 남성만을 행위자로 상정함으로써, 여성은 정치에서 배제, 또는 소외되어 왔으며, 정치학은 위계, 힘, 통제, 야망적 경쟁 및 남성 본위에 맞춘 남성의 정치였던 것이다(Randall 1991, 527-8).

이와 같이 기존 정치학에서의 여성의 본질적·체계적 배제는 여성으로 하여금 기존 정치학에 도전하는 계기를 제공하는 한편, 페미니즘 이론을 통해 정치적 현상에 대해 다양한 설명을 시도하도록 하였다. 젠더정치학(gender politics)이 바로 이러한 시도로, "성을 정치적 실존의 주요 변수로 하여 인간의 본성, 권력, 리더십, 정치의식과 문화, 정치사회화, 의사결정과정, 정책, 정치체제, 이념, 국가의 발전, 국제관계 등의 정치적 개념들을 새로이 정립해 나가려는 학문"(이영애 1996, 1)이다.

젠더정치학은 젠더를 분석의 도구로 사용하여 기존의 정치학이 갖는 남성 편향성을 비판하고, 정치의 개념 자체를 재구성하고자 한다(황영주 2008, 247). 젠더란 생물학적, 또는 신체적 성차를 의미하는 성(sex)과는 달리, 사회적으로 구성되고 학습된 성(gender)을 의미한다. 현대사회의 남녀 구별은 각 사회의 사회화를 통해서 남성의 정체성과 여성의 정체성을 기반으로 생성되기 때문에 남성성과 여성성으로 구분되는 젠더 차이와 젠더 정체성은 모두 사회·문화·역사적 구성물인 것이다. 스코트(Joan W. Scott)는 젠더를 "성별간의 차이에 기초하는 사회적 관계의 구성요인이자, 권력관계를 결정하는 일차적인 방법"(Scott 1988, 42)으로 정의하며 문화적으로 구성된 젠더의 차이가 사회적 불평등과 남성에 의한 여성의 지배를 구조화하는 데 결정적 역할을 함을 지적한다

(티커너 2007, 24). 이들에 의하면 서구 문화에서 젠더 개념은 남성성과 여성성이라는 이원적 대립으로 분류되는데, 공과 사, 객관과 주관, 자신과 타자, 이성과 감성, 자율성과 의존성, 문화와 자연 등의 이원적 분류는 대개 전자가 남성성, 후자가 여성성과 관련된 특징으로 구별된다(티커너 2007, 24).

많은 페미니즘적 정치분석의 출발점은 여성들이 정치권력의 행사에서 배제되어 왔다는 사실에서 시작된다(프리드먼 2002, 58). 그동안 정치학에서 여성의 배제는 여성이 독자적 주체로서 언급되지 않았다는 점, 언급되었다 하더라도 남성들에게 어떤 의미인가라는 맥락에서만 언급되었다는 점, 그리고 남성과 여성은 다르며 남성이 여성보다 우월하다는 가정에 기반한다는 점에서 잘 나타나고 있다(랜달 2000, 20). 여성이 정치권력과 관계가 없다고 생각하는 논리의 근저에는 성에 따라 사회적 역할이 분리되고, 여성은 사적 영역, 남성은 공적 영역에서 활동한다는 공적·사적 영역의 분리가 자리잡고 있다. 이에 따르면 공적 영역에 속하는 정치에 여성이 끼어들 틈은 없어 보이지만, 실제로 사적 영역은 결코 정치와 무관한 영역이 아니다. 개인의 사회화 과정, 즉, 공적·사적 영역의 분리에 대해서 알게 되는 것은 가정이라는 사적 영역에서 시작되기 때문이다. 이렇게 볼 때, 사적인 것은 정치와 무관한 개인의 영역이 아니라 사실은 고도로 정치적인 영역이며 공적 영역을 보이지 않게 조종하는 근본적인 동인인 것이다(김민정 2005, 18).

페미니스트들은 기존 정치학의 공적·사적 영역의 분류를 비판하면서 '개인적인 것이 정치적인 것이다(The personal is the political.)'라는 모토 아래, 가정에서의 남녀불평등과 성적인 권력관계가 사실은 근본적인 여성억압이며 절대적인 정치 영역임을 주장한다. 또한 '사적인 것, 일상적인 것, 개인적인 것'을 대안적인 정치 개념으로 하여 생활정치와 '아래로부터의 정치참여'를 강조하였다(장미경 2006, 136). 이처럼 젠더정치학은 이제껏 간과되었던 여성뿐만 아니라 모든 사회적 약자들처럼 불평등한 대우를 받는 사람들을 정치적 주체로 인식하고 사적인 것으로 치부되었던 것들을 공적인 것으로 재위치시키려고 한다.

이렇게 볼 때 젠더정치학은 기존의 정치학이 그동안 설명하지 못한, 또는 설명을 시도하지 않았던 현상들을 조명한다는 점에서 기존의 정치학적 해석을 보완하고 있으며, 젠더를 분석단위로 하여 기존 정치학과는 다른 설명방식을 시도한다는 점에서 대안적이라 할 수 있으며, 페미니즘 이슈, 즉 젠더의 문제가 발생하는 장이 사적 영역 또는 일상생활의 영역이라는 점에서 좁은 영역에서의 정치학을 넘어 일상의 정치학을 보여주고 있다(김민정 2005, 21-22).

Ⅳ. 페미니즘의 한국적 수용

국제사회의 환경 변화 및 글로벌 여성운동은 각 국가의 페미니즘 수용에 영향을 준다. 뿐만 아니라 페미니즘은 각 국가의 국내적 요인, 즉, 법·제도, 정치경제 체계, 종교, 국민성, 사회적 가치나 규범 등의 문화적 맥락 속에서 융합되면서 수용되기 때문에 각 국가마다 차별성을 갖는다. 한국은 가부장제적 유교 문화 속에 서구 민주주의가 이식되었으며, 분단과 근대화, 민주화를 통한 정치체제의 전환 등 역동적인 변화를 경험한 역사적·사회적 배경을 갖는다. 이러한 한국적 배경 속에서 페미니즘의 수용이 이루어지고 있는데, 여기에서는 학문적 측면과 실천적 측면에서 페미니즘의 한국적 수용을 살펴본다.

1. 학문적 측면에서의 페미니즘 수용

한국에서 양성평등의 가치를 대변하는 페미니즘 연구는 1960년, 숙명여대에 아시아여성연구소가 설립되면서 출발하였다. 이후 1977년, 이화여대에서 처음 여성학이 새로운 분과 학문으로 도입되었고 1980년대에 오면서 대학내 여성학 강좌와 여성연구 기관이 급격하게 증가하였다. 당시 페미니즘 연구의 주요 관심은 여성의 사회적 위상을 드러내고 차별과 권익 향상의 필요성을 지적함으로써, 페미니즘을 이론적으로 소개하는 데 중점을 두었다(전경옥 2005, 4). 서구에서 여성학의 대학내 제도화가 여성 운동의 영향과 지원 하에 이루어진 성과였다면, 한국에서의 여성학의 출현은 여성교육에 대한 관심과 노동시장에서의 여성차별의 측면에서 이해할 수 있다(곽삼근 외 1998, 8). 특히 한국 대학내 여성학 강좌의 개설은 여학생회를 중심으로 학생들이 먼저 요구했다는 특징을 갖는다(곽삼근 외 1998, 8). 이는 당시 많은 여학생들이 성불평등과 사회적 차별에 대한 문제의식을 갖고 있었던 반면, 서구와는 달리 한국의 페미니즘 연구가 국내 여성운동과는 무관하게 전개되었음을 의미한다.

1990년대 이후에는 여성학 자체의 학문적 발전이 확대되었을 뿐만 아니라, 사상과 철학, 문학, 사회학, 역사학, 정치학 등, 다양한 학문 분야에서 페미니즘 연구가 이루어졌다. 이러한 연구들은 초기에는 여성의 사회적 불평등에 대한 자각과 인지 확산 등을 목적으로 수행되었던 반면, 최근으로 올수록 인식론으로의 페미니즘에 대한 체계적 연구가 활발하게 이루어져 여성 관련 주제의 문제제기와 패러다임 수용에 기여하고 있다(전경옥 2005, 4).

여성학은 물론 다른 학문 분야와 비교할 때에도, 한국 정치학 분야에서의 페미니즘이나 젠더 연구는 상당히 늦은 편이다. 게다가 한국 정치학계에서는 젠더정치학이 여전히 정치학의 주변부에 머무르고 있어 위상 역시 낮은 편이다. 이는 정치학과 젠더 사이의 모순적 관계를 극복해 보려는 젠더정치학이 정치학에서 비교적 새로운 영역이어서 이 분야를 전공하는 학자의 수가 적기 때문이기도 하지만, 권력에 관한 연구 분야인 정치학의 보수적인 분위기로 인해 정치학 연구 자체가 상당히 남성 중심적이고 현상유지적인 가치관 속에 머물렀기 때문이다. 그러나 최근으로 올수록, 젠더정치학에 관한 관심이 전 분야에서 지속적으로 증가하고 있고 보다 다양한 주제를 중심으로 연구가 활성화되고 있다. 이는 국제적으로는 글로벌 여성운동의 영향으로 여성의 권리와 지위에 대한 문제의식이 확산되고, 국내적으로는 젠더정치학에 대한 인식이 확대되면서 이를 전공하는 연구자가 증가하고 있으며, 여성학 연구를 정책적으로 지원하는 등, 제도적 장치가 마련되면서 젠더정치학 연구의 기초 환경이 확대되었기 때문이다.

지금까지 연구된 관련 논문들을 중심으로 젠더정치학 연구의 현황을 살펴보면 다음과 같다.[7] 우선 젠더정치학 연구는 한국정치 영역과 비교정치 영역에서 가장 활발하게 이루어진 반면, 정치이론・정치사상 영역, 국제정치 영역은 매우 미흡하게 나타나 특정 연구영역에 편중되어 있는 경향을 보인다.

비교정치와 한국정치 영역은 주제 범위가 넓은 만큼 성인지적 관점에서의 연구들이 많이 이루어졌고, 페미니즘 접근방법 또한 상당히 다양한 형태로 나타나고 있다. 그 중에서도 정치과정에서의 여성의 대표

7) 젠더정치학 연구 현황은 강윤희・김경미・최정원, "한국 정치학에서 성 정치학 연구현황과 제언."(『한국정치학회보』 38집 3호, 2004.)의 분석내용을 중심으로 기술하였다.

성 확보 방안, 여성의 정치참여, 정치행태, 정치사회화와 정치문화에서의 성차, 여성과 관련된 법·제도 및 정책, 여성운동에 관한 연구에 초점을 맞추고 있다. 특히 한국정치 영역의 논문들은 현실정치적 차원에서 여성의 실질적인 정치적 지위향상을 염두에 둔 제도 및 의식 개혁적 측면을 강조하고 있다. 이들은 한국 여성의 정치참여 및 정치적 지위가 낮은 원인이 한국의 가부장제 사회에서의 성차별적 사회화 과정과 이로 인해 형성된 고정관념 때문이라고 규정하며 이를 극복하기 위해 성평등 의식화가 전제되어야 함을 주장하고 있다. 또한 중앙·지방정치에서의 여성의 새로운 정치적 역할을 강조하면서, 여성정치참여 확대, 여성단체 활성화, 적극적 조치 및 정당공천 할당제 도입, 정치교육 강화 등을 제안하고 있다. 이처럼 대부분의 연구들은 여성의 교육 수준과 사회참여 의식은 증가하는데 비해 사회 전 분야의 여성의 정치적 지위와 정치참여는 여전히 불균형적이고 저대표되고 있다는 문제의식에서 출발하여 이를 해소하고 여성의 정치참여를 증대시키는 다양한 방안을 모색하는 실천적 목적에서 이루어졌다(강윤희·김경미·최정원 2004, 131).

한편, 심도있는 성정치학 연구를 위해서는 정치사상·정치이론 분야의 연구가 필수적인 기초 작업임에도 불구하고, 이 분야는 제한된 담론에 집중되어 있을 뿐 발전적 차원에서의 이론의 재구성 작업이 이루어지지 않고 있다. 이러한 점은 패러다임과 인식론으로의 페미니즘에 대한 체계적 연구가 활발하게 이루어지고 있는 일반 페미니즘 분야의 연구 경향과는 차별화되는 부분이다. 그러나 젠더정치학의 경우에도 젠더정치 중심의 정치이론 확립과 각 연구간 연계성 확보가 필요하다는 점을 감안하면 이 분야의 발전이 필수적이다.

국제정치 영역은 정치학에서도 가장 늦게 페미니즘의 영향을 받았는데, 이는 국제정치학의 핵심 개념인 권력이 주로 남성성의 표현으로 나타나고 있기 때문이다(황영주 2008, 264). 국제정치 분야 역시 국제 환경이 변화하고 국제적 행위자로서의 여성의 등장, 세계화에 따른 국제 성별 노동분업의 발달, 글로벌 운동의 발전, 국제 여성이주 문제, 다문화 사회의 확산 등 성인지적 관점에서 접근할 필요성이 점차 증대되고 있기 때문에 이에 대한 학문적 연구가 필요하다.

젠더정치학을 인식론적 방법론의 측면에서 살펴보면, 대부분의 젠더정치학 연구는 경험주의적 방법론에 의거하고 있으며, 관점론적 페미니즘, 포스트모던 페미니즘의 논문들은 1990년대 후반 이후에 나타나고 있다. 이러한 점은 한국의 젠더정치학 연구가 인식론적 방법론 차원에서 오랜 동안 초기 단계에 머물러 있었음을 의미하는 한편, 최근에서야 다른 시각의 인식론적 접근법으로 연구의 범위가 확산되는 경향을 보여주는 것이다. 젠더정치학의 이러한 경향 역시, "페미니즘 연구는 경험주의적 토대보다는 비판적, 구성주의, 또는 포스트모더니즘의 경향에 초점이 맞추어져 있다"(Tickner 2005, 3; 황영주 2008, 269)는 일반 페미니즘의 인식론적 방법론의 경향과는 상당히 다른 것이다. 다행이 2000년대에 들어오면서 젠더정치학에서 포스트모던 페미니즘에 대한 상당한 연구결과물이 나타나고 있어, 정치학 분야에서도 페미니즘을 하나의 패러다임으로 다루려는 분위기 속에서 차이와 차별 문제의 연구가 확산되고 있음을 볼 수 있다(전경옥 2005, 6). 경험주의적 연구법에 기초한 젠더정치학 논문들이 기존의 방법론을 고수하지만 연구의 대상으로 여성을 취함으로써 정치학 연구의 영역을 넓히는데 공헌하였다면, 관점론적 페미니즘, 포스트모던 페미니즘 시각에 의한 연구들은 성(젠더)을 다양한 현상을 분석하는 도구로 사용함으로써 정치학의 질적 발전에 기여하고 있다.

젠더정치학의 발전은 현실정치에서 여성의 저대표성을 극복하고 여성의 동등한 정치적 지위와 정치참여에 필요한 기반을 제공할 뿐만 아니라, 다른 한편으로는 젠더라는 새로운 변수의 도입을 통해 정치현상에 대한 보다 정확한 설명과 진단을 가능하게 함으로써 정치학의 학문적 발전에도 기여한다. 예컨대, 젠더정치학이란 기존의 정치학적 이론들과 대립되는 상충의 구조가 아니라, 정치학이라는 학문의 발전을 위해 서로 보완 가능한 상생의 구조를 갖고 있는 것이다(강윤희 · 김경미 · 최정원 2004, 131).

2. 실천적 측면에서의 페미니즘 수용

페미니즘은 1980년대 중반 이후 한국사회에 확산되면서 여성에 대한 불평등한 사회구조와 양성평등에 대한 문제의식을 증대시켰고, 한국사회의 성불평등한 법과 제도, 사회구조, 의식과 문화를 변화시키는데 기여하였다. 페미니즘이 여성들의 생각과 의식을 바꾸었다기보다는 이전부터 여성들이 느끼고 있던 불만과 문제의식을 페미니즘이 집단화 · 세력화하고 논리화함으로써 성차별적 사회를 개혁하려는 실천으로 나아가게 한 것이다(장미경 2006; 64). 여성들로 하여금 가족내 역할뿐만 아니라, 독립적 존재로서의 여성이라는 사회적 지위를 인식하게 함으로써 성평등적 문화의 확산에 지대한 영향을 미쳐온 페미니즘은 한국사회에서 한편으로는 여성운동의 전개로, 또 다른 한편으로는 법 · 제도의 개혁과 여성정책의 발전으로 실천되었다.

한국에서 전개된 여성운동은 서구의 여성운동과는 차별적인 특징을 갖는다. 우선 한국은 1948년 독립정부 수립과 함께 여성들은 자동적으로 남성들과 동등한 참정권을 획득하였기 때문에, 한국의 여성운동에서는 제1기 여성운동의 가장 큰 이슈였던 참정권 운동을 통한 정치적 대표성 확보 노력이 전개되지 않았다. 대신 한국은 유교 및 가부장제적 문화와 서구 민주주의가 혼재된 사회문화 속에서 호주제 반대운동, 동성동본 불혼제 폐지 등, 주로 가족 내에서 불합리한 여성의 문제와 민법상의 부당한 여성지위 등, 유교주의 가부장제와 결합된 이슈들이 쟁점이 되면서 서구와는 전혀 다른 주제들이 제기되었다.

또한, 한국 페미니즘은 서구의 페미니즘과 비교해볼 때, 개인과 차이에 대한 고려가 미흡하였다. 서구에서 페미니즘은 제2기 여성운동 시기까지 주로 성별의 문제를 중심으로 발전해왔고, 이런 배경 속에서 여성운동의 이슈는 가족과 사회 공동체의 가부장제 해체 속에서 여성 개인의 문제, 여성 개인의 정치사회적 권리, 몸에 대한 권리를 요구하는 것이었다(장미경 2006, 67). 뿐만 아니라 서구 포스트모던 페미니즘은 계급, 민족, 인종, 연령, 성적 지향 등으로 인해 나타나는 여성들 간의 차이를 강조하면서 '생물학적 동일성에서 비롯되는 연대' 뿐만 아니라 '다양한 차이를 고려한 연대'를 주장하고 있다(장미경 2006, 68). 그러나 한국은 개인과 차이를 중심으로 한 페미니즘의 발달이 상대적으로 지체되어 있다. '개인'과 '차이'를 강조하는 것은 전통적 공동체를 위협하거나 가족과 사회를 해체하는 것으로 인식되고 있으며, 여성들의 삶에서 '결혼'과 '가족'이라는 집단적 정체성은 여전히 가장 큰 영향력을 행사하고 있다(장미경 2006, 68). 이러한 점은 한국 여성운동에서 개인적 이슈가 나타나기 어렵도록 했다. 예컨대, 낙태권 문제는 제2기 여성운동의 가장 핵심적인 이슈였고, '여성의 자신의 몸에 관한 자율권'으로서 오랫동안 논란이 계속되어온 주제이지만, 한국에서는 엄밀한 의미에서 여성운동의 이슈로 등장한 적이 없었으며, 한국 여성운동의 관심에서 벗어나 있다(박진숙 2001, 92). 또한 차이에 대한 인식 부족은 획일적인 문화를 형성함으로써 장애인, 동성애자, 이주노동자 등을 차별하거나 배제시키는 문화가 한국 사회에 주류로 나타나게 되었다.

여성운동이 1980년대까지 독자적으로 전개되지 못했다는 점도 자유주의나 급진주의를 기반으로 여성문제의 독자적 이해를 추구하는 서구 여성운동과 많은 차이를 보인다. 외세의 침입과 분단, '체제의' 변화라는 한국의 환경적 요인으로 인해 한국 여성의 삶은 단지 성차에 의한 차별만이 아니라, 사회 전체의 모순구조와 중첩적으로 연계될 수밖에 없었고, 이로 인해 전체 사회의 변혁 문제와 여성문제의 결합이 한국의 여성운동에서 강하게 나타났다. 이 시기의 여성운동은 한편으로는 여성 억압의 근원으로 사회적 기회의 불평등 문제를 한 축으로 보아 한국여성단체연합(여연)을 중심으로 한 진보적 여성운동이 결집하여 압력을 가하는 활동을 했고, 다른 한편으로는 가부장적 차별에 따른 문제들을 한 축으로 하여 한국여성단체협의회(여협)을 중심으로 한 여성단체들이 정부에 대한 비판기능을 강화하고 여성 이슈들을 중심으로 새로운 영역을 추구하였다(박채복 2005, 223).

1980년대 말 민주화 운동과 제6공화국의 출범이라는 한국정치의 변화 속에서 1990년대 이후의 한국 여성운동은 과거와는 달리 독자적인 운동으로서 정체성을 띠기 시작하였고 양적·질적으로 크게 비약하였다. 여성운동의 주체 및 이슈 영역에 대한 다양한 논의는 법·제도의 개선, 여성의 정치세력화와 더불어 페미니즘의 대중화 현상을 가져왔으며, 글로벌 여성운동의 영향으로 서구 페미니즘이 한국 여성운동의 담론으로 적극 수용되었다. 더불어 1995년 북경 세계여성대회는 '성주류화' 전략을 통한 양성평등의 패러다임을 한국에 도입하는 계기를 마련하였다.

이에 따라 여연 중심의 진보적 여성운동은 이전의 여성노동자, 농민, 빈민 등 기층여성 중심의 운동에서 전업주부, 여성노동자, 중산층 등, 여성 전반의 이해를 반영하는 대중 여성운동으로 발전하였으며, 여성 노동문제뿐만 아니라 젠더 이슈 중심의 성폭력, 가정 폭력, 가족과 가사노동, 여성교육, 성매매 문제, 여성인권, 환경, 평화 등으로 관심 영역을 확대해 나갔다(전복희 2006, 313). 또한 '여성'이 '여성 전반'으로 확대되면서 여성문제의 해결과 여성정치 세력화를 위해 서로 이념적 성격을 달리 하는 여성단체들 간에 '여성 연대'를 이루어 여성관련 법·제도의 개선을 위한 대정부 활동을 주도하였다. 이런 점에서 볼 때, 1990년대 여성운동은 1980년대 식의 협소하고 경직적인 운동이해의 방식에서 한 단계 발전된 모습을 보여주고 있으며, 이는 2000년대에 들어와서도 지속되고 있다(장미경 2006, 35). 한국의 여성운동은 추상적 이념운동에서 구체적인 생활과 결합한 성평등 운동으로, 소수 활동가 중심에서 여성 대중의 조직화 모색으로, 이슈 중심의 과제별 운동에서 지역운동을 통한 여성의 정치세력화로, 그리고 선전 중심에서 정책에 대한 대안을 만들고 정부에 요구하는 제도적 투쟁으로의 새로운 이념과 운동방식으로 나아감으로써 젠더문제를 구체적으로 수용하고 있다(박채복 2005, 225).

한국 여성운동이 국가 제도개혁에 초점을 맞추어왔다는 점도 페미니즘의 한국적 수용에서 나타나는 특징이다. 한국 여성운동은 법·제도의 개혁을 보다 강조해 왔고, 성평등적 국가정책을 펴기 위해 노력해 왔다. 여성운동의 이런 정책 참여활동은 정부가 여성주의 관점에 기반한 정책을 수립하고 수행하는 데 절대적인 영향을 미쳤다. 1990년대 이후에는 여성 관련 법·제도의 개선, 여성의 정치세력화와 젠더의 문제를 중점적으로 다루어 여성과 관련된 각종 법률이 대량으로 제·개정됨으로써 성 주류화의 제도적 장치가 확대되었다. 여성발전기본법의 제정(1995년)과 여성정책 기본계획의 수립, 여성발전기금의 조성이 그 예이다. 특히, 가정폭력, 성폭력 및 성매매 방지와 관련된 여성인권 관련법들이 지속적으로 제도화됨으로써 여성인권에 대한 사회적 인식을 바꾸는데 큰 역할을 하였으며, 경제 분야에서 남녀차별을 철폐하기 위해 남녀차별금지및구제에 관한 법률(1999년 제정), 근로기준법(2001년 개정), 남녀고용평등법(2001년 개정) 등의 법 개정이 이루어졌다. 이와 함께 여성정책을 전담하는 정부기구가 체계화되었는데, 여성부 출범(2001년), 여성정책조정회의의 신설(2002년), 국회 여성위원회 발족(2003년) 등이 그것이다.

양성평등 및 성주류화와 관련하여 이루어진 성과는 무엇보다도 2000년대에 들어와 제도화된 할당제의 도입과 호주제의 폐지, 성인지 예산의 도입 등을 들 수 있다. 이 중, 적극적 조치로서의 할당제 도입은 기존의 불평등한 정치적 구조를 보완하고 여성의 정치 진입과 정치적 대표성을 제고하고 있다. 특히, 여기에는 장애인, 노동자, 농민회 출신의 여성도 포함되어 있어 여성의 정치참여 전략으로서 할당제가 큰 역할을 하고 있다.

이처럼 젠더의제의 법·제도화는 북경회의 이후 많은 진전을 이루었지만, 또 한편으로는 이러한 정책들이 '가시적', '선언적'인 성격을 띠고 있어 실질적 집행이 미약하다는 점이 여전히 나타나고 있다. 여성정책 담당 기구의 규모나 인력수준도 다른 정부 기구들에 비해 낮은 수준이어서 여성문제가 국가 정책의 우선순위에서 밀려 주변화되고 있다는 점도 성 평등 실현을 저해하는 요인으로 지적되고 있다. 따라서 한국의 여성운동과 페미니즘은 '여성'으로만 특화되던 여성이슈를 '보편이슈'화함으로써 여성문제를 모든 국민의 문제로 전환하고 성평등주의를 새로운 패러다임으로 체계화해야 할 것이다. 그럼으로써 성평등주의를 여성만을 위한 담론이 아니라 양성을 모두 고려하고 배려함으로써 양성의 권익을 지향하고 사회의 주류에서 배제되어 온 주변부의 평등, 평화, 인권, 복지로 나아가는 이념적 패러다임으로 확장해야 할 것이다 (최정원 2005, 128).

꼭 읽어야 할 책

강경희 외. 2005. 『여성정치학 입문』. 서울: 들녘.

비키 랜달 지음. 김민정 외 옮김. 2000. 『여성과 정치』. 서울: 풀빛.

제인 프리드먼 지음. 이박혜경 옮김. 2002. 『페미니즘』. 서울: 이후.

Jaggar, Alison M. 1983. *Feminist Politics & Human Nature*. Totowa, N.J.: Rowman and Allanheld.

Tong, Rosemarie Putnam. 1989. *Feminist Thought: A Comprehensive Introduction*. Boulde, Colo.: Westview Press.

참고문헌

강경희 외. 2005. 『여성정치학 입문』. 서울: 들녘.

강윤희 · 김경미 · 최정원. 2004. "한국 정치학에서 성 정치학 연구현황과 제언." 『한국정치학회보』 38집 3호.

곽삼근 · 김현미 · 손승영 · 이소희 · 주은희. 1998. 『일상의 여성학: 여성의 눈으로 세상읽기』. 서울: 박영사.

김경희. 2005. "성인지 정책의 형성과 의미" 『입법정보』 제172호.

김민정. 2005. "여성과 정치" 강경희 외. 『여성정치학입문』. 서울: 들녘.

김영희. 1999. “평등과 해방의 꿈 －페미니즘의 다양한 모색.” 한국여성연구소. 『새 여성학강의』. 서울: 동녘.

김희강. 2006. “페미니즘 이론(Feminist Theory): 동향, 비판적 검토, 그리고 한국적 함의.” 2006년 한국정치학회 특별학술대회 자료집.

______. 2006. “서구 페미니즘 이론의 동향과 쟁점, 글로벌 맥락에서의 한국 페미니즘에 미치는 의미.” 『21세기정치학회보』 제16집 2호.

로즈마리 푸트남 통 저. 이소영 역. 『페미니즘 사상: 종합적 접근』. 서울: 한신문화사.

리사 터들 저. 유호승·호승의 옮김. 1999. 『페미니즘 사전』. 서울: 동문선.

박의경. 2001. “미래: 균형적 페니미즘의 모색”. 이영애 편. 『밀레니엄의 성정치학』. 서울: 법문사.

박진숙. 2001. “미국 여성운동과 한국 여성운동의 비교 시론.” 『여성학논집』 18권 1호.

박채복. 2005. “한국의 여성운동” 강경희 외. 『여성정치학입문』. 서울: 들녘.

비키 랜달 지음. 김민정 외 옮김. 2000. 『여성과 정치』. 서울: 풀빛.

안 티커너 지음. 황영주 외 옮김. 『여성과 국제정치』. 부산: 부산외국어대학교 출판부.

이영애. 1996. “성정치학의 연구동향과 방법론적 위상.” 한국정치학회 연계학술대회 발표논문.

______. 1999. 『국가와 성』. 서울: 법문사.

장미경. 2006. 『한국여성운동과 젠더정치』. 광주: 전남대학교 출판부.

장필화. 2006. “여성학적 관점들.” 부산대학교 여성연구소 엮음. 『여성과 여성학』. 부산: 부산대학교출판부.

전경옥. 2005. “한국 정치학에서의 페미니즘 연구와 성정치학(gender Politics)의 성과와 전망.” 『사회교육과학연구』 제8권 2호.

전복희. 1998. “독일 여성운동사의 페미니즘적 주요쟁점.” 『한독사회과학논총』 8호.

______. 2005. “세계의 여성운동.” 강경희 외. 『여성정치학입문』. 서울: 들녘.

______. 2006. “글로벌 거버넌스시대의 여성정치의 변화.” 『21세기정치학회보』 제16집 1호.

제인 프리드먼 지음. 이박혜경 옮김. 2002.『페미니즘』. 서울: 이후.

조희원. 2006. “여성과 차이: 여성, 여성들, 여성개념의 다원화.”『한국정치학회보』 제40집 3호.

최정원. 2005. “공공정책과 여성 I” 강경희 외.『여성정치학입문』. 서울: 들녘.

허혜경·박인숙. 2005.『현대사회와 여성의 이해』. 서울: 문음사.

황영주. 2002. “그 많은 여성들은 어디에 있는가.” 21세기정치연구회 편.『정치학으로의 산책』. 서울: 한울아카데미.

_____. 2008. “정치학에서 페미니즘 접근방법.” 한국정치학회 편.『정치학이해의 길잡이: 정치이론과 방법론』. 서울: 법문사.

Bonder, Gloria. 1983. “The Study of Politics from the Standpoint of Women” *International Social Science Journal.* vol. 35, no.4.

Davis, Angela Y. 1981. *Women, Race and Class.* New York: Random House.

Dermar, R. 1986. “What is Feminism?” in J. Mitchell and A. Oakley. eds. *What is feminism?* Oxford: Blackwell.

Friedman, Elisabeth Jay. 2003. “Gendering the Agenda: The Impact of the Transnational Women’s Rights Movement at the UN Conferences of the 1990s.” *Women’s Studies International Forum.* vol. 26, no. 4.

Jaggar, Alison M. 1983. *Feminist Politics & Human Nature.* Totowa, N.J.: Rowman and Allanheld.

Lorde, Audre. 1984. *Sister Outsider.* Trumansberg, NY: Crossing Press.

Mill, Kata. 1972. *Sexual Politics.* London: Abacus.

Millet, Kate. 1972. *Sexual Politics.* London: Abacus.

Nussbaum, Martha. 2000. “The Future of Feminist Liberalism,” *Proceedings and Addresses of The American Philosophical Association*, vol. 74, no. 2.

Peterson, V. S. and A. S. Runyan. 1999. *Global Gender Issues.* Boulder: Westview Press.

Randall, Vicky. 1991. “Feminism and Political Analysis” *Political Studies.* vol. 36.

Scott, Joan W. 1988. *Gender and the Politics of History.* New York: Columbia University Press.

Tickners, J. Ann. 2005. "Gendering a Discipline: Some Feminist Methodological Contribution to International Relations" *Signs*. vol. 30, no. 4.

Tong, Rosemarie Putnam. 1989. *Feminist Thought: A Comprehensive Introduction*. Boulde, Colo.: Westview Press.

True, Jacqui & Michael Mintrom. 2001. "Transnational Networks and Policy Diffusion: The Case of Gender Mainstreaming." *International Studies Quarterly*. vol. 45.

Young, Iris Marion. 1990. *Justice and the Politics of Difference*. Princeton, N.J.: Princeton University Press.

Yuval-Davis, N. 1997. *Gender and Nation*. London: Sage.

Zald, M. N. & R. Ash. 1966. "Social Movement Organizations: Growth, Decay, and Change." *Social Forces*. vol. 44.

CHAPTER 11

포퓰리즘과 민주주의

서 병 훈

Ⅰ. 왜 포퓰리즘이 문제인가?

포퓰리즘(populism)하면 대개 라틴 아메리카를 떠올린다. 그중에서도 아르헨티나의 페론과 그의 부인 에비타가 포퓰리즘의 대명사인 것처럼 연상된다. 이 과정에서 포퓰리즘은 '무책임한 선동정치와 인기전술', 그래서 나라를 망치는 '못된 정치현상'으로 그 의미가 고착되는 경우가 일반적이다. 실제로 한국사회에서 통용되는 포퓰리즘은 '대중영합 정치'라는 부정적 함의(含意)를 띠고 있고, '제2의 남미병(南美病)'을 미연에 방지하기 위해 반드시 극복하지 않으면 안 될 것으로 치부되곤 한다.

그러나 포퓰리즘은 간단한 현상이 아니다. 그 역사적 연원(淵源)이 깊은 만큼 포퓰리즘을 둘러싼 담론도 다양한 각도에서 제기되고 있다. 무엇보다 오늘 이 시점에 세계 곳곳에서 영향력을 넓혀가고 있음을 주목해야 한다. 1970년대를 기점으로 포퓰리즘의 시대가 끝나는 것처럼 보였으나 '세계화'의 물결과 더불어 새로 광범위하게 부활하고 있는 것이다. 의회민주주의가 확실하게 뿌리를 내린 것으로 평가되던 서유럽이 오히려 각종 포퓰리스트 정당의 근거지가 되는 등, 라틴 아메리카와 동유럽 등 지역을 불문하고 포퓰리즘이 만만치 않은 정치적 변수로 자리잡게 되었다. 시대의 변천을 반영하듯 '신(新)', '뉴(new)', '네오(neo)' 또는 '좌파(leftist)' 등의 접두사를 달고 다니면서, 포퓰리즘은 이제 당당히 현대 정치의 한 단면을 구성하게 된 것이다.

상황이 이런데도, 많은 사람들이 포퓰리즘을 단순히 인민의 이름을 팔아 선동 정치인이 벌이는 '저질 정치 쇼'로 규정해버린다. 그러나 이런 해석만으로는 세계 곳곳에서 만만찮은 정치적 세를 과시하는 포퓰리즘을 온전히 설명할 수가 없다. '가짜', '엉터리' 민주주의라고 간단하게 정리해도 된다면 포퓰리즘은 이처럼 큰 정치적 세력이 되지도 않았을 것이다. 포퓰리즘을 결코 만만히 보아서는 안 될 이유로 다음 두 가지를 주목해야 한다.

첫째, 포퓰리즘은 민주주의의 태생적 한계와 깊숙하게 맞물려 있다. 민주주의의 이상과 현실 간의 괴리, 그리고 그 취약점을 둘러싼 논쟁이 포퓰리즘이 나름대로 존재의 정당성을 확보하게 되는 가장 중요한 이유가 되는 것이다.

2500년 전 그리스 사회에서 다수 지배 체제인 민주주의가 처음 등장할 때부터 민주주의의 본질에 대해 거부감을 느끼는 세력이 있었다. '생산성'이라는 화두가 삶의 구석구석 스며들고 있는 현대에 이르러 민주주의에 대해 비우호적인 철학적 담론은 더욱 확산되고 있다. 이런 입장에 선 사람들은 대중의 정치적 능력을 불신하며, 대중 대신 정치 엘리트 등 전문가가 보다 큰 정치적 영향력을 행사하는 것이 바람직하다고 주장한다. 민주주의의 과잉이 모든 문제의 근원이라면서 '민주주의 억제'를 강조한다.

민주주의가 개인의 자유와 권리를 침해할 가능성에 대해 우려하는 사람도 늘고 있다. 민주주의자들이 다수의 이름으로 소수를 무시하며, 인민주권의 명분을 내세워 법치주의의 근간을 훼손한다는 것이다. 민주주의와 자유주의를 대칭 관계로 바라보는 사람들이 특히 그런 경계심을 가지고 있다. 이들은 민주주의의 외양을 갖추고 있으면서 자유주의의 근본 가치를 도외시하는 이른바 '비자유주의적 민주주의'에 대해 매우 비판적인 시각으로 바라본다. 그 결과 상당수 자유주의자들이 자유주의를 확장시켜 민주주의의 폐해를 극복해야 할 당위성을 강조한다.

다각도로 전개되는 민주주의 '고사(枯死) 작전'에 맞서 민주주의자들도 '무늬만 민주주의'를 집중 공격한다. 민주주의자들은 엘리트주의자들의 폐쇄적 정치관을 비판하고, 정치 참여의 중요성을 역설한다. 자유주의자들의 비관적 전망에 대해서도 반격을 가한다. 인민주권이 전제되지 않은 자유주의의 한계를 날카롭게 지적한다.

포퓰리즘은 '민주주의 억제론'에 대한 철학적 반발에 편승해서 정치적 활로를 모색하게 된다. 인민주권의 회복을 내세워 현실 민주주의의 '아킬레스건'을 건드린다. 민주주의는 원래 다수의 자기 지배를 표방한다. 그러나 현실은 인민의 정치 배제로 고착화되고 있다. 기성 정치 체제가 도덕성을 상실하고 지배 엘리트는 신뢰를 잃었다. 그런데도 정치의 주인이어야 할 인민은 불만을 표출할 길이 없다. 이런 상황에서 포퓰리즘은 '민주주의의 적자(嫡子)'를 자처하며 세력 확대를 도모한다. 인민의 '볼멘소리'를 대신 표출해주며, 보비오(Norberto Bobbio)가 말했듯이 민주주의의 '약속 위반'을 먹고 산다(Mény and Surel 2002, 21; Papadopoulos 2002, 47 참조).

민주주의의 이상을 구현하겠다는데, 누가 그 명분에 고개를 돌릴 것인가? 민주주의가 '신성불가침'의 권위를 지닌 현대 사회에서 어느 정치세력이 감히 포퓰리즘을 가볍게 볼 수 있겠는가? 포퓰리즘을 그저 일과성(一過性)의 '도발' 정도로 치부해버릴 수가 없다. 포퓰리스트들이 세계 각 지역에서 정치적 세를 확산시켜나가는 것은 현대 민주주의에 대한 '도전'의 성격을 띤다고 보아야 한다.

둘째, 정당 체제의 쇠퇴, 피동적 대중의 양산 등 현대 사회의 구조적 특성이 포퓰리스트들의 출현을 조장한다. 현대의 정당 체제는 선거 가변성의 증대, 지지층 결속력의 약화, 낮은 투표율 등 여러 구조적 요인에 의해 예전의 활력을 잃고 있다. 이런 와중에 기성 정당들이 유권자들의 표심을 얻기 위해 포퓰리스트들의 정치 선전을 흉내 내기 시작했다. 프랑스의 좌파 정당들이 포퓰리스트들 못지않게 반이민 '쇄국 정치'를 표방하고 나오는 것이 그 좋은 예가 된다. 한 표가 아쉬운 처지라 너도나도 포퓰리스트 정치를 모방하게 되면서 '악화가 양화를 구축하는' 서글픈 현상이 재발하고 있다. 대중의 입장에서는 달리 정치적 정열을 분출할 방도가 없기 때문에 포퓰리즘이 거절하기 힘든 유혹으로 다가온다. 결국 현대 정치사회가 겪고 있는 구조적 변화를 감안한다면, 당분간 유럽을 비롯한 세계 여러 지역에서 포퓰리즘이 세력을 키우는 것은 불가피해 보인다.

이처럼 포퓰리스트들은 '참된 민주주의'의 회복을 주창한다. 그러나 포퓰리즘은 민주주의를 운위(云謂)할 처지가 못 된다. 냉정하게 평가하자면 민주주의를 그 근간에서부터 위협하는 것이 바로 포퓰리즘이다. 이런 이유에서라도 포퓰리즘의 실체에 대한 정확한 이해와 평가가 절실한 시점이다.[1)]

1) 아래 부분은 서병훈, 『포퓰리즘: 현대 민주주의의 위기와 선택』(서울: 책세상, 2008)의 내용 중 일부를 재편집하고 수정, 보완한 것이다.

Ⅱ. 포퓰리즘의 역사

1. 고전적 포퓰리즘

많은 사람들이 1870년대 러시아에서 전개된 '인민 속으로(vnarod)' 운동을 포퓰리즘의 기원으로 꼽는다. 혁명 전야의 러시아에서 일군(一群)의 지식인들이 제정(帝政) 차르 체제, 나아가 자본주의 경제 구조의 혁파를 도모하고 있었다. 이 혁명주의자들은 농민들의 생활양식을 열정적으로 찬양하면서 러시아 농촌 사회의 전통적 공동체인 '미르(mir)'를 근간으로 하는 새로운 사회의 건설을 꿈꾸었다.

러시아에서는 이런 지식인 운동에 주도적으로 참여한 사람들을 "나로드니키", 그리고 그들의 이데올로기를 "나로드니체스트보"라고 불렀다. 여기서 '나로드(narod)'는 인민을 뜻하는 독일어의 '폴크(Volk)'와 비슷한 말이고, 영어로는 '피플(people)'로 옮겨질 수 있다. 포퓰리즘(populism)이라는 말이 이런 언어적 맥락 속에서 등장했다는 주장을 받아들인다면, 1870년대의 러시아야말로 포퓰리즘 운동의 진원지가 되는 셈이다.[2)]

보다 본격적인 의미의 포퓰리즘은 미국의 인민당(People's Party)에서 비롯된다고 보는 것이 더 정확하다. 1892년에 창당된 이 정당은 소외된 농민들의 권익을 대변하면서 기성 정치 체제에 상당한 충격을 주었

2) Taggart 2000, 48 참조. 그러나 러시아 포퓰리즘은 소수 지식인 중심의 운동이었기 때문에 대중 운동으로 발전하기에는 한계가 있었다. 이런 이유에서 엘리트가 앞장을 선 '인민 속으로' 운동을 포퓰리즘으로 번역하는 것에 대해 강력한 비판이 제기되기도 한다. Allcock 1971, 372; Taggart 2000, 54 재인용.

다. 기업가, 은행가, 대지주의 지배에 맞서 소농 지주와 숙련 노동자 등이 평등한 대접을 요구하면서 출범한 인민당은 밑으로부터의 대중 운동의 전형을 보여주었다. 인민당은 카리스마를 지닌 지도자도 없었고 엘리트 이론가가 주도한 것도 아니었기 때문에 진정한 의미의 인민 운동이라고 할 수 있다. 당명에 '인민'이라는 말이 명기될 만큼 남서부 농민들이 운동의 주력 부대였다(Wiles 1969, 173; Taggart 2000, 25-37).

흔히 러시아와 미국에서 목격되는 포퓰리즘에 대해 전통적인 농촌 사회의 복원을 꿈꾸었다는 점에서 '고전적 또는 낭만적'이라는 이름을 붙인다. 고전적 포퓰리즘은 현대 포퓰리즘 운동의 원형이 된다는 점에서 그 역사적 의미가 각별하다. 양자 모두 기성 체제에서 소외당하고 있는 다수 약자들의 이익을 대변하려 한다는 점에서 큰 줄기가 같다. 그러나 고전적 포퓰리즘이 지향하는 가치는 20세기 이후 등장한 포퓰리즘의 그것과 너무 다르다. 농촌 사회에 대한 복고주의적 향수를 담고 있는 고전적 포퓰리즘의 틀로는 도시 중심의 현대 포퓰리즘을 포괄할 수가 없는 것이다.

2. 라틴 아메리카 포퓰리즘

흔히 라틴 아메리카 포퓰리즘을 과거 세대의 유산으로 치부하지만 사실은 그렇지 않다. 1930년대 이후 1960년대까지가 이 지역에서 포퓰리즘이 가장 왕성하게 기세를 떨친 시기이기는 하지만, 시대가 바뀌면서 새로운 형태의 포퓰리즘이 속출하고 있기 때문이다. 그래서 1960년대까지의 '고전적' 포퓰리즘에 이어 '후기' 포퓰리즘(1970~1980년대)과 '신자유주의적' 포퓰리즘(1980~1990년대)을 주목하는 학자도 많다. 최근 전 세계의 이목을 끌고 있는 베네수엘라의 차베스 열풍에 대해 '좌파 포퓰리즘'이라고 이름 붙여 따로 취급하는 연구에 대해서도 세심하게 관찰할 필요가 있다.

라틴 아메리카 포퓰리즘을 대표하는 사람은 역시 아르헨티나의 대통령을 지낸 페론과 그의 부인 에바 페론이다. 페론은 집권 후 5개년 계획을 수립해, 공공사업을 확대하면서 교육 개혁과 사회 개혁 등을 추진하며, 농업과 축산업에 의존하던 경제의 체질을 바꿔 공업화의 시동을 걸었다. 그리고 페론주의를 내세워 외국인 소유의 철도·전화 회사들을 국유화하고 모든 외채를 청산했다. 이 과정에서 노동자와 여성의 권익 신장을 위해 많은 노력을 기울였다.

당시 열악한 사회경제적 여건에서 고통 받던 도시 노동자 등 빈민 계층은 혁명보다는 구체적인 실리(이를테면 높은 임금, 싼값의 쇠고기 등)에 더 관심이 있었다. 페론은 그들이 원하는 바를 만족시켜주면서 그것을 자신의 정치적 야망에 이용하고자 했다. 그는 고위 공직자에게 어울리지 않는 과격한 언어를 즐겨 쓰곤 했는데, 노동자들이 이런 점에 친밀감을 느꼈음은 물론이다(Navaro 1982, 50).

페론 정권에 대한 평가는 사람에 따라 정반대로 엇갈린다. 한편에서는 아르헨티나 몰락의 원흉으로 지목한다. 선심성 정책과 위기를 호도하는 사탕발림이 페론주의의 본질이라는 것이다. 그러나 페론의 집권 시기를 아르헨티나 역사상 소득 분배가 가장 잘 이루어지고 산업 역시 활발하게 움직였던 때로 평가하는 사람도 있다. 페론이야말로 지방 토호 세력과 대지주들에게 착취당하던 민중들에게 정치적·경제적 생존권을 열어준 은인이며, 그래서 지금까지도 페론을 잊지 못하는 사람이 많다는 것이다. 에비타라는 애칭으로 더 널리 알려진 에바 페론(1919~1952)도 '가난한 사람들을 위해 투쟁한 전설적인 사회 운동가'라는 찬사와 지나친 사치와 인기 영합으로 아르헨티나를 망친 '포퓰리즘의 대명사'라는 악평을 동시에 듣고 있다.

3. 현대 미국의 포퓰리즘

월리스(George Wallace)는 1963년 앨라배마 주지사에 취임하면서 기득권 세력을 무차별적으로 공격했다. '신자유주의적'(new liberal)이라는 이유로 정치인, 은행가, 부자, 관료, 이론가, 지식인 등을 한꺼번에 비난했다. 월리스는 권투 선수 출신답게 호전적이면서 허풍선이인 듯이 행동했다. 보통 사람의 이미지를 가꾸기 위해 허름한 옷을 입고 다녔고 자신이 '무엇이든 케첩을 발라 먹는 것'을 자랑스럽게 알렸다. 컨트리 뮤직을 좋아한다는 것도 공공연히 선전했다.

1992년 대통령 선거에서 억만장자 페로(Ross Perot)는 19퍼센트의 지지율에 2,000만 표나 되는 득표력을 과시했다. 신분으로만 본다면 페로는 서민들과 거리가 멀었다. 그러나 그는 호소력 있는 언동으로, 기성 정치인에게 실망하고 있던 유권자들에게 바싹 접근했고, 이 과정에서 '포퓰리스트 모범 답안'을 유감없이 활용했다. 우선 페로는 자신이 정치에 전혀 관심이 없으나 단지 미국을 구해야겠다는 의무감 때문에 정계에 투신했다고 주장했다. 텔레비전 인터뷰 도중에 그가 '예정에 없이' 갑자기 대통령 선거 출마를 선언했던 것도 모두 이런 배경에서 일어난 일이다. 이밖에도 페로는 선거 운동 도중에 후보를 사퇴했다가 곧 복귀하는 등 기성 정치인으로서는 생각하기도 힘든 행태를 의도적으로 연출하기도 했다.

그는 쉽고 간단명료한 설교풍의 말투로 서민들의 분노에 불을 질렀다. 그러면서 자신이 기업 활동에서 발휘한 수완을 국가 경영에 접목하면 직업 정치인들이 하지 못한 일을 해낼 수 있다는 것을 강조하곤

했다. 페로는 1992년 선거에서 연방정부의 지원을 거절하고 선거 자금 6,000만 달러를 자신의 사재를 털어 충당했다. 이런 '신선한' 정치 행태가 미국인들의 열띤 지지를 끌어내는 동력이 되었음은 물론이다(Taggart 2000, 38-43).

4. 유럽의 신 포퓰리즘

유럽에서 포퓰리즘이 광범위하게 부상하고 있다. 프랑스, 네덜란드, 오스트리아는 물론 동 유럽에서도 포퓰리즘이 만만찮은 세를 과시하고 있다. 극단주의자, 분리주의자, 문화적 보수주의자 등 우익 진영에서 포퓰리즘이 두드러지지만 좌파 쪽에서도 보인다. 좌, 우 등 전통적 이데올로기 구분법을 무색하게 하듯, 모든 색깔의 정치세력이 제각기 포퓰리스트라는 칭호를 받는다.

(1) 프랑스의 르펜

유럽의 포퓰리스트 정치인 가운데 프랑스의 르펜(J.-M. Le Pen)은 최고 성공 사례로 꼽힌다. 국민전선(Front National)을 이끄는 르펜은 2002년의 대통령 선거에서 16.86퍼센트의 지지를 획득하면서 결선 투표에 진출하는 성과를 거두었다.

르펜은 파리의 기성 정치권에 대한 유권자들의 불신에 편승하면서 도전적인 선거 운동을 펼치기로 유명하다. 그는 파리 기성 정치인들을 겨냥해, '인민들과 동떨어진 채 자기 이익만 챙기는 엘리트'라고 공격한다. 르펜은 반(反)이민 정책 등 외국인 혐오증을 드러내는 공약으로 지지층을 확대해나갔다. 그래서 2007년 선거에서도 "프랑스 사람들을 돌보는 것을 제1관심사로 하지 않는 현실을 개탄한다"면서 프랑스 국민의 민족주의적 감정을 노골적으로 자극했다. 비록 인기가 하향세를 타고 있지만 다른 정치인들이 르펜의 선거 전술을 모방하기 시작한 것도 유념해서 볼 일이다.[3)]

(2) 오스트리아의 하이더

오스트리아의 포퓰리스트 정치인 하이더(Jörg Haider)도 주목할 필요가 있다. 타고난 선동가인 하이더는 민생에 무관심한 기존 정치권에 맞서 '보통 사람'(little man)의 대변자 역할을 자임하고 나섰다. 반(反)외국인 감정도 증폭시키는 등, 노동자 등 세계화 추세에 불안을 느끼는 사람들을 지지층으로 흡수했다. 그 결과, 1999년 선거에서 그의 자유당이 27퍼센트의 지지율로 인민당을 제치고 2위로 올라섰다. 그뿐 아니라 2000년 2월에 자유당-인민당 연정을 성사시켰다.

하이더는 '적과 아군'을 구분하는 전형적인 포퓰리스트 전략을 구사했다. 즉, 일을 열심히 하고 민족적 가치와 전통을 지키는 '선량한 오스트리아 사람들' 전부를 '우리'라고 규정한 반면, 집권당, 노조의 관료적 간부들, 정치적 논쟁에 일반인들의 참여를 봉쇄하는 좌파 예술가 및 지식인, 그리고 외국인을 '그들'이라고 부르며 적대시했다. 그는 이민자들이 '열심히 일하는 선량한 오스트리아인'의 일거리를 뺏고 오스트리아의 전통적 삶의 양식을 위협한다면서 반외국인 정서를 한껏 자극했다(Mouffe 2005, 60~63 참조; Cahill 2007, 79).

---

3) 이를테면 사회당의 루아얄(M. S. Royal) 후보는 '이제 변화해야 할 때'라든가 '프랑스 인민을 위한 정책' 운운하며 르펜의 '십팔번'을 따라 했다. *Economist*, 2006년 11월 20일자.

5. 차베스와 신자유주의 포퓰리즘

베네수엘라의 차베스 대통령은 '새로운 정치와 사회, 경제 건설을 위한 신사회주의 헌법 개정'을 천명하면서 미국 국적의 전력·전화·통신 회사 등과 외국 석유 기업들의 전면적인 국유화를 선언했다. 그는 부자와 가난한 자를 편 가르고 기득권 세력을 정치 과정에서 배제시켜 사회적 갈등을 심화시키는 등 전형적인 포퓰리스트 전술을 채택하고 있다. '21세기 사회주의', '빈민에게 권력을'이라는 구호를 내걸며 빈민에게 무료 의료·교육 서비스를 제공하고 식료품비를 보조함으로써 가난한 사람들의 환심을 사고 있으며, 또한 연간 20만 채의 집을 지어주겠다는 실현 불가능한 공약을 내세우기도 했다.

차베스는 국가의 공적 제도를 무시하고 별도의 조직을 가동해 정치에 이용한다. 포퓰리스트로서의 '모범'을 보인다고나 할까. '미션'(Mission)사업이라는 이름 아래 12개의 빈민 지원 프로젝트를 수행하고 있는 것이 그러한 예다. 이러한 사업은 불법 판자촌에 병원을 지어주고 문맹자 퇴치, 실업자 취업 훈련을 전개하는 과정에서 교육부나 보건부 같은 국가 조직을 배제한다. 차베스는 이런 기회를 이용해 대중과의 직접 접촉을 꾀하고 그들을 유권자로 등록해 자신에 대한 정치적 지지를 유도한다.[4)]

1980년대부터 라틴 아메리카의 여러 나라가 신자유주의 경제 정책을 잇달아 도입하자 페론식의 포퓰리즘이 설 자리를 잃는 것처럼 보였다. 신자유주의는 시장 원리에 따른 경쟁 메커니즘을 내세운다. 당연히

4) *Economist*, 2007년 8월 4일; '차베스 혁명'이 사회주의의 대안이 될 수 있는지를 둘러싼 논란에 대해서는 《한겨레》 2007년 10월 13일자 참조.

사회경제적 입지가 취약한 계층은 이런 체제를 좋아할 리 없다. 그러나 의외로 신자유주의와 포퓰리즘의 결합 가능성을 예상하고, 이러한 결합에 '신자유주의적 신포퓰리즘'(neoliberal neopopulism)이라고 이름 붙이는 학자들이 있다. 통상적인 직관과 상반되는 것처럼 보이지만, 라틴 아메리카에서 정치적 포퓰리즘과 경제적 자유주의가 서로 흡인할 여지가 있다는 것이다. 페루의 후지모리(Alberto Fujimori)가 그것을 보여준 대표적인 경우이다.

Ⅲ. 포퓰리즘의 특성

포퓰리즘 전문가들은 포퓰리즘의 대표적인 사례에 대해 대부분 의견을 같이한다. 그러나 포퓰리즘이 무엇인가에 대해서는 생각이 모아지지 않는다. 엄격히 말하면, 합의가 불가능하다는 사실에 대해서만 합의가 이루어지고 있을 뿐이다.

포퓰리즘 이론의 대표 주자라 할 수 있는 캐노번은 전 세계의 포퓰리즘을 분석해본 결과, 일곱 가지 이질적인 정치 운동에 모두 포퓰리즘이라는 말이 따라붙고 있음을 밝혀냈다.[5] 이런 조사 끝에 캐노번은 포퓰리즘이라고 알려진 현상들을 포괄할 일관된 이론을 찾을 수 없다는 결론을 내렸다. '포퓰리스트'라고 불리는 다양하고 복잡한 현상을 그런대로 정리하기 위해서는 묘사적 분류가 최선이지만, 그런 시도마저도

5) 즉, 농민 급진주의(1890년대 미국의 포퓰리스트 운동), 혁명적 지식인 포퓰리즘(러시아의 '인민 속으로' 운동), 소작 농민 포퓰리즘(불가리아의 농민 운동), 포퓰리스트 독재(아르헨티나의 페론 J. D. Peron), 포퓰리스트 민주주의(미국의 진보주의자 Progressives, 스위스의 직접민주주의), 반동적 포퓰리즘(미국의 월리스 George Wallace), 정치인 포퓰리즘(프랑스의 드골 Charles de Gaulle, 미국의 카터 Jimmy Carter)이 바로 그것이다.

집단 유사성을 연결해줄 체계적인 논리가 빈약한 탓에 매우 불만족스러운 결과밖에 내지 못한다는 것이다(Canovan 1982, 550-555).

최근 들어 태거트도 상황과 맥락에 바탕을 둔 쉴즈, 보편적 개념 정의를 시도한 라클라우, 다양성을 인정한 캐노번 등을 중점적으로 분석한 뒤, 개념 규정을 포기하고 말았다. 그 대신에 그는 포퓰리즘을 관통하는 여섯 가지 핵심 주제를 정리하는 데 만족해야 했다.[6)]

이처럼 대부분의 이론가들은 포퓰리즘의 정면 개념 규정을 포기하고 묘사적 분류 또는 핵심 주제 정리 수준에서 만족하려 한다. 그러나 이런 비관론자들도 거의 모든 포퓰리즘이 '인민에 대한 호소 또는 인민주권 회복'을 '공통 주제'로 한다는 사실을 인정한다.[7)] 1950년대의 쉴즈로부터 21세기의 신포퓰리즘 연구자들에 이르기까지 모든 관련 학자들이 빠뜨리지 않고 강조하는 것이 바로 '인민주권론'이다.

이를테면 캐노번은 포퓰리스트들이 '인민에 대한 호소'와 지배 세력에 대한 불신을 정치적으로 이용한다는 것을 적시했다. 라클라우는 항상 인민을 전면에 내세우고, 그 연장선상에서 지배자에 대해 적대감을 품도록 조장하는 것을 포퓰리즘의 가장 큰 특징으로 꼽았다. 이처럼 많은 학자들이 포퓰리즘을 "사회가 궁극적으로 동질적이면서 적대적인 두 개의 진영, 즉 '순수한 인민' 대 '타락한 엘리트'로 양분되고 있다는

6) 여섯 가지 핵심 주제란, 대의제 정치에 대한 적개심, '마음속의 고향'에 대한 낭만적 신비화(idealized heartland), 중심이 없는 이데올로기, 위기 상황에 대한 대응, 일정 수준 이상 발전하기 어려운 근본적 딜레마, 주변 환경에 따라 카멜레온처럼 바뀌는 정체성을 말한다. Taggart 2000, 2-7, 21-22.

7) 베네수엘라의 차베스는 "인민이야말로 베네수엘라의 유일한 주권자이며, 인민이 역사의 진정한 주인"이라고 선언했다. 오스트리아의 하이더도 "인민이 최고 주권자라는 사실에 대해 확신을 못 가진다면 그것은 곧 민주주의의 본질을 의심하는 것이나 마찬가지"라고 주장했다. 그러면서 인민이 국가의 장래에 중요한 영향을 미치는 문제에 대해 상당한 발언권을 가질 것을 역설했다. 같은 맥락에서 미국의 페로는 "우리 인민이 이 나라의 주인"이라고 외쳤다. Panizza 2005, 4, 26; Mouffe 2005, 60-63 참조.

인식 아래, 인민의 일반의지를 표현하는 것이 바로 정치라고 주장하는 이데올로기"로 이해한다(Canovan 1981, 264; Fieschi 2004, 239 참조). 한 마디로 '인민을 위하고, 그들의 지지를 얻기 위해 노력하는 것'이 모든 포퓰리즘의 공통점이라는 것이다.

그러나 인민주권만 내세우면 포퓰리즘의 실체를 놓치게 된다. 포퓰리스트들의 선언적 주장을 그대로 받아들이면 그들이야말로 둘도 없는 민주주의자이다. 그러나 이것은 진실과 거리가 멀다. 포퓰리즘은 그 내용보다는 형태(form)에 의해 규정되어야한다. 그것의 독특한 정치적 스타일을 주목해야 하는 것이다(Beasley-Murray 2006 참조).

포퓰리즘을 이해하기 위해서는 또 다른 측면 즉, 특정 지도자에 대한 맹목적 추종, 그리고 그 결과 빚어지는 '대중의 감성을 자극하는 단순 정치'를 주목해야 한다. 인민주권론은 인민의 정치 참여 증대로 이어져야 하지만 대중은 여전히 정치 참여에 소극적이다. 언필칭 인민주권을 회복시켜주겠다고 약속하지만, 거의 모든 포퓰리스트 운동은 특정 지도자 중심으로 흘러가버린다. 주인이 되어야 할 인민 대중은 예나 지금이나 객체, 더 정확히는 동원 대상으로 남아 있다. 대중은 결과에 대한 관심은 높지만, 자기가 직접 그 과실을 얻고자 하는 열의는 부족하다. 포퓰리스트 지도자들은 이런 심리 상태를 파고든다.

포퓰리즘이 결정적으로 문제가 되는 것은 포퓰리스트 선동 정치인들이 허황된 방법으로 '인민주권 회복'을 약속하기 때문이다. 그들은 선정적 이분법에 바탕을 둔 '단순 정치'(politics of simplicity)를 전개한다. 세상을 '적과 동지'로 구획하며 기성체제에 대한 적개심을 고취시킨다. 단정적이고 직설적인 어법을 동원하는 등 대중의 감성을 자극하고 선동한다. 대중의 이성적 판단을 흐리게 만들어 대중의 지지를 끌어내는 것이야말로 포퓰리즘의 가장 뚜렷한 특징이 아닐 수 없다.

결국 포퓰리즘은 '인민주권 회복론'과 '선동 정치인에 의한 감성 자극적 단순 정치'라는 두 기둥 위에 서 있는 정치 현상이라고 볼 수 있다. 따라서 포퓰리즘을 '기성 질서 안에서 신분 상승을 꾀하는 정치 지도자가 인민의 주권 회복과 이를 위한 체제 개혁을 약속하며 감성 자극적인 선동 전술을 바탕으로 전개하는 정치 운동'이라고 규정할 수 있다(서병훈 45).

Ⅳ. 포퓰리즘과 민주주의의 착종(錯綜)

1. 포퓰리즘은 민주주의의 '그림자'?

포퓰리스트들은 스스로 진정한 민주주의자라고 자부한다. 정부와 기성 정당, 언론 등에 의해 체계적으로 무시당하는 대중의 분노와 슬픔, 이익과 의견을 대변한다고 주장한다. 그러면서 국민투표, 국민 발안(發案) 등 직접민주주의의 확대를 통해 인민주권이라는 민주주의 본래의 약속을 구현하려 한다. 이런 포퓰리즘을 서구 주류 사회는 의도적으로 무시하려 한다. 기회주의적이고 무책임하다면서 비판한다. 유권자들의 지지를 얻어내기 위해 눈앞의 이익으로 그들을 현혹한다는 것이다. 그러나 어떤 정책이 기회주의적이고 포퓰리스트적이라는 것을 누가 판단할 것인가? 건전하고 양심적인 정책의 기준은 무엇인가?

다렌도르프(Ralf Dahrendorf)가 말했듯이, "어떤 사람이 포퓰리즘이라고 비난하는 것이 다른 사람의 눈에는 민주주의로 보인다. 그 반대 경우도 있지 않은가?"(Mudde 2004, 542-543; Arditi 2005, 79). 흔히 포퓰리즘은 지나치게 감성을 자극하고 단순 논리로 문제의 본질을 호도한다고 비판받는다. 그러나 감정적인 것과 이성적인 것, 단순한 것과 심각한 것을 어떻게 구분할 것인가? 그리고 슬로건 정치는 좌우 가릴 것 없이 선거 운동의 핵심이 아닌가? 현대 정치가 전반적으로 그런 특징을 가지고 있지 않은가?

이런 맥락에서 캐노번은 보다 깊은 이야기를 한다. 민주주의, 더 크게 보면 정치에 대한 해석 또는 기대의 차이가 포퓰리즘의 진원지가 된다는 것이다. 이러한 시각은 민주주의의 토대가 되는 서구 정치의 본질에 대해 문제를 제기한다는 점에서 관심을 끈다. 캐노번은 '믿음의 정치와 회의주의의 정치'를 구분하는 오크샷(Michael Oakeshott)의 논의에서 착안점을 얻는다(Oakeshott 1996, 21-38 참조). 즉, 민주주의에는 정치활동을 통해 '인간 삶의 구원을 약속(redemptive)'하는 측면과 '제도화된 규칙을 통해 갈등을 평화적으로 해결하고자 하는 실용적(pragmatic)' 측면이 같이 들어 있다고 본다. '구원'과 '실용'은 각각 오크샷의 '신념'과 '회의'에 대응하는 개념축이다.

민주주의의 '구원'을 강조하는 쪽에서는 정치 활동의 존재론적 의미에 주목하면서, 구원의 실현을 위해 인민주권과 참여 확대를 요구한다. 인민이 권위와 자율의 유일한 근거가 된다면서 정치 참여, 즉 자기 지배를 통해 구원을 약속한다. 그러나 민주주의의 '실용' 쪽으로 기우는 사람들은 갈등을 해결하고 적절한 분배를 찾기 위한 제도 차원으로 민주주의의 존재이유를 축소시킨다. 현대 정치는 단연코 실용주의에 의해 지배된다. 크게 보면 정치 참여에 그다지 무게를 두지 않으면서 전문가 지배를 강조하는 현대 엘리트 민주주의자들이 바로 이런 실용주의자의 전형이 된다고 할 수 있다.

그러나 이 두 측면이 서로 갈등만 하는 것은 아니다. 동시에 상호의존적이기도 하다. 구원 충동이 없는 실용주의는 타락의 지름길이 되고 만다. 실용적 차원만으로는 민주주의의 한계를 극복할 수는 없다. 어느 정도 구원적 요소가 있어야 하기 때문이다. 반면 실용주의를 배제한 채 구원만 강조하면 정치가 이념 과잉으로 흘러가는 것을 막을 수 없다.

캐노번은 이런 분석 끝에 현대 민주주의가 구원과 실용 사이에서 균형을 찾지 못한 채 실용 쪽으로 지나치게 기우는 것이 포퓰리즘을 촉발시키는 원인이 된다고 주장한다. 포퓰리즘이 실용주의로 편향되는 현대 민주주의의 이상 징후를 공격하기 때문에 정치적 설득력을 얻고 있다고 역설한다. 인민에게 슬픔과 고통을 주는 사회적 환경 못지않게, 민주주의 자체에 존재하는 본질적·내적 긴장 또한 포퓰리즘을 불러일으키는 요인이 된다는 것이다. 결국 포퓰리즘을 '후진성' 현상이 아니라 민주주의 그 자체가 던지는 그림자 현상으로, 즉 민주주의의 '결핍'에 따라다니는 숙명과도 같은 것으로 봐야 한다는 것이 캐노번의 주장이다(Canovan 1999, 2-3, 9-16).

이런 저런 이유에서 상당수 학자들이 포퓰리즘을 단순히 민주 사회의 건강에 이상이 생긴 것(sickness)정도로 규정하는 것은 곤란하다고 생각한다. 오히려 포퓰리즘을 민주주의의 건강에 심각하게 적신호가 켜진 징후(malaise)로 받아들일 필요가 있다고 주장한다. 민주주의의 현실이 불완전한 모습을 띨 수밖에 없다면, 바로 이 한계와 실패, 그 자기모순이 포퓰리즘의 출발점이 된다는 것이다(Mény and Surel 2002, 18, 21; Papadopoulos 2002, 57).

2. 포퓰리스트 '반(反)정치'의 자가당착

그러나 포퓰리즘을 민주주의에 따라다닐 수밖에 없는 그림자와 같은 존재라는 캐노번의 규정에 동의하기 어렵다. 엄밀히 말하면, 그것은 부정적인 의미의 그림자에 지나지 않는다. 민주주의가 한계를 안고 있고, 민주주의의 이상과 현실 사이에 괴리기 존재한다는 사실을 부정할 사람은 아무도 없을 것이다. 포퓰리스트들이 그 틈을 비집고 들어올 수는 있다. 그렇다고 포퓰리즘이 민주주의의 태생적 한계를 치유할 그 무엇이라고 평가해줄 것은 전무하다고 해도 과언이 아니다. 오히려 포퓰리즘은 민주주의의 토대를 붕괴시키고 만다. 포퓰리즘은 다원성을 핍박한다. 자유를 질식시킨다. 이성적 토론을 차단해버린다. 따라서 포퓰리즘이 민주주의와 연속성을 띠면서 그 미비한 것을 보완해 해준다는 평가를 받아들일 수가 없다. 오히려 민주주의와 불연속적인 것으로 민주주의의 퇴행을 유발하는 위험스러운 현상으로 간주해야 한다(Abts and Rummens 2007, 405-406, 420).

포퓰리즘이 민주주의의 이름으로 분식(粉飾)하는 것에 대해서는 다양한 차원에서 비판이 제기되고 있다. 우선 포퓰리스트 정치의 현장에서 인민 대중이 정치의 주체가 되지 못한다. 포퓰리즘이라는 이름과 걸맞지 않게 인민은 사라지고 그 자리를 특정 지도자가 차지하게 된다. 인민은 허울뿐이고 카리스마를 앞세운 지도자가 주인공이 되는 것이다. 포퓰리스트 자신이 지배 계급 안으로 편입되기 위해 대중의 불만을 이용할 뿐이고, 실제로는 그 논리 속에 엘리트주의가 숨어 있다. 그래서 엘리트주의야말로 포퓰리즘의 숨은 본질이라든가, 포퓰리즘은 엄밀히 말하면 새로운 형태의 과두 지배 체제에 지나지 않는다는 주장이 제기되고 있다(Urbinati 1998, 113).

이런 입장을 견지하는 대표적인 이론가가 라클라우다. 그는 단도직입적으로 포퓰리즘을 엘리트 이데올로기라고 규정한다. 지배 계급의 일파가 헤게모니를 장악하고 싶지만 여의치 않을 때 대중을 향해 직접

호소하는 전술이 바로 포퓰리즘이라는 것이다(Laclau 1977, 173).

엘리트주의와 포퓰리즘이 서로 반대되는 것처럼 보이지만 사실은 거울처럼 서로를 반영하는 존재(mirror-image)라는 비유도 재미있다. 다수 인민의 주권을 내세우는 포퓰리즘과 소수 엘리트의 지배권을 강조하는 엘리트주의는 외견상 대립될 수밖에 없다. 그러나 이 둘은 세상을 이분법으로 나누어서 본다는 점에서 정확하게 일치한다. 단선적이고 획일적인 논리 체계 위에 서 있기 때문에 다원주의와 공존할 수 없다는 것도 매우 닮았다(Mudde 2004, 543-544).

비논리적이고 감성 자극적인 포퓰리스트 정치의 선전이 빚어내는 위험에 대해서는 긴 이야기가 필요 없을 것이다. 이성적 토론이 전제되어야 민주주의가 살아남을 수 있다. 합리적 사유와 건전한 상식이야말로 민주 시민이 갖추어야할 가장 중요한 덕목이 아닐 수 없다. 그러나 포퓰리즘은 이것을 부정한다. 민주주의가 작동하기 위한 기본 조건을 훼손한다.

상당수 포퓰리스트들은 외국인이나 흑인에 대한 편견을 조장하고, 무책임한 감세 공약을 내거는 등 비현실적이고 때로는 허구에 지나지 않는 전망을 제시한다. 나아가 세상을 '적과 동지'로 구분하는 포퓰리스트의 획일적 사고방식은 도덕적 근본주의로 비화할 가능성이 많다. 미국의 부시 대통령이 적대 국가를 '악의 축'이라 부르며 비난하는 것을 상기해보라. 이런 이분법적 단순 논리는 자칫 준종교적 차원으로 변질되면서 민주주의를 질식시킬 수 있다(Taggart 2000, 113).

자유가 없는 민주주의의 전형이 바로 파시즘이라는 것을 잊어서는 안 된다. 역설적이지만, 민주주의는 자유주의보다 파시즘이나 볼셰비즘과 더 가까울 수도 있다. 이런 체제는 분명 반자유주의적이지만, 스스로에 대해 민주적이라고 부른다.[8)]

포퓰리스트들이 정치에 대해 이중적 태도를 취하며 기회주의적 노선을 걷는 것도 치명적 약점으로 작용한다. 고전적 포퓰리스트들은 물론이고 현대의 서구나 라틴 아메리카 등 거의 모든 곳의 포퓰리스트들은 정치를 더럽고 타락한 것으로 간주한다. 인민들을 나락으로 몰아넣고 있는 부패한 정치꾼들의 활동 무대가 바로 현실 정치라고 생각하기 때문이다. 따라서 기성 정치인들에 대한 혐오를 정치 그 자체에 대한 부정적 시각으로 연결시킨다.

이런 이유에서 포퓰리스트들은 기득권 질서에 대해 반발하면서도, 현실 정치에 대한 직접 참여는 기피한다. 오히려 자신이 기존 정치권 바깥에 있음을 강조한다. 아니, 정치에 아예 관심조차 없음을 자랑으로 내세운다. 기성 정치권을 질타하고 비난함으로써 자신들의 존재를 정당화하는 것이다. 그러나 언제까지나 정치에 등을 돌릴 수는 없다. 정권을 획득하기 위해서는 '더러운 정치판'에 뛰어들어야만 하는 것이다. 그래서 그들은 '마지못해' 정치에 참여하는 듯한 모습을 보인다. 예외적 상황, 특히 국가적 위기 상황에서 어쩔 수 없이 '구국의 결단'을 내리는 모양새를 취한다.

그러나 포퓰리스트들은 곧 '성공의 덫'에 걸릴 수밖에 없다. 이들도 언젠가는 정치에 발을 들여놓지 않을 수 없는데, 제도권 정치인이 되는 순간부터 이들은 딜레마에 빠지게 된다. 이제 그들은 제도권 외곽에 있으면서 누리던 정치적 프리미엄을 더 이상 기대할 수 없다. 그들

---

8) 아테네 민주주의를 찬양하는 사람이 많지만, 죄 없는 소크라테스를 죽음으로 내몬 것도 바로 그 아테네 민주주의라는 사실을 망각해서는 안 된다. 만일 민주주의를 '직접적인 다수 지배를 최대한 실현하는 것'으로 규정한다면, "토론과 다수 투표 끝에 마녀를 화형에 처하는 결정을 내린 세일럼의 마녀 재판에 대해서도 민주적"이라는 훈장을 씌워야 마땅할 것이다. McLean 1989, 36, Canovan 1999, 8 재인용. 이 두 사건은 자유주의가 제대로 작동하지 않으면 민주주의도 존립할 수 없다는 것을 웅변한다. Urbinati 1998, 116-117.

은 제도를 비난하면서 대중의 환심을 샀고, 제도권 정치인과 다르다는 이유만으로 일정한 수준의 대중 지지를 확보했지만, 막상 제도권 안으로 들어오고 나면 그들 역시 자신들이 그토록 비난했던 기성 질서와 특별히 다를 수가 없게 되는 것이다.

다른 한편, 포퓰리스트들은 지지자들에게 가시적인 성과를 보여주어야 한다. 그래야 새로운 정당성을 확보할 수 있는 것이다. 이를 위해서도 포퓰리스트들은 제도적 장치를 활용해야 한다. 정당을 비롯한 정치제도에 의탁하지 않고는 자신들이 내건 공약을 실천할 수가 없다. 결국 그들은 제도권 정치의 중심에 서서 과거와 다른 정치 질서를 열어나가야 하는 것이다.

그들은 현실 정치에 몸담을 수도 없고, 그렇다고 현실 정치를 전적으로 외면할 수도 없는 자기모순 앞에서 방황하게 된다. 결국 주류 정치에 편입되어 기성 정당과의 차별성을 잃거나, 아니면 제도권 밖에서 서성대다가 끝내 소멸하고 마는 것이 포퓰리스트 정당의 운명인 것이다. 궁극적으로, 어떤 길을 선택하든 간에 포퓰리스트들은 자기들이 설정해놓은 한계를 벗어나기 어렵다. 이런 자가당착과 자기 부정이 포퓰리스트 개혁 노선의 존재론적 한계를 설정하게 되는 것이다(Mény and Surel 2002, 18).

Ⅴ. 포퓰리즘과 '인민 민주주의'의 경계

중요한 학술 용어는 대개 개념 정의가 어렵다. '자유'가 그렇고 '정의'가 그렇다. 이렇게 전제하더라도 포퓰리즘의 경우 그 정도가 특히 심하다. 19세기 후반에 시작해서 전 세계에 걸쳐 확산되고 있을 뿐 아니라, 농촌/도시, 참여 민주주의/동원 정치 등 그 기반과 내용도 각양각색이니 포퓰리즘을 한 마디로 정의하기가 어려울 수밖에 없다.[9)]

포퓰리즘을 규정하는데 따르는 여러 어려움 가운데서도, 포퓰리즘이라는 말을 그 역사적 연원과 무관하게 무차별적으로 사용하는 것이 큰 문제가 아닐 수 없다.[10)] 포퓰리즘과 비슷한 성격을 지니는 일련의 용어들을 학술적으로 구분하고 정리해야 하는 것이다.

앞에서 보았듯이, 많은 이론가들이 포퓰리즘과 민주주의의 관계에 대해 정확하게 이해하지 못한 나머지 그 둘을 포괄하는 각종 용어를 양산하고 있다. 'popular democracy', 'populist democracy' 등이 바로 그런 예가 된다. 이와 같은 문제의식 아래 세 명의 이론가(Shils, Dahl, Riker)를 집중 검토할 필요가 있다. 포퓰리즘과 민주주의를 둘러싼 혼선에 도화선이 된 사람들이기 때문이다.

1. 쉴즈의 포퓰리즘

포퓰리즘에 관한 초기 연구의 물꼬를 튼 사람으로 쉴즈(Edward Shils)를 들 수 있다. 쉴즈는 1956년의 글에서 "기득권 계급에 대한 인민의 분노가 있는 곳이면 어디든지 포퓰리즘이 존재한다"면서 엘리트와 대중의 대립적 관계가 포퓰리즘의 본질을 구성한다고 주장했다.

그는 포퓰리즘의 핵심 성격으로 인민의 분노와 저항, 그리고 기성

9) 포퓰리즘을 개념 규정하는데 따르는 어려움에 관해서는 Fieschi 2004, 235 참조.

10) 캐노번은 전 세계의 포퓰리즘을 분석해본 결과, 7가지 이질적인 정치 운동에 모두 포퓰리즘이라는 말이 따라붙고 있음을 밝혀냈다. 캐노번은 '사람에 따라 전혀 다른 것을 가리켜' 포퓰리즘이라고 부르는 이런 혼란을 극복하기 위해서는 그 용어를 보다 엄격하게 제한적으로 사용하는 것이 불가피하다는 사실을 역설한다. Canovan 1982, 555.

기득권 질서에 대한 거부들 들었다. 첫째, 포퓰리스트들은 인민을 정의와 도덕의 화신으로 규정한다. 인민의 존재, 그 인민의 뜻에 최고 가치를 부여한다. 그러나 현실은 주권자 인민을 업신여기며 배신하고 있다. 포퓰리즘은 인민의 이런 억울한 처지를 부각시키며 그들의 분노를 결집하려 한다. 그 결과 '권력과 자산, 교양과 문화를 독점하는 계급에 의해 고착되고 분화된 사회 질서에 대한 저항(oppositionalism)'이 포퓰리즘의 기본 성격이 된다. 둘째, 인민의 이익을 대변하지 못하는 기성질서, 특히 대의 민주주의를 거부하며 인민의 직접 참여를 역설하는 것이 포퓰리즘의 또 다른 특징이다. 중간 매개는 양자의 긴밀한 관계를 왜곡시킨다는 것이다(Shils 1956, 99-103 ; Taggart 2000, 11~12 참조).

이런 쉴즈의 주장은 미국이라는 특정 상황에 바탕을 두었다는 한계가 있긴 하지만, 기성 지배계급과 인민의 대립적 관계를 부각시킨 그의 논점은 향후 포퓰리즘 연구에 중요한 지침이 되었다. 그래서 대다수 학자들이 '타락한 엘리트'와 '도덕적인 보통 사람'의 대립구조에 이데올로기적인 초점을 맞추면서 포퓰리즘을 규정한다(March 2007 참조).

2. 로버트 달의 "populistic democracy"

달은 그의 1956년 책에서 미국의 정치 전통을 'populistic democracy'와 'Madisonian democracy'라는 개념으로 대비시키며 정리했다(Dahl 1956, 1). 연방주의자의 대표 논객인 매디슨(James Madison)을 포함한 당시 식자들 사이에서 민주주의는 곧 '직접' 민주주의를 의미했다. 달은 이런 논의를 이어받아 그와 같은 급진 평등주의적 민주주의에다 'populistic democracy'라는 이름을 붙였다.

달에 따르면, 포퓰리스틱 민주주의자들은 인민주권과 정치적 평등을 가장 중요한 가치로 여겼다. 이 두 가지 기준을 만족시킬 수 있는 정치결정 원리는 다수결(majority principle)뿐이었다. 달리 말하면, "인민주권 원리가 구현되는 유일무이한 경우는 여러 대안 중에서 다수 인민이 원하는 선호가 정부 정책으로 결정되고 집행되는 것"이다(Dahl 1956, 37-38).

달은 이런 성격의 포퓰리스틱 민주주의를 거부한다. 인민주권과 정치적 평등을 절대적 가치로 인정할 수 없기 때문이다. 광신자가 아니라면 다른 여러 가치를 배제한 채 오직 그 둘만을 극대화 하려 하지는 않을 것이기 때문이다(Dahl 1956, 44-51). 뿐만 아니라 달은 이런 이론은 민주주의의 기본 원리(axiomatics)를 재천명한 것에 지나지 않으며 실제 정치세계에 대해 아무런 말도 해 줄 수 없다고 덧붙였다(Dahl 1956, 63-64).

반면 매디슨 민주주의는 "다수의 권력과 소수의 권력, 한편으로는 모든 성인 시민의 정치적 평등, 다른 한편으로는 그들의 주권을 제한하고자 하는 의도 사이에 타협을 이끌어 낸다"는 점에서 포퓰리스틱 민주주의의 한계를 극복할 수 있다(Dahl 1956, 4). 달은 이런 논리 끝에 매디슨 민주주의가 심화된 덕분에 미국 정치가 포퓰리스틱 민주주의의 위험으로부터 벗어날 수 있었음을 크게 다행스럽게 여긴다.[11)]

문제는 그가 사용한 '포퓰리스틱'이라는 말이다. 달은 쉴즈의 1954년 글 "Populism and the Rule of Law"에서 착안점을 얻었다고 분명히 밝혔다(Dahl 1956, 34). 쉴즈는 '인민주권과 기성체제에 대한 저항'을

11) 달은 오랜 시간이 지나 쓴 또 다른 책에서 매디슨이 순수 민주주의와 '대의제'를 갖춘 정부를 의미하는 공화국을 구분한 것은 역사적 근거가 없다고 비판한다. 로마나 베니스에서 목격되었던 공화정들은 대의제를 결여하고 있었기 때문에 매디슨 자신의 정의에 따르면 민주주의에 가깝다. 달은 매디슨 자신도 이런 구분이 역사적 근거 결여 알고 있었지만, 자신의 헌법안이 만족할 정도로 '민주적'이지 못하다는 비판 대응하기 위해 구분한 듯 하다고 해석한다. Dahl 1999, 33-34.

염두에 두고 포퓰리즘이라는 말을 사용했다. 그리고 쉴즈의 이 '포퓰리즘'은 오늘날 문제가 되고 있는 포퓰리즘 현상의 어원(語源)이 되고 있다. 달은, 뒤에서 보겠지만, '인민 민주주의'(popular democracy)와 비슷한 내용을 지칭하기 위해 '포퓰리스틱'이라는 말을 썼다. 오해가 생길 수밖에 없는 것이다.12)

3. 라이커의 "populist democracy"

라이커는 1982년에 나온 *Liberalism against Populism*이라는 책에서 자유주의적(liberal) 투표 이론과 포퓰리스트(populist) 투표 이론을 대비했다. 라이커의 용법은 포퓰리스트와 포퓰리즘이라는 말을 혼용해서 쓴다는 점에서 더 큰 문제가 된다. 그는 대의 민주주의를 비판하는 현대 포퓰리스트 정치인들의 문제의식을 부분적으로 차용하고 있다.

라이커는 투표문제를 사회적 선택(social choice) 이론을 동원해서 분석하면서 현대 민주주의 본질을 거론한다. 그는 이 과정에서 자유주의적 또는 매디슨 투표관점과 포퓰리스트 관점을 대비시킨다. 매디슨 투표이론에서는 '투표의 기능은 정부 관리를 통제하는 것, 그 이상도 이하도 아니다'(Riker 1982, 9). 다수 인민의 정치적 판단에다 특별한 가치를 부여하지 않는다. 다시 말해 유권자의 선택이 옳다(right)고 하는 가정을 하지 않는다(Riker 1982, 10).

그러나 포퓰리스트들은 다르다. 그들의 주장에 따르면, 법률은 인민의 자유를 구현하고 있기 때문에 '옳고 정당한' 것으로 존중되어야 한

12) 사르토리는 달이 사용한 '포퓰리즘' 개념을 수용하지 않는다. 포퓰리즘은 원래 19세기 말 러시아에서 그 기원을 두고 있는 것인데, 달은 포퓰리즘이라는 명칭 아래 민주주의에 관한 prescriptive 이론을 개념화함으로써 populistic democracy라는 말에다 높은 가치를 부여하고 구체화 했다는 것이다. Sartori 1987, Part One, 129.

다. 자유주의자들이 정부 관리를 통제하는 것에만 관심을 두는데 반해, 포퓰리스트들은 투표 행위를 통해 도덕적 정당성이 구현된다는 사실을 강조한다(Riker 1982, 11-12).

이런 분석을 통해 라이커는 달이 매디슨 민주주의와 포퓰리스틱 민주주의를 대비시키는 것처럼, 다수 지배와 소수의 권리, 인민주권과 제한 정부 사이에 대칭점을 설정하는 것과 같은 통상적 이해를 비판한다. 정말 중요한 차이는 딴 데 있다. 포퓰리스트들은 인민의 의지가 곧 그들의 자유이기 때문에, 다수의 의사는 옳지 않을 수가 없고 따라서 반드시 존중되어야 한다는 것을 강조한다는 것이 핵심이다. 그러나 자유주의자들은 그런 마술적 믿음을 가지지 않는다. 투표 결과라는 것이 그저 하나의 결정일 뿐, 그 어떤 특별한 도덕적 성격을 띠지 않기 때문이다(Riker 1982, 14). 이처럼 라이커는 선호의 합, 나아가 선거결과의 의미를 어떻게 해석하느냐에 따라 포퓰리즘과 자유주의를 구분했다.

라이커는 자신이 사용한 'Madisonian'과 "populist"라는 용어가 달의 1956년 책 *A Preface to Democratic Theory*에서 빌려 온 것이라고 밝히면서도, 달과는 다른 의미로 쓴다는 사실을 분명히 천명했다(Riker 1982, 255). 라이커는 미국 근현대사를 통틀어 포퓰리즘의 사례를 적시하면서 비판적으로 접근하고 있다. 문제는 그가 사용하는 포퓰리즘이라는 말이 '비민주적' 포퓰리즘과 그 성격이 상당히 유사하다는 점이다. 그러면서도 라이커는 포퓰리즘과 populist democracy를 구분하지 않고 혼용하고 있다.

4. popular democracy?

포퓰리즘을 '다수 인민의 정치적 위상 강화와 직접적인 정치 참여 확대'라는 관점에서 정리할 때, 용어상의 혼란이 불가피해진다. 이미 이런 의미로 다양한 말들이 사용되고 있기 때문이다. 그 대표적인 것으로 'popular democracy'와 'populist democracy'를 들 수 있다.

우리말로 '인민 민주주의'로 옮길 수 있는 'popular democracy'의 뿌리는 고대 그리스까지 올라간다. 아테네에서 통용되었던 dēmokratia를 영어권에서는 'popular democracy'로 옮기고 있는 것이다. 특히 *The Oxford Classical Dictionary*(Oxford University Press, 1996)에서는 dēmokratia, 즉 'popular democracy'를 의회민주주의 또는 대의민주주의와 대비되는 직접 민주주의로 번역하고 있다.

이처럼 '인민 민주주의'는 기득권 계급이 아닌 다수 보통 사람(demos)에게 더 많은 정치적 권력을 부여하며, 나아가 이들의 직접 참여를 보장하는 정치체제라는 의미를 담고 있다. 현대 포퓰리즘이 주장하는 바 핵심 내용도 바로 이 '인민 민주주의'를 스스로 구현하겠다는 것이다.

이런 의미의 '인민 민주주의'는 프랑스 대혁명 시기에 새롭게 부각되었다. 흔히 '반동'이라는 말이 따라 붙기는 하지만 '공포정치'는 '인민 민주주의'를 태동시켰다. 당시 'sans-culottes'로 불리던 하층 계급 사람들은 자신이 곧 주권자라고 선언했다. 그러면서 민주주의란 곧 자신들이 직접 정치를 담당하는 것을 뜻한다고 주장했다. 직접 민주주의는 혁명 원리의 자연스러운 결과라면서 부르주아 민주주의(또는 constitutionalism)와의 대칭선상에 인민 민주주의를 위치시켰다.[13)]

13) Palmer 1968, 451–452, 469; Kaplan 2007, 28-29; 프랑스 혁명 시기의 직접 민주주의와 대의제 민주주의 사이의 대립에 관해서는 홍태영, 『국민국가의 정치학』(서울: 후마니타스, 2008), 제2장 참조. 프랑스 혁명 이후, 프랑스 자유주의자들은 '거리의 민주주의'를 공적인 제도의 틀에 묶어 질서를 회복해야 국가적 혼돈 상태를 극복할 수 있다고 믿었다. 이런 문제의식 아래에서 '대의제 정부에 의해 민주주의를 통제'해야 한다는 논의가 분출된 것이다(홍태영, 106-113). 그러나 인민 민주주의의 개

이 글에서 더 심각하게 검토하고자 하는 것은, 이런 의미의 정치현상에다 'populist democracy'라는 이름을 붙이는 논의도 꽤 많고, 그 결과 포퓰리즘의 성격 규명에 결정적 어려움을 가중시키게 된다는 점이다.

캐노번은 19세기 후반에 출현하였던 미국의 포퓰리스트 운동(American Progressives), 특히 그들이 펼쳤던 헌정 개혁 노력과 스위스의 직접 민주주의체제에다 "Populist Democracy"라는 이름을 붙였다. 캐노번에 따르면, 이 체제는 '국민 발안(popular initiative), 국민투표, 국민소환제 등의 방법을 통해 정부가 국민에게 직접적으로 반응하게 하는 장치와 운동'을 도모한다는 것이다(Canovan 1982, 551). 캐노번의 설명을 받아들인다면, 이런 "Populist Democracy"는 사실상 앞에서 보았던 인민민주주의와 크게 다를 바가 없다. 그런가하면 populist democracy를 전혀 다른 의미로 사용하는 학자도 있다.[14)]

념 그 자체에 대해 의문을 가지는 사람도 있다. 민주주의면 다 같은 민주주의이지, 그 내용을 일일이 구분하는 것이 무슨 실익이 있느냐는 것이다. 달(Robert Dahl)은 민주주의를 popular, democratic, republican 등으로 세분하는 것에 동감하지 않는다. 고대 그리스와 로마, 그리고 중세의 이탈리아를 거치면서 일정 수준에서 민주적이라고 할 수 있는 정부(popular government)를 사정에 따라 각기 다르게 불렀을 뿐이라는 것이다. 민주주의와 공화국이 서로 다른 민주 정부를 의미했던 것은 아니고 한다. 단지 그리스와 라틴어의 언어상 차이일 뿐이라는 것이다. 이런 생각에서 달은 20세기 민주 체제뿐만 아니라, 어느 정도 민주적이기는 하지만 상당수의 성인 인구가 정치적 참여에서 배제된 체제도 모두 인민 민주주의의 범주에 포함시킨다. Dahl 1999, 33-34, 67-68.

14) 매어(Peter Mair)는 포퓰리즘과 populist democracy를 구분한다. 즉, 포퓰리즘을 '기성 정치체제에 대한 인민들의 저항'이라고 하는 보다 전통적인 차원에서 규정하는 반면, 후자는 영국 노동당의 토니 블레어(Tony Blair) 전 수상과 같은 정치인을 염두에 두면서 사용한다. 즉, 점차 미분화되고 탈정치화 추세에 있는 유권자들과 대체적으로 중립적이며 정파적 입장을 떠나 있는 정치권을 연결시키는 보다 'respectable' 한, 그래서 더욱 현실적 적실성이 뛰어난 포퓰리즘에다 populist democracy라는 칭호를 부여하는 것이다. 그에 따르면 이것은 정당정치에 대한 저항이 아니라 오히려 그런 정치의 쇠락에서 기인하며, 기성 지배권력에 대한 불신이 아니라 아예 무관심으로 흘러가는, 그래서 정당 자체가 사라져버리는 유럽 정치를 배경

이처럼 포퓰리즘을 설명하는 여러 이론가들은 popular democracy, populist democracy, populistic democracy 같은 개념들을 세밀하게 구분하지 않은 채 사용해 왔다. 모두 포퓰리즘과 민주주의의 관계에 대한 명확한 입장 정리가 되어 있지 않은 결과이다.[15] 이런 혼선을 불식하기 위해서라도 인민 민주주의(popular democracy/ populist democracy)와 포퓰리즘을 구분할 필요가 있다. 이 둘은 모두 '인민주권 회복'의 당위성을 역설한다. '다수 지배(majority rule)', 특히 대중의 직접적인 정치 참여를 강조한다는 것도 비슷하다. 따라서 포퓰리즘과 인민 민주주의를 따로 떼지 않으면 포퓰리즘의 정체에 대한 오해가 증폭될 수밖에 없다.

거듭 말하지만, 외형상 인민 민주주의와 교차되는 부분이 많기 때문에 포퓰리즘의 실체, 그리고 그것의 공과를 정확히 규명하기가 어렵다. 포퓰리즘을 전면적으로 배척하다가는 현상유지를 원하는 보수세력의 공격에 뇌동(雷同)한다는 인상을 줄 수도 있다. 이런 어려움을 방지하기 위해서라도 양자를 엄격하게 구분해야 한다. 그래야 포퓰리즘의 개념 규정에 한 발 더 다가갈 수 있을 것이다.

V. 결 론

많은 사람들이 포퓰리즘의 출현에 대해 걱정하지만, 현대 사회에서 포퓰리즘의 확산을 막을 수 있는 마땅한 길이 보이지 않는다. 민주주

으로 한다는 점에서 기존의 포퓰리즘과 구분된다. Mair 2002, 84, 88-91.

15) 사르토리는 이런 논의 자체가 아무런 실익이 없다고 비판한다. 사람에 따라 populism, 또는 populistic democracy를 긍정적 또는 부정적 평가할 수 있다. 문제는 'populist democracy'는 지난 수십년동안 기본적으로 그 실체가 거의 없는 수식어에 불과했다는데 있다. 따라서 참여 민주주의와 populist democracy를 서로 비교하는 것은 아무 의미 없다는 것이다. Sartori 1987, Part One, 115.

의와 포퓰리즘이 떨래야 뗄 수 없는 숙명적 관계를 맺고 있기 때문이다. 이런 맥락에서 민주주의의 본질 그 자체에 대해 다시 한번 깊은 성찰을 시도해야 할 시점이다. 민주주의는 과연 '지고선(至高善)'의 가치를 지닌 것일까? 아리스토텔레스는 플라톤의 '공산주의적 이상국가'를 비판하면서, '현실적이지 않은 것은 가능하지도, 바람직하지도 않다'고 일침을 가했다. '이상과 현실의 괴리'라는 상투적 묘사를 멀리 할 수 없는 것이 민주주의라면, 아리스토텔레스의 어법을 빌려, 그 민주주의의 현실성에 대해 총체적으로 점검해보아야 하지 않을까?

같은 이유에서, 역시 아리스토텔레스가 강조해마지 않은 바, '인간은 정치적 동물'이라는 크나큰 명제에 대해서도 원점에서 다시 한번 음미해볼 필요가 있지 않을까? 캐노번의 '정치부활론'은 과연 얼마나 현실적 타당성이 있는 주장일까? 포퓰리즘의 그늘을 밟으면서 민주주의, 나아가 정치 그 자체에 대한 보다 큰 틀의 '비판적 회의'의 불가피성을 절감하게 된다.

주요 참고문헌

서병훈. 2008. 『포퓰리즘: 현대 민주주의의 위기와 선택』. 서울: 책세상.

Canovan, Margaret. 1981. *Populism*. London: Junction.

______. 1999. "Trust the People! Populism and the Two Faces of Democracy," *Political Studies*. XLVII.

Mény, Yves and Yves Surel (eds.). 2002. *Democracies and the Populist Challenge*. N.Y.: Palgrave.

Taggart, Paul. 2000. *Populism*. Philadelphia: Open Univ. Press.

참고문헌

서병훈. 2008. 『포퓰리즘: 현대 민주주의의 위기와 선택』. 서울: 책세상.

홍태영. 2008. 『국민국가의 정치학』. 서울: 후마니타스.

Abts, Koen and Stefan Rummens. 2007. "Populism versus Democracy," *Political Studies*. Vol. 55.

Allcock, J. B. 1971. "'Populism': A Brief Biography," *Sociology* 5.

Arditi, Benjamin. 2005. "Populism as an Internal Periphery of Democratic Politics," in Francisco Panizza (ed.), *Populism and the Mirror of Democracy*. London: Verso.

Beasley-Murray, Jon. 2006. "On Populist Reason," *Contemporary Political Theory*. 5. 3.

Cahill, Ben. 2007. "Institutions, Populism, and Immigration in Europe," *SAIS Review* 27.1.

Canovan, Margaret. 1981. *Populism*. London: Junction.

______. 1982. "Two Strategies for the Study of Populism," *Political Studies*. 30.4.

______. 1999. "Trust the People! Populism and the Two Faces of Democracy," *Political Studies*. XLVII.

Dahl, Robert. 1956. *A Preface to Democratic Theory*. Chicago: University of Chicago Press.

______. 1999. *On Democracy*, 김왕식 외 옮김, 『민주주의』. 서울: 동명사.

Fieschi, Catherine. 2004. "Introduction," *Journal of Political Ideologies*. 9. 3.

Kaplan, Nira. 2007. "Popular Politics and the Sans-Culottes," *Calliope*. 7. 8.

Laclau, Ernesto. 1977. *Politics and Ideology in Marxist Theory*. London: Verso.

Mair, Peter. 2002. "Populist Democracy vs Party Democracy," Yves Mény and Yves Surel (eds.), *Democracies and the Populist Challenge*. N.Y.: Palgrave.

March, Luke. 2007. "From vanguard of the Proletariat to Vox Populi: Left-populism as a 'Shadow' of Contemporary Socialism," *SAIS Review*. 27. 1.

McLean, Iain. 1989. *Democracy and the New Technology*. Cambridge: Polity.

Mény, Yves and Yves Surel. 2002. "The Constitutive Ambiguity of Populism," Yves Mény and Yves Surel (eds.), *Democracies and the Populist Challenge*. N.Y.: Palgrave.

Mouffe, Chantal. 2005. "The 'End of Politics' and the Challenge of Right-wing Populism," Francisco Panizza (ed.), *Populism and the Mirror of Democracy*. London: Verso.

Mudde, Cas. 2004. "The Populist Zeitgeist," *Government and Opposition*. 39. 4.

Navaro, Marysa. 1982. "Evita's Charismatic Leadership," Michael Conniff (ed.), *Latin American Populism in Comparative Perspective*. Albuquerque: Univ. of New Mexico Press.

Oakeshott, Michael. 1996. *The Politics of Faith and the Politics of Scepticism*. New Haven: Yale Univ. Press.

Palmer, Robert. 1968. "Popular Democracy in the French Revolution," *French Historical Studies*.

Panizza, Francisco (ed.). 2005. *Populism and the Mirror of Democracy*. London: Verso.

Papadopoulos, Yannis. 2002. "Populism, the Democratic Question, and Contemporary Governance," Yves Mény and Yves Surel (eds.), *Democracies and the Populist Challenge*. N.Y.: Palgrave.

Riker, William H. 1982. *Liberalism against Populism*. San Francisco: W. H. Freeman and Co.

Sartori, Giovanni. 1987. *The Theory of Democracy Revisited*. Chatham, NJ: Chatham House Publishers.

Shils, Edward. 1956. *The Torment of Secrecy*. London: Heineman.

Taggart, Paul. 2000. *Populism*. Philadelphia: Open Univ. Press.

Urbinati, Nadia. 1998. "Democracy and Populism," *Constellations*. 5. 1.

Wiles, Peter. 1969. "A Syndrome, Not a Doctrine: Some Elementary Theses on Populism," Ghita Ionescu and Ernest Gellner (eds.), *Populism*. London: Macmillan.

CHAPTER 12

탈근대주의(Postmodernism)의 한국적 수용

홍 원 표

Ⅰ. 들어가기: 시대의 변화를 생각하며

사유하는 내가 서 있는 곳은 현재 이곳이듯이, 지나온 과거와 다가올 미래를 가르는 경계는 '현재'이다. 과거 · 현재 · 미래로 이어지는 시간의 흐름 속에서 새로운 요소가 개입되지 않는다면, 삶은 동일한 양태로 표출될 것이다. 흐름이란 한줄기로 잇따라 진행되는 현상을 비유적으로 이르는 말이다. 이러한 흐름에 대한 개입이 없다면, 동일한 모습은 반복적으로 이어질 것이다. 역사 속에서 특정한 정치적 사건은 종종 이러한 반복의 연쇄를 단절시키는 계기를 제공한다. 많은 사람들에게 더 많은 충격을 주는 정치적 사건이라면, 이와 연관된 전통과 단절하려는 의지는 더욱 강하게 나타날 것이다.

고전적 전통에 대한 근대의 지적 도전 속에서 근대성은 뚜렷한 형태를 갖추게 되었으며 과거 몇 백년간 서구인의 삶의 원칙이 되어 왔다. 스트라우스는 그 흐름을 '근대성의 3파(three waves)'로 표현한다. 근대성의 3파는 외형적으로 다른 형태의 흐름이지만 실질적으로 동일한 목적을 추구한다. 20세기에 들어와 근대성은 도전을 받기 시작하였다. 역사상 전례 없는 정치체제인 전체주의는 근대성에 대한 신랄한 비판의 계기를 제공하였다. 스트라우스, 보에글린, 아렌트와 같은 망명 정치철학자들은 전체주의를 통해 근대성의 병리적 현상을 목격하였다. 이들의 근대성 비판은 탈근대 철학의 형성으로 이어지지는 않았다. 근대성의 병리적 현상을 치유하는 지혜를 고전적 전통에서 찾고자 할 때, 그러한 지적 노력은 근대성의 위력에 여전히 끌리는 사람들에게 호소력을 주지 못했을 수도 있다. 이들의 지적 노력 또한 근대성과의 근본적 단절을 시도하지 않을 수도 있다.

근대성과의 근본적 결별은 자본주의의 자동화로 인해 변화의 활력을 상실하기 시작한 1960년대 후반에 이르러 그 형태를 갖추기 시작하였다. 전후 대학교육을 받고 68운동을 경험한 세대의 대표적 지성인 푸코(Foucault, 1926-1984)와 데리다(Derrida, 1930-2004) 등 프랑스 철학자들이 그 주역을 담당하였다. 이들은 알튀세의 지도를 받으면서 구조주의를 이해하는 기회를 가졌으나 이를 넘어서 새로운 철학 사조를 형성하기 시작했다(홍원표 2008, 142). 푸코는 사회와 권력 개념을 형성하는 데 있어서 니체로부터 많은 영향을 받았으며, 데리다는 해체주의를 형성하는 데 있어서 하이데거의 탈형이상학에 많은 영향을 받았기 때문에, 탈근대주의는 니체와 하이데거의 철학에 그 뿌리를 두고 있다.

한국의 경우 민주화를 열망하던 1980년대 학생 등 진보적 지식인들은 마르크스 철학에 관심을 갖고 이를 실천과 연계시켰다. 그러나 1989년 냉질질서의 해체 및 세계화의 흐름 속에서 정치패러다임의 변화가 구체적으로 나타나던 전환기에 탈근대 철학은 유행처럼 학계로부터 주목을 받게 되었다. 1987년 민주화운동은 학문영역뿐만 아니라 삶의 영역에 많은 변화를 가져왔다.

우리 학계는 탈근대 철학을 단순히 이해하는 수준에 머물렀기에 이를 비판적으로 수용하지는 못했지만, 탈근대 철학은 1990년대에 들어와 철학 영역을 넘어서 다양한 학문 분야의 연구대상으로 확산되었다. 이 과정에서 연구자들 가운데 일부는 탈근대 철학을 비판적으로 성찰하는 연구 성과를 제시하고 있으며, 다른 일부는 근대-탈근대 논쟁의 틀 속에서 탈근대주의를 비판적으로 성찰하는 연구 성과를 제시하였다.

탈근대주의가 확산되는 시기 글로벌 자본주의, 페미니즘, 다문화주의 등의 사조가 우리 학계에서 주목받기 시작했다. 이러한 사조들은 탈근대주의와 긴장 또는 대치 상태를 유지하거나 병존하면서 시대의 변화를 부각시키는 데 어느 정도 기여하고 있다. 탈근대주의는 정치 형태와 내용의 변화를 경험하는 우리들에게 새로운 통찰력을 제공할 수 있을 것이다.

여기에서는 탈근대주의의 한국적 수용을 고찰하는 데 역점을 둔다. 제2장에서는 탈근대주의를 이해하는 데 필요한 기본 내용을 중점적으로 제시한다. 따라서 탈근대 철학의 기본 이념과 원리를 앞부분에서 제시하고, 이어서 탈근대 철학의 정치적 전환과 관련된 내용, 즉 동일성과 차이의 관계, 정치행위자로서 주체와 타자의 관계, 타자의 정치와 공동체의 의미를 검토한다. 제3장에서는 한국정치학계의 담론과 지형에 대해 검토한다. 여기에서는 주로 『한국정치학회보』와 『정치사상연구』에 소개된 연구를 중심으로 고찰한다. 탈근대주의에 관한 다양한 학문분야의 논의는 있지만, 탈근대주의의 정치적 해석에 초점을 맞추고자 한다. 제4장에서는 탈근대주의가 한국 사회에 어떻게 수용되고 있는가를 몇 가지 측면에서 검토하기로 한다. 지적 담론이 정치현실의 변화에 영향을 미칠 수도 있지만, 오히려 시대 흐름이 정치양태의 변화로 표출될 수도 있기 때문이다.

Ⅱ. 탈근대 철학의 이념과 정치적 전환[1)]

탈근대 철학의 정치적 전환을 이해하는 데 있어서 다양한 측면을 고려할 필요가 있다. 우선 탈근대 철학의 에토스를 형성하는 차이와 타자성의 의미를 이해하는 것이 중요할 것이다. 정치적 존재론의 관점에서 볼 때, 이 문제는 행위자로서 주체와 타자의 관계에 대한 이해와 연계된다. 이어서 탈근대 정치와 정치공동체 문제를 고찰한다. 여기에서는 구체적 양태로서의 정치와 패러다임적 틀로서 정치적인 것(the political)을 연계시킬 것이다. 경험적 측면과 형이상학적 측면은 상호 연계되어 있다. 탈근대주의자들은 이러한 이분법적 구도를 거부하고 있지만, 이들의 담론에는 분명히 양자를 반영하고 있다. 아울러, 이러한 담론지형의 변화를 고려하여 푸코와 데리다의 기본 입장과 정치적 의미를 소개하고, 다른 탈근대주의자들의 비판적 수용과 변용을 고려한다.[2)]

데카르트의 에고 코기토(ego cogitio)는 근대의 핵심적인 형이상학적 축으로 기여해 왔으며, 동일성 개념은 헤겔 철학에서 그 정점에 도달한다. 동일성은 본질과 현상, 보편과 특수, 주체와 객체, 필연과 우연의 변증법적 통일을 통해서 확보된다. 이와 같이, 이러한 이분법적 대립

1) 이 절은 필자가 『정치학이해의 길잡이 1: 정치사상』(법문사, 2008)에 게재한 논문 「탈근대성과 타자성: 정치적 전환」 제2절의 내용을 주로 소개하고 있다.

2) 낙관적 탈근대주의는 주로 푸코나 데리다의 회의적 탈근대주의의 실천적 한계에 대한 비판적 성찰로 제기되었다. 따라서 푸코나 데리다의 입장을 제시하고, 이어서 낙관적 탈근대주의의 입장을 제기하는 것은 탈근대 철학의 정치적 전환과 연관된다. 회의론자들은 근대성과의 완전한 단절을 강조하지만, 낙관론자들은 근대성을 비판하면서도 그 해결책을 제시한다.

쌍에서 '타자'로 범주화되는 후자는 주체로 범주화되는 전자로 흡수된다. 후자는 전자의 외적 표현에 불과하기 때문이다. 본질과 현상을 구분하려는 이분법적 세계(two-world)를 통합하려는 헤겔의 철학은 동일성을 절대적 범주로 삼고 있다.

그러나 동일성을 절대화하려는 지적 노력은 20세기에 들어와 도전을 받기 시작했다. 달마이어가 지적하듯이, 타자에 대한 관심의 전환은 후설과 하이데거에서 전후 사르트르나 메를로-퐁티와 같은 현상학적 실존주의자들을 거쳐 구조주의자들과 후기구조주의자들을 통해서 진행되었다.[3] 타자에 대한 관심은 우리 시대의 광범위한 변화와 '탈구'로 촉진되었다. 이러한 탈구는 범세계 차원에서 서구 문화와 부활된 비서구 문화 사이의 충돌로 명백히 드러나게 되었다.

이러한 시대의 흐름 속에서 탈근대 철학만큼 '차이'와 '타자성'을 핵심적인 범주를 끌어들인 사조는 없을 것이다. 이는 주체의 지적·정치사회적 위상을 확립하려는 근대 철학과 정치에 대한 지적 반발의 결과이다. 주체의 정체성을 확립하려는 노력 때문에 근대 철학은 주체의 철학으로 특징화될 수 있다. 주체의 철학에서 동일성은 사회와 역사 발전의 원동력으로 인정되지만, 차이는 부차적인 것 또는 배제의 대상으로만 치부된다. 동일성은 항상 현전의 범주에 속하며, 차이는 부재의 범주에 속한다. '현전'은 본질과 조응되는 개념이고, '부재'는 현상과 조응되는 개념이다.[4]

---

3) 이와 관련한 글은 프랑스 탈근대주의 철학 이전 타자에 관한 다음 문헌의 서문에 소개되어 있다. Michael Theunissen, *The Other: Studies in Social Ontology of Husserl, Heidegger, Sartre, and Buber* (Cambridge and London: The MIT Press, 1986).

4) 형이상학적 전통에서 본질은 항상 정신의 눈에 드러나는 것이지만, 현상은 잠정적으로 존재하였다가 소멸되는 것이기에 부재하는 것으로 이해된다. 따라서 형이상학적 전통은 본질주의(essentialism)를 특징으로 하지만, 탈근대 철학은 반본질주의(anti-essentialism)를 특징으로 한다.

그런데 근대 철학에서 주체는 현전과 같은 위상을, 그리고 객체 또는 타자는 부재와 같은 위상을 갖는다. 공간적 맥락에서 보면, 주체가 차지하고 있는 자리가 중심이고, 타자화된 객체가 차지하고 있는 곳은 가장자리나 언저리 또는 여백이다. 거대한 역사담론에서 항상 어두운 곳에 머물러 있는 타자 또는 한계인은 주목을 받지 못한다. 그런데 탈근대 철학에서는 중심에 위치한 주체가 아니라 주변에 있는 타자를 빛의 영역으로 끌어내었다. 탈근대주의자들은 사회와 역사의 새로운 행위자로서 존재론적 근거를 제시하고 이를 부각시킬 수 있는 인식론적-방법론적 전략뿐만 아니라 실천 전략을 제시하고 있다.

코놀리(William Connolly)는 동일성과 차이의 관계를 명료하게 규명하고 있다. 동일성이 존재하려면 차이가 요구된다. 그리고 동일성은 자기 확신을 확보하기 위해서는 '차이'를 '타자성'으로 전환시킨다. 동일성과 차이는 상호의존적이면서도 갈등적인 이중 관계를 유지하고 있다. 이러한 이중 관계는 지식의 이론적 문제를 실천의 역설로 전환시킨다. 진실로 동일성을 확보하려는 노력은 타자성에 대한 억압을 포함할 수 있기 때문이다.

동일성과 차이의 관계에는 차이의 역설이 존재한다. 우리는 개인적 또는 집단적 동일성을 포기할 수 없다. 그런데 우리는 이러한 동일성에 진실성을 부여하려는 충동 때문에 차이를 타자성으로 전환시키고 타자성을 진정한 동일성이란 현상을 확보하고자 만든 속죄양으로 전환시키게 된다. 진정한 동일성을 확보했다는 것은 차이에 무관심한 것이며, 차이에 충실하다는 것은 진정한 동일성의 축복을 희생시키는 것이다.

그런데 탈근대 철학은 근대성에서 동일성을 부각시키고 타자성을 억압하는 제도를 지속적으로 생산해 왔다고 주장한다. 동일성 원리를 포기하지 않는 한 차이 또는 타자성은 항상 무의미하거나 비정상적인 것으로 매도될 수밖에 없다는 것이다. 따라서 탈근대 철학은 대립적 사유를 지양하기 위해서 동일성을 차이 또는 타자성으로 대체한다. 여기에서 타자는 어떠한 형태의 동일자로 바뀔 수 없는 환원 불가능한 타자이다. 이것은 데리다의 완전한 타자이다.

그렇다면 타자는 동일자와의 관계에서 절대적 선으로 상정되는가? 타자는 고정된 정치적 실재가 아니라 상황에 따라 유동적인 성격을 띠고 있다. 나와 타자가 배제의 관계가 아니라 상호의존 관계라는 측면을 고려할 때, 동일성과 타자성의 이중적 관계는 정당화될 수 있다. 문명과 자연, 이성과 비이성, 남성과 여성, 필연성과 우연성, 연속성과 단절이라는 '대립 쌍'에서 한편을 인정하지 않을 경우, 다른 편은 존립할 수 없다. 이러한 구도에서 나타나듯이, 동일성은 분명히 차이와 갈등 관계뿐만 아니라 상호의존 관계를 유지하고 있다.

푸코는 주체와 객체,[5] 이성과 정념 등 이분법적 대립이 억압과 예속의 근원이라고 지적한다. 데리다는 원전의 해석에 있어서 저자와 독자의 이분법적 대립을 해체하고 있다. 따라서 탈근대 철학은 주체의 해체 또는 종말을 강조하고 있다. 우선 주체를 해체하고 타자를 어떻게 부각시키는가에 대해 고찰하고, 이어서 이러한 시도가 인간주의의 완전한 폐기를 의미하는가에 대해 검토하기로 한다.

푸코는 근대 인간주의에 대한 비판을 통해 예속(화)의 양태를 제시

5) 근대성에서 데카르트의 주체는 정치영역으로 수용됨에 따라 다양한 형태로 구체화된다. 주권적 국민국가, 민족, 집단, 계급, 진영과 같은 개념으로 확장된다. 우리 국가와 다른 국가, 우리 민족과 다른 민족, 부르주아와 프롤레타리아, 자유주의 진영과 사회주의 진영과 같은 대립 쌍에서 전자는 항상 주체로서 위상을 갖는다. 따라서 근대 정치에서는 개체성의 생존을 어떻게 보존하는가의 문제가 항상 중요한 위상을 차지하였다. 칼 슈미트는 동일한 범주에 속하는 친구와 반대 집단인 적이라는 구도 아래 우적이란 개념으로 구체화하였다.

하고 있다. 푸코는 『광기의 역사』에서 다양한 유형의 타자를 부각시키고 있다. 이성의 범주에 속하지 않은 사람들은 비이성적인 존재로 분류된다. 그에 따르면, 15세기의 목선(ship of fools)은 미친 사람들을 사회로부터 배제하는 수단이었으며, 17세기 "대감금" 운동에서 주민들 가운데 비이성적인 집단은 감금되고 격리되었다. 광기는 이성의 반대로, 그리고 19세기에 정신적 질병으로 간주되었다. 이와 같이 이성과 광기라는 이분법적 구도에서 광기로 표상되는 사람이나 집단은 타자로 분류되고 억압된다. 푸코는 근대적 합리성의 계보학에 대한 지속적인 분석을 통해 타자를 발견하게 된다.

데리다는 일차적으로 주체와 객체 이분법을 해석의 구도에서 언급하고 있다. 저자와 독자의 근대적 관계에서 저자는 주체로, 독자는 객체로 묘사된다. 원전의 해석에서 저자의 본질적 의도가 원전의 내용을 결정한다는 전제 때문에, 원전의 의미를 도출하는 데 있어서 독자는 부차적인 위치만을 차지하기 때문이다. 그러나 데리다는 원전과 관련하여 저자보다 독자의 위상을 강조하고 있다. 이를 정당화하기 위해 차이(difference)와 지연(defer)의 복합어인 차연(differánce)이란 용어를 만들어냈다. 이 용어는 시간적·공간적 맥락을 공동으로 지니고 있다. 원전의 의미는 시간적 격차와 관점의 차이에 따라 다양하게 확산된다. 파종(dissemination)은 이러한 의미를 담고 있는 언어상징이다. 하나의 씨앗이 결실로 수많은 씨앗을 생산하고, 이어서 생산된 씨앗을 파종할 경우 더 많은 씨앗이 생산되듯이, 독자들은 원전을 통해 그에 담긴 다양한 의미를 발견하고, 다른 독자들이 또 이를 토대로 또 다른 의미를 생산한다. 그렇듯이, 데리다는 원전의 의미는 저자가 아닌 독자에 의해 결정된다는 것을 강조하고 있다. 이러한 논리에서 저자가 아닌 독자가 원전의 의미 발굴에 있어서 중심적인 위치를 차지한다.

이와 같이, 탈근대 철학자들은 근대적 주체를 해체함으로써 주체에 기반을 두고 있는 근대 인간주의를 부정하고 있다. 그렇다면 주체의 탈근대적 해체는 새로운 유형의 인간주의를 은밀하게 상정하고 있는가? 이상화된 타자는 어떠한 유형의 인간인가?

탈근대적 회의론자들은 인간이 문화 또는 사회체계에 의해 형성되는 수동적 존재로 규정함으로써 역사 속에서 인간의 중심적 위상을 부정하고 있다. 그러나 이들은 근대적 정체성을 지닌 주체를 완전히 해체하고 있으나 주체를 증발시킬 정도로 극단적 입장을 옹호하고 있다고 평가하기는 어렵다. 이들은 탈근대적 주체를 상정함으로써 새로운 유형의 인간주의를 정당화하고 있다.

푸코는 브들레르(Baudelaire)의 댄디즘에 입각해 "기본적으로 신체, 쾌락, 미학적 형태에 관심을 갖고 있어서 정치・사회영역에 관심을 갖지 않는" 인간을 모범적인 인간으로 상정하고 있다. 개인의 취향과 개성을 형성하는 데 관심을 갖는 인간은 기본적으로 가치 다원화를 촉진하는 데 기여하지만 공적이 문제와 정치적 책임에 무관심할 수 있다. 푸코의 '새로운 주체'는 근대의 개인주의보다 더 근본적인 개인주의의 형성에 기여할 수 있다. 또한 차연의 논리에 따라 가치의 작용만을 강조하는 데리다의 행위자 역시 개별성만을 강조하지 책임 있는 주체로서 위상을 갖기 어렵다. 데리다는 말하기보다 글쓰기를 강조하며 저자보다 독자의 입장을 강조한다. 익명의 독자에 대한 강조는 기본적으로 새로운 것을 창조하는 저자의 권위를 인정하지 않으려는 태도이다. 그러나 익명의 독자는 공적인 문제와 관련한 적극적인 행위자로서 역할을 하지 못한다.

달마이어(Fred Dallmayr)는 주체의 절대적 위상을 인정하지 않을 뿐만 아니라 타자를 절대화하지도 않는다. 그는 이러한 정치적 전환을 위해 '부재적 현전'[6]이란 개념을 원용하고 있다. 그에 따르면, 여론은 목소리로 드러나기에 현전으로 이해되지만, 민심은 진정한 인민의 목소리로서 드러나지 않은 부재로서 위상을 갖는다. 정치에 있어서 여론과 민심을 수용한다는 것은 정치에 있어서 타자를 부각시킨다는 것이다. 따라서 그의 부재적 현전은 현전으로서 인민의 위상뿐만 아니라 한계인과 같은 타자의 정치적 위상을 증대시킨다는 의미를 담고 있다. 부재적 현전을 정치의 원리로 수용할 때, 정치의 주체는 고정된 것이 아니라 유동적이며, 그 숫자는 증대된다. 이와 같이, 탈마이어는 근대적 주체의 배타성을 억제하면서 다른 사람에 관심을 갖는 새로운 주체를 상정하고 있다. '탈개인주의적' 개인은 공동체에서 책임 있는 주체로서, 달리 표현하여 민주적 시민으로서 위상을 갖는다.

탈근대주의자들은 예속과 억압을 은폐하고 있는 주체와 객체(타자)의 이분법적 구도를 해체하는 저항과 도전을 부각시키고 있다. 따라서 탈근대 철학에서 주체의 해체, 그리고 타자의 발견은 무엇보다도 중요하다. 이러한 존재론적 가정을 실현하는 노력으로서 새로운 형태의 정치가 강조된다. 탈근대 철학에서 정치행위의 주요한 목표는 해방이다. 푸코는 사회제도에 깔려 있는 다양한 유형의 예속에서 벗어나는 것이며, 데리다는 사회제도에 깔려 있는 억압으로부터 벗어나는 것이 곧 정치행위의 목표이다.

푸코는 자신의 저작을 통해 예속화의 세 가지 축으로서 진리·권력·윤리를 비판하고 있다. 그는 인간주의 레짐의 한계를 확정지으려는

6) 형이상학적 전통에서는 본질은 항상 나타나는 것으로, 현상은 잠정적으로만 존재하는 것으로 이해된다. 그러나 인간세계에서 현상과 본질이 일치한다는 전제를 고려할 때, 현상은 항상 나타나는 것만은 아니다. 현상은 잠정적으로 은폐되었다가 노출될 수 있으며, 역으로 노출되었다가 다시 은폐될 수 있다. 따라서 이 개념은 드러나는 것과 드러나지 않는 것이 현상을 구성한다는 의미를 담고 있다.

시도를 통해 이를 부각시켰다. 근대적 고고학에 관한 1960년대 저작에서 그는 인간이 어떻게 지식의 대상과 주체가 되는 위치에 놓이게 되었는가를 밝히고 있다. 그는 1970년대 저작에서 권력과 과학적 담론이 어떻게 상호 연계되는가를 밝히고 있으며 1970년대 중반에는 권력이 예속된 주체를 어떻게 억압하고 구성하는가를 밝히고 있다.

예컨대 『감시와 처벌』에서도 언급하고 있듯이, "규율이 개인을 만든다. 그리고 특이한 권력 기술은 개개인을 대상과 그 도구로 간주한다"(170). 이와 같이 개개인은 "세 가지 단순한 도구(즉, 위계적 관찰, 정상화 판단, 시험)이란 수단에 의해서 수행되는 훈련에 의해 형성된다"(170). 감시를 합리화하는 규율적 장소가 벤담의 원형감옥(팬옵티콘)이다. 감시자는 관찰을 통해 정상적 판단을 내릴 수 있으며 규범에서 벗어나는 일탈 행위를 처벌할 수 있다. 이때 규범은 규율적인 제도(학교, 병원, 군대, 감옥)에 행정적으로 요구되는 통계적으로 결정된 활동 기준이며, 도덕적 법칙이다. 시험은 임상실험과 교육적인 시험이 있으며 개개인의 활동을 기록하는 수단이 된다. 푸코는 이러한 규율적 기술을 권력-지식기술로 규정하였다.

그런데 푸코는 특정한 제도에서 시행되는 규율적 기술이 그 장소에 머물지 않고 사회 전반에 확산된다고 주장한다. 즉 사회에서 한계적인 위치에 있는 비정상적인 사람이나 비행자들의 예속은 그들의 삶에만 한정되지 않고, 정상적인 다른 사람들도 그들의 의지와 반대로 간접적으로 예속된다. 푸코의 규율은 원초적 권력이다. 규율은 순종적이며 생산적인 조직을 만들어내기 때문이다.

규율적 제도의 형성과 발전은 근대성의 어두운 측면에 타자를 형성하는데 기여한다는 것이다. 여기에서 규율적 권력에 대한 저항은 정당화된다. 무엇이 저항을 가능케 하는가? 이러한 질문에 대한 답을 얻기 위해서는 적극적 권력에 대한 푸코의 개념을 정교하게 설명할 필요가 있다. 권력과 저항은 양자가 존재하기 위한 가능 조건이다. 따라서 푸코는 규율적 권력에 대한 예속으로부터 벗어나기 위해 항구적인 저항을 강조하고 있다. 이러한 점에서 푸코의 정치행위는 저항과 같은 의미로 이해된다. 저항은 전체주의적 또는 관료화된 정치구조의 형성을 차단하고 다원성을 극대화시키는 행위로서 강조되고 있다. 규율적 권력에 대한 끊임없는 저항만이 지식/권력관계에 의해 형성되는 억압으로부터 벗어날 수 있다.

데리다는 사회제도에 존재하는 억압의 흔적을 추적한다. 그에 따르면, 사회·경제·정치 제도의 조화라는 명분은 억압을 은폐하고 있다. 예컨대, 민족의 통합, 노동자들의 연대, 후기자본주의에서 경제협력에 대한 신뢰(후쿠야마), 지배 없는 자유로운 소통의 이상(하버마스) 등은 억압을 은밀하게 정당화하고 있다는 것이다. 따라서 해체주의는 이러한 제도적 질서에 은폐되어 있는 폭력을 노출시키는데 역점을 두고자 한다. 해체주의에 따르면, 근대 철학은 현재에 대립물의 조화적 통일을 상정함으로써 법칙의 불가피한 폭력을 부정할 뿐만 아니라 미래에 대한 약속을 부정한다. 이러한 폭력과 억압을 극복하는 것은 곧 정치적이다.

동일성을 강조하는 근대 정치가 배제의 정치를 정당화한다면, 탈근대주의는 정치행위를 무제한적으로 확장하고 있다. 정치를 합의로 특징화할 경우, 합의 범주로부터 이탈하는 것은 무의미한 것으로 규정된다. 이러한 논리에 따르면, 정치는 배제의 원리와 밀접하게 연계된다. 반면에, 푸코와 데리다는 억압구조를 해체하기 위해 공과 사의 이분법적 대립을 부정하면서 모든 활동을 정치행위로 규정한다. 이러한 유형의 정치는 과잉의 정치로 규정될 수 있다. 그러나 모든 활동이 정치적이라는 주장은 그 반대의 논리를 정당화하는 결과를 초래한다.

달마이어는 동일성을 이상화하는 정치뿐만 아니라 타자를 절대화하려는 정치 역시 거부하고 있다. 그런데 전자는 배제의 정치로 범주화되며, 후자는 과잉의 정치로 범주화된다. 달마이어의 '부재적 현전'을 정치행위에 적용시킬 경우, 제3의 정치는 배제와 과잉의 양 극단에 치우치지 않는 상태로 나타난다. 타자화된 침묵의 목소리인 민심과 노출된 정치적 의견인 여론을 수용한다는 것은 정치영역에서 행위자들의 저항과 조화의 균형적 발현을 강조한다는 의미를 담고 있다. 따라서 '부재적 현전'의 정치적 전환은 참여정치의 정당화로 이어진다.

탈근대주의자들은 '대표성'[7] 원리의 취약점을 여러 가지 각도로 지적하고 있다. 이들에 따르면, 대표성은 인간주의와 병존하는 원리로서 정치질서의 왜곡을 초래한다는 것이다. 따라서 회의론자들은 공공영역 개념이 사적·공적이란 이분법적 대립을 전제하고 있다는 점에서 대표성 원리가 인간의 진정한 해방을 실현할 수 없다고 주장한다. 즉 남성원리는 공공영역에, 여성원리는 사적 영역에 적용되고 있기 때문에 대립 구조는 억압 기제로 작용한다는 것이다. 이러한 회의론을 거부하는 낙관론자들은 공공영역을 상호주관적·의사소통 영역으로 재구성하고 있다.

탈근대주의자들은 기본적으로 통일성보다 다원성을 강조하고 있다. 다원성을 절대적 명제로 상정하는 인식론적 관점은 기본적으로 근대성

7) 'representation'이란 용어는 표상, 대표성, 대리, 유사성, 복제, 반복, 대리 등의 의미로 사용된다. 진리이론에서 하나의 사물에 하나의 진리가 존재한다는 것이다. 이 명제에 따르면, 표상은 어느 하나를 다른 것으로 간주하는 방식이다. 원본과 표상의 동일성을 강조하는 표상이론은 탈근대주의자들에 의해 부정된다. 푸코나 데리다 같은 탈근대주의자들은 정치적 대표성이 근대 서구민주주의를 상징한다는 점에서 이를 부정하고 있다. 그러나 일부 낙관적 탈근대주의자들은 근대적 대표성을 부정하고, 민주적 참여를 통한 대표성의 확장을 옹호하고 있다. 자세한 내용은 로제나우(1998) 제6장을 참조하시오.

에 대한 극단적 회의주의에서 비롯된다. 이성중심주의, 진보적 낙관론, 그리고 그 정치적 결과에 대한 회의가 이들의 인식론에 그대로 반영되고 있다. 따라서 회의적 탈근대주의자들은 정치적 전략으로서 통일성을 제거하기 위해 절대적 다원성을 민주주의의 새로운 원리로 강조하고 있다. 그러나 이러한 회의론은 근대론자들과 반대의 입장에서 다른 유형의 본질주의를 야기하고 있다.[8] 이러한 정치적 전략의 한계를 인정하는 낙관론자들은 통일성과 다원성의 긴장관계를 인정함으로써 실천적 해결책을 모색하고 있다.

탈근대주의자들은 계몽주의에서 강조하는 동일성을 극복하기 위해 타자성을 강조한다. 즉, 타자성은 부차성, 예외, 비본질, 결여 등의 의미를 지닌 요소라는 부정적 차원을 넘어 인간 조건의 중요한 요소로 재규정되고 있다. 푸코는 대립으로서 비이성의 존재를 부각시키고 있는데, 코놀리는 동일성을 강조하지 않으면서도 타자성을 병리적으로 취급하지 않는 새로운 민주정치를 강조하고 있다. 데리다 역시 차연 개념의 정치적 적용을 통해 타자성을 강조하고 있다. 그러나 동일한 것은 하나도 없다는 주장은 '비동일성'의 절대화하는 근본주의의 한 유형이다.

탈근대주의는 어떠한 유형의 정치공동체를 상정하고 있는가? 푸코나 데리다가 상정하는 공동체에서는 어느 누구도 공동체 구성에 있어서 주도적 권위를 갖지 못하고 부분적인 역할만을 담당한다. 타자와의 무한한 관계 형성만이 강조될 뿐이다. 따라서 타자에 대한 관심은 역할 분담에 기초한 정치공동체와 연계된다. 공공영역과 사적 영역의 이

8) 본질주의는 실재는 하나라는 명제를 기반으로 하고 있으나, 반본질주의(anti-essentialism)는 모든 것이 실재라는 명제를 역설한다. 이러하듯, 통일성만 강조하거나 다원성만 강조하는 입장은 정반대이지만 같은 속성을 띠고 있다. 따라서 후자는 '반본질주의적' 본질주의로 표현된다.

분법적 구분을 거부하는 이들은 끊임없는 관계만을 강조할 뿐이다. 해체주의 원리를 원용하고 있는 콜레트(William Corlett)는 통일성 없는 공동체를 인정하고 있다. 그러나 이 공동체는 대화 속에나 존재할 수 있는 상상의 공동체일 뿐이다. 즉, 대표성 원리, 동일성 원리, 공공영역을 부정하는 차연 개념은 이상화된 타자의 공동체 형성에만 적용되며 현존 가능한 공동체의 형성에 기여하지 못한다.

절대적 동일성을 강조하는 논리가 전체주의 체제와 친화성을 갖고 있지만, 차연을 신성화하거나 절대적 다원성만을 강조하는 논리는 무정부주의를 야기할 수 있다. 달마이어는 다원성만을 강조하는 탈근대주의가 새로운 정치공동체의 형성으로 이어질 수 없다는 것을 파악하였다. 따라서 그는 이러한 실천적 한계를 극복하고자 현전과 부재의 상호공존이라는 틀에서 탈개인주의적 정치공동체를 구성하고 있다. 탈개인주의는 나와 타자의 단순한 공존이나 나와 타자 사이의 감정적 유대만을 강조하지 않고, 자아정체성과 타자성의 긴장적 균형을 기저로 삼고 있다. 따라서 소유적 개인주의에 기반을 둔 도구적 공동체를 극복하기 위해 개인의 정체성을 유지하면서도 타자와의 공존을 가능케 하는 탈개인주의는 정치공동체의 새로운 구성 원리를 포함하고 있으며 타자지향적 정치를 발현시킬 수 있다. 그에 따르면, 침묵의 소리인 민심과 노출된 정치적 의견(여론)을 동등하게 인식하는 정치적 능력이 정치공동체의 활력을 증대시킨다. 민심과 여론에 기초한 정치는 근대적 대표성 원리의 한계를 넘어서는 새로운 해결책이다.

Ⅲ. 한국 정치학계의 주요 연구 경향

1980년대 후반 탈근대주의와 관련한 저작들이 번역본으로 소개되자, 이에 대한 관심은 유행처럼 확산되기 시작하였다. 근대 철학에 익숙하였던 독자들에게 탈근대 사상은 충격으로 작용하였을 것이다. 1990년대 초반 정치사상 연구자들은 푸코 등의 저서에 대한 정치학적 연구 성과를 게재하기 시작하였다. 그러나 이에 관한 연구는 일부 학자들에 의해 지속되었고, 그 연구 성과도 많은 편은 아니다. 탈근대 철학의 정치적 전환에도 불구하고 관심이 퇴조한 이유는 탈근대 철학의 실천성 문제일 수도 있다. 여기서는 『한국정치학회보』와 『정치사상연구』를 통해 발표된 논문들을 중심으로 탈근대주의에 관한 정치학자들의 다양한 입장을 다음과 같이 몇 가지 측면에서 소개한다.

1. 형이상학 비판과 '철학적 근거의 이중성'

탈근대주의는 푸코와 데리다를 통해서 그 형태를 갖추게 되었다. 그러나 다수의 이론가들은 이들의 철학적 출발점으로 니체와 하이데거로 삼고 있다. 김용찬은 "역사에 대한 모더니스트의 입장을 비판한다는 점에서 니체와 포스트모더니스트는 공통점을 갖지만 니체의 처방은 포스트모던적인 것이 아니라"(295)는 점을 강조하고 있다. 그러나 김용찬(2006)은 푸코의 니체해석이 대담하고 도전적이며 풍부한 상상력을 담고 있다고 지적하였다. "니체의 권력개념을 통해 정치사상의 영역과 경계를 변화시키고자 했던 푸코의 시도는, 기본적으로 니체는 권력을 기존 정치이론의 범위를 넘어서 사고했다는 전제에 의존하고 있다"(37). 그는 이 논문 결론에서 다음과 같이 지적하고 있다. "푸코의 니체 해석은 근대정치사상의 다른 사상가들(마키아벨리, 홉스, 루소, 칸트, 헤겔, 마르크스 등)과 니체의 관계라는 지금까지 간과되어온 문제들을 새롭게 제기하면서 니체 연구에 활력과 영감을 불어넣고 아울러 탈근대적 사고에서 그의 중요성이라고 하는 또 다른 중요한 문제를 제기하는데 기여하고 있다"(39).

이동수에 따르면 탈근대주의자들은 인간의 존재론적 · 인식론적 차원에서 인간이 처해있는 이중성과 한계를 강조하면서 하이데거의 존재론적 이중성, 푸코의 표상의 이중성, 그리고 정치세계에서의 이중성을 부각시키고 있다. 이동수는 이러한 인간적 실존의 이중성을 토대로 "우리 근대화의 문제점은 인간존재와 삶에 내재되어 있는 이중성의 긴장관계를 인식하지 못하고 그 균형을 깨뜨려 사회를 동질적인 것으로 만들어간데 있다"(171)고 비판한다. 아울러, 그는 탈근대주의에서 현실을 이해하는 통찰력을 부각시키고 있다. 형이상학적 전통을 비판하는 하이데거의 입장은 탈근대주의의 이해에 있어서 중요하다. 그는 하이데거의 니힐리즘 비판과 근원적 윤리학이라는 논문을 통해 형이상학의 역사를 분석하고 있다(143-167).

탈근대주의는 실재의 보편성을 상정하고 있는 형이상학적 가정을 비판할 뿐만 아니라 인식론적 관점에서도 입장을 달리하고 있다. 이러한 점에 주목한 홍원표(1994)는 신고전주의와 후기구조주의의 존재론적 · 인식론적 · 실천적 정향을 대조하고 있다. 후기구조주의의 경우, 정치적 실재는 초월적이지 않고 내재적 형태로 존재한다. 즉, "푸코와 데리다는 초월적 존재의 영역을 내재화시키려는 시도에서 각기 '역사 밖에 아무것도 없다,' 그리고 '원전 밖에는 아무 것도 없다'는 존재론적 가정을 전제한다(358). 후기구조주의는 어떠한 의미에서 부분적·국소적 측면의 끊임없는 노출을 통해 정치질서의 새로운 원리를 정립하려는 인식론적·방법론적 정향을 지니고 있다(364). 그리고 정치행위와 정치질서의 원리로서 통일성보다는 다원성이 강조된다.

2. 푸코에 대한 다양한 해석

탈근대주의는 근대 정치사상의 이분법적 대립 논리가 기본적으로 억압을 은밀하게 정당화하고 있다는 전제 아래 인간의 진정한 해방을 위해서는 이러한 논리를 해체시키는 데 목표를 두고 있다. 푸코와 데리다는 공히 이러한 시도에서 각기 역할 분담을 하고 있다. 포스트모던 철학자로 분류되는 제임슨, 칼리네스쿠, 브들레르, 데리다 등에 대한 연구들(이봉철 1994; 서규환 1993)이 있기는 하지만, 푸코에 대한 연구가 주류를 이루고 있다. 푸코 및 데리다에 대한 국내 학자들의 연구가 진행되는 동안, 탈근대주의의 정치적 전환에 관한 연구가 출간되었다. 즉 "정치와 철학 사이에서 정치와 정치적인 것의 가능성이 활성화되었으며"(Durst 2000, 675), 이에 대한 연구저서로 사이몬(1995)과 비어드워스(1996)의 저서를 들 수 있다.

우선, 권력과 억압의 관계를 조명한 푸코에 대한 연구가 출간되었다. 『한국정치학회보』에 탈근대주의와 관련한 논문을 게재한 함재봉(1992)은 근대 정치사상의 존재론적 근거를 추적하여 좌-우익사상이 해방이론이라는 맥락에서 푸코의 비평을 소개하고 있다. 황태연(1992) 역시 팬옵티콘에 관한 벤담의 정치기획에 대한 분석을 통해 근대적 억압 기제를 부각시키고 있다. 이성화는 「탈근대주의와 미시정치학: 푸코의 계보학」을 통해 현대의 우리가 형이상학의 종말을 목격하고 있다고 전제 아래 "통합된 사회제도의 주권과 정당성이 약화되어 해체될 위기에 당면하고 있다"(1994, 346)고 규정한다. 그에 따르면, "탈근대주의의 문화정치는 일종의 균형적 갈등 또는 균형적 관계로 표현될 수 있으며, 이는 차이와 동일성, 사적 영역과 공공영역, 또는 시민사회와 국가의 이항적 대립관계를 해체하여 동시성과 다차원적 관계망으로 전환하는 것이다"(346).

현상에 대한 이해에서 푸코의 인식론적 전환은 독특하다. 최정운(1995)은 푸코의 눈, 즉 서구근대를 통하여 관찰하는 과학의 눈, 인간의 신체를 바라보는 의학의 시선, 그리고 감옥을 관찰하는 시선을 통해 현상학이 제기하는 시선의 원초성을 비판하고 있다. 그에 따르면, "푸코의 눈의 분석은 관찰하는 시선의 철학적 원초성을 부정하고, 근대의 전문화된 특수한 과학적 시선을 비판함으로서 우리의 보는 눈을 회복하기 위한 것이다(181).

탈근대주의의 등장과 마르크스주의의 퇴조는 동시에 진행된다. 이구표(1995)는 이러한 시대의 흐름을 전제하면서 마르크스와 푸코의 유물론적 입장을 특이하게 조명하였다. "마르크스와 푸코의 유물론적 입장은 전통적 관념론-유물론의 이분법을 넘어서려는 탈철학적 시도로 나타나며, 이러한 시도는 궁극적으로 근대 사회를 시원적·상호주관적 의미 또는 기호관계로서가 아니라 권력관계로 보려는 정치적 실천적 노력이다"(237).

박승규(2002)는 푸코와 관련하여 두 편을 『한국정치학회보』에 소개하고 있다. 그에 따르면, "푸코에 있어서 윤리적 실천은 주체의 존재양식임과 동시에 타인에게 가시적인 행동양식으로 나타나는 자유의 구체적 표현이고, 자아에 대한 자아의 노력을 필요로 하는 개념이다"(87). 박승규(2003)는 또한 니체와 푸코의 해체론이 탈근대주의의 그림을 그리는 기초가 되었다고 지적하고, 푸코의 사유 세계에서 이해되는 규범성과 실천이 갖는 정치이론적 의미가 지식인의 실천을 통해서 이루어질 수 있음을 강조하고 있다.

이동수(2005)는 권력이 우리의 욕망과 욕구를 재생산하고 있기 때문에 성이 권력과 지식의 연계에 의해 형성된다고 주장한 푸코에 주목하여 "근대인은 자신의 욕망을 억제시키고 더 이상 신과 자연에 의지하지 않는 이성의 도움으로 인간해방을 도모해왔다"(7)고 전제하고 마르쿠제, 바따이유, 그리고 푸코의 감성의 정치를 분석하고 있다. 그에 따르면, "푸코는 감성에 내재된 창조와 파괴의 이중성에 주목하여 감성정치의 동학에 대해 논하면서 감성의 복원을 주장한다"(7).

3. 타자에 대한 관심

홍광엽(1996)은 과학적 정치학이 기계주의적 물화, 원자주의적 분석론, 획일적이고 중앙집권적 진보사관을 비판할 수 없는 하나의 이데올로기라는 전제 아래 인과성을 극복하고 양가성에 기초하여 타자를 발견할 수 있는 후기현대사상을 부각시키고 있다(24). 그에 따르면, 과학적 합리성이 타자를 배제한다. 따라서 "후기 현대에 접한 서구사회에 오늘날 가장 시급하고도 중요한 문제는 어떻게 타자를 대하고 동시에 지식인들이 자신도 모르게 저지르는 종족중심주의에 대하여 경계하고 그로부터 벗어날 수 있겠는가 하는 점일 것이다"(43).

근대 정치사상의 핵심 주제는 주체이지만, 탈근대주의는 타자에 전적으로 시선을 돌리고 있다. 홍원표(1997)는 「정치적 탈근대성과 정치공동체」라는 주제의 논문을 통해 타자성을 구현하는 탈근대적 정치공동체론을 비판적으로 검토하고 있다. 그에 따르면, "해체주의적 · 계보학적 정치공동체는 타자성과 다원성을 최대한 발현시키는 기제를 가지고 있으나 과잉의 정치를 정당화하고 있어 정치영역과 다른 영역 사이의 구분을 모호하게 하고 있다"(7). 타자의 절대화는 역으로 동일성을 무시하거나 억압하는 결과를 초래하기 때문이다. 따라서 홍원표는 동일성과 차이의 공존을 기저로 깔고 있는 논쟁적·탈개인주의적 정치공동체를 긍정적으로 인정하고 있다. 이러한 유형의 정치공동체는 "배제와 과잉 사이의 균형, 동일성과 타자성의 상호교차를 정당화시키는 탈형이상학적 정치원리, 정치생활의 질과 인간성 발전의 계기를 포함하고 있기"(7) 때문이다.

이동수는 「공존과 배려: 타자와의 관계에 관한 동·서양 정치사상 비교」라는 제목의 논문(2006)에서 한국이 근대화와 민주화에도 불구하고 갈등과 투쟁의 지속 상태를 극복하는 해결책을 모색하고자 "우리 전통의 불교와 유교사상에 내포된 '공존' 이념과 서구 탈근대 하이데거와 레비나스 사상에 내재된 '배려' 정신을 비교분석하여 그 대안을 모색하고 있다"(57). 여기에서 이동수는 탈근대의 존재론과 윤리론으로 하이데거의 '존재에의 배려' 그리고 레비나스의 '타자에의 배려'를 독자들에게 제시하고 있다. 그는 이러한 논의를 통해 타자에 대한 관심이 왜 필요한가를 강조하고 있다. 반면에, 서유경(2007)은 「아렌트 정치 윤리학적 관점에서 본 레비나스 타자의 개념」이란 논문에서 레비나스의 철학적 타자 윤리학의 한계를 세 가지 측면에서 비판하고 있다.

양승태(2007)는 타자와 차이의 문제를 한국적 입장에서 소개하고 있다. 그에 따르면, "차이성의 존재 자체는 정체성을 전제하고 있으므로 정체성의 존재를 부인하면서 단순히 모든 차이들의 공존을 주장하는 똘레랑스 이념이란 성립할 수 없다. … 그러나 그것이 표방하는 다문화주의 자체가 각 문화의 정체성을 전제하고, 민족이란 궁극적으로 집단적 정체성의 개념으로 민족은 단순히 환상적인 관념이 아니라 진정한 의미에서 정치사회 및 문화적이다"(53). 이와 같이, 그는 탈근대주의의 도입 이후, 우리 학계가 정체성과 차이에 대한 논의를 심각하게 논의할 필요성을 제기하고 있다.

"다문화주의와 프랑스 탈근대주의의 영향 속에서 오늘날 북미의 지적 에토스는 차이의 철학과 정치에 의해 주도되고 있다"(Min 2005, 823). 전세계적으로 타자의 문제는 다양한 입장에서 논의되고 있다. 주체를 절대화하는 근대성에 대한 반발로 제기된 타자의 문제는 이제 오늘날 지적·정치적 측면에서 중요한 문제로 제기되고 있다.

4. 근대성과 탈근대성 사이의 긴장

근대성과 탈근대성 사이의 긴장과 대립 문제를 심층적으로 다룬 연구는 미진한 편이다. 홍원표는 근대 정치사상에 대한 탈근대주의의 비판이 드러내는 분위기를 근대성의 사면초가 상태로 특징화하고 있다. 홍원표(2002)는 「정치적 근대성의 해체와 비판적 재구성」이란 제목의 논문을 통해 근대성에 대한 신고전주의적 저항, 그리고 회의적 탈근대성의 전통 해체하기에 대한 분석을 통해 근대성과 탈근대성 사이의 긴장을 분석하고 있다. 이어서 홍원표(2002)는 「21세기 국제질서의 근대성과 탈근대적 도전」이란 주제의 논문을 통해 21세기 국제질서는 근대성과 탈근대성이 혼재하고 있다는 점을 부각시키고 있다.

서규환은 『현대성의 정치적 상상력』 제2부에서 탈근대주의의 계보, 푸코와 데리다 논쟁, 하버마스의 후기구조주의 비판, 리오타르와 하버마스 논쟁, 포스트마르크스주의 논쟁을 소개하고 있다. 서규환은 하버마스와 푸코의 논쟁 가운데 차이에도 불구하고 일치하는 부분을 제시하고 있다. 두 사상가는 형이상학적 인식태도와 결별하고 있으며, 도구적 이성의 한계를 극복하는 과정에서 언어의 중요성을 인식하고 있고, 거시적 분석으로는 현대사회의 다차원적 억압현상을 이해하기 어렵다는 점과 근대성 기획에 대해 비판적 입장을 보이고 있다는 점에서 견해를 같이하고 있다(151).

근대-탈근대 논쟁은 특정 정치사상가에 대한 다양한 해석으로 이어진다. 예컨대, 하버마스는 아렌트의 권력 개념이 소통행위에서 형성된다는 점에서 아렌트를 계몽주의의 대변자, 자연법의 위대한 전통을 옹호한 사상가로 평가하고 있다. 인그램(Igram) 역시 아렌트가 칸트의 '공통감(sensus communis)'[9]을 강조한다는 점에서 그를 근대론자로 평가한다. 반면에, 벤하비브(Benhabib)는 아렌트에 대한 하버마스의 독해를 수용하여 아렌트를 "본의 아닌" 근대론자로 규정하고 있다. 이들과 반대로 빌라는 아렌트의 정치이론이 근대성보다 탈근대성에 더 많은 친화성을 지니고 있다고 지적하였다.

홍원표(1995)는 한나 아렌트 정치사상에 나타난 전근대성・근대성・탈근대성을 조명하고 있다. 아렌트의 정치사상에는 정치와 철학의 관계, 인간본성의 내재성과 인간조건의 외재성, 전통과 해체, 공공영역의 동일성과 차이에 관한 문제를 중심으로 세 가지 측면을 부각시키고 있다.

이제 다문화주의와 글로벌리즘의 긴장 관계를 언급한다. 다문화주의와 탈근대주의는 여러 가지 측면에서 친화성을 지니고 있다. 양자는 공히 한계성을 높이 평가하고 지배담론을 의심하며, 공허한 논쟁을 거

9) 아렌트는 칸트의 판단이론에서 정치적 판단이론을 정립하였다. 따라서 아렌트의 정치철학에서 칸트는 중요한 위치를 차지한다. 공통감은 칸트의 판단이론에서 중요한 위치를 차지하고 있는 개념이다. 오감은 외적 감각이고, 공통감은 내적 감각으로서 오감을 종합하는 감각이며, 취향의 일종이다.

부한다는 점에서 공통점을 지니고 있다. "다문화주의는 그것이 하나의 사회학적 사실을 넘어서 강력한 규범적 성격을 갖는 윤리·정치적 원리로 제시되고 있다"(김비환 2005, 64-5). 이미 다문화 사회의 경험을 반영하고 있는 미국 학자들을 중심으로 다문화주의에 관한 연구가 소개되어 왔다.

김남국(2005)은 다문화주의에 관해 심도 있는 연구를 제시하였다. 그는 홀과 파레크의 논의에 대한 비판적 입장과 지지 입장을 고찰하고, 이들 사이의 차이를 좁힐 수 있는 문화의 도구적 역할을 부각시키고 있다. 그에 따르면, "대표의 위기와 연대의 위기를 가져오는 도구적 역할 때문에 소수집단이 주장하는 문화적 생존의 요구에 응해야 한다는 전제 아래… 문화의 중요성과 문화집단의 인정여부, 그리고 문화적 권리에 대한 긍정적인 답을 얻기 위해서는 상호존중과 합리적 대화, 그리고 정치적 권리라는 세 가지 규범조건들로 이루어진 심의다문화주의의 틀을 가져야 한다"(87). 다문화가정의 숫자가 증대되어 가고 있는 점을 고려할 때, 다문화주의적 탈근대주의는 한국사회의 문화적 다양성 심화와 관련하여 연구할만한 주제가 되고 있다.

글로벌리즘과 다문화주의는 상호 연관되면서도 대립적인 측면을 지니고 있다. 탈근대주의의 관점에서 양자 사이의 긴장과 공존에 관한 분석은 21세기적 현상을 이해하는데 많은 시사점을 제공할 것이다. 경제적 세계화는 전지구적 동일성을 강화시키는 원동력으로 작용하고 있다. 세계화 과정에서 경제적 약자는 생존의 위협을 받고 있으며, 문화적 정체성 역시 위협을 받고 있다. 자본주의적 문화의 동질성은 당연히 강화될 수밖에 없다. 따라서 자본주의 권력이 동일성 논리를 통해 타자의 일탈을 저지하면서 타자를 고정화할 수 있다.

자본 권력이 타자의 영역을 확산시키는 상황에서 다문화주의 역시 확산되고 있다. 따라서 글로벌리즘은 비서구 문화 영역을 약화시킬 수 있는 상부구조의 논리로 작용할 수 있다. 이러한 논리가 범세계적 동질화에 취약한 집단 또는 지역의 저항을 차단하는 기제로 작동할 수 있기 때문이다. 세계화 시대 자본주의 권력은 차이의 전략에 따라 경계를 만들고 또 다른 한편 동일성의 전략에 따라 경계를 허무는 과정을 반복한다. 헌팅턴의 문명충돌론은 간접적으로 이러한 전략을 정당화하고 있다.

5. 탈근대적 민주주의론

1990년대 지배적인 정치적 사건들은 탈근대 사상의 두드러진 몇 가지 경향과 연계된다. 사회주의권뿐만 아니라 권위주의 국가들 다수가 민주주의로 체제전환을 하였기 때문에, 역사상 처음으로 민주국가의 숫자가 가장 많아졌다. 우리는 세계적으로 민주주의의 분출을 경험하였다. 한국 역시 1987년 민주화를 계기로 민주국가로 전환할 수 있었다. 이러한 정치적 상황은 "민주주의의 참여적 차원뿐만 아니라 절차적 차원에 대한 동등한 강조를 필요로 하는 것 같다"(Botwinick 1993, 5). 이러한 전환기적 상황에서 사람들은 권력, 법, 지식의 기초뿐만 아니라 자아와 타자 사이의 기초와 관련하여 불확정성을 경험하게 된다. 르포르는 민주주의의 구성원리를 예리하게 제시하였다.

이동수(2000)는 탈근대적 민주주의와 관련하여 민주주의의 이중성을 지적한 르포르의 민주주의론을 소개하고 있다(185-190). 그가 소개한 르포르에 따르면, "민주주의의 이중성의 내용은 한편으로 권력은 국민에서 비롯된다는 것과, 다른 한편 누구에게도 권력이 귀속되지 않는다는 원칙의 이중성이다"(186). 그는 이러한 점에 주목하여 "포스트모던 담론의 의의는 인간 삶의 이중성의 여지를 남겨둠으로써 정상/비정상, 합리/비합리, 전통/근대, 성공/실패라는 이분법적 사고와 이 이분법의 해결의 불가능성에서 비롯되는 허무주의적 성향에서 벗어날 수 있도록 도와준다는 데 있다"(192)고 강조한다.

6. 탈근대적 페미니즘

탈근대주의와 페미니즘은 1980년대 이후 가장 중요한 정치·문화적 조류들 가운데 하나이다. 그러나 양자는 불편한 관계를 유지하고 있다. 즉 두 사조는 반대의 방향에서 발전하고 있다. 탈근대주의자들은 문제의 철학적 측면에 일차적으로 초점을 두고 있다. 이들은 반근본주의적 시각을 제시하고자 한다. 반면에, 여권주의자들의 경우 철학의 문제는 사회 비판에 종속된다. 탈근대주의자들은 본질주의나 근본주의에 대해 정교하고 설득력 있는 비판을 제시하지만, 여권주의자들은 강력한 사회비판 개념을 제시하지만 종종 본질주의로 빠지고 있어서 탈근대주의의 존재론적 전제와 입장을 달리하고 있다.

이영애(1996)는 탈근대주의와 페미니즘에 대한 일관적인 설명 틀이 존재하지도 않으며, 이들 사이의 연계를 긍정적으로 보는 시각과 부정적으로 보는 시각이 공존한다고 전제하고, 두 사조의 연계를 긍정적으로 검토하고 있다. 이러한 입장은 이성과 비이성, 남성과 여성, 자연과 문명이란 근대적 이분법에서 탈피하여 남성과 여성을 동일한 행위자로 인식한다는 전제에 기반을 두고 있다.

김희강(2006)은 자유주의적 평등이론의 한 형태인 '운평등주의(luck egalitarianism)'에서의 자율 개념을 페미니스트 관점에서 비판하였다. 그는 "평등과 자율이 모순되지 않는다는 운평등론자의 주장에 근본적으로 동의하는 바이지만, 그럼에도 불구하고 운평등주의에서의 자율 개념의 한계를 페미니스트 입장에서 지적하고 있다"(81). 조희원(2006)은 여성들 간에 존재하는 차이를 극복하고 연대를 모색할 수 있는 대안으로서 여성개념의 다원화를 주장하고 있다. 그에 따르면, "여성개념의 다원화는 여성 범주를 해체하는 것이 아니라 여성 주체를 다원화하여 다원화된 여성 개념을 토대로 여성들 간의 차이를 극복하고 연대를 모색할 수 있다는 대안이 될 수 있다"(105).

Ⅳ. 탈근대적 조건의 수용과 정치 양태의 변화

20세기 한국은 어느 국가보다도 많은 정치변동을 경험하였다. 한국의 현대 정치사는 식민지지배, 해방, 한국전쟁, 4·19혁명, 군부쿠데타, 그리고 80년대 민주화운동으로 점철되었다. 지성사의 측면에서 볼 때, 중대한 정치변동이 새로운 사상의 등장과 연관되기도 한다. 그러나 87년 민주화운동이 한국 민주주의 역사에서 중요한 위치를 차지하고 있지만, 새로운 사상이 형성되지는 못했다. 그러나 민주화 이후 정치영역뿐만 아니라 사회문화영역의 민주화를 통해 다양한 사조를 수용할 정도로 우리 학계는 학문적 자율성을 확보할 수 있게 되었다.

민주화운동과 더불어 냉전질서의 해체, 그리고 세계화의 흐름, 정보화 사회로의 등장 등을 경험하면서 우리는 지적 담론과 함께 탈근대적 조건을 경험할 수 있게 되었다. 따라서 시민들은 다양한 형태의 가치관 및 생활방식뿐만 아니라 정치에 대한 인식의 변화를 경험할 수 있게 되었다. 탈근대주의가 소개되던 초기 언론을 통해 마치 이성보다 감성이 인간의 능력을 발현시키는 중요한 능력인 것 같이 소개된 때도 있었지만, 여기에서는 한국 정치와 탈근대주의의 관계 양상을 몇 가지 측면에서 검토하기로 한다.

1. 민주화운동과 참여정치

1987년 민주화를 계기로 정치사상 담론은 변화하기 시작하였다. 민주화 투쟁에 참여하였던 학생들은 정치적 실천의 정신적 수단으로 마르크스주의를 채택하였지만, 마르크스주의의 중심부가 해체되는 과정에서 변화된 현실을 설명할 수 있는 새로운 사상체계가 필요하게 되었다. 정치영역의 민주화뿐만 아니라 사회영역의 민주화가 촉진되었다.

민주화 이후 한국인의 참여양태는 변화하고 있다. 민주화 투쟁과정에서 정치참여의 중요성을 경험한 한국인들은 이후 다양한 형태로 권리를 주장할 수 있는 기회를 갖게 되었다. 민주화 과정에서도 그랬고 민주화 이후에도 두 가지 특징적인 정치양태가 나타나고 있다. 첫째는 이익집단정치이고, 다른 하나는 시민운동이다.

정치영역의 민주화와 더불어 경제영역에서의 민주화가 확대됨에 따라 정치에 대한 관심은 증대되어 왔다고 볼 수 있다. 이 과정에서 절차적 민주주의가 어느 정도 뿌리를 내리기 시작하였다. 이견이 있기는 하지만, 일부 학자들은 1990년대 초반 지자체 선거 등으로 절차적 민주주의가 뿌리를 내렸다고 주장하고 있다.

그러나 정기적인 선거에 참여하는 방식의 참여를 넘어서 공적인 문제에 대한 관심은 참여의 증대를 촉진하는 계기가 되었다. 물론 1980년대 후반 등장한 시민단체들이 이 과정에서 중요한 역할을 수행하였다. 이전의 정치적 정책결정에 있어서 국회가 중심적인 역할을 수행하였지만, 공적인 문제에 관심을 갖는 시민들이 정책결정 과정에 직간접적으로 참여함으로써 대표성 원리의 변화를 목격할 수 있게 되었다.

전통적으로 민주주의와 표상 개념은 밀접하게 연계되어 있다. 대표성, 유사성, 복제, 반복, 대리인, 복사 등은 근대적 표상의 다양한 표현이다. 근대적 표상은 존재와 부재를 구분하며, 사물들이 실제 세계와 독립적으로 존재한다는 것을 인정한다. 그러나 회의적 탈근대주의자들은 근대적 표상을 부정한다. 대표성원리의 근본적 부정은 정치에 대한 비관적 입장을 야기한다. 이에 대한 수정으로 낙관적 탈근대주의자들은 근대의 정치적 대표성을 폐기하고 보다 직접적인 형태의 민주주의를 모색한다.

수입쇠고기 문제와 관련한 촛불시위는 기존의 참여 양태와 다른 양상을 띠고 있다. 정부 결정 및 국회의 소극적 태도에 대한 반발로 제기된 촛불시위는 기존의 참여방식과 다른 양태를 띠고 있다. 촛불시위는 국회가 국민을 대변하지 못한다는 비판의식에 기반을 두고 있다. 이는 근대적 대표성 원리에 대한 부분적 부정을 의미한다. 아울러, 촛불시위에 참여한 주체는 다양한 계층으로 구성되어 있다. 정책결정을 둘러싼 대립과 갈등은 기본적으로 경제관계를 반영하는 계급 사이의 갈등으로 표출되었다. 그러나 촛불시위에서 시민들은 계급적 연대를 넘어서 각계각층 구성원들의 새로운 접합 양식을 보여주었다. 이러한 측면에서 촛불시위라는 참여정치는 탈근대적 민주주의의 특징을 새롭게 보여주고 있다.

2. 탈근대적 공간 개념의 수용

탈근대적 가치관과 삶의 원리는 변화하고 있다. 확정성보다 불확정성이, 통합성보다 다양성이, 그리고 동일성보다 차이가, 그리고 단순성

보다 복잡성이 삶에서 중요한 위치를 차지하게 되고 있다. 근대성에서는 정체성(동일성)이 삶을 인도하는 바람직한 원리로 인정되고 있지만, 탈근대성에서는 차이 또는 다원성이 삶을 인도하는 원리가 되고 있다. 동일성과 차이는 공간적 의미를 갖는데, 동일성과 차이를 가르는 경계가 항상 전제된다. 즉, 내부와 외부를 구분하는 경계가 뚜렷하게 인정된다. 따라서 정체성을 선으로, 차이를 억제 대상으로 인식하던 근대적 가치관은 상당히 약화되고 있다.

세계화의 담론으로 근대 국민국가의 경계선이 약화되고 국경선을 중심으로 다양한 형태의 이동이 활발해졌다. 인구이동뿐만 아니라 정보 흐름, 그리고 재화의 자유로운 이동으로 전통적 의미의 경계선은 약화되고 있다. 세계화의 흐름 속에서 우리 국민의 생활영역은 급속히 확장되었으며, 외국인 이주자의 숫자도 증대됨에 따라 문화적 패러다임은 변화되고 있다. 이러한 변화 속에서 제기되는 여러 가지 문제를 둘러싼 새로운 정치적 쟁점들이 등장하고 있다.

탈근대주의자들은 자연과학 · 인문학 · 사회과학 · 예술과 문학 사이의 명백한 학문적 경계에 대해 의문을 가지고 있다. 학문분야의 근대적 정체성은 무너지고 다양한 학문 분야 사이의 융합 또는 통섭의 필요성이 강조되고 있다. 오늘날 학제간 연구가 강조되고 있는 점에서 탈근대적 사유는 학문영역의 파괴에서 잘 나타난다. 경계가 모호해지기 때문에, 불확정성이 확정성보다 중요한 위치를 차지하고 있다. 어느 한 영역이 중심적인 위치를 차지하는 게 아니라 모든 영역은 복잡하게 연계될 때 비로소 그 위상을 갖게 된다.

일상적 삶에서 현상공간과 가상공간은 일정한 의미를 지니고 있다. 전통적 공간 개념에 따르면, 현상공간은 현전, 가상공간은 부재와 연관된다. 현전은 의미 있는 것으로, 부재는 무의한 것으로 인식되어 왔다.

그러나 컴퓨터의 발달 및 인터넷 사용으로 현상공간과 가상공간의 경계선은 약화되고 있다. 이제 가상공간은 '부재'라는 개념과 연관된 무의미한 공간이 아니라 삶의 일부를 구성하는 데 있어서 중요한 역할을 한다. 전자정부의 활성화뿐만 아니라 인터넷망을 통한 의사소통은 공적인 문제에 대한 관심과 참여의 기회를 확대시키는 데 기여하고 있다. 이와 같이, 인터넷은 시간적·공간적 제약을 극복하는 데 도움을 주고 있다. 인간관계망을 형성하는 데 요구되는 소통과 연관된 제약조건이 극복되었기 때문이다.

폴리스(polis)는 공공영역으로 행위자들의 출현을 가능케 하는 공간이다. 이 영역에서 행위자들은 실명으로 정치에 참여한다. 그러나 오늘날 인터넷을 통해 접근할 수 있는 가상공간은 폴리스와 같은 역할을 하고 있다. 이 공간은 참여의 장으로 바뀌고 있다. 정책토론의 수단이며 촛불시위의 매개체가 바로 이 가상공간이기 때문이다.

이러한 일련의 변화는 민주정치를 가능케 하는 복합적인 인간관계망의 형성에 기여한다. 이러한 관계망은 다시 민주적인 정치행위를 통해서 더욱 확장될 수 있다. 공간 개념의 변화가 행위의 제약을 극복하는 촉진제가 될 수 있다. 근대성의 맥락에서 강조되었던 연대와 접합의 개념을 벗어나 공적인 문제를 중심으로 다양한 계층 및 계급 사이에 형성되는 연계망은 한국 민주주의의 질적 발전의 동인이 될 수 있다.

주체와 연관된 '재현의 정치'를 비판하는 탈근대주의자들은 표현의 정치로서 문화적 공간을 강조한다. 이동수(2008)는 표현의 공간인 문화적 공간에 대한 정치학적 고찰을 통해 문화와 정치영역의 교감을 다루고 있다. 오늘날 문화정치라는 용어가 언급되듯이, "문화가 실현되고 정치적 의미가 발생하는 장으로서 문화의 위상이 강조된다"(27). 그에 따르면, 포스트모던 사상가들에게 "문화적 공간은 단순히 심미적 차원을 넘어서 개인의 내면성을 드러낼 수 있는 공간, 또한 새로운 세계를 생성해 나가는 공간으로서의 의미를 획득하고 있다”(41). 이렇듯, 정치 영역은 전통적 입장을 넘어서 문화영역으로 확장되고 있다.

3. 여성정책 및 다문화정책

한국은 전통적으로 정체성을 강조하고 차이를 배제하는 전통과 문화를 지니고 있다. 근대성의 경우와 마찬가지로, 타자에 대한 관심은 미약한 편이었다. 한때 한국 정치를 결정하는 주요한 요인이었던 지역주의는 그 예들 가운데 하나이다. 그러나 민주화 과정에서 지역주의에 의한 배제의 정치는 약화되어 왔다. 이와 더불어 정치영역에서 ‘타자화된 주체’(여성 및 외국인이주자 등)를 정상적인 지위로 격상시키기 위한 정치적 실천과 제도화가 지속적으로 진행되었다.

“탈근대주의는 페미니스트들이 현대의 정치사회이론에서 이론적으로 쟁점이 되었던 문제들을 해결하는 데 기여한 중요한 운동이다” (Nicholson 1992, 60). 국내의 많은 페미니스트들은 여성의 권리를 신장시키기 위한 다양한 연구 성과를 제공하였을 뿐만 아니라 제도화에 기여하였다. 여성부는 1988년 이후 정무장관실, 여성특별위원회, 여성가족부 등 몇 차례의 직제조정을 통해 현재의 체제로 발전하여 여성정책을 총괄·조정함으로써 여성의 사회적·정치적 위상을 증진시키는 데 기여하고 있다.

“다문화주의와 탈근대주의는 다툼하는 동반자를 우리들에게 연상시키지만”(Peréz-Torres 1993-1994, 161) 여러 가지 측면에서 친화성을 지니고 있다. 이미 다문화사회의 경험을 반영하고 있는 미국 학자들을 중심으로 다문화주의에 관한 연구가 소개되어 왔으며, 국내 학자들 사이에서도 다문화주의에 관한 담론이 활성화되고 있다. 이와 관련된 연구소들이 형성되고 있다. 다문화주의 문제는 외국인 이주, 민권운동의 출현, 여성운동 등의 결실이다. 다문화주의는 다문화사회가 드러내고 있는 다양성 문제를 관리하기 위해 채택한 전략이나 정책으로 정의되기도 한다.

한국의 경우 1990년대 이후 외국인 노동자의 유입, 결혼여성이주자의 증대, 그리고 여성운동 및 인권운동의 신장에 따라 다문화주의에 대한 관심이 증대되어 왔다. 일반적으로, 한국은 서구 문화의 수용에도 불구하고 단일민족으로 구성되어 있다는 뿌리 깊은 인식 때문에 문화적 정체성을 유지하려는 경향을 강하게 유지해 왔다. 그러나 전세계적 경제구조의 급격한 개편에 따라 이민노동자와 결혼이민자의 숫자가 증대되면서 문화적 다양성 또는 다문화가정이 사회의 중요한 쟁점으로 부각되고 있다. 현재 정부의 각 부처는 결혼여성이주자를 지원하기 위한 정책과 제도로 마련하였으며, 각 지방자치단체는 결혼이민자가족지원센터를 운영하고 있다. 한국 학계는 이러한 제도적·정책적 연구를 통합적으로 연구할 수 있는 계기를 마련하고자 노력하고 있다.

Ⅴ. 마무리하기: 비판적 수용의 필요성

새로운 사조의 등장은 정치적 사건과 밀접하게 연계되어 있다. 20세기에 등장한 다양한 정치사상 역시 예외는 아니다. 전체주의의 등장과 세계대전, 냉전질서의 심화, 그리고 68운동, 그리고 냉전질서의 해체 등의 정치적 사건들은 새로운 사상의 형성 및 확산에 중요한 계기가 되었다.

정치사상(철학) 분야에서 스트라우스, 보에글린, 아렌트 등의 망명 정치철학자들은 전체주의를 근대적 병리현상으로 규정함으로써 근대성을 비판하였다. 이들의 근대성 비판은 상당 기간 학문 공동체에서 주로 논의되어 왔다. 이들과 달리, 근대성과의 근본적 단절을 주장하는 푸코나 데리다는 68운동을 계기로 탈근대 철학의 새로운 전환점을 제공하였으며, 이들의 탈근대 철학은 냉전체제의 해체를 전후하여 전세계적으로 확산되었다.

푸코나 데리다는 근대성과의 근본적 단절을 시도하는 새로운 사조를 마련하였으며 이후 많은 철학자들이 탈근대주의의 흐름을 확산시키는 데 기여하였다. 이들의 지적 노력은 정치질서의 변화와 탈구 등으로 특징화되는 20세기 후반에 집중적으로 재조명되기 시작하였다. 냉전질서의 종말과 새로운 국제질서의 형성이란 표현에서도 나타나듯이, 끝과 시작의 시대인 전환기적 상황에서 새로운 정치에 대한 열망은 새로운 철학, 즉 탈근대 철학에 대한 관심으로 이어졌다.

우리 학계의 경우에도 정치질서의 변화에 부응하여 새로운 상황을 이해하고 설명할 수 있는 대안을 모색하려는 지적 노력은 탈근대주의에 대한 관심으로 이어졌을 것이다. 그러나 새로운 사조에 대한 과도한 관심 때문에, 일부 학자들은 이를 학문적 유행으로 폄훼한 측면도 있다. 일부의 연구자들은 이제 일시적인 관심으로 치부되기 쉬운 유행의 단계를 넘어서 탈근대주의의 현실적 적실성을 고려하는 연구 성과를 출판함으로써 국내 연구지평을 확장시키는 데 기여하고 있다.

탈근대주의는 근대성 및 근대 정치의 한계를 부각시킬 수 있는 기회를 제공하였듯이, 한국정치의 근대성과 그 한계를 성찰하는 기회를 제공하였다. 그러나 탈근대주의는 실천 문제에 있어서 장점과 한계를 동시에 지니고 있다. 근대성과의 단절을 주장하는 탈근대적 회의론은 그 원리를 정치영역에 적용시키는데 있어서 한계를 지니고 있다. 동일성의 원리가 근본적으로 정치적 억압을 은밀하게 정당화하고 있다는 전제에서 타자의 위상을 절대화하려는 시도는 역시 동일성을 배제하는 결과를 초래하기 때문이다.

탈근대주의는 분명히 어두운 곳에 머물러 있던 '타자'를 빛의 영역으로 끌어냈을 뿐만 아니라 이를 정당화하는 에토스나 원리를 부각시켰다. 우리는 타자에 대한 새로운 인식을 통해 근대 정치의 실천적 한계를 극복할 수 있는 안목을 가질 필요가 있다. 주체와 타자, 동일성과 차이의 공존을 인정하는 입장은 주체와 동일성만을 강조하는 근대 정치의 한계를 극복하는 데 기여할 수 있다.

탈근대주의가 세계화의 흐름 속에서 우리의 실천적 또는 정치적 삶에 기여하고 있는가에 대한 평가도 필요하다. 여기에서는 탈근대주의의 다양한 분파, 그리고 현실적 상황에서 나타나는 탈근대적 양상에 대한 전반적인 분석을 하고 있지는 않지만, 탈근대적 조건은 분명히 우리의 삶에 변화를 초래하는 요인이 되고 있다. 전통적 공간 개념의 변화는 삶의 방식 변화를 초래하고 있을 뿐만 아니라 정치참여의 양태를 변화시키는 데 기여하고 있다. 탈근대주의는 이러한 변화 속에서 타자로서 정치적 위상을 지녔던 집단의 삶뿐만 아니라 근대 사회과학에서 해결하기 어려운 문제를 풀 수 있는 이론적 · 실천적 안목을 제공하고 있다.

꼭 읽어야 할 책

김비환. 2005. 『포스트모던 시대의 정치와 문화』. 서울: 박영사.
이동수. 2006. "공존과 배려: 타자와의 관계에 대한 동 · 서양 정치사상 비교."

『정치사상연구』 제12집 1호. 57-80.
홍원표. 2002.『현대 정치철학의 지형: 언저리에서의 사유』. 일산: 인간사랑.
Foucault, Michel. 1973. *Madness & Civilization: A History of Insanity in the Age of Reason*. New York: Vantage Books
Rosenau, Paulinee Marie. 1992. *Post-modernism and the Social Science: Insights, Inroads, and Intrusions*. Princeton: Princeton University Press.

참고문헌

김남국. 2005. "심의 다문화주의: 문화적 권리와 문화적 생존."『한국정치학회보』 제39집 1호. 87-107.
김비환. 2005.『포스트모던 시대의 정치와 문화』. 서울: 박영사.
김용찬. 2000. "니체와 포스트모더니즘."『정치사상연구』 제2집. 273-297.
_____. 2006. "푸코의 니체 해석에 관한 정치사상적 고찰."『한국정치학회보』. 제40집 5호. 27-41.
김희강. 2006. "운평등주의에서의 '자율'에 대한 페미니스트 비판."『한국정치학회보』 제40호 3호. 79-101.
박승규. 2002. "푸코의 '자유의 실천'을 통한 윤리적 주체."『한국정치학회보』. 제36집 4호. 87-102.
_____. 2003. "푸코에 있어서 규범성이 갖는 정치 실천적 의미."『정치사상연구』 제8집. 169-194.
서규환. 1993.『현대성의 정치적 상상력』. 서울: 민음사.
서유경. 2007. "아렌트 정치-윤리학적 관점에서 본 레비나스 '타자(the Other)' 개념의 문제."『정치사상연구』 제13집 1호. 103-125.
양승태. 2007. "똘레랑스, 차이성과 정체성, 민족 정체성, 그리고 21세기 한국의 민족주의."『정치사상연구』 제13집 1호. 53-77.
이동수. 2000. "포스트모더니즘과 한국 현대 정치사회의 이중성."『정치사상연구』 제3집. 169-193.

______. 2003. “하이데거의 니힐리즘 비판과 근원적 윤리학.” 『정치사상연구』 제8집. 143-167.

______. 2005. “감성의 정치: 에로스, 에르티즘 그리고 섹슈얼리티.” 『한국정치학회보』 제39집 1호. 7-23.

______. 2006. “공존과 배려: 타자와의 관계에 대한 동·서양 정치사상 비교.” 『정치사상연구』 제12집 1호. 57-80.

______. 2008. “문화적 공간의 정치학: 재현에서 표현으로.” 『한국정치학회보』 제42집 1호. 27-47.

이봉철. 1994. 『포스트모던 변화와 정치사상』. 서울: 인간사랑.

이영애. 1996. “성 정치학의 포스트 모더니즘적 조망.” 『한국정치학회보』. 제30집 3호. 47-60.

이성화. 1994. “포스트모더니즘과 미시정치학: 푸코의 계보학.” 『한국정치학회보』 제28집 1호. 331 352.

조희원. 2006. “여성과 차이: 여성, 여성들, 여성개념의 다원화.” 『한국정치학회보』 제40집 3호. 104-123.

최정운. 1995. “푸코의 눈: 현상학 비판과 고고학의 출발.” 『한국정치학회보』 제29집 4호. 181-214.

함재봉. 1992. “포스트모더니즘과 해방이론의 해체: 푸코를 중심으로.” 『한국정치학회보』 제26집 2호. 45-65.

홍광엽. 1996. “과학적 정치학에 의미를 가져다 주는 정치사상의 전향적 조망.” 『한국정치학회보』 제30집 1호. 23-44.

홍원표. 1994. “신고전주의와 후기구조주의 간의 대화: 대립성과 그 역설.” 『한국정치학회보』 제28집 1호. 353-374.

______. 1995. “한나 아렌트 정치철학의 아이러니: 전근대성, 근대성 그리고 탈근대성.” 『한국정치학회보』 제29집 4호. 153-180.

______. 1997. “정치적 탈근대성과 정치공동체: 배제·과잉·균형의 정치.” 『한국정치학회보』 제31집 1호. 7-30.

______. 2002. 『현대 정치철학의 지형: 언저리에서의 사유』. 일산: 인간사랑.

______. 2008. “탈근대성과 타자성: 정치적 전환.” 141-170. 한국정치학회 편. 『정치학이해의 길잡이 1: 정치사상』. 법문사: 서울.

황태연. 1992. "포스트모더니즘적 근대비판의 비판적 고찰: 제라미 벤담의 정치 기획에 대한 미셸 푸코의 '계보학적' 분석을 중심으로." 『한국정치학회보』 제26집 2호. 67-93.

Beardsworth, Richard. 1996. *Derrida & the Political.* London and New York: Routledge.

Benhabib, Seyla. 1996. *The Reluctant Modernism of Hannah Arendt.* London & New Delhi: Sage Publications.

Botwinick. Aryeh. 1993. *Postmodernism and Democratic Theory*, Philadelphia: Temple University Press.

Connolly, William E. 1991. *Identity/Difference: Democratic Negotiations of Political Paradox.* Ithaca and London: Cornell University Press.

Corlett, William. 1989. *Commuinty without Unity: A Politics of Derridian Extravagance.* Durham and London: Duke University Press.

Dallmayr, Fred. 1993. *The Other Heidegger.* Ithaca and London: Cornell University Press.

Durst, David C. 2000. "The Review: the Place of the Political in Derrrida and Foucault. *Political Theory.* vol. 28, no. 5. pp. 675-689.

Foucault, Michel. 1973. *Madness & Civilization: A History of Insanity in the Age of Reason.* New York: Vantage Books

______. 1979. *Discipline and Punish.* New York: Vantage Books.

Mara, Gerald. 2003. "Democratic Self-Criticism and the Other in Classical Political Theory." *Journal of Politics.* vol. 65, no. 3. pp. 739-758.

Min, Anselm K. 2005. "From Difference to the Solidarity of Others: Sublating Postmodernism. *Philosophy & Social Criticism.* vol. 31. pp. 823-850.

Nicholson, Linda. 1992. "Feminism and the Politics of Postmodernism." *Boundary.* vol. 19, no. 2. pp. 53-69.

Peréz-Torres, Rafael. 1993-1994, "Nomads and Migrants: Negotiating Multicultural Postmodernism." *Cultural Critique.* vol. 26. pp. 161-189.

Rosenau, Paulinee Marie. 1992. *Post-modernism and the Social Science: Insights, Inroads, and Intrusions*. Princeton: Princeton University Press.

Simons, Jon. 1995. *Foucault & the Political*. London and New York: Routledge.

Theunissen, Michael. 1986. *The Other: Studies in Social Ontology of Husserl, Heidegger, Sartre, and Buber*. Cambridge and London: The MIT Press.

Villa, Danna. 1992. "Postmodernism and the Public Sphere." *The American Political Science Review*. vol. 86, no. 3. pp. 712-721.

CHAPTER 13

생명정치론

최 민 자

Ⅰ. 서 론

오늘의 인류가 처한 딜레마는 다양한 것 같지만 본질적으로는 모두 생명에 관한 문제와 관련되어 있으며 또한 거기서 파생된 것이다. 현재 급속하게 진행되고 있는 전 지구적 차원의 생태 재앙과 정치적・종교적 충돌, 나아가 총체적인 인간 실존의 위기는 이제 인류가 정치적 결단을 내려야 할 임계점(critical point)에 이르렀음을 환기시킨다. 선진국을 중심으로 한 자원과 에너지의 과잉소비, 지구경제의 남북 간 분배불균형, 인구증가와 환경악화 및 자연재해에 따른 빈곤과 실업의 악순환, 민족간・종교간・지역간・국가간 대립과 분쟁의 격화, 군사비 지출 증대와 같은 현상은 생명위기가 발생하는 배경과 긴밀한 연계성을 갖는 것으로 나타난다. 뿐만 아니라 지구 온난화와 오존층 파괴, 생물종 다양성의 감소와 대기・해양의 오염, 유해폐기물 교역과 공해산업의 해외수출 등 환경문제는 국제정치경제의 새로운 쟁점이 되고 있다. 또한 빈곤과 환경파괴의 악순환에 따른 수많은 '환경난민(environmental refugees)'의 발생은 국제적 차원의 해결책을 요구하고 있는 실정이다. 그럼에도 인류는 이러한 경고음은 무시한 채 지구라고 하는 이 우주선에 비축된 에너지의 대부분을 소진해가며 무한 경쟁이라는 반(反)생명적인 놀이에 빠져 있다. 한편 국내적으로는 미국산 쇠고기 수입 관련 촛불집회가 2008년 5월 2일 서울 청계광장에서 처음 개최된 이후 6월 민주항쟁 21주년인 6월 10일에는 거대한 촛불의 강을 이루었으며 수개월 동안 계속되었다. 촛불집회를 관통하는 이슈는 미국산 쇠고기가 중핵을 이루고 있긴 하지만 이 외에도 대운하, 건강보험, 교육, 수돗물 같은 이슈들이 생명을 중심축으로 포진해 있다.

특히 2001년 9·11테러 이후 생명위기의 극복은 21세기 역사의 중심 주제가 되었을 뿐 아니라 인류의 정치실천적 과제가 되고 있다. 이 과제가 포괄하는 영역은 미시적인 생활영역에서 거시적인 패러다임 전환(paradigm shift)의 영역에 이르기까지 개인과 국가와 세계시민사회의 거의 모든 것과 연관되어 있으며, 그런 점에서 그것은 고도의 정치적 문제이기도 하다. 생명경시 풍조에 편승한 인간의 정치 경제활동이 이대로 계속된다면 지구의 지속가능한 능력이 한계에 이르러 지구 문명은 머지않아 붕괴될 위험에 처하게 될 것이라는 전망이 무성하게 나오고 있다. 과연 지구는 후손들이 누려야 할 미래의 축복을 강탈하지 않고 문화와 환경의 공진화(co-evolution)를 통해 생명과 평화의 문명을 열 수 있을 것인가? 특정 지배 구조와 소비문화의 형태가 바뀌려면 세계관과 사고방식 및 가치체계의 변화가 선행되어야 한다는 것은 주지의 사실이다.

그런 점에서 21세기 생명정치의 핵심 과제는 정신·물질, 자연·문명, 생산·생존 이원론의 극복을 통해 근대 산업문명의 폐해라 할 수 있는 국가·지역·계층간 빈부격차, 지배와 복종, 억압과 차별, 환경

파괴 등의 문제를 해결하고 공존의 대안적 사회를 건설하는 것이다.

생명위기는 생태효율성을 높인 과학기술이나 정책적 처방만으로는 그 해결에 한계가 있을 수밖에 없다. 무엇보다도 생명가치가 활성화될 수 있을 때 실효를 거둘 수 있다는 점에서 생명에 대한 단편적(fractional) 시각에서 전일적(holistic) 시각으로의 패러다임 전환은 바람직한 생명문화가 뿌리내릴 수 있게 하는 선결 과제다. 우리가 우주적 본성과의 고리를 되찾기 위해서는, 그리하여 새로운 연대로 거듭나기 위해서는 생존의 영적(靈的) 차원의 중요성을 인식해야 한다. 이 우주는 분리 자체가 근원적으로 불가능한 거대한 파동의 대양이며, 우주만물은 그 파동의 세계가 벌이는 우주적 무도(舞蹈)에 동등한 참여자로서 참여하고 있다. 이 우주는 누가 누구를 창조하는 것이 아니라 필연적인 자기법칙성에 따라 스스로 생성되고 변화하여 돌아가는 '참여하는 우주(participatory universe)'인 것이다. 이러한 사실을 직시할 수 있을 때 천인합일의 의미를 알게 되고 생명의 전일성과 자기근원성을 자각할 수 있게 되어 진정한 자율성과 평등성이 발휘될 수 있는 것이다. 지배와 복종의 이원화된 구조에 입각한 권력정치의 태생적 한계를 극복할 수 있는 길이 바로 여기에 있다. 생명정치는 일체의 이원성을 넘어선 소통의 정치인 까닭에 풀뿌리 민주주의와 이념적 친화성을 갖는다. 또한 순환경제(circulatory economy) 사회의 구축과 더불어 지역화와 세계화, 특수성과 보편성, 국민국가와 세계시민사회의 통합성을 핵심 과제로 삼는다.

한마디로 생명정치(life-politics, divinitics)[1]의 가능성은 근원성 · 포괄

1) 디비너틱스(divinitics)란 '영성[신성]'을 뜻하는 '디비너티(divinity)'와 '정치'를 뜻하는 '폴리틱스(politics)'를 합성하여 필자가 주조한 것으로 영성정치[생명정치]를 의미한다. 이 용어는 최민자, "수운의 후천개벽과 에코토피아(Ecotopia)," 『동학학보』 7호, 동학학회, 2004에서 처음 사용하였다.

성 · 보편성을 띠는 생명의 영성(spirituality, divinity)을 깨닫는 데 있다. 생장하고 변하여 돌아가는 현상적인 측면만 논하는 것은 마치 물은 논하지 않고 파도만 논하는 것이나 다름없다. 생명을 영성 그 자체가 아닌, 감각적 · 지각적 경험의 대상으로만 인식해서는 완전한 소통의 정치가 이루어질 수 없다. 다행히 현대 과학 — 특히 현대 물리학 — 의 눈부신 진보는 종교의 영역에 갇혀 있던 동양적 지혜의 정수를 과학적으로 풀어냄으로써 보편적 지식체계로 거듭날 수 있는 계기를 제공하였다. 그러나 물리(物理)와 성리(性理), 미시세계와 거시세계를 통섭하는 보편적 지식체계는 여전히 구축되지 못한 채 생명에 관한 지식의 파편들만 난무하여 생명과 평화의 문명을 개창할 생명문화가 뿌리내리지 못하고 있는 실정이다. 생명정치의 구현을 위해서는 무엇보다도 생명 그 자체에 대한 이해가 필수적이다. 따라서 생명정치를 논하기에 앞서 우선 생명이란 무엇인가에 대해 동양의 전통적 생명관, 서구의 탈근대 논의에 나타난 생명관, 그리고 현대 과학의 생명관을 중심으로 살펴보기로 한다.

Ⅱ. 생명의 이해

1. 동양의 전통적 생명관

동양의 전통적 생명관은 천 · 지 · 인 삼재의 조화에 기초하여 일체 생명이 근원적으로 평등하고 유기적으로 통합되어 있다고 본다. 우주의 본질인 생명은 시작도 끝도 없으며 없는 곳이 없이 실재하는 까닭에 분리 자체가 근원적으로 불가능하다. 이러한 생명의 본체[우주의 근본질료]인 '하나(一)'[2]에서 우주만물[三, 多]이 나오고 다시 그 '하나'로 복귀하는 것이니, '하나'의 견지에서 보면 늘어난 것도 줄어든 것도 없다. 생명의 본체인 '하나'와 그것의 자기복제(self-replication)로서의 작용인 우주만물은 결국 하나라는 것이다. 말하자면 일즉다(一卽多, 一卽三)요 다즉일(多卽一, 三卽一)이다. 우주만물의 개체성은 생명의 본체인 '하나'가 스스로 다양한 모습으로 현현한 것이므로 일체 생명은 전일성과 자기근원성을 가지며 주체와 객체의 이분법은 성립되지 않는다. 천인합일이란 이를 두고 하는 말이다. 생명의 본체인 이 '하나'는 하늘(天)・천주[하느님, 하나님, 창조주, 유일신, ALLAH[神]・도(道)・불(佛)・태극[無極]・브라흐마(Brahma: 梵, 創造神)・전체의식[근원의식, 보편의식, 우주의식, 순수의식, 一心, 참본성, 自性, 神性, 靈性]・우주의 창조적 에너지[混元一氣, 至氣, 一氣, 하늘기운]・우주섭리[진리, 自然] 등으로 다양하게 명명되고 있는 근원적 일자[유일자, 유일신] 또는 궁극적 실재로서의 우주의 본원을 일컫는 것이다. 삼라만상이 무수한 것 같지만 기실은 하나의 기(一氣)밖에 없다. 삼라만상의 천변만화가 모두 한 이치 기운의 조화(造化) 작용이므로 '하나'(一)와 우주만물(多)은 상호 연관되어 있으며 상호 관통한다.

이러한 생명의 본체와 작용의 상호 관통은 일(一)과 다(多), 이(理)와 사(事), 정(靜)과 동(動), 공(空)과 색(色)이라는 불가분의 관계로 분석될 수 있다. 왜냐하면 성품의 이치(性理)와 사물의 이치(物理)는 마치 실물과 그림자의 관계와도 같이 상호 조응하는 까닭이다. 유(儒)・불(佛)・도(道)에서 성리는 각각 이(理)・공(空)・무(無)로 나타나고, 물리는 기(氣)・색(色)・유(有)로 나타난다. '이・공・무'가 생명의 본체를 나타낸

2) 본고에서도 『天符經』에서와 마찬가지로 우주의 근본 질료를 '하나'라고 하였다. 천부경의 전래, 요체, 구조, 주해, 그리고 핵심사상에 대해서는 최민자, 『천부경・삼일신고・참전계경』(서울: 도서출판 모시는 사람들, 2006) 참조.

것이라면, '기 · 색 · 유'는 생명의 작용을 나타낸 것이다. 작용은 본체의 자기복제로서의 작용이므로 본체와 작용은 결국 하나이며 기와 이, 색과 공, 유와 무는 본래 한 맛(一味)이다. "이것이 있으므로 저것이 있고, 저것이 있으므로 이것이 있다"고 하는 연기(緣起)의 진리는 상호 연관과 상호 의존의 세계 구조를 명징하게 보여준다. 우주만물은 끝없이 상호 연결되어 있으며 서로가 서로를 비추는 상즉상입(相卽相入)의 구조로 연기하고 있는 것이다. 말하자면 개체의 존재성은 우주적 에너지의 흐름 속에서만 파악될 수 있으며 그런 점에서 존재성은 곧 관계성이다. '이것'이 곧 다른 '모든 것'이다.

하늘(天)과 성(性)과 신(神)은 생명의 본체인 '하나'를 달리 명명한 것이다. 『중용(中庸)』에서도 "하늘이 명한 것은 성(性)이고, 이 성을 따르는 것이 도"[3]라고 하여 참본성을 따르는 것이 곧 천도(天道)임을 나타냄으로써 하늘과 참본성이 하나임을 밝히고 있다. 우주만물에 편재해 있는 '하나'인 참본성이 곧 하늘이요 신[神性]이니 우주만물을 떠난 그 어디에 따로이 하늘이나 신이 존재하는 것이 아니다. 생명의 본체는 '하나'의 이치를 함축한 전일적인 의식계[본체계]이고, 작용은 '하나'의 이치와 기운의 조화 작용을 나타낸 다양한 물질계[현상계]이다. 본체가 내재적 본성인 신성[靈性]이라면, 작용은 음양의 원리와 기운의 조화 작용으로 체(體)를 이룬 것이다. 본체가 초논리 · 초이성 · 직관의 영역인 진제(眞諦)라고 한다면, 작용은 감각적 · 지각적 · 경험적 영역인 속제(俗諦)이다. 본체와 작용의 합일은 이 양 세계를 관통하는 원리가 내재된 것으로 '하나'의 이치와 그 조화 기운과 하나가 되는 일심의 경계이다. 생명의 본체－작용－본체와 작용의 합일이라는 '생명의 3화음적 구조(the triad structure of life)'[4]는 생명의 본질 자체가 초월성인 동시에 내

3) 『中庸』: "天命之謂性 率性之謂道."

재성이며, 전체성[전일성]인 동시에 개체성[다양성]이며, 우주의 본원인 동시에 현상 그 자체인 데서 비롯되는 것이다. 생명의 전일성과 자기 근원성에 기초한 생명정치란 바로 이 천인합일이 인간 존재 속에 구현된 것이다.

2. 서구의 탈근대 논의에 나타난 생명관

근대합리주의의 비합리성을 비판하는 서구의 탈근대 논의에 나타난 생명관은 급진적 생태주의의 트로이카(troika)로 불리는 심층생태론(deep ecology)과 사회생태론(social ecology), 에코페미니즘(ecofeminism) 등에서 찾아볼 수 있다. 이들 급진적 생태담론의 공통된 인식은 현재 인류가 처한 위기의 깊이와 폭이 너무 깊고 광범하므로 산업주의의 극복을 위해서는 환경개량주의를 넘어 기존의 지배적 패러다임의 변화를 요구하는 훨씬 심층적이고 포괄적인 형태로 대처해야 한다는 것이다. 자연과 동일시되는 '생태적 자아(ecological self)' 개념에서 출발하는 이들 논의의 핵심은 한마디로 생명계를 불가분의 전일성, 즉 '살아있는 시스템(living systems)'으로 인식해야 한다는 것이다.

아른 네스(Arne Naess)와 빌 드볼(Bill Devall) 및 조지 세션(George Sessions)의 심층생태론은 생태 중심의(ecocentric) 가치에 기초하여 일체 생명이 동일한 내재적 가치(intrinsic value)를 지닌다고 본다. 말하자면

4) '생명의 3화음적 구조'란 용어는 필자가 天符經 81자의 구조를 窮究하다가 그것이 생명의 본체－작용－본체와 작용의 합일을 의미하는 천・지・인 삼신일체의 가르침을 함축한 것이라 생각되어 그렇게 명명한 것이다. 불교의 삼신불(法身・化身・報身)이나 기독교의 삼위일체(聖父・聖子・聖神), 그리고 동학의 內有神靈・外有氣化・各知不移는 天符사상의 중핵을 이루는 천・지・인 삼신일체의 가르침과 그 내용이 같은 것으로 모두 '생명의 3화음적 구조'를 보여주는 것이다(최민자, 『천부경・삼일신고・참전계경』 참조).

생명은 전일적이어서 근원적으로 평등하므로 위계가 있을 수 없다는 일종의 존재론적 평등과도 같은 것으로 생명은 지배나 통제의 대상이 될 수 없음을 분명히 한 것이다. 인간과 비인간 모두가 평등하다고 보는 점에서 인간 중심의(anthropocentric) 가치에 기초하여 자연의 도구적 존재성만을 인정하는 표피생태론과는 질적으로 구별된다. 심층생태론자들은 생태문제의 주된 원인이 자연과 인간을 분리시키는 근대 서구의 기계론적 세계관에 있다고 보고 그 해결책으로 사회 전반의 패러다임을 전일적인 생태 패러다임으로 변형시킬 것을 주장한다. 그리하여 계층구조에서 네트워크 구조로의 사회구조적 변화와 더불어 풀뿌리 민주주의, 분권화, 비폭력, 사회적 책임, 영성의 강조 등과 같은 정치적 원칙을 제시하고 현대 과학에 생태윤리적인 표준의 도입 필요성을 역설한다. 말하자면 심층생태론의 대안체제는 자율적이고 상부상조적이며 생태적으로 조화를 이루는 소규모의 분권화된 공동체이다.

머레이 북친(Murray Bookchin)에 의해 주창되고 이론적 체계화가 이루어진 사회생태론은 오늘의 생명위기가 인간 중심주의에 의해서가 아니라 사회의 지배구조와 위계질서가 초래한 사회적 산물이라고 본다. 그리하여 생태문제를 야기한 사회 조직의 형태 및 문화적 특성에 초점을 두고 소외계층과 지배계층이 갖는 책임의 차이에 주목한다. 인간 중심주의에 대한 심층생태론의 비판은 지배구조를 간과한 것으로 제3세계 · 노동자 · 여성에게는 해당되지 않는다는 것이다. 이렇듯 사회생태론은 사회문화적 · 경제적 구조와 기술의 반생명적 본질이 사회조직의 지배체계에 뿌리를 두고 있는 것으로 보는 까닭에 생명위기의 해결을 위해서는 자본주의 위계질서만이 아니라 인류 역사 속의 모든 사회적 지배관계를 근절시킬 것을 주장한다. 북친의 '변증법적 자연주의'는 자연적 삶과 사회적 삶 간의 대립을 변증법적으로 통일하고 다양성이 존중되는 호혜적 네트워크로서의 생명공동체를 구성하는 '자유자연(free nature)'의 단계가 자연스럽게 도래할 것이라고 본다. 이러한 진화과정에서 강조되는 것이 이성과 생태적 합리성에 기초한 인간의 역할 내지는 책무이다. 사회생태론의 대안체제는 생태학적 원리와 아나키즘(anarchism)이 결합된 에코아나키즘적 사회이다.

에코페미니즘은 오늘의 생명위기의 근본 원인이 자본주의도 사회주의도 아니며 여성 착취와 자연 착취를 자행하도록 방조하는 가부장제적인 사회적 지배구조에 있다고 본다. 말하자면 모든 계급체계와 인간억압의 뿌리가 남성의 여성 지배에 있고 가부장제에 의해 유지, 강화되어 왔으며, 남성에 의한 여성 지배와 인간에 의한 자연 지배가 구조적으로 깊이 연결되어 있다고 보는 것이다. 따라서 남성중심의 지배구조를 외면한 풀뿌리 생태운동은 실천성을 발휘할 수가 없으므로 생태계 복원과 평화 실현의 문제는 여성해방의 문제와 필수적으로 결합하게 된다는 것이다. 에코페미니스트들에게 있어 생명 파괴나 계급적 지배, 인종차별, 군국주의 등은 여성 억압의 다른 표현에 지나지 않는다. 에코페미니스트인 반다나 쉬바(Vandana Shiva)는 마리아 미즈(Maria Mies)와의 공저에서 가부장제적인 자본주의 세계정치경제구조가 생명 파괴와 여성 억압을 초래했다고 보고 개발 관점 대신 지역경제체제, 풀뿌리 민주주의, 정신·물질, 자연·문명, 생산·생존 이원론의 극복 등과 같은 '생존 관점(subsistence perspective)'을 그 대안으로 제시한다. 에코페미니즘의 대안체제 논의의 핵심은 여성과 자연의 이미지의 동일시에 기초한 '여성성' 내지는 '여성적 원리'에 대한 인식이다.

한편 탈근대적이고 탈이념적인 포스트모더니즘(postmodernism) 사조에 나타난 생명관의 핵심은 근대합리주의의 해체(deconstruction)이며 해체의 핵심은 그 근간을 이루는 이분법의 해체라는 점에서 급진적 생태

담론과 본질적으로 다르지 않다. 이성 중심주의와 과학적 합리주의에 기초한 모더니즘은 혁신적이긴 했지만 획일화된 틀과 형식의 강조로 인해 이질적인 문화 영역간의 소통 단절, 다양성과 개성의 약화, 인간 소외, 환경파괴와 생명위기를 초래했다. 탈근대 논의에서 인간 이성의 절대성과 중심성이 거부되는 것은 이성이 참본성[신성, 영성]으로부터 멀어져 '도구적 이성(instrumental reason)'으로 전락했기 때문이다. 그것은 영성이 배제된 객관적 이성 중심주의이며 개성과 다양성이 배려되지 않은 전체성의 관점을 띠는 것이다. 그리하여 서구의 근대세계 전반에 대한 근본적이고도 종합적인 성찰로서의 다원적이고 탈중심적인 해체주의가 나타나 절대자로 군림한 왜곡된 이성을 해체시키려 한 것이다. 이렇듯 획일화된 근대성의 틀과 형식의 해체는 의식의 전환을 가져오는 기본 패러다임으로 작용하고 있다.

3. 현대 과학의 생명관

오늘날 복잡계 과학[네트워크 과학]은 전체를 유기적으로 통찰하려는 세계관이자 방법론으로서 그 특성은 전체가 부분의 총화 이상이라는 것이다. 이러한 복잡계 과학은 전통 과학에서의 환원론적 분석과는 달리 전일적 접근을 시도하는 핵심 분야로서 세계적인 추세로 자리 잡고 있으며 포스트 게놈시대(Post-Genome Era)의 새로운 패러다임 구축을 선도하고 있다. 네트워크 과학에서는 네트워크가 상호 작용하며 스스로 만들어내는 다양한 패턴을 '자기조직화(self-organization)'라고 명명한다. 복잡계(complex system) 생물학의 선구자 카우프만(Stuart Kauffman)은 생명의 본질적 특성이 자기조직화에 있는 것으로 보았다. 카오스의 가장자리에서 생명의 구성요소들은 상호작용에 의해 '기이한 끌개(strange attractor)'로 자기조직화 된다는 것이다. 복잡계 이론을 이해하는 키워드가 되고 있는 자기조직화는 부분과 전체가 함께 진화하는 공진화 개념을 이해하는 키워드이기도 하다. 이 우주가 자기유사성을 지닌 닮은 구조로 이루어져 있다는 프랙털(fractal) 구조는 자기조직화의 원리에 기초해 있다는 점에서 우주만물[多]을 전일성[一]의 자기복제로 보는 일즉다(一卽多)·다즉일(多卽一)의 원리와 조응한다. 자기조직화의 경계는 주체와 객체의 이분법이 폐기된 이른바 '참여하는 우주'의 경계인 것이다. 다양하게 분리된 것처럼 보이는 물리적 세계[물질계, 현상계]와 일체의 이원성을 넘어선 전일성의 세계[의식계, 본체계]는 내재적 질서에 의해 하나의 고리로 연결되어 있으며 분해되지 않는 전체성을 그 본질로 한다. 다시 말해서 무수한 사상(事象)이 펼쳐진 '다(多)'의 세계와 그 무수한 사상이 하나로 접힌 '일(一)'의 세계는 상호 조응해 있으며 상호 관통한다.

이러한 질서를 양자물리학자 데이비드 봄(David Bohm)은 부분이 전체를 포함하는 홀로그램(hologram)적 비유로 설명하고, 현실세계 또한 각 부분 속에 전체가 내포되어 있는 홀로그램과 같은 일반원리에 따라 구성되어 있는 것으로 보았다. 물질[色, 有]의 궁극적 본질이 비물질[空, 無]과 하나임은, 소립자의 수준에서 물질은 어디에도 존재하지 않거나 또는 모든 곳에 존재하는 비국소성(non-locality)[초공간성]을 띠는 안개와도 같은 것으로 나타나는 양자역학(quantum mechanics)적 실험결과에서도 잘 드러난다. 이러한 비국소성은 양자장(quantum field)이 작용하는 차원에서는 분리 자체가 근원적으로 불가능하기 때문에 위치라는 것이 더 이상 존재하지 않음을 시사한다. '보이지 않는 우주'는 시공개념을 초월해 있으며 일체가 '에너지'로서 접혀있는, 하여 고도의 유기적 통일성을 띠는 전일성의 차원이라고 봄은 말하고 있다.[5] 말하자면 '보이지 않는 우주'는 우주의 창조적 에너지의 흐름, 즉 홀로무브먼트(holomovement) 그 자체인 것이다. 입자란 정확하게 말하면 입자처럼 보이는 파동일 뿐이라는 것이다. 바로 여기서 파동-입자의 이중성(wave-particle duality)이 성립된다. 홀로그램 가설의 태두로 여겨지는 봄과 신경생리학자 칼 프리브램(Karl Pribram)의 홀로그램 우주론에 따르면 우리가 인지하는 물질세계는 실재하는 것이 아니라 단지 우리 두뇌를 통하여 비쳐지는 홀로그램적 영상에 지나지 않는다고 한다. 말하자면 이 우주는 우리의 의식이 지어낸 이미지 구조물이라는 것이다.

따라서 우주의 실체는 의식(consciousness)이며, 우주의 본질인 생명은 일심(一心), 즉 근원의식·전체의식·보편의식이다. 생명은 필연적인 자기법칙성에 따라 스스로 생성되고 변화하여 돌아가는 '스스로(自) 그러한(然)' 자, 즉 자연이다. "자연은 외재적인 동시에 내재적이다. 내재적 자연이란 일심[참본성, 神性, 靈性, 근원의식, 전체의식, 보편의식] 즉 '하나'인 이치[理]와 기운[氣]을 말하며, 외재적 자연이란 음양의 원리와 기운의 조화 작용으로 체(體)를 이룬 것이다."[6] 이러한 생명의 전일적, 시스템적 속성이 오늘날 과학적으로 규명된 것은 과학과 영성의 불가분성을 보여주는 것으로 생명의 자기근원성과 진화의 핵심원리를 파악할 수 있게 한다. 우주의 실체인 의식은 곧 파동이며 이러한 생명의 파동적 성격을 깨닫게 되면 불연(不然)의 본체계[의식계]와 기연(其然)의 현상계[물질계]를 관통하게 됨으로써 생명의 전일성과 자기근원성을 자연히 알 수 있게 된다.

화학자이자 물리학자이며 사상가인 일리야 프리고진(Ilya Prigogine)은

---

5) David Bohm, *Wholeness and the Implicate Order*(London: Routledge & Kegan Paul, 1980), p. 205.

6) 최민자, 『생명에 관한 81개조 테제: 생명정치의 구현을 위한 眞知로의 접근』(서울: 도서출판 모시는 사람들, 2008), 47-48쪽.

일체 생명현상과 거시세계의 진화, 그리고 세계의 변혁을 복잡계의 산일구조(dissipative structure)에서 발생하는 자기조직화로 설명한다. 그에 의하면 비평형의 열린 시스템에서는 자동촉매작용(autocatalysis)에 따른 비선형(non-linear) 피드백 과정에 의해 증폭된 미시적 요동(fluctuation)의 결과로 엔트로피가 감소하면서 새로운 구조로의 도약이 가능하다고 한다. 그렇게 생성된 새로운 구조를 그는 산일구조라고 하고, 그러한 과정을 자기조직화라고 했다. 복잡계에서 일어나는 변화는 분기(bifurcation)와 같은 현상 때문에 비가역적(irreversible)인 것이 특징인데 바로 이 비가역성이 혼돈으로부터 질서를 가져오는 메커니즘이라는 것이다.[7] 모든 생명체는 산일구조체로서 지속적인 에너지 유입에 의해서만 생존이 가능한 까닭에 독자적으로는 생존할 수 없다. '있음(being)'의 불변적 상태보다 '됨(becoming)'의 가변적 과정을 일반적인 것으로 인식한 프리고진의 과학적 세계관은 전일적 과정으로서의 생명현상을 파악할 수 있게 한다.

Ⅲ. 생명 패러다임과 생명정치

1. 생명 패러다임의 긴요성

오늘날 서구 문명의 지양을 위한 새로운 패러다임, 즉 새로운 실재관의 정립에 관한 논의가 확산되게 된 것은 근대의 과학적 합리주의가 함축하고 있는 과도한 인간중심주의와 이원론적 사고 및 과학적 방법론이 20세기 들어 실험물리학의 발달로 그 한계성이 지적되고 전일적

7) Ilya Prigogine and Isabelle Stengers, *Order out of Chaos: Man's New Dialogue with Nature*, foreword by Alvin Toffler(Toronto, New York: Bantam Books, 1984), p. 292.

패러다임으로의 대체 필요성이 역설된 데 따른 것이다. 생명 패러다임은 인간 존재의 세 중심축이랄 수 있는 천·지·인 삼재의 연관성 및 통합성에 대한 자각에 기초한다. 이는 곧 생명의 전일성과 자기근원성에 대한 자각이며, 근대 인간중심의 시각에서 전체 생명권 내지 우주권으로의 의식 확장과 관계되는 것이다. 그것은 혼원일기(混元一氣)로 이루어진 생명의 유기성과 상호 관통을 직관적으로 깨닫는 것이라는 점에서 본질적으로 영적(靈的)이다. 따라서 생명 중심의 가치관으로의 패러다임 전환은 정신·물질, 자연·문명, 생산·생존 이원론에 입각한 근대 문명의 자기 부정인 동시에 생산성 제일주의 내지 성장 제일주의적 산업문명을 넘어서는 탈근대주의를 내포하는 것이다.

오늘의 생명위기에 대처하기 위한 생명 패러다임의 긴요성은 대개 다음과 같은 세 가지 측면에서 살펴볼 수 있다. 그 첫째는 현재의 세계자본주의 네트워크가 생태학적으로나 경제적·사회적·정치적으로 지속가능하지 않다는 점, 둘째는 인간의 자기실현과 생태적 지속성(ecological sustainability)을 담보할 수 있기 위해서는 생물학적·인지적·사회정치적 차원에서의 근본적인 변화가 필요하다는 점, 셋째는 서구 산업문명이 초래한 정신공황과 세계화의 도덕적 기반 상실에 따른 지구공동체의 구심력 약화 등이 그것이다.[8)]

우선 현 세계 자본주의체제가 자원고갈·생태계파괴·정신적 황폐 등으로 더 이상 지탱하기 어렵다는 것은 주지의 사실이다. 지난 수백 년 동안 인류가 만들어온 문명은 지구에 비축된 화석연료와 갖가지 금속과 희귀광물 등에 의존해온 것인 만큼, 자원고갈로 인해 이제 더 이상은 지속가능하지 않게 된 것이다. 2007년 12월 NASA는 최신 위성

8) 최민자, 『생태정치학: 근대의 초극을 위한 생태정치학적 대응』(서울: 도서출판 모시는 사람들, 2007), 105쪽.

자료 분석에 기초하여 북극 빙하가 2012년 여름까지 모두 녹아내릴 것으로 전망하였고, AP통신에서도 같은 전망을 보도하였다. 지구는 지금 온난화, 사막화, 폭설과 폭염, 태풍과 산사태, 지진과 화산폭발, 대규모 화재, 가뭄과 홍수, 조류변화, 해수면 상승 등의 다양한 방식으로 경고음을 내고 있다. 또한 생태계에 치명적인 태양의 자기(磁氣)폭풍을 막아주고 있는 지구 자기장의 급격한 약화는 2012년경 태양풍의 세기가 사상 최고조에 이를 것이란 관측이 사실로 드러날 경우 상상을 초월하는 수준의 피해를 초래할 것이다. 바야흐로 인류 문명의 구조를 생명 패러다임에 의해 재구성해야 할 시점에 와 있는 것이다.

다음으로 인간의 자기실현과 생태적 지속성을 위해 생물학적 · 인지적 · 사회정치적 차원에서의 근본적인 변화가 필요하다는 것이다. 인간의 자기실현과 생태적 지속성이 세계화를 재설계하는 기본 윤리가 되기 위해선 무엇보다도 우리의 세계관과 사고방식 및 가치체계의 근본적인 변화가 선행되어야 한다. 이는 곧 정신 · 물질 이원론에 입각한 데카르트-뉴턴의 기계론적 세계관에서 전일적인 생명 패러다임으로의 전환을 의미한다. 말하자면 생명가치의 활성화를 통해 '제3물결(the Third Wave)' 시대에 부응하는 생명정치적 주체로서의 '신인류'의 탄생을 촉발시키는 것이다. 따라서 바람직한 생명문화가 뿌리내릴 수 있기 위해선 인간의 의식 성장에 초점을 맞추어야 하며, 생태적 합리성에 기초한 균형사회(equilibrium society)로의 전환이 이루어져야 한다.

끝으로 서구 산업문명이 초래한 정신공황과 세계화의 도덕적 기반 상실에 따른 지구공동체의 구심력 약화로 생명과 평화를 담보할 수 없게 되었다는 것이다. 세계 도처에서 유발되고 있는 예측불허의 테러, '부익부 빈익빈' 현상의 심화에 따른 심각한 경제적 · 생태적 재앙, '국익의 극대화'를 지향하는 국가이기주의에 의해 지배되는 반(反)생명적인 국제정치경제질서는 전일적인 생명 패러다임의 긴요성을 절감케 한다. 진정한 세계화는 인간과 인간, 인간과 우주자연의 연대에 기초하여 생태적 지속성을 띤 지구공동체 건설에 기여할 수 있어야 한다. 이러한 연대성은 단순히 환경정책의 강화나 환경기술 및 환경공학 개발과 같은 기술적 능력의 증대를 통하여 달성될 수 있는 것이 아니다. 욕구구조의 재조정 및 삶의 양식의 변화와 더불어 정치경제구조를 생명 패러다임에 의해 재구성하여야 한다.

2. 생명정치의 본질과 그 의미

우주의 본질 자체가 생명이고 인간은 '정치적 동물'이니 생명과 정치는 필연적으로 결합될 수밖에 없다. 그런 점에서 인류의 정치사는 생명과 정치의 변증법적인 관계의 역사다. 헤겔(G. W. F. Hegel)은 그의 『정신현상학 *Phänomenologie des Geistes*』 속에서 주인과 노예의 변증법을 통하여 이를 생생하게 보여 준다. 헤겔의 체계 속에서 당위의 진실태(眞實態)는 일체의 모순과 소외의 극복을 통한 '이성적 자유(rational freedom)'의 실현과 더불어 현실 속에서 현현하게 된다. 이는 곧 내재적 본성인 신성의 발현으로 생명의 유기성과 상호 관통을 자각하게 되는 것을 뜻한다. 헤겔의 역사철학적 관점에서 생명정치란 생명의 소통성에 기초한 정치이며, 인류의 역사는 생명의 소통성을 학습하는 무대이고, 모든 제도와 조직은 의식 성장을 위한 조건 창출에 관계한다. 노예의식이 노동을 통하여 자유를 실현하는 과정은 생명의 소통성을 학습하는 과정인 동시에 의식의 자기교육과정이며, 이는 곧 존재[현상계, 물질계]와 의식[본체계, 의식계]의 합일화과정이다. 자유의 자기실현화과정은 이 현실세계가 정신의 산물임을 알고 존재와 의식이 둘이 아니라는 사실을 깨닫게 될 때 비로소 완성되며[9] 이 단계가 되면 소외의 역사는 막을 내리게 되는 것이다.

따라서 헤겔에게 있어 인간 소외란 타자로부터의 소외가 아니라 인간의 자기의식의 소외 — 말하자면 참본성으로부터의 소외 — 이며 이를 극복하고 자유를 쟁취하는 것이 바로 역사의 목적이다. 이러한 생명과 정치의 변증법적인 관계에 대한 통찰은 '열린 정치'로의 이행을 촉발시키는 동시에 생명정치적 토양에서 자생하는 수많은 대립항의 범주들 — 예컨대 보수와 진보, 우익과 좌익, 공익과 사익, 민주와 독재 — 이 궁극적으로는 의식 성장을 위한 학습기제로서의 의미와 기능을 지니고 있음을 파악할 수 있게 한다. 실로 생명의 소통성은 양 극단의 변증법적 통합에 의한 의식의 확장을 통해서만 실현될 수 있으며 이러한 의식의 진화에 조응하는 학습여건을 창출하기 위해 상대계인 물질계가 존재하는 것이다. 그림자가 바뀌려면 실물이 바뀌어야 하듯, 의식의 투사체인 세상이 바뀌려면 먼저 의식이 바뀌어야 하는 것이다. 생명의 소통성에 기초한 생명정치는 의식의 진화의 산물인 까닭에 제도적 개혁만으로는 한계가 있을 수밖에 없다.

생명의 소통성이란 — 마치 거울에 비친 형상과 거울을 분리시킬 수 없고, 천강(千江)에 비친 달그림자와 달을 분리시킬 수 없듯이 — 생명의 본체인 '하나'와 그 작용인 우주만물이 분리될 수 없는 하나임을, 다시 말해서 생명의 본체와 작용의 합일성을 의미한다. 밤이 다하면 물속에 있는 수천 개 '달'이 그 근원인 하나의 '달'에 의해 거두어지듯, 우주만물은 생명의 낮과 밤의 주기에 따라 생성과 소멸을 끝없이 순환 반복하게 되는 것이다. 생명정치의 본질인 소통성의 핵심은 '하나'인 참본성

---

9) See *Philosophy of Mind*, pp. 249-253; *Philosophy of Right*, pp. 75-104; *The Phenomenology of Mind*, pp. 620-679.

의 회복에 있다. '내가 나 되는 것'[10], 즉 참본성의 회복을 통한 인간의 자기실현이 생명정치의 궁극적 목표다. 우리 한민족의 기원, 분화, 이동경로, 문화와 철학, 사상의 원형을 담고 있는 박제상(朴堤上)의 『부도지(符都誌)』 제7장에서는 잃어버린 참본성을 회복하는 것을 '복본(復本)'이라고 하고 있다. 또한 제12장에는 "…天符에 비추어서 수신하고 미혹함을 풀고 참본성을 회복할 것(解惑復本)을 맹세하며 부도(符都) 건설을 약속하니…"라고 나와 있다. 참본성의 회복은 곧 이화세계, 홍익인간으로의 복귀인 동시에 인간이 만든 최초의 낙원국가이자 고대 한민족의 발상지인 파미르고원 마고성(麻姑城)으로의 복귀를 나타낸 것이다. 이처럼 우리의 '복본'사상은 잃어버린 참본성[性]의 회복과 더불어 잃어버린 성[마고성]의 회복이라는 의미를 함축하고 있는데 이는 우리의 전통적 사유가 의식과 제도, 정신과 물질의 통합성을 기반으로 하고 있음을 말하여 준다.

오늘날 지구촌이 존재론적 불구의 형태를 보이는 것은 분리의식의 투사체인 물신들에 의해 점령당하여 생명문화가 정착되지 못하고 생명가치가 활성화될 수 없게 된 데 따른 것이다. 근대세계가 중세의 비합리성·불합리성을 극복하기 위한 시도로서 나타난 것이라고는 하지만, 왜곡된 신성이 인간 이성을 학대하며 신학이 무소불위의 권력을 휘두르던 중세의 불합리했던 상황과, 왜곡된 이성이 내재적 본성인 신성을 학대하며 근대 과학이 무소불위의 권력을 휘두르는 서구적 근대의 불합리한 상황이 본질적으로는 다를 바가 없는 것이다. 중요한 사실은 중세인과 근대인 그 어느 쪽도 신성[神]과 이성[人間]의 불가분성을 인식하지 못했다는 것이다. 이로 인해 전체성과 개체성, 전일성과 다양성의 소통성이 뿌리내리지 못하여 생명에 대한 심대한 통제행위가 자행

10) 『東經大全』「後八節」: "我爲我而非他."

되게 된 것이다. 그러나 과학기술의 융합현상이 통합학문의 시대를 촉발시키고 사회 전 분야에 걸쳐 혼융을 통해 새로운 문화를 창출해내는 이른바 '퓨전(fusion)' 코드의 급부상으로 생명 중심의 가치관으로의 패러다임 전환 또한 촉발되고 있다. 자율성과 평등성에 기초한 생명정치는 생명과 정치가 조화를 이루는 이상적인 직접정치의 원형(prototype)을 보여준다는 점에서 권력과 자유의 부조화라는 대의정치의 유산을 극복하는 하나의 대안이 될 수 있다.

Ⅳ. 생명정치와 생명정치론

1. 생명정치론의 정치사상사적 전개

인류의 정치사상사는 지배와 복종의 이원성에 기초한 정치적 사유와 생명의 전일성에 기초한 생명적 사유의 변증법적 관계의 역사다. 생명적 사유와 정치적 사유의 변증법적 논의의 핵심은 — 조르조 아감벤(Giorgio Agamben)의 '주권권력 대(對) 벌거벗은 생명'이라는 두 개의 대립적인 축이 말하여 주듯 — 정치체에 내재하는 근원적인 생명정치적 긴장과 분열을 통합시키는 데 있다. 그것은 인간의 사유체계 속에서 내재적 본성인 신성과 이성의 통합이라는 형태로 나타난다. 신성은 영성 또는 자연과도 같은 의미이니, 신성과 이성의 통합은 영성과 이성 또는 자연과 이성[인간]의 통합이라고도 할 수 있다. 인간 사회의 진화는 의식의 진화와 조응관계에 있으며, 의식의 변화가 임계점에 달하면 세상은 바뀌기 마련임을 인류의 역사발전과정은 생생하게 보여준다.

상고 및 고대 일부의 제정일치시대에는 정치적 군장이 곧 제사장으로서 정신적 권위와 세속적 권위가 구분되지 않고 신성과 이성이 통합된 형태로 나타났다. 한국전통사상의 골간을 이루는 경천숭조(敬天崇祖)의 보본(報本)사상과 홍익인간・광명이세(光明理世)의 건국이념은 생명적 사유와 정치적 사유의 변증법적 통합을 명징하게 보여 준다. 이들 사상의 요체는 한마디로 천・지・인 삼재의 조화이다. 그 조화라는 것은 인간의 마음이 밝아지면—즉, 참본성인 신성 회복을 통해 생명의 전일성을 체득하게 되면—저절로 일어나게 되는 것이다. 이처럼 우리의 전통사상이 마음을 밝히는 가르침을 근본으로 삼은 것은 정치의 주체인 인간의 마음이 밝아지지 않고서는 밝은 정치가 이루어질 수 없는 까닭이다. 한편 고대 그리스 아테네의 데모크라티아(demokratia 民主政)는 대의제가 아닌 직접민주주의 이념에 입각하여 통치의 효율성보다는 시민들의 참여와 의사를 존중하는 민주주의 원리를 구현하고자 한 점에서 오늘날에도 많은 연구대상이 되고 있기는 하지만, 시민권이 없는 많은 노예들과 여성들을 희생양으로 삼았다는 점에서 다분히 자기기만적인 것이었다. 이성과 자연의 부조화는 플라톤(Plato)의 로고스(logos 이성)/자연의 이분법이 이성과 지배의 결합을 통해 여성, 노예, 자연을 통제하는 데서도 잘 드러난다. 또한 A와 비(非)A를 확연히 구분 짓는 아리스토텔레스(Aristotle)의 이분법적 사유가 서양의 사상적 토대가 된 이후 생명과 정치 간의 긴장이 고조되어 왔다는 것은 주지의 사실이다.

중세 초기에 이르러 로마의 그리스도교가 394년에 국교로 채택된 이후 세속적 권위에 대한 신적 권위의 가치성이 정립됨으로써 신국과 지상국가에 관한 이원적 견해가 등장하게 된다. 신국과 지상국가 간의 관계는 곧 신성과 이성, 생명적 사유와 정치적 사유의 관계로서 양자의 변증법적 통합에 기초한 신국 건설을 목적으로 교부철학의 대표자인 아우구스티누스(Saint Augustine)는 『신국론 *De civitate Dei*』을 저술한 것이다. 중세 봉건제가 확립되고 기독교가 중세의 지배적 이데올로기가 되면서 신적 권위와 세속적 권위에 관한 이원적 견해는 13세기에 이르러 이성에 대한 신앙의 우위를 철학적으로 입증한 스콜라철학의 대표자인 토머스 아퀴나스(Thomas Aquinas)에 의해 종결되고 그의 『신학대전 *Summa Theologiae*』에서 체계화된다. 중세 기독교적 보편사회로의 통일이 이루어진 것이다. 신학이 모든 학문의 중심이 되면서 철학은 신학의 시녀가 되고 결과적으로 신앙과 이성의 심대한 부조화로 인해 이성에 대한 종교의 학대가 만연하게 되었다. 그리하여 인간적 권위와 신적 권위의 심대한 훼손으로 인한 존재론적 치명상은 드디어는 이들 권위의 회복을 촉구하는 기폭제로 나타나게 되었으니, 이것이 곧 유럽 근대사의 개막을 알리는 르네상스와 종교개혁이다.

르네상스와 종교개혁의 정치사상사적 의의는 신적 권위에 대한 세속적 권위의 가치성을 정립함으로써 근대민족국가 형성을 촉발시킨 데 있다. 이러한 양검론은 17세기 르네 데카르트(René Descarte)의 합리주의 철학에 이르러서는 정신·물질 이원론의 공식화를 초래하게 되고 나아가 근대과학의 탄생과 더불어 물질문명의 황금시대가 열리게 된다. 이제 과학이라는 이름의 물신(物神)의 등장에 힘입어 이성은 신성에 대한 대반격을 감행하게 되고 드디어는 이성의 궁극적인 승리를 선언하게 된다. 데카르트-뉴턴의 기계론적 세계관은 과학혁명의 급속한 진행을 가져온 반면, '도구적 이성'의 기형적 발달에 따른 이성과 신성의 심대한 부조화로 인간과 인간, 인간과 우주자연의 연대성 상실을 초래하는 단초를 제공하게 된다. 인간 이성과 과학적 합리주의에 대한 굳건한 믿음은 무한한 진보와 합리적인 사회발전에 대한 약속을 제대로 지켜내지 못한 '절반의 근대(semi-modern)'에 마침내 회의로 돌아서게 된다. 서구적 근대의 특성은 고도로 정교한 거대 권력 장치에 의한 생명의 정치화 내지는 생명의 권력화 현상이다. '생명권력'에 기초한 '생명정치'는 서구 정치를 관통하는 핵심 개념으로 생명의 도구화 현상을 극명하게 보여준다.

'주권권력 대(對) 벌거벗은 생명'을 중심축으로 인권문제, 뇌사문제, 강제 수용소 등에서 드러난 우리 시대의 생명정치적 현상들을 새롭게 분석한 조르조 아감벤의 『호모 사케르 *Homo Sacer*』는 정치와 과학이 — 심지어는 종교까지도 — 모두 생명의 지배와 장악을 기본적인 목표로 삼고 있음을 생생하게 보여준다. 생명의 통제와 복제가 과학과 정치와 자본의 지배기능을 가능하게 하는 조건이라는 것이다. 서문에서 그는 권력에 예속된 "벌거벗은 생명 자체를 정치화시키는 것은 근대의 결정적 사건으로 고전적인 사유에서 나온 정치적·철학적 범주들을 근본적으로 변형시키게 될 것"[11]이라고 하고 있다. 다시 말해서 벌거벗은 생명과 정치의 관계에 대한 성찰만이 밀실정치를 종식시키는 길인 동시에 실천적 사유로의 변형을 가져올 수 있게 하는 길이라는 것이다. 근대적 '생명'은 — 마치 '인민'이라는 개념이 '벌거벗은 생명'과 '정치적 실존'이라는 두 개의 대립적인 축을 이루고 있듯이 — '생명정치적 신체'와 '벌거벗은 생명'이라는 두 개의 대립적인 축을 이루고 있다. 따라서 보호될 가능성과 유대인 학살에서 보듯 대량 학살이 승인될 가능성이 동시에 나타난다. 그에 의하면 나치 독일의 유대인 학살이나, 구분이 모호해진 대립항의 범주들 — 예컨대 우파와 좌파, 사적인 것과 공적인 것, 절대주의와 민주주의 — 은 그것들이 탄생한 생명정치적 기반 위에서만 그 의미가 명료해질 수 있는 것이다. 생명에 대한 사유(思惟)의 역사를 추적함으로써 정치철학의 재구성을 시도한 그의 '호모 사케르'

11) Giorgio Agamben, *Homo Sacer: Sovereign Power and Bare Life* (Stanford, CA: Stanford University Press, 1998), 박진우 옮김, 『호모 사케르』(서울: 새물결, 2008), 38-39쪽.

는 정치적 생명체로서의 온전한 삶을 누리지 못하는 오늘의 우리에게 진정한 생명정치의 긴요성을 일깨워 준다.

포스트구조주의의 대표자로 일컬어지는 미셸 푸코(Michel Foucault)는 그의 『성(性)의 역사 1: 앎에의 의지 *Histoire de la sexualité I: La volonté de savoir*』(1976)의 마지막 장에서 근대에 접어들어 자연 생명이 국가권력의 메커니즘과 담합하기 시작하면서 정치가 '생명정치'로 변화하는 과정을 그리고 있다. 즉, 죽게 '하거나' 살게 '내버려둘' 권리로서의 생살여탈권이라는 낡은 권리에서, 살게 '하거나' 죽음 속으로 '몰아넣는' 생명권력으로 대체되었다는 것이다. 따라서 생존이 보증될 가능성과 죽음에 직면하게 될 가능성이 병존한다. 말하자면 생명은 권력이 적극적으로 관리하고 조절하고 증진시켜야 할 일차적인 대상이 된 것이다. 그에 따르면 생명에 대한 권력의 조직화는 17세기부터 두 가지 극의 형태로 전개되는데 먼저 형성된 것이 기계로서의 육체에 대한 것이고 18세기 중엽에 형성된 것이 종(種)으로서의 육체에 대한 것이다. 신체의 생산력과 순응성을 증대시켜 자본주의적 생산체제로 통합하는 신체의 규율과 생물학적인 종으로서의 신체를 조절하는 인구조절이 그것이다. 이렇게 해서 군주권인 주권권력이 신체를 규율하는 규율권력으로, 그리고 인구 전체의 생명을 조절하고 관리하는 생명권력으로 이행하게 된 것이다. 이러한 생명권력으로의 이행은 1789년 프랑스대혁명 이후 인민이 주권의 유일한 담지자가 되는 것과 맥을 같이 한다. 근대인은 단순한 정치적 동물이 아니라 생명이 정치와 불가분의 관계를 갖는, 하여 생명 자체가 정치에 의해 문제시되는 동물인 것이다.[12] 근대사회 자체를 권력과 지식의 담합에 의해 운용되는 거대한 '감시와 처벌'의 체계로

12) Michel Foucault, *Histoire de la sexualité I: La volonté de savoir*, vol. 1(Paris: Gallimard, 1976), 이규현 옮김, 『성의 역사 1: 앎의 의지』(서울: 나남, 2004), 151-160쪽.

보는 푸코의 관점에서 권력의 사회적 통제의 핵심은 생명의 통제에 있는 것으로 나타난다. 말하자면 권력은 '생명권력'이고 정치는 '생명정치'라는 것이다. 이와 같이 근대세계에서의 생명은 살아있는 생물학적인 신체라는 의미로만 인식되었을 뿐 생명의 전일성과 유기적 통합성에 대한 자각으로까지는 이어지지 못했던 까닭에 인간억압과 자연억압이 만연하게 되었던 것이다. 근대 서구의 정치적 자유주의가 생태적 홀로코스트(holocaust)를 초래하게 된 것도 이와 같은 맥락에서 이해될 수 있다.

생명에 대한 명료한 인식이 없이는 새로운 계몽시대를 열 수가 없다. 왜곡된 이성에 의한 신성의 학대가 만연한 근대 이후 물질만능주의 시대를 살고 있는 오늘의 우리에게 신성과 이성, 생명적 사유와 정치적 사유, 성리와 물리를 통섭하는 보편적 지식체계의 구축은 시급한 것으로 나타난다. 인류의 이념적 표상이 되어 온 지속가능한 사회(sustainable society)란 생명가치가 활성화된 '열린사회'를 일컫는 것이다. 이제 전혀 새로운 문명의 건설자인 21세기형 인간 호모 레시프로쿠스(Homo Reciprocus: 상호 의존하는 인간)·호모 심비우스(Homo Symbious: 공생하는 인간)의 등장으로 우리 인류가 문명의 대전기를 맞고 있는 지금, 정치학이란 학문이 이 세상을 변혁시키는 유용한 학문이 되기 위해선 무엇보다도 생명가치에 주목하지 않으면 안 된다. 그러기 위해선 종교와 과학 속에 용해된 진리[생명]의 정수를 과감하게 도입할 필요가 있다. 지배와 복종의 이분법에 기초한 권력정치는 더 이상 생명력이 없을뿐더러 감동을 주지도 못하기 때문이다. 21세기 들어 가속화되고 있는 생명 중심의 가치관으로의 패러다임 전환은 생명정치론이 21세기 정치학의 메가트렌드(megatrend)가 될 것임을 시사한다.

2. 생명정치론의 한국적 수용

앞서 살펴보았듯이 생명정치론은 그 핵심이 생명 그 자체에 대한 이해에 있는 까닭에 정치학의 고유영역으로 발전해 온 것은 아니다. 삶과 학문과 정치와 종교와 과학이 분화되지 않았던 한국 상고시대에 '생명'은 학문세계와 정치세계를 관통하는 핵심 주제였다. 필자가 '생명경(生命經)'이라고 명명한 『천부경』은 수천 년 동안 국가 통치엘리트 집단의 정치교본이자 삶의 교본이었던 것이다. 『부도지』에 따르면, 파미르고원의 마고성에서 시작된 우리 민족은 마고(麻姑), 궁희(穹姬), 황궁(黃穹), 유인(有因), 환인, 환웅, 단군에 이르는 과정에서 전 세계로 퍼져나가 천·지·인 삼신일체의 가르침에 토대를 둔 우리의 천부(天符) 문화를 세계 도처에 뿌리내리게 한 것으로 나온다. 오늘날 우리의 천부사상이 동·서양의 문화·문명을 발흥시킨 모체였다는 사실이 점차 밝혀지고 있는 것은, 하늘(天)과 성(性)과 신(神)이 하나로 용해된 천부사상에서 전 세계 종교와 사상 및 문화가 수많은 갈래로 나누어져 제각기 발전하여 꽃피우고 열매를 맺었다가 이제는 다시 하나의 뿌리로 돌아가야 할 시점에 이르렀기 때문일 것이다. 따라서 생명정치론의 한국적 수용은 전혀 새로운 것이 아니며 오히려 한국이 그 시원이었다는 점에서 한국적 수용이라기보다는 현대적 재조명이란 표현이 보다 적절할지 모른다. 그럼에도 굳이 한국적 수용이란 표현을 쓴 것은 현대정치이론과 사상의 한국적 수용이라는 본 기획서의 발간 의도를 살리기 위한 것이다.

근대에 들어 서구 산업문명의 영향으로 인간억압과 자연억압이 만연하게 되면서 '생명'이란 주제가 다시 주목을 받기 시작하였다. 그러나 정신·물질 이원론에 기초한 근대의 학문은 한편으론 진리 탐구를 표방하면서도 다른 한편으론 과학적 합리주의 내지 논리적 실증주의라는 미명하에 감각적·지각적 경험의 세계만을 그 대상으로 삼은 까닭에 진리 그 자체인 생명을 스스로 배제하는 역설을 낳았다. 더욱이 학문의 분과화에 따른 기계론적이고 분석적인 접근 방식은 '장님 코끼리 만지는 격'이 되어 전일적이고 유기적인 생명의 본질에 대한 접근 자체를 가로막는 요인이 되었다. 그리하여 의식 차원의 모든 것을 부정하고 마침내 생명의 본체까지도 부정하기에 이르게 된 것이다. 그동안 생명은 종교의 영역에서 주로 다루어지다가 실험 물리학의 발달로 우주의 실체가 드러나면서 과학의 영역에서도 본격적으로 다루어지게 되었다. 과학과 신[종교]의 운명적인 해후가 이루어지게 된 것이다. 과학기술의 융합현상이 통합 학문의 시대를 촉발시키면서 생명에 관한 관심과 연구가 증폭되긴 했지만 생명의 본질에 통섭적으로 접근한 연구는 거의 찾아보기 어렵다. 서구의 생명정치론은 주로 탈근대 논의 속에 담론 형태로 등장하여 포스트모더니즘이나 포스트구조주의 사조와 관련이 깊은 것으로 나타난다. 세계적인 연구 동향을 보더라도 생명 연구는 주로 종교와 과학의 영역에 머물러 있으며 연구자들도 정치학 전공자들보다는 비전공자들인 경우가 대부분이고 연구 수준 또한 단편적이며 본질적이지 못하다.

오늘날 생명정치적 담론은 시민사회의 정치화에 따른 정치영역의 확장으로 고전적 의미에서 정치의 탈정치화 현상이 가속화되면서 여타 비평담론과의 경계가 점차 느슨해지고 있다. 생명정치론은 정치학자들만의 고유영역이 아니라 대안사회를 희구하는 다양한 분야의 연구자들에 의해 연구되고 있는 것이다. 따라서 생명정치적 담론과 여타 비평담론의 경계를 기계적으로 설정하는 것은 오히려 시대의 흐름에 역류하는 것일 수 있다. 현재 인류가 처한 딜레마가 다양한 것 같지만 본질적으로는 모두 생명에 관한 문제와 관련되어 있다는 점에서 생명정치는 21세기 정치학의 화두라고 할 만하다. 그러나 한국의 경우에도 연구 동향은 정치학 전공자들에 의한 연구보다는 비전공자들에 의한 연구가 대부분이고 종교의 영역을 제외하면 주로 환경생태운동 이념으로서의 생명론이 제기되어 왔다. 따라서 생명문제에 대한 담론적 인식과 더불어 담론의 장이 형성되는 시기 또한 환경생태운동이 제도화와 담론화의 단계에 접어드는 시기인 1990년대 중반을 그 기점으로 볼 수 있다. 생명담론과 생명운동이 기존의 환경운동과 시민사회운동의 의제를 포괄하는 특성을 띠는 것은 근원성 · 포괄성 · 보편성을 띠는 생명 그 자체의 속성에서 기인하는 것이다.

소통 · 자치 · 자율의 생명정치는 그 지향성에 있어 녹색정치와 같은 맥락에서 이해될 수 있으나 보다 근원적이고 포괄적이며 보편적인 속성을 띤다. 이는 생명정치가 우주의 본원인 동시에 현상 그 자체인 생명의 전일성과 자기근원성에 기초해 있기 때문이다. 생명정치는 아직은 담론과 운동의 차원에 머물러 있지만 역사상의 모든 변화가 그러하듯 임계점에 달하면 변화는 일어나기 마련이다. 한국의 생명정치론에 대한 전망은 상호 연관된 세 가지 측면에서 생각해 볼 수 있다. 그 하나는 포스트모더니즘이나 포스트구조주의 사조 또는 현대 과학혁명의 영향에 따른 서구 이론의 도입이라는 측면이고, 다른 하나는 자생적인 것으로 생명사상의 정수를 함축한 우리 고유의 천부사상과 동학사상 그리고 유 · 불 · 도에 대한 연구라는 측면이며, 끝으로 소통성을 지향하는 한국 시민사회의 성장이라는 측면이다. 서구적 근대의 태생적 한계를 극복하고 공존의 대안적 사회를 구현함에 있어 이 세 가지 측면의 창조적 통합은 생명정치론의 새로운 지평을 열게 할 수 있을 것이다.

3. 생명정치의 가능성과 과제

생명정치가 구현되기 위해선 성장사회를 전제로 한 정치이론과 실제가 생명정치적 차원에서 재검토되어야 하며 패러다임 전환이 이루어져야 한다는 점에서는 대부분의 연구자들이 인식을 공유하는 것으로 나타난다. 문제는 패러다임 전환이라는 용어가 단순히 논리적 전제로만 사용되고 있을 뿐 구체적인 논의에 있어서는 여전히 이분법적인 낡은 패러다임이 기용되고 있다는 사실이다. 그 대표적인 것이 의식과 제도의 이분법이다. 의식과 제도의 관계는 곧 생명의 본체와 작용의 관계로서 이는 마치 허공에 떠 있는 달과 무수한 달그림자의 관계와도 같이 분리되어 존재할 수 없다. 패러다임 전환이란 세계관과 사고방식 및 가치체계의 총화가 바뀌는 의식 차원의 질적 변화를 일컫는 것이다. 의식 차원의 변화를 역설하면서도 의식의 변화는 느리고 추상적인 반면 제도의 변화는 빠르고 구체적이라는 식의 의식과 제도의 이분법에 사로잡혀 있으니 이것이야말로 의식의 자기분열이 아니고 무엇이랴! 오늘날 제도적 변화가 현실의 변화를 수반하지 못하는 것은 제도의 운용주체인 인간의 의식이 바뀌지 않으므로 해서 결국 겉포장만 바꾼 변화라는 데 있다. 제도적 변화의 효율성을 기대하려면 의식 차원의 변화가 선행되어야 한다.

생명정치(론)의 과제는 상호 연관된 다음 세 가지 범주에서 살펴볼 수 있다. 그 첫째는 이원론의 유산 극복이다. 물질 차원의 에고(ego)에 의해 건설된 근대 세계는 천·지·인 삼재의 통합성을 자각하지 못함으로 해서 생명현상을 분리된 개체나 종(種)의 차원에서 인식함으로써 단순한 물리현상으로 귀속시키는 결과를 낳았다. 그리하여 생명은 곧 자연이며 영성이라는 사실을 직시하지 못한 채 본체인 영성은 실재하지 않는 종교의 영역으로, 그 작용인 그림자세계[물질계, 현상계]는 실재세계로 간주함으로써 본체와 작용의 합일이라는 생명의 순환 고리를 인식하지 못하고 끊임없이 생멸하는 겉모습에만 집착하게 된 것이다. 마치 시력이 낮아 보이지 않는 물체가 없는 것으로 간주되듯, 의식의 진동수가 낮아 보이지 않는 본체계가 실재하지 않는 것으로 간주되게 된 것이다. 그러나 그림자를 실물로 여긴다고 해서 그 본체인 실물이 존재하지 않는 것이 아니듯, 물질계를 실재세계로 여긴다고 해서 그 본체인 의식계가 존재하지 않는 것이 아니다. 영성과 자연을 동일시하지 못하는 것은 자연을 단지 외재적인 것으로 분리시키는 허위의식이 자리 잡고 있기 때문이다. 내재적 자연이 곧 영성이니 영성을 배제한 이성과 자연의 화해란 공허한 말잔치에 지나지 않는다. 영성을 배제한 이성이라면 근대의 '도구적 이성'과 다를 바가 없다. 전일적 실재관으로의 패러다임 전환은 생명의 전일성, 즉 영성을 깨닫는 데 있다. 존재와 인식의 괴리는 우주만물의 조화성과 유기적 통합성을 자각하지 못하는 데서 오는 것으로 우주적 질서에 순응하는 삶을 살 수 없게 하고 있다.

둘째는 물리와 성리, 미시세계와 거시세계를 통섭하는 보편적 지식체계의 구축이다. 이를 위해서는 전체성과 개체성의 소통성을 보여주는 생명의 본체-작용-본체와 작용의 합일이라는 '생명의 3화음적 구조'에 대한 이해가 필수적이다. 유·불·도에서 성품의 이치를 나타낸 이(理)·공(空)·무(無)가 생명의 본체라면, 사물의 이치를 나타낸 기(氣)·색(色)·유(有)는 생명의 작용이다. 성리와 물리는 상호 조응하며 본래 한 맛이다. 우주만물의 형성과정은 생명의 본체인 신[神性, 理]이 기(氣)로, 다시 정(精)으로 에너지가 체(體)화 하는 과정이며, 이 과정에서 신은 만유의 참본성으로 만유 속에 편재하게 되므로 본체인 신과 그 작용인 우주만물은 분리 자체가 근원적으로 불가능하다. 반면 내재적 본성인 신성의 자각적 주체가 되면, 다시 말해서 천인합일의 이치를 깨닫게 되면 정(精)은 기(氣)로, 다시 신[神性, 理]으로 화하여 참본성인 신성이 드러나게 된다. 이러한 본체와 작용의 합일을 이해하게 되면 물질세계가 의식세계의 투사영임을 알게 되어 물질계의 존재이유를 깨닫게 되는 것이다. 부분과 전체의 유기적 통합성에 기초한 시스템적 사고는 상호배타적인 것이 상보적이라는 양자역학적 세계관에 잘 나타나 있다. 보편적 지식체계의 구축을 위해서는 현대 과학적 사유와 동양적 사유의 접합의 유용성에 착안할 필요가 있다.

셋째는 생명문화의 정착과 생명교육의 보급이다. 생명문화의 정착을 위해서는 시민사회 내부의 원활한 소통을 통해 생명가치에 대한 공통의 이해와 합의가 이루어질 수 있도록 현재 진행 중인 다양한 형태의 생명운동 — 특히 생명문화운동 — 의 효율적 운영을 위한 방안을 모색할 필요가 있다. 그러기 위해선 생명관의 정립과 더불어 생명문화의 정착을 위한 확고한 의지가 발휘되어야 하며 다양한 주체들이 보유하고 있는 자원을 효율적으로 결합할 수 있어야 한다. 소통 · 자치 · 자율의 실현, 민주적 지방분권의 제도화, 국가적 공공성과 지방적 자치권의 조화, 지역이기주의(NIMBYs, PIMFYs)의 극복 등은 생명문화의 정착을 위한 핵심 과제다. 생명문화의 정착은 생명교육의 보급과 불가분의 관계에 있다. 편협한 전문가를 양산해내는 교육이 아니라 지식과 삶이 조화를 이루는, 온전한 사람을 길러내는 영성 계발 차원의 전인교육이 뿌리를 내릴 수 있어야 한다. 오늘날 통합 학문의 시대의 도래는 온전한 앎을 통한 전인교육의 가능성을 기대할 수 있게 한다.

V. 결 론

이상에서 우리는 동양의 전통적 생명관, 서구의 탈근대 논의에 나타난 생명관, 그리고 현대 과학의 생명관을 중심으로 생명 그 자체에 대한 이해를 통하여 생명 패러다임에 기초한 생명정치의 본질과 그 의미를 밝히고, 아울러 생명정치론의 정치사상사적 전개와 한국적 수용 그리고 생명정치의 가능성과 과제에 대해 살펴보았다. 무엇보다도 생명에 대한 전일적 시각으로의 패러다임 전환은 생명가치를 활성화시키고 바람직한 생명문화가 뿌리내릴 수 있게 하는 선결 과제다. 생명정치의 본질인 소통성의 핵심은 '하나'인 참본성의 회복에 있으며 참본성의 회복을 통해 '내가 나 되는 것'이 생명정치의 궁극적 목표다. 그것은 곧 생명의 영성을 깨달아 새로운 연대로 거듭나는 것을 의미한다. 말하자면 조화와 상생의 지속가능한 사회가 구현되는 것이다. 소통·자치·자율의 생명정치는 생명을 분리된 개체가 아닌 영성 그 자체로 인식할 수 있을 때 가능해진다. 생명의 전일성과 자기근원성을 자각할 수 있을 때 능동성과 창의성, 자율성과 평등성이 발휘될 수 있는 것이다. 따라서 생명정치는 단순한 제도적 개혁의 산물이 아니라 의식의 진화의 산물이다. 인류의 생명권에 대한 자각이 없이는 평화란 한갓 헛된 신념을 추동하는 이념에 지나지 않는다. 인류의 사상사는 생명의 본체[의식계, 본체계]와 작용[물질계, 현상계]의 상호 관통이란 측면에서 전일적 패러다임에 의해 새로 씌어져야 한다. 샘에서 솟아나오는 물줄기를 샘과 분리시킬 수 없듯이 의식과 제도는 분리시킬 수 있는 것이 아니기 때문이다.

역사라는 무대에서 펼쳐진 생명적 사유와 정치적 사유의 변증법적 통합과정은 인간 사회의 진화가 의식의 진화와 조응해 있음을 생생하게 보여준다. 또한 대통합에 이르기 위해서는 근원적인 분리과정, 즉 의식의 자기교육과정을 거쳐야 함을 말하여 준다. 정치체에 내재하는 근원적인 생명정치적 긴장과 분열은 로마시대의 '포퓰루스(populus)'와 '플레브스(plebs)', 중세의 '작은 인민(popolo minuto 13세기 피렌체의 장인 계층)'과 '큰 인민(popolo grasso 13세기 피렌체의 상인 계층 및 부르주아지)'의 구분에서 잘 드러난다. 물론 그 이전에도 두 개의 대립적인 축 사이를 변증법적으로 진동하며 이러한 긴장과 분열은 항상 존재했었다. 그러나 프랑스대혁명 이후 인민이 주권의 유일한 담지자가 되고 더 이상은 인민이 스스로를 예종(隸從)의 형태로 표현하지 않게 되면서 생명은 정치적으로 문제시되게 되었다. 아감벤에 따르면 우파든 좌파든, 자본주의 국가든 사회주의 국가든 — 비록 그 방식과 정치적 지평이 다르긴 하지만 — 모두 분열되지 않은 인민의 창출이라는 '생명정치적 프로젝트'에 사활을 걸게 되었다는 것이다. 이러한 관점에서 나치 독일의 유대인 절멸에 대한 아감벤의 예리한 분석은 생명정치론의 전개에 주요한 시사점을 제공한다. 그는 '벌거벗은 생명'인 유대인들과 완전한 '정치적 신체'인 인민의 대표자인 독일 민족이라는 두 개의 대립되는 축을 중심으로 '작은 인민'과 '큰 인민'을 구별짓는 나치즘의 '절멸 작전'이 독일 민족을 '근원적인 생명정치적 분열을 극복한 인민'으로 만들기 위한 헛된 시도였다고 해석한다. 그것은 생명정치적 분열의 극복이 아니라 생명정치적 분열의 극단적 획책이었던 것이다. 이렇듯 근대의 생명정치는 '벌거벗은 생명'과 인민의 동일시에 의해 지탱되어 왔고, 오늘날의 민주주의적-자본주의적 프로젝트 또한 그 자체 속에 벌거벗은 인민을 재생산하고 나아가 제3세계 인민마저 '벌거벗은 생명'으로 변형시키고 있다는 것이다.[13] 생명정치적 분열은 '큰 인민'이 '작은 인민'을 제거함으로써 극복될 수 있는 것이 아니라 전일적인 새로운 패러다임의 정치에 의해서만 극복될 수 있는 것임을 깨달아야 한다. 권력정치가 생명정치로 전환되어야 하는 이유가 여기에 있다.

중세의 왜곡된 신성에 의한 이성의 학대와 근대의 왜곡된 이성에 의한 신성의 학대라는 지난(至難)한 교육과정을 거쳐 이제 우리 인류는 제2의 르네상스, 제2의 종교개혁을 통해 이성과 신성, 정치적 사유와 생명적 사유의 통합시대를 열어야 할 시점에 와 있다. 그것은 곧 완전한 소통·자치·자율에 기초한 생명정치시대의 개막이다. 물질적 성장 제일주의가 아닌 인간의 의식 성장을 전제로 하는 정치, 개인적 가치와 공동체적 가치가 조화를 이루는 정치, 의식과 제도의 통합성에 기초한 정치, 생명문화의 창달과 생명교육의 보급에 힘쓰는 정치 — 그것은 힘의 논리가 아닌 영성의 논리에 기초한 디비너틱스이다. 이 우주는 상호 긴밀히 연결되어 있는 '에너지-의식의 그물망'이다. 루퍼트 셀드레이크(Rupert Sheldrake)에 따르면, 정신 능력의 '형태장(Morphogenetic Field)'은 그것과 상호작용하는 사람이 많을수록 힘이 증가하고 결국에는 물리적인 실체 자체의 모습을 변형시킨다고 한다. 우리 사회는 언제든 공론의 장으로 합류할 준비가 돼 있는, 소통의 욕망이 분출하는 사람들로 꽉 차 있다. 생명 패러다임으로의 이행을 위해서는 생명에 대한 온전한 이해가 선행되어야 하고 그러기 위해선 온전한 앎을 높여가야만 한다. 그 임계점에 이르기 위하여 오늘도 우리는 의식의 항해를 계속하고 있다.

---

13) 조르조 아감벤 지음, 박진우 옮김, 앞의 책, 336-338쪽.

참고문헌

『大乘起信論疏』, 『道德經』, 『頓悟無生般若頌』, 『東經大全』, 『符都誌』, 『義菴聖師法說』, 『莊子』, 『中阿含經』, 『中庸』, 『太極圖說』, *The Upanishads The Bhagavad Gita*

김지하, 1997. 5. “조화와 생성의 생명정치를 위하여,” 『사회평론 길』.
문순홍, 1995 겨울. “한국 생명운동의 논의구조와 전략,” 『환경과 생명』.
미셸 푸코 지음, 이규현 옮김, 2004. 『성의 역사 1: 앎의 의지』, 서울: 나남.
미셸 푸코 지음, 오생근 옮김, 2003. 『감시와 처벌: 감옥의 역사』, 서울: 나남.
장회익, 1995 봄. “‘온생명과 현대문명,” 『계간 과학사상』.
조르조 아감벤 지음, 박진우 옮김, 2008. 『호모 사케르』, 서울: 새물결.
최민자, 2006. 『천부경 · 삼일신고 · 참전계경』, 서울: 도서출판 모시는 사람들.
_____, 2007. 『생태정치학: 근대의 초극을 위한 생태정치학적 대응』, 서울: 도서출판 모시는 사람들.
_____, 2008. 『생명에 관한 81개조 테제: 생명정치의 구현을 위한 眞知로의 접근』, 서울: 도서출판 모시는 사람들.

Bohm, David, 1980. *Wholeness and the Implicate Order*, London: Routledge & Kegan Paul.
Bookchin, Murray, 1990. *Remaking Society: Pathways to a Green Future*, Boston, MA: South End Press.
_____, 1991. *The Ecology of Freedom: The Emergence and Dissolution of Hierarchy*, rev. ed., Montréal and New York: Black Rose Books.
_____, 1995. *The Philosophy of Social Ecology: Essays on Dialectical Naturalism*, Montréal and New York: Black Rose Books.
Capra, Fritjof, 1996. *The Web of Life*, New York: Anchor Books.

Devall, Bill & George Sessions, 1985. *Deep Ecology*, Salt Lake City, Utah: Peregrine Smith Books.

Hegel, 1894. *Philosophy of Mind*, translated from the Encyclopedia of the Philosophical Sciences by William Wallace, Oxford: The Clarendon Press.

_____, 1931. *The Phenomenology of Mind*, trans. by J. B. Baillie, London: George Allen & Nuwin.

_____, G. W. F. 1980. *Philosophy of Right*, ed. and trans. by T. M. Knox, Oxford: Oxford University Press.

Mies, Maria & Vandana Shiva, 1993. *Ecofeminism*, New Delhi: Zed Books.

Prigogine, Ilya and Isabelle Stengers, 1984. *Order out of Chaos: Man's New Dialogue with Nature*, foreword by Alvin Toffler, Toronto, New York: Bantam Books.

Prigogine, Ilya, 1980. *From Being to Becoming*, San Francisco: Freeman.

[집필자 약력]

최연식
연세대학교 정치외교학과
연세대학교 정치학 박사

홍태영
국방대학교 국제관계학부
프랑스 파리사회과학고등연구원
정치학 박사

유홍림
서울대학교 정치학과
미국 Rutgers 대학교 정치학 박사

곽준혁
고려대학교 정치외교학과
미국 University of Chicago 정치학 박사

조현수
국민대학교 사회과학연구소
독일 Univ. Marburg 정치학 박사

전상숙
연세대학교 국학연구원
이화여자대학교 정치학 박사

이동수
경희대학교 NGO대학원
미국 Vanderbilt University 정치학 박사

김종법
한국외국어대학교 글로벌정치연구소
이탈리아 Università degli Studi di Torino 정치학 박사

김남국
서울대학교 국제대학원
미국 University of Chicago 정치학 박사

최정원
연세대학교 동서문제연구원
연세대학교 정치학 박사

서병훈
숭실대학교 정치외교학과
미국 Rice University 정치학 박사

홍원표
한국외국어대학교 자유전공학부
한국외국어대학교 정치학 박사

최민자
성신여자대학교 정치외교학과
영국 University of Kent at Canterbury 정치학박사

현대정치사상과 한국적 수용

2009년 2월 20일 초판 인쇄
2009년 2월 25일 초판 1쇄발행

편저자 한 국 정 치 학 회
발행인 배 효 선

발행처 도서출판 法 文 社

413-756 경기도 파주시 교하읍 문발리 526-3
등 록 1957년 12월 12일/제2-76호(윤)
전 화 (031)955-6500~6 FAX (031)955-6525
E-mail (영업) bms@bobmunsa.co.kr
(편집) edit66@bobmunsa.co.kr
홈페이지 http: // www.bobmunsa.co.kr

조 판 대 경 문 화 사

정가 23,000원 ISBN 978-89-18-03164-4